大專用書

銀行會計（下）

金桐林　著

三民書局 印行

國家圖書館出版品預行編目資料

銀行會計／金桐林著.--初版.--臺北
市：三民，民87
　　冊；　　　公分
ISBN 957-14-2756-X (上冊：平裝)
ISBN 957-14-2757-8 (下冊：平裝)

1.銀行會計

562.38　　　　　　　　　　87000397

網際網路位址　http://Sanmin.com.tw

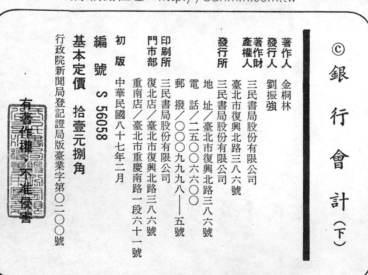

© 銀 行 會 計 (下)

著作人　金桐林
發行人　劉振強
著作財產權人　三民書局股份有限公司
發行所　三民書局股份有限公司
　　　　地址／臺北市復興北路三八六號
　　　　電話／二五○○六六○○
　　　　郵撥／○○○九九九八——五號
印刷所　三民書局股份有限公司
門市部　復北店／臺北市復興北路三八六號
　　　　重南店／臺北市重慶南路一段六十一號
初版　中華民國八十七年二月
編號　S 56058
基本定價　拾壹元捌角
行政院新聞局登記證局版臺業字第○二○○號

ISBN 957-14-2757-8 (下冊：平裝)

序

　　民國七〇年代以來，在銀行業務自由化、多樣化，與銀行作業電腦化、自動化的發展下，不僅對銀行業務的經營造成相當的衝擊，也使得銀行的業務與會計處理帶來新的面貌；而對「銀行會計」理論與實務的研究與應用，亦產生極大的影響。

　　作者於民國五十八年八月與李兆萱教授曾合著《銀行會計》乙書，民國六十六年九月雖曾全面修訂增補，惟距今已有相當時日，內容有待翻新增補。作者為應讀者殷切的需求，乃利用銀行公務之餘，以新的面貌，獨力完成本書的編撰。

　　本書編撰的要點，略述如下：

一、「財政部所屬行局會計制度之一致規定」為我國銀行業設計個別會計制度的主要依據，亦為銀行會計實務作業的準則，本書特將其最新版本的基本規定，納入相關章節中。

二、「銀行法」為銀行經營及從事業務操作的圭臬，亦為銀行從業人員辦理業務的準則，本書特以最新修正的規定，分別融會於有關業務說明中。

三、行政院主計處為配合機器處理會計資料之需，特訂頒國營事業「會計科目名稱及其編號表」，其中銀行業適用部分，並曾因應銀行法的修訂及配合銀行業新種業務的創設而增訂。本書所引用的會計科、子目名稱、釋義及借貸分錄，均係以上項主計處最新核定者為準；並配合銀行業務國際化的需求，亦一併列示英文科目名稱，以供銀

行實務上編製英文會計報告的參考。

四、我國銀行業在政府推動作業自動化政策下，傳統的人工作業已漸不適用，現大多已完成不同電腦廠牌、機型的電腦化連線作業，磁性墨水電子閱讀分類票據交換作業（MICR）、自動櫃員機（ATM）自行及跨行作業以及金融機構跨行通匯等系統。櫃員可自任何乙臺電腦終端機受理存款、放款、匯兌、外匯等業務的登錄帳卡、存摺，傳票驗證，自動計息、計費，累計各櫃員科目日結單，編製各種分析表報等功能。本書特將此等電腦自動化系統有關的業務及會計作業方法，以及與人工作業的差異所在，於有關章節中予以擇要介述；並另闢第六章專章說明銀行業務及會計電腦化的具體內容。

五、近年來由於金融管制的放寬，銀行業務、服務的創新以及市場競爭性的加劇等因素的衝擊，銀行業的經營正逐漸擺脫傳統的窠臼，而朝向業務多元化，服務大眾化趨勢邁進。本書除概述銀行一般存款、放款、匯兌、外匯等傳統業務內容外，並將各項新產品、新業種，例如綜合存款，可轉讓定期存單；國內信用狀、商業本票保證、票券經紀、自營、簽證、承銷，信用卡等；以及經由電腦化、自動化作業所衍生的新種業務，例如 ATM 的自行、跨行，自行及跨行電腦匯款，全行通存、通提等，特於相關業務中，對各該新商品、新業務的性質及會計處理等，予以釋明。

六、在資本大眾化及財務公開的潮流下，無論公營或民營銀行，大多已辦理股票上市、上櫃。此等銀行的會計處理，以及財務報告的編製、揭露(必須經會計師簽證)，尚需遵照證券管理委員會的規範，本書特於「決算」乙章中予以釋例說明。

七、銀行會計為實用科學，既有一定的方法與程序，復須配合銀行業務的處理，是以本書在討論銀行會計方法前，先就銀行業務的內容撮要說明，並將處理程序，以及電腦化作業方式充分利用圖表列示。

在會計方法闡明之後，更透過實例多方引證，以期讀者對各種交易事項自發生以迄完結的整個過程，有一系統的觀念，對各項會計方法如何配合業務，有一具體的了解。

八、管理會計爲現代會計技術的最高運用，可加強管理，增進經營績效。民國八十年間政府大幅開放新銀行的設立，迄今已有萬通銀行等十六家新銀行核准設立，使銀行間業務競爭加劇；再加票券金融、證券金融、證券投資信託……等金融週邊機構的大幅開放設立，更使銀行業務市場被侵蝕。銀行業者體認業務經營艱辛、獲利不易，乃加強運用「管理會計的方法與技術」，以期管理控制成本，增進盈餘，以提高經營管理績效。本書特將作者多年於「金融研究訓練中心」講授該類課程的內容要點，於最後乙章予以介述，以供讀者參考。

九、本書分上、下兩冊，可供大專學校商學科系「銀行會計」或「銀行實務」一學年課程之用，並可供銀行從業人員的參考。

上述諸端，旨在敘明本書編撰要點，惟自揣才疏學淺，掛一漏萬，在所難免，尚祈大家有以正之。

金桐林　謹識

銀行會計（下）

目 次

序

第九章 授信業務㈠

第一節 授信業務概說

一、授信、直接授信與間接授信

所謂「授信」，係指銀行對於顧客授與信用，並負擔風險的業務。銀行法第五條之二規定：「本法稱授信，謂銀行辦理放款、透支、貼現、保證、承兌及其他經中央主管機關指定的業務項目。」銀行授與信用的型態主要有二種，其一為銀行以其所有的資金貸與需要者，以賺取利息的授信業務，也就是以「放賑生息」為主要內容的「直接授信」；另有如匯票承兌、保證、簽發信用狀、押匯等非直接資金授與的「間接授信」。此二種授信型態在表面上雖有廣狹之分，但就其本質即風險的承擔而言，並無差異。蓋無論銀行從事資金的貸與或信用的提供，風險的發生均所難免。資金貸與的風險為資金的損失，而信用責任的承擔，因債務的代為履行，其結果亦為資金的損失，是以辦理直接授信與間接授信，均有賴於審慎處理，以期債權的安全。

二、授信業務的重要性

銀行本質上係從事「風險經營」的行業，對經濟民生影響至鉅，授信業務更為銀行經營的重心與盈利的重要來源，又授信的資金主要來自社會大眾所交託的存款，加以銀行授信性質複雜，必須有高度的經營技

術。是以授信的審核、准駁之間，必須符合下列基本原則，即安全性、流動性、收益性、公益性等四項原則。此四者雖爲辦理銀行授信所必須兼顧，惟四者互爲消長，尤易顧此失彼，如何配合恰到好處，實爲不易，是以就整個銀行的業務而言，授信業務遠較其他各部門業務複雜艱鉅，是足顯其重要性。

就整個社會而言，銀行授信爲工商企業及個人資金融通的主要來源，社會儲蓄有待透過銀行作間接的投資，經濟建設有賴銀行放款的協助，但如銀行放款欠當，又可能造成資金的偏頗，浪費社會資源。復因銀行具有創造貨幣的功能，其放款的多寡，足以影響貨幣供給額的增減，以及貨幣價值的穩定，從而影響物價及經濟的安定。更可知銀行授信對整個社會的重要性。

授信業務既如上述的重要，經辦授信業務又如此複雜，經辦授信業務人員除應經常注意國內外經濟金融狀況外，尤應勤勉研讀授信有關書籍、處理規定及作業程序，並應熟讀有關授信的法令規章，俾利辦理授信業務。

三、授信的基本原則

授信業務的重要性既如上述，銀行爲確保授信業務的穩健發展，首應把握下列授信的基本原則：

(一)安全性

銀行辦理授信，其主要的資金來源及信用基礎，乃是建立在存款戶的存款及股東的投資之上。所以爲了確保社會廣大存款戶的存款資金的安全，以及銀行股東的權益，授信業務的安全性——也就是授信的品質乃成爲授信的基本原則之一，惟其注重授信的品質確保安全，方才是銀行本利歸收的要件。因此，對授信用途、對象、還款來源或保證人的履

約能力，以及擔保條件是否充分可靠等，都應於授信前縝密考量，以期在充分辨識防範風險前提下，使可預見的風險降至最低。萬一發生風險，亦可依預先制訂的辦法迅速採取有效的債權保全措施，以確保銀行授信安全性。

㈡流動性

銀行資金來源主要來自各種存款，而一般存款期間較諸放款爲短，且存款流動性大並富季節變化，是以如何使放款保持靈活，避免調度困難，同時防止資金呆滯，必須參酌存款的長短期結構、成長趨勢等，確立短、中、長期授信比率，以達有效的資金分配，並確實掌握放款的還款來源及收回期，以維銀行資金的流動性。

㈢收益性

銀行雖負有調節金融、穩定經濟的使命，而非僅以營利爲唯一目的，但因其亦爲營利事業，有存款利息支出、稅捐、薪津等龐大的開支，所以必須講求成本收益觀念，獲致合理的收益，賴以生存和發展。

㈣公益性

銀行爲將社會儲蓄導向投資的主要管道，亦爲工商企業及個人資金融通的主要來源，所以經濟發展有賴銀行的協助，但如銀行授信欠當，又可能造成經濟的畸形發展，浪費有限的社會資源。因此，授信的對象與用途是否能夠迎合經濟、社會或政策的需要，應該是從事授信業務所應把握的原則。凡是授信的結果不具有社會經濟價值，對於社會公益沒有助益，甚或違背政府政策及金融措施者，均不宜受理承作。

四、授信的種類

㈠按財政部訂頒的「銀行對企業授信規範」分類

財政部訂頒的「銀行對企業授信規範」，將銀行授信分爲下列三項十二類：

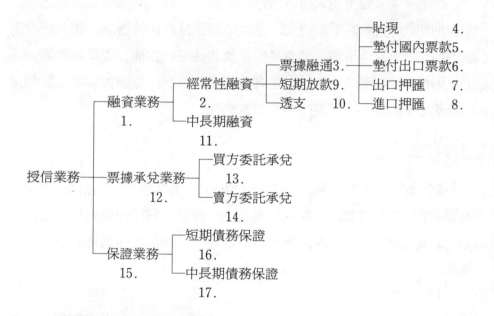

1.所稱融資業務，謂銀行融通資金予企業的授信業務。

2.所稱經常性融資，謂銀行以協助企業在其經常業務過程中所需的短期週轉資金爲目的，而辦理的融資業務。

3.所稱票據融通，謂銀行針對企業依國內外商品或勞務交易產生的票據，而辦理的經常性融資。

4.所稱貼現，謂銀行以折扣方式預收利息而購入未屆到期日的承兌匯票或本票，並取得對借款人追索權的票據融通方式。

5.所稱墊付國內票款，謂銀行對國內支票在票載發票日前，以及匯票、本票金額較小未便辦理貼現者，墊付其部分票款的票據融通方式。

6.所稱墊付出口票款，謂銀行對其受託代收的出口跟單匯票，墊付全部或局部票款的票據融通方式。

7.所稱出口押匯，謂銀行墊付出口信用狀項下的即期跟單匯票款，並取得概括性取償權的票據融通方式。

8.所稱進口押匯，謂銀行接受國內進口者委託，對其國外賣方簽發的即期跟單匯票先行墊付票款，再通知借款人（國內進口者）在合理期限內備款贖單的票據融通方式。

9.所稱短期放款，謂銀行對借款週轉的用途以及還款的方式，均予明確規定的經常性融資。

10.所稱透支，謂銀行准許借款人於其支票存款戶無存款餘額或餘額不足支付票款時，得在約定期限及額度內支用款項的經常性融資。

11.所稱中長期融資，謂銀行以協助借款人實施其投資或建立長期性營運資金的計畫為目的，而辦理的融資業務。

12.所稱票據承兌業務，謂銀行接受國內外商品或勞務交易當事人的委託，為匯票的付款人而予承兌的授信業務。

13.所稱買方委託承兌，謂銀行替代委託人，為賣方所發匯票的付款人而予承兌。

14.所稱賣方委託承兌，謂賣方將其在商品或勞務交易時取得的遠期支票，轉讓予銀行，並依該支票金額，簽發見票後定期付款的匯票，由銀行為付款人而予承兌。

15.所稱保證業務，謂銀行與其委託人的債權人約定，於其委託人不能履行債務時，由銀行代負履行責任的授信業務。

16.短期債務保證，如發行商業本票、應繳押標金、應繳履約保證金、預收定金等，得委託銀行予以保證，俾便利短期資金的調度。

17.中長期債務保證，如記帳稅款、分期付款信用、公司債的發行等，得委託銀行予以保證。

(二)按擔保（品）的有無分類

1.正擔保授信

對銀行的授信提供銀行法第十二條所規定的擔保，且銀行授信金額不超過前述擔保（品）按銀行「授信擔保品調查鑑價要點」鑑價後核計的放款值（可貸金額），謂之正擔保授信。

2.副擔保授信

(1)授信金額超過前項擔保（品）按銀行「授信擔保品調查鑑價要點」鑑價後核計的放款值，惟不超過該擔保（品）鑑定價格部分的授信。

(2)提供遠期支票（非銀行法第十二條第三款所稱的應收票據）為授信擔保（品）者。

(3)副擔保授信均以「信用」科目處理。

3.無擔保授信

(1)加強信用：

授信金額超過副擔保授信金額，惟不超過擔保（品）市值部分的授信。

(2)純信用：

無提供擔保（品）的授信，或授信金額超過擔保（品）市值部分的授信。

(三)按會計科目別分類

科　目　名　稱	科目代號	說　　　　　　　　　明	備　　　　　　　　註
1.貼　　現	1304	對遠期匯票或本票，以折扣方式預收利息而購入者。	
2.透　　支	1311	支票存款戶無提供擔保（品），與銀行約定於其支票存款餘額以外，在一定期間及限額內陸續透支款項，並得隨時歸還者。	
3.擔保透支	1321	上項透支提供擔保（品）者。	
4.短期放款	1313	期限在一年以內的無擔保放款。	
5.短期擔保放款	1322	期限在一年以內的擔保放款。	
6.中期放款	1331	期限超過一年而在七年以內的無擔保放款。	
7.中期擔保放款	1341	期限超過一年而在七年以內的擔保放款。	
8.長期放款	1351	期限超過七年的無擔保放款。	
9.長期擔保放款	1361	期限超過七年的擔保放款。	
10.應收承兌票款	1154	受客戶委託辦理匯票承兌時，應向客戶於匯票到期前收取的款項。	其負債類科目為「承兌匯票」。
11.應收保證款項	1886	受客戶委託就特定事項為保證時，對客戶的或有債權。	本科目與負債類「保證款項」科目對轉。
12.應收信用狀款	1887	受客戶委託開發信用狀時，對客戶的或有債權。	本科目與負債類「信用狀款項」科目對轉。
13.催收款項	1822	銀行授信債權於到期後，依催收有關規定，由原授信科目轉列本科目者。	本科目對內停止計息（不再按月提存利息），對外仍應計息。

(四)按授信期限分類

1.短期放款

凡約定期限在一年以內（含一年）的放款屬之。商業銀行以供給短期信用爲主要任務，其放款大多屬此類放款。

2.中期放款

凡約定期限超過一年而在七年以內（含七年）的放款屬之。

3.長期放款

凡約定期限超過七年的放款屬之。儲蓄銀行、專業銀行及信託投資公司等，係以供給中、長期信用爲主要任務，其放款大多屬於中期及長期放款。

(五)按借款人的資金用途分類

1.商業性放款

爲供應工商業者短期性週轉資金的放款，亦即款項貸放於貨物的生產(如購買原料、支付工資)、運輸、銷售等方面。此種放款大多爲短期放款，係借款人一時的資金週轉，合乎自償性原則，商業銀行最宜承作。

> **註：**所謂「自償性」原則，即基於眞實交易行爲所出貸款項或接受票據貼現，而當交易全部完成時，就可以收回資金；換言之，乃是信用本身具有「自動淸償」能力，借款人借出的資金用於生產或營業，然後出售商品充爲償還借款的資金來源。

2.資本性放款

爲供產業界作資本支出之用的放款，亦即借款人將所借款項，用在擴充或改良產業設備（如建築工廠、購置機器）等方面。此種放款大多爲中、長期放款，缺乏流動性，宜由儲蓄銀行或專業銀行辦理。

3.消費性放款

係指借款人將所借得的款項，用以購買交通工具（如汽車、機車）、電器、音響製品（如電視、冰箱、電唱機、鋼琴）等耐久性消費品或居家用的房屋以及旅遊觀光等，以滿足個人消費慾望的放款。此種放款的資金非用於生產或營利方面，缺乏自償性，此種放款我國銀行貸放不多。

㈥按借款人還款方式分類

1.活期放款

在約定的借款期限及額度內，借款人可以陸續支用，陸續償還的放款；支票存款戶的透支，亦屬此種放款。

2.定期放款

乃訂有一定償還日期的放款。

3.分期償還放款

乃銀行依據借款人償債能力，經借貸雙方協議，於放款契約內訂明分期還本付息辦法及借款人應遵守的其他有關條件的放款（銀行法第十四條）。

五、銀行法對銀行辦理授信業務的限制

銀行法對銀行的經營放款業務，訂有若干限制性的規定，特列述於下：

㈠對各類銀行的共同規定

1.銀行不得對其持有實收資本總額百分之三以上的企業，或本行負責人、職員、或主要股東，或對與本行負責人或辦理授信之職員有利害關係者，為無擔保授信。但消費者貸款及對政府貸款不在此限。

前項消費者貸款額度，由中央主管機關定之。

本法所稱主要股東係指持有銀行已發行股份總數百分之一以上者；

主要股東爲自然人時，本人之配偶與其未成年子女之持股應計入本人之持股（第三十二條）。

2.銀行對其持有實收資本總額百分之五以上之企業,或本行負責人、職員、或主要股東，或對與本行負責人或辦理授信之職員有利害關係者爲擔保授信，應有十足擔保，其條件不得優於其他同類授信對象，如授信達中央主管機關規定金額以上者，並應經三分之二以上董事之出席及出席董事四分之三以上同意。

前項授信限額、授信總餘額、授信條件及同類授信對象，由中央主管機關洽商中央銀行定之（第三十三條）。

3.前二條所稱有利害關係者，謂有下列情形之一而言：

(1)銀行負責人或辦理授信之職員之配偶、三親等以內之血親或二親等以內之姻親。

(2)銀行負責人、辦理授信之職員或前款有利害關係者獨資、合夥經營之事業。

(3)銀行負責人、辦理授信之職員或第一款有利害關係者單獨或合計持有超過公司已發行股份總數或資本總額百分之十之企業。

(4)銀行負責人、辦理授信之職員或第一款有利害關係者爲董事、監察人或經理人之企業。但其董事、監察人或經理人係因投資關係，經中央主管機關核准而兼任者，不在此限。

(5)銀行負責人、辦理授信之職員或第一款有利害關係者爲代表人、管理人之法人或其他團體（第三十三條之一）。

4.銀行不得交互對其往來銀行負責人、主要股東、或對該負責人爲負責人之企業爲無擔保授信,其爲擔保授信應依第三十三條規定辦理(第三十三條之二)。

5.中央主管機關對於銀行就同一人或同一關係人之授信或其他交易得予限制，其限額由中央主管機關定之（第三十三條之三）。

註：財政部「對同一借戶授信總額的限制」標準，規定如下：

(1)銀行對同一自然人的授信總餘額，不得超過各該銀行淨值百
　分之三，其中無擔保授信總餘額不得超過各該銀行淨值百分
　之一。

(2)銀行對同一法人的授信總餘額，不得超過各該銀行淨值百分
　之十五，其中無擔保授信總餘額不得超過各該銀行淨值百分
　之五。

(3)銀行對同一公營事業的授信總餘額，不受前項規定比率的限
　制，但不得超過各該銀行的淨值。

(4)銀行對同一關係人的授信總餘額，不得超過各該銀行淨值百
　分之四十，其中對自然人的授信，不得超過各該銀行淨值百
　分之六；對同一關係人的無擔保授信總餘額不得超過各該銀
　行淨值百分之十，其中對自然人的無擔保授信，不得超過各
　該銀行淨值百分之二。但對公營事業的授信不予併計。

(5)下列授信得不計入本規定所稱授信總餘額：

　a. 配合政府政策，經本部專案核准之專案授信或經中央銀行
　　專案轉融通之授信。

　b. 對政府機關之授信。

　c. 以公債、國庫券、中央銀行儲蓄券、中央銀行可轉讓定期
　　存單、本行存單或本行金融債券為擔保品之授信。

(6)前述所稱淨值，係指上一會計年度決算後淨值。銀行年度中
　之現金增資，准予計入淨值計算，並以取得中央銀行驗資證
　明書為計算基準日。

6.銀行負責人及職員不得以任何名義，向借款人收受佣金、酬金或
其他不當利益（第三十五條）。

7.中央主管機關於必要時，經洽商中央銀行後，得對銀行無擔保的

放款或保證，予以適當的限制（第三十六條）。

8.借款人所提質物或抵押物的放款值，由銀行根據其時值、折舊率及銷售性，覈實決定（第三十七條）。

9.銀行對購買或建造住宅或企業用建築，得辦理中、長期放款；但最長期限不得超過三十年（第三十八條）。

(二)對商業銀行放款的特別限制

1.商業銀行辦理中期放款的總餘額，不得超過其所收定期存款總餘額（第七十二條）。

2.商業銀行因行使抵押權或質權而取得的不動產或股票，除經中央主管機關核准，或符合第七十五條所定自用不動產的條件外，應自取得之日起二年內處分之。

(三)對儲蓄銀行放款的特別限制

1.儲蓄銀行的短期放款及票據貼現的總餘額，不得超過所收活期存款及定期存款總餘額（第八十二條）。

2.儲蓄銀行辦理住宅建築及企業建築放款的總額，不得超過放款時所收存款總餘額及金融債券發售額之和的百分之二十（第八十四條）。

(四)對信託投資公司的特別限制

信託投資公司的放款，僅以辦理對生產事業的中、長期放款爲限（第一百零一條第一項）。

六、借款人及保證人的法定資格

借款及保證行爲乃是一種法律行爲，法律行爲非行爲人具有權利能力及行爲能力，不生效力。因此銀行承辦放款時，應愼重調查借款人及

保證人是否具備此兩項能力，以免債權歸於無效。茲再分別說明於下：

(一)個　人

借款人如係自然人，應注意是否爲法律上無行爲能力人，亦即禁治產人及未滿七歲的未成年人；或限制行爲能力人，亦即滿七歲以上未滿二十歲的未成年人。無行爲能力人應由法定代理人合法代理；限制行爲能力人，應得法定代理人的允許或承認。此外對一切貸款戶，還須查明所用確屬本名，以免債權發生問題。

(二)合夥組織

合夥在法律上無人格，所以沒有享受權利負擔義務的能力。合夥如有借款或保證的行爲，應由合夥人負責，和公司具有法人資格的情形不同。因此合夥組織借款時，應繳交「全體合夥人同意書」；申請作保時，應繳交「合夥人授權書」，以資愼重。

(三)公司組織

公司爲營利社團法人，依公司法的規定聲請設立，並經主管官署核准領有執照後，即取得法人資格。對外一切法律行爲，由法定代理人代表公司行使，現行公司法對各種公司的對外負責人有下列規定：

1.無限公司

(1)依章程特定代表公司的股東或

(2)執行業務的股東或

(3)各股東。

2.兩合公司

無限責任股東。

3.有限公司

(1)設有執行業務股東時，公司代表人為：

    a. 依章程特定的代表公司股東或

    b. 執行業務股東。

(2) 設有董事時，公司代表人為董事長，常務董事或代表公司的董事，應依章程規定。

4.股份有限公司

董事長、常務董事或代表公司的董事。

5.股份兩合公司

無限責任股東。

上項執行業務及代表公司的股東，對外應表明職稱如某某公司代表人或某某公司董事長等。

凡公司組織的事業，除依其他法律或公司章程規定以保證為業務者外，不得為任何保證人。所謂「保證」，乃當事人約定一方於他方的債務人不履行債務時，代負履行責任的契約。保證債務除契約另有訂定外，包含主債務的利息、違約金、損害賠償及其他從屬於主債務的負擔。保證人向債權人為債款清償後，債權人對於主債務人的債權，於清償限度內，移轉與保證人。

保證有連帶保證與一般保證之別，「連帶保證」人對債權人負全部給付責任，債權人得向連帶保證人中的一人或數人或全體同時或先後請求全部或一部的給付，在債務未全部履行前，連帶保證人仍負連帶責任；而「一般保證」人如有先訴抗辯權或債權人未就主債務人財產強制執行而無效果前，對於債權人的款項得拒絕清償。

客戶向銀行申請放款時，原則上應覓具確實可靠的保證人立保，人數在信用放款為二人以上，有擔保物的放款以一人以上為原則。

借款到期倘不能依約清債本息時，應由保證人負責立即代為清償，銀行並得逕將擔保物處分抵償，倘有不敷，仍應由借款人及保證人連帶

負責清償。

第二節 授信作業程序

一、授信作業程序

授信戶擬向銀行融通資金或信用，應提供相關的書件資料與書面申請，供承貸單位審核，承貸單位根據授信戶的授信申請及徵信調查資料核定，或另以授信申請書送總行核定，其程序大體而言可分爲：㈠申請前洽談。㈡受理申請。㈢徵信調查。㈣擔保品鑑估。㈤分析審核。㈥核定准駁。㈦通知借款人。㈧簽約、對保及擔保物權設定登記。㈨撥款轉帳或簽發文件。茲附流程圖列述如下頁。

二、授信的申請程序

授信的申請程序可分爲銀行與客戶申請授信前的洽談及銀行正式受理客戶的授信書面申請二步驟。

㈠銀行與客戶申請授信前的洽談

1.客戶申請授信時，銀行授信主辦人均先行受理口頭洽談，以初步瞭解客戶的資金用途、借款金額、期限、還款來源及擔保條件等事項，並對其財務、業務及資金運用計畫等方面獲得概括性的認識後，藉以考慮是否接受申請，或建議客戶選擇適當的放款方式。

2.如授信戶的申請內容，合於政府法令規章與銀行辦理授信業務的規定時，授信人員會將授信申請書及有關資料交由客戶填寫，並請客戶準備各項放款應徵提的資料。

3.授信戶的申請，如不合於政府法令規章或非該銀行的業務時，銀

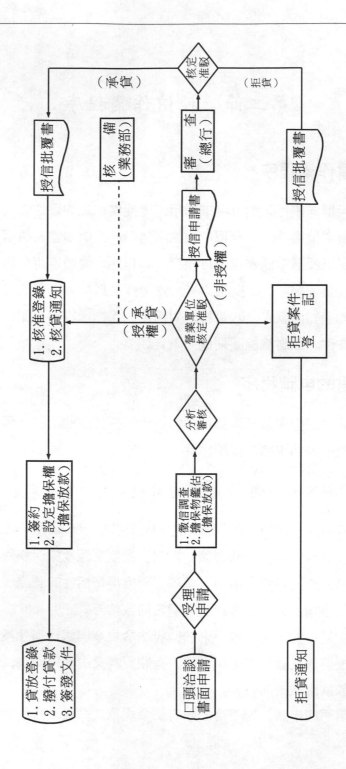

行一般均會婉拒客戶的授信申請或另行建議客戶向其他專業性金融機構洽辦，並將不承作理由設簿登記備查。

　　4.授信主辦人對於洽談經過，一般銀行均規定應登記於洽談記錄表中。

(二)銀行正式受理客戶的授信書面申請

　　授信戶向銀行提出書面申請，一般銀行要求客戶配合辦理的事項以及索取的文件大致如下：

　　1.填寫「授信申請書」。

　　2.詳填「資料表」，包括授信申請人及保證人有關資料。

　　3.視授信申請人的組織、授信類別、授信金額、用途、期限等徵提下列表件，以供銀行辦理徵信調查及評估授信准駁與否之需。

　　(1)公司執照、營利事業登記、工廠登記等各種證照。

　　(2)公司章程、股東名冊、董監事名冊及主要負責人資料。

　　(3)本年各月營業稅自動報繳書影本。

　　(4)最近三年財務報表（民營營利事業總授信金額達新臺幣三千萬元以上者，應辦理會計師財務簽證）。

　　(5)建廠或擴充計畫書。

　　(6)主要關係企業資料。

　　(7)最新銀行存、借款明細表。

　　(8)依銀行公會聯合徵信中心規定，如客戶在各金融機構歸戶額度及本次申貸金額，合計達新臺幣壹億元以上者，應另加填送現金收支預估表。

　　(9)投資計畫主要設備明細及規格。

　　(10)配合投資計畫所需的相關文件（水電、原料、人力的來源及工廠佈置圖等）。

授信戶號	分行別	行業代號	編　號	檢號

核號 ☐☐☐☐☐☐☐

授信〔承兌／融資／保證〕申請書（客户填用）

申請人	代表人	申請種類	授信用途	償還財源	擔保品	保證	連保	帶人	附送文件
（職稱）	（職稱）	☐設備資金 ☐週轉資金 ☐其他 說明			種類	姓名（或名稱）			
業別		金額 新台幣 （請用大寫） 授信	授信方式		數量 單價	職業（或名稱）			
住址 營業處所及電話			償還辦法		總價 存放處所（備註）	住址及電話			
		授信期限 預定動用日期			備註	備註			

右列授信請查核惠予　☐承作為荷　☐展期　　此致

商業銀行股份有限公司

中華民國　　年　　月　　日

　　　　　　　申請人
　　　　　　　代表人（簽名蓋章）

審核及准駁情形：

經理　　　　副襄理（主辦）　　　　科課長　　　　經辦

L013

⑾生產技術狀況（如加工方式、技術來源、產品規格及主要技術人員名單等）。

⑿技術效益說明。

⒀新（擴）建計畫資金來源運用表。

⒁中、長期借款分期償還計畫。

⒂預估資產負債表、損益表。

⒃其他。

三、徵信調查

㈠徵信調查的意義與目的

徵信調查也稱信用調查。銀行以本身的信用向社會大眾吸收存款，同時也依對客戶的信用評估來辦理放款等授信業務。當銀行辦理授信時，理應斟酌是否符合安全性、流動性、收益性、公益性等的要求，並就個別借款客戶將來的發展性與信用程度予以綜合衡量，以利授信債權的確保。因此，徵信是針對授信對象目標將直接、間接搜集的資料，配合經濟環境，所屬業界的動向等要素，對某企業或個人的營業、財務予以研判、評估，以期探討最接近事實或可採信的眞相，據以評斷目前該公司或個人的信用狀況，並了解往後企業或個人經營動向及展望，求得接近完整的信用評估，以利授信放款參考。其目的無非掌握先機，減低放款疏漏與風險，以確保銀行的債權。

一般情形，銀行辦理徵信的主要工作爲信用調查與書面資料分析，並且以直接調查爲主，間接調查爲輔，可稱爲狹義的徵信調查；就廣義而言，徵信則尙應包括產業調查與經濟分析。

(二)徵信的基本要素

信用評估的基本要素，在學理上有5P之說，可作爲運用的參考。5P的要素包括下列五項：

1.授信戶因素 (People or personal factor)

就授信戶品德操守、經營成效及其銀行往來情形加以評估。

(1)品德操守：由主要負責人的家庭、教育、健康及社會背景予以瞭解，並可向業務往來廠商或同業查詢，以評估借戶的品德及償債意願。

(2)經營成效：對經營者或重要幹部的經營能力與專業知識及其敬業精神，予以瞭解。

(3)與銀行往來情形：查明其過去對銀行承諾的履行情況，放款與存款經常往來情形，重大經營變動是否通知銀行等。

2.資金用途 (Purpose factor)

資金的運用計畫是否具體可行，資金用途是否依原計畫運用。一般用途有三：取得資產、償還既存債務及替代股權（即以借款代替增資的行爲）。

3.還款來源 (Payment factor)

授信戶是否具有正當而充分的還款來源，可供按時清償債務，實爲債權確保的第一道防線。其還款來源約有：

(1)因交易行爲確實取得的應收客票。

(2)作爲營運週轉流通所需而進一步取得的銷貨債權。

(3)仰賴未來的盈餘、折舊與增資。

4.債權保障 (Protection factor)

係防萬一授信戶不履行還款義務時，藉爲追償的手段，可分爲下列二種保障：

(1)內部保障：以授信戶良好的業務財務狀況爲基礎，或取得具有整

體性、可靠性及市場性的擔保品，以及徵取放款承諾或切結作為保障。

(2)外部保障：係指第三者對銀行承擔授信戶的信用責任（如保證、背書等方式），須注意第三者的信用及資本等。

5.未來展望（Perspective factor）

對授信戶行業別的前途、授信戶與銀行往來的發展性等方面加以分析，以衡量銀行可能發生的基本風險及所得利益。

(1)基本風險：包括資金的凍結（延滯）及本金的損失（呆滯）。

(2)預期的所得利益：係指扣除放款成本後的利息、手續費收入。

(三)徵信步驟

銀行辦理徵信作業的步驟，一般約可分作六項：

1.擬訂調查計畫

預先確定調查目的及重點，針對該目的及重點，選定必要具體調查項目，據以擬訂調查計畫。

2.蒐集資料

各行業動態、市場變異、經濟景氣、政府政策更張等等，有關調查對象的資料，應儘量完整蒐集，並藉調閱同業已完成同一對象的調查報告，參考調查對象所送有關資料等，以初步瞭解有關徵信對象的業界地位、現況及未來趨勢。

3.資料的分析研判

就蒐集的有關資料逐項加以分析，尋求可能的疑問與將來所可能變化的趨勢。

4.實地調查與側面調查

徵信資料範圍甚廣，獲取資料應予查證，尤其分析有可能的疑點，須探求其真實性，查證方法主要有實地調查與側面調查。

(1)徵信人員於實地調查前，先與客戶聯繫約定訪問日期及所需提供

的資料。實地調查時，除聽取客戶有關實況說明，洽詢待查明事項，及核對有關資料外，並實地訪察工廠，以瞭解其生產開工、設備利用、固定資產等使用維護情形。其中所應注意事項，隨客戶所屬行業特性而不同，但大體上有下列幾項應予注意：

　　　　a. 生產設備運用情形。

　　　　b. 原料及生產情形。

　　　　c. 銷售量值變化情形。

　　　　d. 管理與士氣。

　　　　e. 核對帳冊及有關資料。

　(2)側面調查又稱間接調查，係從第三者方面，獲取有關資料。

　　　　a. 向票據交換所查詢有無退票或其他不良紀錄。

　　　　b. 向客戶曾經往來行庫查詢其信用狀況。

　　　　c. 向臺北市銀行公會聯合徵信中心查詢企業歸戶放款餘額及海關進出口統計等資料，調印建檔的企業徵信資料，或同業徵信報告。

　　　　d. 向其他單位查詢。

　5.綜合評估

　　將蒐集與調查的資料所顯示的特徵、疑問提出研判，作成評估求得較客觀事實的結論。

　6.編製徵信報告

　　報告內容應首述調查目的，如為放款或保證等的新貸或延續，其額度範圍、條件、用途、償還或變更保證責任的方法時間、擔保條件等。撰寫報告內容應注意事項有：

　　(1)涵蓋項目：應包括其沿革、組織背景、資本變動、經營管理能力、生產概況、產銷業務情形，並根據蒐集的產業動態與銀行公會統計的資料分析，瞭解被調查者業界地位與風評，且就政府政策的變異與國內外經濟因素影響，以解說該產業未來發展情形。

(2)財務分析：就調查者提供的財務報表，針對安全性、獲利性與成長性逐項剖析，以瞭解其財務結構、償債能力、經營效率、獲利能力。剖析方式主要有二：

　　a.趨勢分析：著重各相關科目前後年度的比較，以瞭解該企業的經營概況。

　　b.關係比率分析：著重與各同業平均財務比率的比較，以瞭解該企業財務狀況的優劣。

(3)重要財務比率簡要說明。

　　註：

重要財務比率簡要說明

財務比率種類		計　算　公　式	標準比率	應　注　意　事　項
財務結構（％）	淨值比率	$\dfrac{淨值}{總資產}\times100\%$	50％以上（實務上33％以上為宜）	1.本比率愈高，則自有資金愈充足，對債權人愈有保障。 2.應注意資產重估增值之淨額佔淨值之成數。
	固定比率	$\dfrac{固定資產＋長期投資＋基金}{淨值}\times100\%$	100％以下	本比率若超過100％,表示部份固定性資產係舉債購置。
	固定長期適合率	$\dfrac{固定資產＋長期投資＋基金}{淨值＋中長期負債}\times100\%$	100％以下	本比率若超過100％,表示部份固定性資產有賴短期負債支應。
償債能力（安全性分析）（％）	負債比率	$\dfrac{總負債}{淨值}\times100\%$	100％以下（實務上200％以下為宜）	除注意比率高低外，負債之內容亦應注意。
	流動比率	$\dfrac{流動資產}{流動負債}\times100\%$	150％以上	1.應注意流動資產之內容及品質，最好配合銷貨債權週轉率及存貨週轉率作通盤瞭解。 2.流動及非流動資產（負債）一般以「一年」或「一個營業週轉期」作劃分標準，分析時應注意資產項目及負債項目是否均以相同標準劃分。
	速動比率	$\dfrac{速動資產}{流動負債}\times100\%$	70％以上	1.速動資產包括現金、銀行存款、短期投資短期內可收現之應收款等。 2.本比率係假設存貨及預付款項價值全無時之緊急償債能力。

經營效率（效率性分析）（次）率	銷貨債權週轉率	$\dfrac{\text{營收淨額}}{\text{(平均)應收帳款及票據}}$	3次以上	1.凡因營業而發生之應收帳款及票據均應計入，較易遺漏者有：貼現應收票據，中長期應收票據、催收款等。2.非因營業而發生之應收帳款及票據，計算時應剔除。3.本週轉率若過低，將增加一企業資金運用之成本及增加壞帳機會。4.產品外銷較多之企業，本週轉率易高估，應參酌其外銷比率作通盤分析。
	存貨週轉率	$\dfrac{\text{營業成本}}{\text{(平均)存貨}}$	4次以上	1.本週轉率過低表示存貨多，可能積壓資金及冒存貨過時風險。2.基本上週轉率愈高，運用效能較佳，但應考慮若存貨量過低是否會因原料來源中斷而停工待料。3.若能就原物料，在製品、成品分別計算週轉率，更能掌握實際情形。
	固定資產週轉率	$\dfrac{\text{營收淨額}}{\text{固定資產}}$	3次以上	1.若因設備陳舊或以勞力為導向之企業，本週轉率可能偏高。2.未投入營業之未完工程、閒置資產等，計算時應剔除。
	淨值週轉率	$\dfrac{\text{營收淨額}}{\text{淨值}}$	3次以上	若淨值比率低，可能高估本週轉率，故應參考淨值比率作通盤判斷。
	總資產週轉率	$\dfrac{\text{營收淨額}}{\text{總資產}}$	1.5次以上	固定設備投資較多之行業，本週轉率可能偏低。
成長性分析(%)	營收成長率	$\dfrac{\text{本期營收－上期營收}}{\text{上期營收}}\times100\%$		營收增減原因應查明，且應明瞭係因單價變動或數量變動而引起營收變動。
獲利能力（收益性分析）（%）	毛利率	$\dfrac{\text{營業毛利}}{\text{營收淨額}}\times100\%$		1.變動較大時，應查明變動原因。2.營業外收支之變化應確實掌握。
	營業費用率	$\dfrac{\text{營業費用}}{\text{營收淨額}}\times100\%$		
	財務費用率	$\dfrac{\text{利息費用}}{\text{營收淨額}}\times100\%$	製造業5-6% 非製造業3-4%	
	稅前純益率	$\dfrac{\text{稅前淨利}}{\text{營收淨額}}\times100\%$		
	淨值收益率	$\dfrac{\text{稅前淨利}}{\text{(平均)淨值}}\times100\%$	高於定存利率	本比率高於借款利率時，舉債經營才有利。

補充說明：1.實際運用上應參考同業比率作比較分析。同業比率可參考聯合徵信中心編製之「中華民國臺灣地

區重要授信戶行業財務比率」（每年更新一次）。

2.分析三期以上報表，以掌握變動趨勢。

3.經營效率亦可用週轉日數表示，其公式為：365日÷週轉次數＝週轉換數。

4.或有負債金額及內容應確實瞭解。

(4)表達原則：

a.報告撰寫宜就其輕重緩急予以適當安排，將調查結果作充分具體的表達。

b.報告內容應堅守誠信原則，不誇大其辭，力求公正客觀，就事論事。

c.撰寫把握重點，文字簡潔明瞭，措辭宜求平實，以免閱讀者引發錯覺。

四、授信的核准

客戶授信的申請，經徵信調查後，如為提供擔保者，銀行鑑價人員須辦理擔保品的鑑估，且作成鑑估報告經授信人員分析審查各項授信條件後，依銀行授信分層負責規定核定准駁，並通知客戶。如為准貸案件，授信有關人員應辦理簽約、對保、擔保物權設定登記、擔保物保險以及撥款等手續，同時於貸放後，必須妥善辦好檔卷有關管理，以便查考，現將有關作業流程分述如下：

㈠擔保品鑑估

1.銀行可接受的擔保，一般有不動產、機器設備等動產、借款人營業交易所發生的應收票據、存單、公債、國庫券、股票、公司債、倉庫、船舶、航空器等，此外各級政府公庫主管機關、銀行或經政府核准設立的信用保證機構的保證。

2.銀行對徵提擔保品的授信案件，均由鑑價人員就授信戶或保證人

等所提供的擔保品依各銀行「擔保品有關鑑估處理辦法」的規定辦理鑑估，或委託專業鑑估機構辦理，並作成「擔保品鑑估報告」，銀行對各不同類別擔保品，均訂有最高核貸的成數（即按鑑估金額核貸某一成數放款）。

(二)分析審查

放款案件授信人員應遵照有關法令、銀行授信政策及各項授信作業規章規定辦理，並根據授信申請人及保證人的信用調查報告及擔保品鑑估報告，對放款個案為分析審查。

(三)核定准駁

銀行對授信案件准駁的核定，均訂有分層授權的規定及標準，通常分為營業單位授信授權審查核定標準以及總行授信有關審查部門核定標準。

1.如合於營業單位授權標準的授信案，均由營業單位各級授信人員就其權限額度內分別核定准駁。

2.如超過營業單位授權標準的授信案，由營業單位依程序轉向總行申請，而總行也按授權標準分由各審查階層審核人員依權限審查，並將核定後的授信批覆書送交營業單位。一般銀行總行審查階層，大致有主管授信審查的科長、副理、經理、協理、副總經理、授信審議委員會、總經理、董事長、常董會等。

3.一般銀行為慎審授信的審查，通常均由有關部室或人員組成「授信審議委員會」，審查超逾總經理審查權限的授信案，並報常董會核定。

(四)通知客戶

客戶授信申請案件，經依銀行規定核定准駁後，應儘速將核定內容

通知客戶，如爲准貸案件，即通知客戶辦理簽約、對保等手續；如爲婉拒承貸的案件，應以書面敍明拒貸理由答覆客戶。

㈤簽約、對保

銀行對授信戶爲授信之前，應請授信戶及連帶保證人辦理簽約、對保手續，約據內容應與核定的承作條件相符，其主要項目如：授信金額或額度、期限、利（費）率、遲延息、違約金、保證條款、備償或作押的票據、契約的終止、擔保品條款、授信戶、連帶債務人、連帶保證人及擔保品提供人簽蓋印鑑，及其他特別約定事項等。

㈥擔保物權設定登記

擔保放款的擔保物，應依照授信核定條件辦理質權或抵押權設定手續，以確保債權。

㈦保　險

擔保品中除土地及有價證券外，均應由授信戶（或擔保物提供人）投保火險，保險金額應不低於擔保值爲原則，保險單應指定銀行爲保險受益人。

㈧撥　款

放款主辦人員核驗簽約、對保、設定擔保物權及保險等手續完妥無訛後，辦理撥款（以轉入授信戶存款帳戶爲原則）。

㈨放款案件管理

1.放款主辦人員對本身經辦授信案件，應於撥貸後將授信約據、本票等債權憑證送交授信主管人員保管，其他擔保品物權文件、保險單等

亦應以保管品袋封裝，登記保管品登記簿後，送交授信主管人員保管。

　　2.各授信戶有關的授信申請書、信用調查表、擔保品鑑價報告、批覆書、往來函件以及有關參考資料，應逐戶設立檔卷保管，以便查考。

五、擔保物的處理

(一)擔保物的選擇

　　銀行審查擔保物的標準，一般而言，應符合下列各點：

　　1.品質優良，不易毀損變質者。

　　2.須有廣大市場，易於變賣處分者。

　　3.市價少變動，價值穩定，易於鑑定估價者。

　　4.便於監督保管者。

　　5.未設定他項權利或質權並無任何糾葛而且具有完整的所有權者。

　　6.不屬禁制品或法令禁止或限制爲質押品者。

(二)擔保權的性質

　　所謂「擔保權」，係因債務人不償還借款或履行債務時，銀行得將交來的動產（即不動產以外之物）或財產權或不動產（即土地及其定著物以及不動產的出產物尚未分離者）予以處分，對所售價款，較一般債權人優先受償之謂。擔保權在法律上有抵押權及質權之分，茲說明於下：

　　1.抵押權

　　乃對於債務人或第三人不移轉佔有而供擔保的不動產，得就所售價金受清償之權。

　　2.質　權

　　(1)動產質權：謂因擔保債權，佔有由債務人或第三人移交的動產，得就所售價金受清償之權。

(2)權利質權：以可讓與的債權及其他適於出質的權利如股票、公債、公司債等有價證券及存單權利證書為質權的標的物，而供債務的擔保者。

質權須將債務人或第三人提供的質押標的物，由債權人予以實際上的佔有，方得享有擔保權利；抵押權係將抵押標的物經登記或登錄手續後，僅在觀念上將標的物予以管領，無需為事實上的佔有，便享有擔保權。抵押權所擔保者為原債權即本金、利息、遲延利息，約定的違約金及實行抵押權的費用；質權所擔保者，尚包括因質物有瑕疵而生的損害賠償。

此外政府為便利生產事業的資金融通，以樹立經營的有利條件，進而促進經濟的發展，並保障交易的安全，特制定動產擔保交易法。依照該法的規定，機器、設備、工具、原料、半製品、成品、車輛、農林漁牧產品及牲畜等，可以書面訂立契約，向登記機關登記，設定動產抵押權。所謂「動產抵押」，乃是抵押權人對債務人或第三人得就供擔保債權的動產設定動產抵押權，但不移轉佔有，於債務人不履行契約時，再行佔有，並予以出售，然後就所售價金而受清償。動產抵押的債權人雖能就抵押的動產享有優先受償權利，但因未能佔有而加以控制，活潑資金的目的固可達到，糾紛的發生，往往在所難免。借款人如果違反動產擔保交易法的禁止規定，擅自將抵押標的物處分時，銀行的債權是否仍能確保無虞，頗成問題。因此銀行辦理「動產抵押」，以具有確切還款來源，而信用卓著的殷實工商業者為限。

㈢擔保物放款值的決定

現代銀行對擔保放款，其考慮重點首應注重借款人財務及信用是否良好，其次注意其所抵押物或質物變現的折扣風險。銀行本身應可斟酌借款人所提供擔保品的性質，在安全範圍內決定其折扣的高低，而後予以貸放，固無須於銀行法明文作硬性的規定及限制，以致失去彈性運用

之利；六十四年七月銀行法修正，特刪除銀行放款值不得超過其抵押物或質物時價百分之七十的限制，改由銀行覈實決定，以增加銀行經營放款業務的彈性，而能適應產業發展需要外，並明訂中央銀行得選擇若干種類的質物或抵押物規定其最高放款率，以便利信用的調節。修訂後的銀行法第三十七條原文為：「借款人所提質物或抵押物之放款值，由銀行根據其時值、折舊率及銷售性，覈實決定。中央銀行因調節信用，於必要時得選擇若干種類的質物或抵押物，規定其最高放款率。」

臺北市銀行公會依照上項銀行法第三十七條第一項放款值授權由銀行覈實決定的規定，特擬定如下的估價統一標準，分函各會員銀行實施：

1. 存單及短期公債等有價證券的放款值，最高以市價與面值孰低值的百分之九十為準。

2. 不動產土地的放款值，最高以時值扣除土地增值稅後百分之九十為準，建築物的放款值，最高以時值扣除折舊後百分之八十為準。

3. 動產機器設備及其質押物的放款值，由各會員單位根據其時價、折舊率及銷售性，斟酌實際情形自行訂定估價標準。

(四)擔保物的鑑定與債權的確保

銀行辦理擔保放款時，對於客戶提供的擔保物，首先應照上文所列標準及有關注意事項查明是否可以接受押借，其次要鑑定擔保物的價值是否可以充分抵償借款，最後並應辦理擔保權的設定手續。擔保物價值的估定，基本原則是應遵照銀行法第三十七條的規定，根據其時價、折舊率及銷售性，覈實決定。至於確保債權的基本原則，乃是不動產的擔保物，雖不必移轉佔有，但應設定「抵押權」；動產的擔保物必須移轉佔有，存儲銀行倉庫內或其指定的倉庫，並設定「質權」。茲再將各種擔保物個別應注意的事項分別說明於下：

1. 商　品

(1)以當地批發時價爲估價標準，視商品性質及客戶信用狀態決定折扣成數，借款額最高不得超過鑑定價格的七成。

(2)商品應以有一定市場而易於變賣者爲限；禁制品及有囤積嫌疑品，或其他法律明令禁止品均不得收受；顏料、工業原料、化學藥品等，因易變質，不適合質押條件，不宜承作；與其本業無關的貨品亦應儘量避免。

(3)充爲擔保的商品，應存儲銀行倉庫或銀行所指定的倉庫，並將倉單讓渡背書與銀行，以便設定質權。同時應投保火險，並指定銀行爲受益人。

(4)質押品的掉換應儘量避免，因特殊情形需要承辦時，應將新質押品確實估價，經呈請總行批准並設定質權或過戶後，方可退還舊質押品。

2.有價證券

(1)應限於具有市場而收益豐富，且易於處分的證券；以最近交易的較低時價爲估價標準，並參酌借款人信用狀態決定折扣成數，借款額最高不得超過鑑定價格的七成。

(2)無配息的股票，和非經金融機關保證的公司債，原則上不宜收受爲擔保物。銀行本身發行的股票，以及其他公司發起人股份而在公司設立登記未滿一年者，依法均不得作質押之用。

(3)對有價證券本身的眞僞必先查明。如係記名式，應辦理背書受讓手續，並取得過戶申請書，向發行機關辦理質權設定手續；如係無記名式，應將證券妥爲收存，並應通知發行機關確認本行保管的事實。

(4)應經常注意市價的變動，如遇證券的價值下跌時，應追加擔保物。

3.債權擔保

(1)受理本行各種定期及儲蓄存單爲擔保時，應驗明存單並請客戶背書，經核對印鑑無誤後，向存款部門辦理質權設定登記，並將存單收存保管；質借成數最高以市價與面值孰低的九成爲標準。

(2)同業的定期存款單以不接受為原則，倘若受理時，除辦理上項手續外，應向該同業設定質權，俟承認後方可貸放。

4.不動產抵押

(1)應請客戶提出不動產詳細地號、面積及產權書類，先作書類上的審查，再派員實地勘查抵押標的，然後依照臺北市銀行公會所訂估價統一標準辦法予以估價，土地的放款值最高以時值扣除土地增值稅後百分之九十為準；建築物的放款值，最高以時值扣除折舊後的百分之八十為準（對中長期放款，並應考慮中長期的時值變動，折舊年數較長，酌予降低放款率一成以上）。

(2)可以接受抵押的不動產，以容易處分而無糾葛者為限，如市鎮建築用地，繁榮地區的住屋樓房、工廠廠房及其基地等。凡公共使用地及已設定其他權利、或有訴訟糾紛、或受災性較大、或處分困難、或未成年子女所提供的不動產，均不宜受理為抵押物。

(3)提供銀行為抵押的不動產，經鑑定完畢並驗明產權書類齊全後，應即辦理抵押權設定，作成契約，記載雙方有設定抵押權的意思表示，經過地政機關登記發給他項權利證明書，再請領登記簿謄本備查，方可貸款。

(4)抵押的房產，應投保火險並指定銀行為受益人，同時應經常注意現況有無變動，尤其對於改造及出租的房屋，更應要小心。土地的抵押債務人，如擅自在土地上營造建築物，亦足以減少抵押物的價值，須加制止，必要時，得將其建築物及土地一併拍賣。

5.船舶抵押

(1)凡經港務局登記的二十噸以上船舶，可以抵押權設定的形式作為擔保。

(2)船舶抵押應特別注意海商法第二十四條所規定的各項優先權。船舶壽齡較短，價值遞減甚快，風險又大，且有超越抵押權的優先事項，

所以放款成數不宜過高。

(3)設定船舶抵押權時，應以書面向該船籍所在地的港務局聲請登記，發給船舶登記證明書及登記簿謄本。船舶保險除全損賠償TLO（又稱全損險，為英文 Total Loss Only 的簡稱）條項外，應加保船舶的部分損害，並應指定銀行為受益人。

6.動產抵押

(1)受理動產抵押之前，須先查明有無物權或債權的權利存在。

(2)動產擔保標的物，目前一般係為生產事業的機器、設備、車輛等。估價係以新購的重置價格扣除放款到期日為止的折舊額為準，並參酌其時價及銷售性等，承貸金額對優良客戶最多不超過鑑定價格的七成，一般客戶應予酌減成數。

(3)擔保物應由借款人投保火險或其他必要保險，並指定銀行為受益人。放款期間內，抵押物如被遷移、出賣、出質、移轉或受其他處分，致有損害抵押權的行使；或因借款人未能履約償還借款，需要確保債權時，均須佔有抵押物。如債務人或第三人拒絕交付抵押物，應即依動產抵押契約聲請法院強制執行。

第三節 一般放款的處理

一、放款的撥款、收回、及展期

㈠放款撥款轉帳

1.放款的撥付手續，除透支及擔保透支另詳第四節外，分述如次：

(1)各項簽約、對保及擔保權設定手續，經核驗如皆完妥而無任何瑕疵，即可將核定的借款金額轉帳撥入借款人帳戶。但如屬分批撥款時，

則應注意借款人是否滿足撥款條件。

(2)撥帳前應以「授信核准登錄單」將授信批覆書（即授信申請書或備案書的營業單位留存聯）核准的授信條件，依電腦作業規定鍵入電腦並認證之。

2.帳務處理手續如下：

(1)放款撥帳時，應以「授信核准貸放登錄單」將授信貸放條件依電腦作業規定鍵入電腦，並製有關部別「(借)短(中、長)期放款」或「(借)短（中、長）期擔保放款」科目轉帳支出傳票及「(貸)有關存款科目」轉帳收入傳票。

(2)依放款借據備查卡登記有關備查資料。經辦員並於其上「貸放金額」後蓋私章。

(3)於授信批覆書（即授信申請書或備案書的營業單位留存聯）上的「轉帳戳記」處加蓋放出日期之轉帳章，並由授信經辦員及主管人員蓋私章。

(4)如有擔保物時,應依其性質別分別登記於「不動產抵押權登記簿」、「動產抵押權登記簿」、「動產有價證券質押品登記簿」，有關設定登記、保險提供人等資料，另應依「擔保品資料登錄單」鍵入電腦資料。

(5)將傳票、批覆書、約據、放款借據備查卡、登錄的單簿、擔保權權狀或憑證及設定登記的書據等，一併送主管人員檢印。

(6)主管人員檢印後，將「(貸)有關存款科目」的傳票，送交存款部門人員記帳處理。

(7)放款撥帳後，各項約據、書類，應按本章及有關規定妥為保管。

(二)放款收回程序

1.放款放出後，授信人員應經常注意借款人及保證人的資產、信用狀況及擔保品變動情形。

2.放款本息繳付到期日前五日，應向借款人寄發「放款本金利息到期通知書」或以其他方式（如電話），通知其到行辦理繳息或還本、展期手續，以提醒借款人事先籌款償還或需再續約或展期時，提前配合作業，以免造成逾期違約。

3.收入本金及／或利息，應依規鍵入電腦，製下列傳票憑以收款：

(1)收回本金及利息：

　　借：庫存現金（或其他相關科目）

　　　　貸：○○放款

　　　　　　應收利息（或利息收入）

(2)收回期中利息：

　　借：庫存現金（或其他相關科目）

　　　　貸：應收利息（或利息收入）

放款利息收妥後，應掣給利息收據；本息分期償還者，屬本金部分同時掣發本金餘額對帳單，交借款人收執。

4.借款人繳付本息如有逾期時，逾期部分除依約定利率收取遲延利息外，並應加收違約金。其利息與違約金均以「利息收入」或「應收利息」科目處理。

5.放款本金及／或利息的收回應於「放款借據備查卡」記入收回本息內容(於備查卡本金餘額後蓋私章)，並併同有關傳票送主管人員核章。放款本息全部收回後，應將借據加蓋「作廢」戳記，退還借款人。

6.如提供擔保（品）的放款，於借款人還清本息領回擔保（品）時，應退還前述約據、抵押權設定契約書、他項權利證明書等書類外，並應發給債務清償證明書。

如銀行原以發給擔保品保管證者，應予收回。借款人領回的書件應於有關登記簿上由領回人（借款人或所有權人）簽章具領，或請領回人另填具收據領回（領回收據應浮貼於有關登記簿上）。

(三)放款展期程序

1.放款到期，借戶商請一部或全部展期時，應依前述授信作業流程辦理。

2.如屬授權放款，由營業單位核定之；如屬超過授權權限的案件，應填送「授信申請書」向總行申請，經總行批准後，始得憑批覆書辦理展期手續。

3.辦理展期時，應注意保證人有否同意，如聲明不願再保時，應查明原因認無不妥後，請借款人另覓銀行認可之保證人，其非依銀行「營業單位授信授權準則」核貸之案件並應先向總行辦理保證人變更之申請。

4.應檢查各項抵押權登記的存續期間，如期限已將屆滿，應辦理延長存續期間的登記手續。

5.放款展期，一方面爲放款的收回，另一方面則爲放出，其手續及帳務處理，應比照「放出」與「收回」辦理。

會計分錄如下：借：○○放款（或其他授信科目）

貸：○○放款（或其他授信科目）

6.展期時債權憑證之徵求方式：

(1)重新徵求新借據：一般放款原則採此方式辦理。

(2)徵求展延借款期間之增補契約：於知悉提供銀行的擔保（品）被查封時宜採行之；原借據應予保留，並與增補契約合訂之，依借據保管之方式保管。

二、放款應徵求的書件契據

(一)放款貸放前應徵求的主要書件契據

1.授信約定書

商業銀行 授信核准登錄單(181)

中華民國　　年　　月　　日

戶 名							代表人姓名					

授信戶號：分行別　行業代號　編　號　檢號

核准號碼：年　月　日　編號

科目　　部別

1. 銀行部
2. 儲蓄部
3. 信託部

身分證統一編號

營業事業統一編號

保證人(1)身分證號　　微信報告日期　　年　月　日　　資產淨值 新台幣 NT$　　萬元

保證人(2)身分證號　　微信報告日期　　年　月　日　　資產淨值 新台幣 NT$　　萬元

核准金額 新台幣 NT$　　元

授信型態

額度有效期間　　年　　月

本件授信期間　　年　　月

到期日民國　　年　　月　　日

授信型態最高額度 新台幣 NT$　　元

加減碼利率 加減　・　%

固定利率　・　%

手續費率　・　%

手續費 新台幣 NT$

企業型態
- 0：私　人
- 1：中小企業
- 2：大　企　業
- 3：其　他

利息(手續費)計收方式

繳息(費)期間　　月

利率調整期間　　月

本金償還方式　　月

分期還本期間　　月

還本寬限期間　　月

貨幣市場天數　　天

上次核准號碼

透支帳號

存單帳號

移管前戶號

核准方式
- 10：非　授　權
- 21：經權外授權
- 22：經權內授權

利(費)率調整方式
- 0：固　　定
- 1：浮　　動
- 2：定額浮動
- 3：隨存單利率浮動
- 4：隨貨幣市場利率浮動
- 5：手續費率

申請方式
- 1：額度申請
- 2：逐次(限度)申請
- 3：限此次申請
- 4：逐次、限此次展期申請
- 5：額度增(減)或展期
- 6：催　收　申　請

擔保品種類

本件屬性
- 0：新貸
- 1：增貸
- 2：原額(限)度內
- 3：新　戶

擔保性質
- 1：正擔保
- 2：副擔保
- 3：加強信用
- 4：純信用

核准日期 民國

交易類別
- 1：批覆書登錄
- 2：批覆書解除
- 3：批覆書刪除

借款用途
- 0：經常週轉金
- 1：臨時週轉金
- 3：購置不動產
- 4：購置動產
- 5：企業投資

正(副)擔保貸放成數　　%

信保成數　　%

授信戶關係
- 0.一般
- 銀行法第33條之1第1款
- 銀行法第33條之1第2款
- 銀行法第33條之1第3款
- 銀行法第33條之1第4款
- 銀行法第33條之1第5款
- 6.行員
- 7.主要股東
- 8.本行持股達3%之事業
- 本行持股達5%之事業
- A.董監事

特殊分類代號　　授信對象行業統計分類　　融資地區

交 易 序 號	授 信 戶 號	核 准 號 碼	科 目	部 別	身分證統一編號

營利事業統一編號	保證人(1) I D	微信報告日期(1)	資產淨值(1)(萬元)	保證人(2) I D

微信報告日期(2)	資產淨值(2)(萬元)	核 准 金 額	額度有效期間	本件授信期間

到 期 日	核准方式	申請方式	本件屬性	借款用途	授信戶關係	授 信 型 態

授信型態最高額限度	加減碼利率 %	固 定 利 率 %	手續費率 %	手 續 費	利(費)率調整方式

擔保品種類	擔 保 性 質	正(副)擔保貸放成數 %	信 保 成 數 %	企 業 型 態	利息(手續費)計收方式

繳息(費)期間	利率調整期間	本金償還方式	分期還本期間	還本寬限期間	貨幣市場天數

上次核准號碼	透 支 帳 號	存 單 帳 號	移管前戶	核准日期	交易類別	核可

特殊分類代號	授信對象行業統計分類	融 資 地 區	股票質押方式

(科目、擔保品種類，利息(手續費)計收方式，本金償還方式代號說明見背面)

LN81. 85.3. 1×100×150本(慶)　　主管　　覆核(認證)　　登錄　　經辦

國際銀行授信核准貸放登錄單（102）

中華民國　　　年　　　月　　　日

戶 名			加減碼利率	加減 □□.□□ %
交易類別	1：一般　　2：移管　　3：展期		固定利率	□□.□□ %
授信戶號	分行別　行業代號　編號　檢號		預收息額	新台幣 NT$ 　　　元
核准號碼	年　　月　　日　　編號		上次計息日	民國　　年　　月　　日
			年金未攤還次數	
貸放(保證)金額	新台幣 NT$ 　　　元		未收息額	新台幣 NT$ 　　　元
現放(保證)金額	新台幣 NT$ 　　　元		未收息起日	民國　　年　　月　　日
催收類別	1：本金　　2：利息		未收息訖日	民國　　年　　月　　日
到期日	民國　　年　　月　　日		撥貸存款帳號	分行別　科目　編號　檢號
貸放期間	年　　月　　日		自動扣帳別	0：不自動扣帳 1：只轉利息 2：本息皆轉（放出額／總期數） 3：本息皆轉（餘額／餘期數） 4：年金戶轉本息
放出日	民國　　年　　月　　日			
初放經理	ID 姓名		自動扣帳帳號	分行別　科目　編號　檢號
展期經理	ID 姓名		展期催收前核序號	日　期　編號　貸放序號
部別	1.銀行部　2.儲蓄部　3.信託部		手續費	新台幣 NT$ 　　　元
科目			L/C號碼	

認	交易日期	交易序號	交易類別	授信戶號	核准號碼	貸放序號
	貸放(保證)金額	現放(保證)餘額	催收類別	到期日	貸放期間	放出日
	初放經理	展期經理	部別	科目	加減碼利率 %	固定利率 %	預收息額
	上次計息日	年金未攤還次數	未收息額	未收息起日	未收息訖日	撥貸存款帳號
證	自動扣帳別	自動扣帳帳號	展期催收前核序號	手續費	L/C號碼
參	核准金額	額度有效期間	本件授信(保證)期間	核准方式	申請方式	本金償還方式
考	還本寬限期間	分期還本期間	利(費)率調整方式	利率調整期間	加減碼利率 %	固定利率 %	手續費率 %
欄	手續費	利息(手續費)計收方式	繳息(費)期間	年金應攤還金額	授信型態	存單帳號

（科目、核准方式、申請方式、本金償還方式、利(費)率調整方式、利息(手續費)計收方式見背面）

LN-02 85.5.1×100×300本(慶)

主管　　　覆核　　　登錄　　　經辦
　　　　　（認證）

經副襄理		科課長（主辦）		經辦	

放款借據備查卡　　　　年　月　日製

授信戶號		核准號碼		貸放序號 貸放科目	
授　信　戶		授信型態		貸放金額 NT$	

借款期間	___年 自 年 月 日 起 ___個月 至 年 月 日 止	利率調整方式	□浮動 □固定 □定期浮動每 月 □隨存單利率浮動	本金償還方式	□到期償還 □本息定額分期償還 □本金平均分期償還 □
寬限期間	___年 自 年 月 日 起 ___個月 至 年 月 日 止	利率訂價	基本放款利率加(減) ％		
		適用利率		攤還期數 期 初放日 年 月 日	

自　動　轉　帳	□否　□只轉利息　□本息皆轉	存款帳號	
上次核准號碼		展期次數	電話 FAX

備註：

期別	償還日期 年 月 日	摘要	利率％	計息期間	收回本金	利息	違約金計收 天數 違約金		本金餘額

商業銀行擔保品資料登錄單(195)

中華民國　　年　　月　　日

交易類別	1.申請　2.補除　3.變更　4.解除　5.刪除　6.刪除順位
授信戶號	分行別
擔保品種類	行業代號　　02含　10不動產　20動產　30船舶　34航空器　90其他
擔保品編號	
提供人A身分證號	
提供人B身分證號	
提供人C身分證號	
提供人D身分證號	
原提供人身分證號	
新提供人身分證號	

原保險單　號碼
　　　　　金額　新台幣 NT$　　　　　　萬元
　　　　　到期日　民國　　年　　月　　日

新保險單　號碼
　　　　　金額　新台幣 NT$　　　　　　萬元
　　　　　到期日　民國　　年　　月　　日

擔保品　前順位金額　新台幣 NT$　　　　　　萬元
　　　　到期日　民國　　年　　月　　日

設定　金額　新台幣 NT$　　　　　　萬元
　　　價　新台幣 NT$　　　　　　萬元

交易序號	授信戶號	擔保品種類	擔保品編號	提供人A	提供人B
提供人C	提供人D	原提供人	新提供人	原保險單號碼	新保險單號碼
原保險金額（萬元）	新保險金額（萬元）	原保險金額（萬元）	前順位金額（萬元）
原保險單到期日	新保險單到期日	設定順位
設定金額（萬元）	設定時繼價（萬元）
設定到期日

主管　　覆核　　登錄
　　　　（初速）　　（初速）

經辦

LN-95　1×100本100本 83.4.(光)

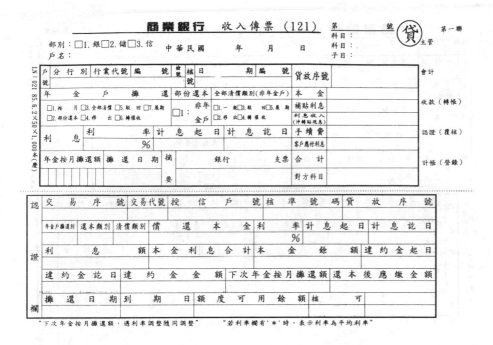

商業銀行 收入傳票 (121) 第 號 貸 第一聯

科目：　主管
科目：
子目：

部別：□1.銀□2.儲□3.信　中華民國　年　月　日
戶名：

戶號	分行別	行業代號	編號	核號	日	期編號	貸放序號		會計

年金戶攤還部份還本　全部清償類別(非年金戶)　本金　　收款(轉帳)

□1.按　月　□3.全部清償　□5.駛　回　□7.展期
□2.部份還本　　出□6.轉催收　　□1：　非年金戶　□1.一般□3.駛　回□5.展期
　　　　　　　　　　　　　□2.移　出□4.轉催收

補貼利息
利息收入(沖轉貼現息)　認證(覆核)
手續費
客戶應付利息

利息　利　率　計息起日　計息訖日 %

年金按月攤還額　攤還日期　摘要　銀行　支票　合計　計帳(登錄)
對方科目

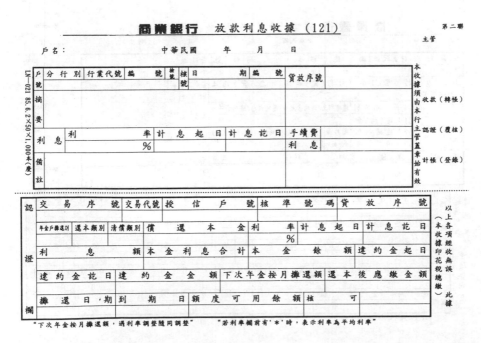

認	交易序號	交易代號	授信戶號	核準號碼	貸放序號
	年金戶攤還別	還本類別	清償類別	償還本金利率 %	計息起日　計息訖日
證	利息額	本金利息合計	本金餘額	違約金起日
	違約金訖日	違約金金額	下次年金按月攤還額	還本後應繳金額
欄	攤還日期	到期日	額度可用餘額核	可

"下次年金按月攤還額，遇利率調整隨同調整"　　"若利率欄有'＊'時，表示利率為平均利率"

商業銀行 放款利息收據 (121)　第二聯
主管

戶名：　中華民國　年　月　日

戶號	分行別	行業代號	編號	核號	日	期編號	貸放序號	

摘要

利息　利　率　計息起日　計息訖日　手續費 %　　利息

備註

本收據須由本行主管簽章始有效
收款(轉帳)
認證(覆核)
計帳(登錄)

認	交易序號	交易代號	授信戶號	核準號碼	貸放序號
	年金戶攤還別	還本類別	清償類別	償還本金利率 %	計息起日　計息訖日
證	利息額	本金利息合計	本金餘額	違約金起日
	違約金訖日	違約金金額	下次年金按月攤還額	還本後應繳金額
欄	攤還日期	到期日	額度可用餘額核	可

以上各項照收無誤(本收據印花稅總繳)此據

"下次年金按月攤還額，遇利率調整隨同調整"　　"若利率欄前有'＊'時，表示利率為平均利率"

商業銀行 放款 利息(遲延利息) 手續費 收入傳票(131)　　第二聯

郵別：□1.銀　□2.儲　□3.信　　中華民國　　年　月　日　　科目：　　子目：　　主管

戶號	分行別	行業代號	編號	檢號	核日	期編號	貸放序號		會計
利息(手續費)	利(費)率 ％	計息(費)起日	計息(費)訖日		客戶應付利息(手續費)			會計	
					補貼利息				
遲延利息	交易類別 □1：違約金	遲延利息/違約金起日	遲延利息/違約金訖日		遲延利息金額			收款(轉帳)	
違約金	□2：遲延利息　□3：兩者	違約金 收取類別 □1：一般 □2：減免	遲延利息/違約金計息本金		違約金金額			覆核(認證)	
補貼利率 ％	摘要	收到　　銀行		支票	合計			記帳(登錄)	
					對方科目				

遲延利息違約金手續費利息	認證	交易序號	交易代號	授信戶號	核准號碼	貸放序號	交易類別	遲延利息起日
		違約金訖日	收取類別	違約金計息本金	利率 ％	遲延利息	違約金	合計　核可
	認證	交易序號	交易代號	授信戶號	核准號碼	貸放序號	利(費)率	
		計息(費)起日	計息(費)訖日	客戶應付利息(手續費)	上次計息日	違約金起日	違約金訖日	
		違約金金額	應收未收息	未收息起訖日			核可	

LN 031 85.6.2×50×1.000本(慶)　　　　＊若利率欄前有 "＊" 時，則表示利率為平均利率。

(收受票據者，載明票據名稱、行庫名稱、號碼，免貼印花稅票) 本收據須由本行主管蓋章始有效

商業銀行 放款 利息(遲延利息) 手續費 收入傳票(131)　　第一聯

郵別：□1.銀　□2.儲　□3.信　　中華民國　　年　月　日　　科目：　　子目：　　主管

戶號	分行別	行業代號	編號	檢號	核日	期編號	貸放序號		會計
利息(手續費)	利(費)率 ％	計息(費)起日	計息(費)訖日		客戶應付利息(手續費)			會計	
					補貼利息				
遲延利息	交易類別 □1：違約金	遲延利息/違約金起日	遲延利息/違約金訖日		遲延利息金額			收款(轉帳)	
違約金	□2：遲延利息　□3：兩者	違約金 收取類別 □1：一般 □2：減免	遲延利息/違約金計息本金		違約金金額			覆核(認證)	
補貼利率 ％	摘要	收到　　銀行		支票	合計			記帳(登錄)	
					對方科目				

遲延利息違約金手續費利息	認證	交易序號	交易代號	授信戶號	核准號碼	貸放序號	交易類別	遲延利息起日
		違約金訖日	收取類別	違約金計息本金	利率 ％	遲延利息	違約金	合計　核可
	認證	交易序號	交易代號	授信戶號	核准號碼	貸放序號	利(費)率	
		計息(費)起日	計息(費)訖日	客戶應付利息(手續費)	上次計息日	違約金起日	違約金訖日	
		違約金金額	應收未收息	未收息起訖日			核可	

LN 031 2×50×1,000本(慶) 86.5　　　　＊若利率欄前有 "＊" 時，則表示利率為平均利率。

約定書為銀行與借戶、保證人間的基本契約，應分別向借款人及保證人各徵取一份。

2.印鑑卡

對借戶及保證人應一律徵求印鑑卡各二份。授信部門保管一份；另一份由會計部門永久保管。

3.保證書

如借款人為公司組織者，應依規定徵求董監事私人的保證書。

上述1.2.3.項書據，應依照「債權確保」有關規定，確認借、保人資格，並辦妥對保手續。

4.本　票

無擔保放款應由借款人另開具「本票」作為銀行主要債權憑證，在免除作成拒絕書文字下方，應由發票人及保證人蓋章。

5.借　據

擔保放款應由借款人另開具「借據」作為銀行主要債權憑證。借據可因放款性質的不同分為下列各種格式：

(1)本金到期一次償還者適用。

(2)本息分期償還者適用。

(3)消費者貸款適用。

(4)存單質借適用。

(5)金融卡貸款適用。

(6)消費者貸款部分本金分期償還者適用。

註：上述約據為確保債權的最重要憑證，除應對約據上的金額、簽章及其他文字之填寫審慎驗對外，並應注意避免借款到期日為星期例假日。

6.擔保（品）有關書據

各項擔保物權的設定手續，及擔保（品）有關書據的徵求，應依照

戶號

經副襄理	科課長（主辦）	經辦人

授信約定書

立約定書人（以下簡稱立約人）與**商業銀行股份有限公司**（即　商業銀行，包括總行及所屬各分支機構，以下簡稱貴行）約定，立約人對　貴行之一切受（授）信往來，願遵守左列各條款：

第一條：本約定書所稱一切債務，係指立約人對　貴行所負之票款、借款、墊款、保證、信用卡消費款等債務及其他債務，並包括其利息、遲延利息、違約金、損害賠償及其他有關費用。

第二條：立約人因名稱、組織、章程內容、印鑑、代表人、代表人權限範圍或其他足以影響　貴行權益變更情事發生時，應即以書面將變更情事通知　貴行，並辦妥變更或註銷留存印鑑之手續，於未爲前項通知及變更或註銷留存印鑑手續前與　貴行所爲之交易，立約人均願負其責任，如因而造成　貴行損害，並負賠償責任。

第三條：立約人之住所如有變更，應即以書面通知　貴行，如未爲通知，　貴行將有關文書於向本約定書所載或立約人最後通知　貴行之住所發出後，經通常之郵遞期間即視爲到達。

第四條：立約人對　貴行所負一切債務，均應依照各個授信契據所載利率計付利息，除另有約定外，按月支付。如無約定者，依照債權發生當日　貴行公告之基本放款利率計息。

第五條：立約人對　貴行所負之一切債務，如有左列情形之一時，　貴行得隨時減少對立約人之授信額度或縮短借款期限，或視爲全部到期：

㈠任何一宗債務不依約清償本金時。

㈡依破產法聲請和解、聲請宣告破產、聲請公司重整、經票據交換所通知拒絕往來、停止營業、清理債務時。

㈢依約定原負有提供擔保之義務而不提供時。

㈣因死亡而其繼承人聲明爲限定繼承或拋棄繼承時。

㈤因刑事而受沒收主要財產之宣告時。

㈥任何一宗債務不依約付息時。

㈦擔保物被查封或擔保物滅失、價值減少或不敷擔保債權時。

㈧立約人對銀行所負債務，其實際資金用途與該銀行核定用途不符時。

㈨受強制執行或假扣押、假處分或其他保全處分，致銀行有不能受償之虞者。

貴行依前項第㈥—㈨款事由行使加速條款應於事先以合理期間通知或催告立約人。

第六條：除左列情形者外，立約人同意寄存　貴行各種存款及對　貴行之一切債權，縱其清償期尚未屆至，　貴行得以之行使抵銷權。

㈠法令有禁止抵銷之規定者。

㈡當事人有約定不得抵銷者。

㈢基於無因管理或第三人因交易關係經由委任　貴行向立約人付款者。

第七條：立約人對　貴行負擔數宗債務時，如清償人所提出之給付不足清償全部債務者，依民法之規定爲抵充。但　貴行指定抵充之方法及順序，較民法規定更有利於立約人時，從　貴行之指定。

第八條：立約人願隨時接受　貴行對受（授）信用途之監督、業務財務之稽核、擔保品之檢查、監管及有關帳簿、報表（包括關係企業之綜合財務報表）、單據、文件之查閱。　貴行認爲必要時，並得要求立約人按期填送上開徵信資料，或提供經　貴行認可會計師簽證之會計財務報表，及洽請該簽證會計師提供工作底稿，如　貴行認爲立約人送交　貴行之財務報表或其他文件有虛僞不實之處，一經　貴行通知，即視爲違約，但　貴行並無監督、稽核、檢查、監管及查閱之義務。　貴行認爲立約人之財務結構應行改善時，得要求其爲改善財務結構之行爲，立約人當即照辦。

立約人願隨時接受銀行商業同業公會聯合徵信中心（以下簡稱聯合徵信中心）查閱有關之帳簿、報表及單據文件，如聯合徵信中心認爲必要時，並得要求立約人按期填送此等徵信資料，或提供經其認可會計師簽證之會計財務報表，及洽請該簽證會計師提供工作底稿，但聯合徵信中心並無查閱之義務。

第九條：立約人對　貴行所負之各宗債務，其債權憑證如有遺失、滅失或毀損等情事，立約人願依　貴行通知再立債權憑證，提供　貴行收執，或依據　貴行帳簿、傳票、電腦製作之單據、債權憑證、往來文件之影印、縮影本等所載金額履行債務。

第十條：凡持有　貴行發給立約人之擔保物收據或保管證或立約人印鑑，前往　貴行請求返還或更換擔保物及其有關文件者，均視爲立約人之代理人，　貴行得准予返還或更換之。

第十一條：立約人所保證之債務，如主債務人未依約履行，立約人當即負責，立即如數付清並同意左列事項：

㈠貴行毋須先就擔保物受償，得逕向立約人求償。

㈡立約人代主債務人清償全部債務後，依法請求　貴行移轉擔保物權時，絕不因擔保物有瑕疵而持異議。

第十二條：立約人因本契約涉訟時，同意以　貴行總行所在地之法院或台灣　　地方法院爲第一審管轄法院，但法律有專屬管轄之特別規定者，從其規定。

第十三條：本約定書係補充各個授信契據之一般性共通約款，於立約人簽章交付　貴行後生效。

此　致

商業銀行
股份有限公司　台照

立約定書人

住　址　　市　　市區　路　段　巷　弄　號之　（　樓）
　　　　　縣　　鄉鎮　街　　　村里　　　　　鄰

留存印鑑
□立約人與　貴行往來之各個授信契據及書類須由立約人親自辦理對保簽章後始生效力。 □立約人與　貴行往來之各個授信契據及書類僅憑蓋用立約人在本約定書上所留印鑑即生效力。

營利事業統一編號	本人（或代表人）身分證統一編號	本人（或代表人）出生日期
號	號	

對保	簽章	對保日期
		年　月　日
對保人		

中華民國　　　年　　　月　　　日

L001 85.6. 1×100×300本(光隆)

本　票

憑票准於中華民國　年　月　日交付

商業銀行股份有限公司（以下簡稱貴行）或其指定人

新臺幣　　　　元整

特約事項

一、本票據利息依照第（　）款約定。

　1. 自發票日起照年息　　％固定利率按月計付。

　2. 自發票日起依照　貴行訂定基本放款利率加年息　　％（發票日基本放款利率為年息　　％）機動利率按月計付，如貴行調整基本放款利率時應自調整日起調整之。

三、本息遲延違約金、逾期在六個月以內償還時，按前項利率之一成加付，超逾六個月以上者，其超過六個月部份另按前項利率之二成加付。

四、付款地：

五、本本票委任中興商業銀行　　　分行　　部。（地址：　　　　　）為擔當付款人。

六、自動轉帳約定條款：發票人授權　貴行得免憑發票人之存摺及取款條或支票，而由　貴行任一有權簽章人員簽發存款支出憑證，或以自動化設備，逕自開設於　貴行　　存款第　　號帳戶自動轉帳取償本本票之利息及違約金，其處理方式悉依　貴行有關之規定辦理。

七、發票人等均願切實遵守另向　貴行簽訂之約定書所列各條款，並將該約定書視為本本票之一部。

中華民國　　　年　　　月　　　日

發票人：

地址：

地址：

地址：

地址：

經副襄理	科課長（主辦）	經辦人	對查證　印約權定

（授信用憑證）

戶　　號		貸放科目		TEL	
核(序)號		初　放　日			
授信型態		存款帳號			

借　據

立借款人　　　　　　　　　　　　　（以下簡稱借用人）向　商業銀行
（包括總行及所屬各分支機構，以下簡稱貴行）借用新台幣　　　
（以下簡稱本借款，連同利息及保證人保證款如左）：

一、本借款由　貴行撥入借用人與　貴行往來帳戶，或撥付借用人指定用途，即作為收訖借款。

二、本借款期間訂自民國　　年　　月　　日起至民國　　年　　月　　日止到期即將借款一次清償。

三、本借款利息：本借款利息按照左列第（　）款之約定：

　（甲）浮動調整利率　　自借款日起按年利率　　％按月計付，如　貴行利率調整時，願自調整日起改按　貴行新訂基本放款利率加碼年利率　　％後之利率計付利息。

　（乙）定期浮動調整利率　　自借款日起按年利率　　％按月計付，如　貴行利率調整時，均願自借款日起每　　個月改按　貴行新訂之基本放款利率加碼年利率　　％後之利率計付利息。

　（丙）固定利率　　利息自借款日起按年利率　　％按月計付。

四、本借款息逾期違約金：本借款本金或利息逾期在六個月以內者，另按前條利率之一○％，逾期超過六個月者，另按前條利率之二○％計付之。

五、貴行動存款抵還借款之約定：借用人授權　貴行得就借用人之存款及定期存款或支票，而由　貴行任一有權簽章人員，就本借款之利息及違約金，本處理方式以　貴行存款有關款之規定辦理。

六、其他約定：借用人及連帶保證人均切實遵守本借據所列各款，並將該約定書視為本借擔之一部。

此　致

股份有限公司
商業銀行　　　　　　　　　啟

借用人：　　　　　　　　　　（蓋章）
地　址：

連帶保證人：　　　　　　　　（蓋章）
地　址：

連帶保證人：　　　　　　　　（蓋章）
地　址：

連帶保證人：　　　　　　　　（蓋章）
地　址：

中　華　民　國　　　年　　　月　　　日

「擔保物的處理」規定辦理。

㈡其他銀行要求的文件

如依各種規定應徵求的切結書、承諾書……等。

三、放款訂價、本息及違約金等的計收

㈠基本放款利率

銀行基本放款利率乃銀行融資利率訂價的基準利率，個案放款適用利率的訂價，除固定利率者外，原則以銀行基本放款利率加（減）碼年率××％（簡寫爲基放加（減）年率××％）方式訂定。

㈡利率調整方式

銀行利率調整方式一般分下列四類：

1.固定方式

(1)依訂約時議訂的利率固定計收，不隨銀行基本放款利率的調整而調整。

(2)除貼現以固定利率預收貼現息外，銀行各類放款除另有規定或經總行核准者外，原則上不得採用。

2.浮動調整方式

(1)利率計價以銀行基本放款利率及加（減）碼幅度訂定放款適用利率，並隨銀行基本放款利率的變動而浮動調整放款適用利率。

(2)各類放款均得採用，惟透支性質的授信（如透支、擔透、金融卡）除另有規定者外，限以本方式辦理。

3.定期浮動調整方式

利率計價以銀行基本放款利率及加（減）碼幅度訂定放款適用利率，

並議訂定期（如：每三、六月）調整的基準，自撥貸日起算，每滿所訂利率調整期間（以月爲單位）後的次日起，改按銀行當時基本放款利率調整放款適用利率。

4.隨質借（或擔保）存單利率浮動調整方式

(1)按質借（或擔保）存單的利率加固定百分比（現行規定至少加百分之一‧五），核定放款適用利率。

(2)適用於銀行定期存單、定期儲蓄存單或轉讓定期存單的質借或擔保放款。

(三)放款利息的計算

1.短期放款（一年以內的放款）

按日計息。自放出日起至付息日前一日止(計頭不計尾)，依實際天數計收，其計算公式：

$$應收利息＝本金×利率（年息）×實際天數／365天$$

實務上亦可以下列計算方式計算：

$$放款積數×利率（年息）×1/365＝應收利息$$

$$放款積數＝本金×實際天數$$

2.中長期放款

足月部分(不論大小月，例如二月八日至三月八日爲一個月)，按月計息，不足月部分，按日計息。

本金乘以年利率、月數，再除以十二，即得利息額；遇有不足一月的畸零天部分，即按日計息。（即按短期放款方式計息）

中長期放款繳息期間跨越新、舊兩種利率時，以新、舊利率天數佔該期總天數之比例計算其利息額。

㈣放款本息的計收及償還

1.預收利息

除貼現外，一般放款利息均不預收。

2.按月計收利息，到期還本

銀行各種放款除另有規定或約定者外，應按月計收利息，到期還本。自放出日起至次月相當日爲繳息日(無相對日時以月底爲準)，每個月繳息一次，並於到期或中途還本時，連帶償付利息。惟透支性質授信，其利息於每月底滾入原本計息。

3.本息分期償還

係本金與利息同時償還，可以分爲下列二類：

⑴本息定額分期償還：

放款本息自放出日或還本寬限期屆滿後一個月起，按年金法計算每月平均償還本息，在寬限期內，每月付息一次。採本方式者，每月償還金額一定，銀行先扣還利息後，餘額償還本金，如有餘數在最末期調整之。

⑵本金平均分期償還：

本金自放出日或寬限期屆滿後一個月起，按月或按期平均償還。利息自放出日後滿一個月起，每月付息一次，並按放款本金餘額計算利息。

採本方式者，還本後利息隨本金餘額的減少而減少，故每月或每期償還金額遞減之。

以上兩類本息分期償還方式，適用於資本性資金貸款，及各類消費者貸款。

㈤自動轉帳償還本息約定

爲方便客戶繳納本息起見，借款人可於借據上約定，或另以授權書

委託銀行逕自其指定的存款帳戶，自動轉帳扣款，償付應償的借款本息，自動扣帳帳戶應以借款人本人的存款帳戶爲原則。

銀行電腦自動轉帳扣款償付本息的範圍：

1.本金到期一次償還者，自動扣帳範圍，爲每月應繳的利息。

2.本息分期償還者，自動扣帳範圍爲每月應攤還的本金及利息。

3.應繳的本金及／或利息，電腦自應繳日起連續扣帳至扣到款日止，惟本息逾期超過七天後，電腦即停止自動扣帳，應請客戶來行繳款，或另依約定得由授信部門經辦員及有權簽章人員會簽存款支出憑證，並限以轉帳方式，自原授權的存款帳戶支取款項，償還應償的借款本息。

4.爲提高授信作業品質，銀行授信戶得於銀行任一營業單位就其存款帳戶辦理自動轉帳償還貸款本息。

(六)違約金的計收

1.銀行放款違約金的計算方式如下：

(1)約定按期還本或付息的放款無論本金或利息，如有一期遲延，全部債務視爲到期。

(2)不論所遲延者爲本金或利息，逾期在六個月以內部分按本金金額照原貸利率百分之十加收違約金，逾期超過六個月部分按本金金額照原貸利率百分之二十加收違約金。

(3)借款本金到期或視爲到期而未清償者，自逾期日起按本金餘額依原約定利率計收遲延利息，並依前開標準加收違約金。

2.違約金的減免

銀行爲因應實際作業，保持執行彈性，得依下列規定酌情減免違約金：

(1)借款本金或利息自到期之日起七天內爲償付寬限期，在寬限期間內還本付息者，免計違約金。到期日起第七天適逢星期日或假日時寬限

期順延。

　　⑵逾寬限期仍未償付本金或利息者，自到期日起計收違約金。

　　⑶其他有關違約金的減免，應設置「違約金減免備查簿」登記。

四、一般放款業務的記帳釋例

㈠短期放款案例

　　鑫鑫公司申請銀行貸款，期間一年，金額100萬元，相關資料如下：

　　戶號：800-01382-13-6，活期存款帳號：800-11-1-9

　　貸放日期：八十五年十月九日，貸放金額：$1,000,000，利率：
10%，貸放期間：一年

　　＊短期放款利息計收採按日計息，違約金爲利息金額10%。

　　1.會計分錄

　　⑴八十五年十月九日撥貸時：

　　　借：短期放款　　　　　$1,000,000

　　　　　貸：活期存款　　　　　$1,000,000

　　⑵八十五年十一月九日收息時：

　　計算公式：$1,000,000×10%×31/365＝$8,493（利息）

　　　借：庫存現金　　　　　　　$8,493

　　　　　貸：應收利息──短放息　　$8,493

　　⑶八十六年二月九日未按期繳息，八十六年二月二十日才前來繳納，
需加計違約金：

　　計算公式：$1,000,000×10%×31/365＝$8,493（利息）

　　　　　　　$1,000,000×10%×11/365×10%＝$301（違約金，違
　　　　　　　約日期11天）

　　　借：庫存現金　　　　　　　$8,794

　　　　　貸：應收利息——短放息　　　　　　　　　$8,493

　　　　　　　應收利息——短放息　　　　　　　　　　301

(4)八十六年十月九日收回借款：

計算公式：$\$1,000,000 \times 10\% \times 30/365 = \$8,219$　（利息）

　　借：庫存現金　　　　　　　$1,008,219

　　　　貸：短期放款　　　　　　　$1,000,000

　　　　　　應收利息——短放息　　　　　　8,219

2.有關傳票

(1)

(2)

商業銀行　放款利息(遲延利息)手續費　收入收據(131)

第 一 聯

（收受票據者，載明表號名稱，行庫名稱；號碼，免貼印花稅票。）本收據須由本行主管蓋章始有效

部別：☑1.銀 □2.趨 □3.信　　中華民國 85 年 11 月 9 日　　科目：應收利息　主管
戶名：毅毅公司　　　　　　　　　　　　　　　　　　　　　子目：短期放款息

戶號	分行別	行業代號	編　號	世核	日　期　編　號	貸放序號		會計
	800	01382	00013-6	號	085100 9004	0001		

| 利息(手續費) | 利(費)率 10 % | 計息(費)起日 85/10/9 | 計息(費)訖日 85/11/9 | 客戶應付利息(手續費) 8,493.- | 收款(轉帳) |
| | 補貼利息 | | | |

遲延利息	交易類別	遲延利息/違約金起日	遲延利息/違約金訖日	遲延利息金額	覆核(認證)
	□1：違約金			
違約金	□2：遲延利息　違約金 □1：一般	遲延利息/違約金計息本金		違約金金額
	□3：兩　者　收取類別 □2：減免			

| 補貼利率 | 摘 | 收到 銀行 支票 | 合　計 8,493.- | 記帳(登錄) |
| % | 要 | | 對方科目 | |

認證	交 易 序 號	交 易 代 號	授 信 戶 號	核 准 號 碼	貸放序號 交易類別	違約金起日
	違約金訖日	收取類別	違約金計息本金	利率　%	遲延利息 違約金 合	計 核可
認證	800-XL-101119	1310	800-01382-00013-6	085100 9004	0001	利(費)率 10.00
	計息(費)起日 85/10/9	計息(費)訖日 85/11/9	客戶應付利息(手續費) 8,493.-	上次計息日 85/10/9	違約金起日	違約金訖日
證	違 約 金 金 額	應 收 未 收 息	未 收 息 起 訖 日		核 可

LN 031　　2×50×1,000本(慶)　　　　　＊若利率欄前有 "＊" 時，則表示利率為平均利率。

(3)

商業銀行　放款利息(遲延利息)手續費　收入收據(131)

第 一 聯

（收受票據者，載明表號名稱，行庫名稱；號碼，免貼印花稅票。）本收據須由本行主管蓋章始有效

部別：☑1.銀 □2.趨 □3.信　　中華民國 86 年 2 月 20 日　　科目：應收利息　主管
戶名：毅毅公司　　　　　　　　　　　　　　　　　　　　　子目：短期放款息

戶號	分行別	行業代號	編　號	世核	日　期　編　號	貸放序號		會計
	800	01382	00013-6	號	085100 9004	0001		

| 利息(手續費) | 利(費)率 10.00 % | 計息(費)起日 86/1/9 | 計息(費)訖日 86/2/9 | 客戶應付利息(手續費) 8,493.- | 收款(轉帳) |
| | 補貼利息 | | | |

遲延利息	交易類別	遲延利息/違約金起日	遲延利息/違約金訖日	遲延利息金額	覆核(認證)
	□1：違約金			
違約金	□2：遲延利息　違約金 □1：一般	遲延利息/違約金計息本金		違約金金額
	□3：兩　者　收取類別 □2：減免			

| 補貼利率 | 摘 | 收到 銀行 支票 | 合　計 8,493.- | 記帳(登錄) |
| % | 要 | | 對方科目 | |

認證	交 易 序 號	交 易 代 號	授 信 戶 號	核 准 號 碼	貸放序號 交易類別	違約金起日
	違約金訖日	收取類別	違約金計息本金	利率　%	遲延利息 違約金 合	計 核可
認證	800-XL-094038	1310	800-01382-00013-6	085100 9004	0001	利(費)率 10.00
	計息(費)起日 86/1/9	計息(費)訖日 86/2/9	客戶應付利息(手續費) 8,493.-	上次計息日 86/1/9	違約金起日	違約金訖日
證	違 約 金 金 額	應 收 未 收 息	未 收 息 起 訖 日		核 可

LN 031　　2×50×1,000本(慶)　　　　　＊若利率欄前有 "＊" 時，則表示利率為平均利率。

(4)

商業銀行 放款 利息(遲延利息) 手續費 收入收據(131)　　第一聯

部別：☑1.銀 □2.儲 □3.信　　中華民國 86 年 2 月 20 日　　科目：應收利息　子目：短期放款息　主管

戶名：鑫鑫公司

戶號 分行別 行業代號 編號 檢號	800-01382-00013-6	核號 日期 編號	0851009004	貸放序號	0001
利息(手續費)	利(費)率 10.00 %	計息(費)起日 86/1/19	計息(費)訖日 86/2/19	客戶應付利息(手續費)	
				補貼利息	
遲延利息	交易類別	遲延利息/違約金起日	遲延利息/違約金訖日	遲延利息金額	
	☑1：違約金	86/2/19	86/2/20		
違約金	□2：遲延利息 □3：兩者	違約金收取類別 ☑1：一般 □2：減免	遲延利息/違約金計息本金 1,000,000	違約金金額	301.–
補貼利率 %	摘要	收到 銀行 支票		合計	301
				對方科目	

會計　收款(轉帳)　覆核(認證)　記帳(登錄)

本收據須由本行主管蓋章始有效（收受票據者，裁明票據名稱、行庫名稱、號碼，免貼印花稅票）

遲延利息違約金 認證

交易序號	交易代號	授信戶號	核准號碼	貸放序號	交易類別	違約金起日
800-24-094125	1390	800-01382-00013-6	0851009004	0001	1	86/2/19

違約金訖日	收取類別	違約金計息本金	利率	遲延利息	違約金	合計	核可
86/2/20	1	1,000,000	10.00%		301	301	65

手續費利息 認證

交易序號	交易代號	授信戶號	核准號碼	貸放序號	利(費)率

計息(費)起日	計息(費)訖日	客戶應付利息(手續費)	上次計息日	違約金起日	違約金訖日

違約金金額	應收未收息	未收息起訖日	核可

LN 031　2×50×1.000本(慶)　　＊若利率欄前有"＊"時，則表示利率為平均利率。

(5)

商業銀行 收入傳票 (121)　　第 號　　第一聯

科目：短期放款　科目：應收利息　子目：短期放款息　（貸）　主管

部別：☑1.銀 □2.儲 □3.信　　中華民國 86 年 10 月 9 日

戶名：鑫鑫公司

戶號 分行別 行業代號 編號 檢號	800-01382-00013-6	核號 日期 編號	0851009004	貸放序號	0001
年金戶攤還	□1.按月 ☑3.全部清償 □5.駁回 □7.展期 □2.部份還本 □4.移出 □6.轉催收	部份還本 □1：非年金戶	全部清償類別(非年金戶) □1.一般 □3.駁回 □5.展期 □2.移出 □4.轉催收	本金	1,000,000.–
				補貼利息	
				利息收入(沖轉貼現息)	
利息	利率 10.00 %	計息起日 86/9/9	計息訖日 86/10/9	手續費	
				客戶應付利息	8,219.–
年金按月攤還額	攤還日期	摘要	銀行 支票	合計	
				對方科目	1,008,219.–

會計　收款(轉帳)　認證(覆核)　計帳(登錄)

LN I 021 86.5.2×50×1,000本(慶)

認證欄

交易序號	交易代號	授信戶號	核準號碼	貸放序號
800-24-111528	1210	800-01382-00013-6	0851009004	0001

年金戶攤還別	還本類別	清償類別	償還本金	利率	計息起日	計息訖日
		1	1,000,000.–	10.00 %	86/9/9	86/10/9

利息額	本金利息合計	本金餘額	違約金起日
8,219.–	1,008,219.–	0	

違約金訖日	違約金金額	下次年金按月攤還額	還本後應繳金額

攤還日期	到期日	額度可用餘額	核可

"下次年金按月攤還額，遇利率調整隨同調整"　　"若利率欄有'＊'時，表示利率為平均利率"

3.放款備查卡

經副 裏理		科課長 (主辦)		經辦

放款借據備查卡　　85 年 10 月 9 日製

授信戶號	800-0138?-00013-6	核准號碼	085-10-09-004	貸放序號 0001	貸放科目	短期放款 1313
授信戶	鑫鑫公司	授信型態	1101		貸放金額	NT$ 1,000,000.—

借款期間	1 年 自85年10月9日 起 __個月 至86年10月9日 止	利率調整方式	☑浮動 □固定 □定期浮動每　月 □隨存單利率浮動	本金償還方式	☑到期償還 □本息定額分期償還 □本金平均分期償還 □
寬限期間	__年 自 年 月 日 起 __個月 至 年 月 日 止	利率訂價	基本放款利率加(減)1.905%		
		適用利率	10.000 %	攤還期數	期初放日 年 月 日

自動轉帳	□否 ☑只轉利息 □本息皆轉	存款帳號	800-11-0000019
上次核准號碼		展期次數　電話　FAX	

備註：

期別	償還日期 年 月 日	摘要	利率%	計息期間	收回本金	利息	違約金計收 天數	違約金	本金餘額
	85 11 9		10%	85/10/9 ~ 85/11/9	$0.—	$8,493.—			$1,000,000.—
	85 12 9		10%	85/11/9 ~ 85/12/9	$0.—	$8,219.—			$1,000,000.—
	86 1 9		10%	85/12/9 ~ 86/1/9	$0.—	$8,493.—			$1,000,000.—
	86 2 20		10%	86/1/9 ~ 86/2/9	$0.—	$8,493.—	2/9~2/20 11	$301.—	$1,000,000.—
	86 3 9		10%	86/2/9 ~ 86/3/9	$0.—	$7,671.—			$1,000,000.—
	86 4 9		10%	86/3/9 ~ 86/4/9	$0.—	$8,493.—			$1,000,000.—
	86 5 9		10%	86/4/9 ~ 86/5/9	$0.—	$8,219.—			$1,000,000.—
	86 6 9		10%	86/5/9 ~ 86/6/9	$0.—	$8,493.—			$1,000,000.—
	86 7 9		10%	86/6/9 ~ 86/7/9	$0.—	$8,219.—			$1,000,000.—
	86 8 9		10%	86/7/9 ~ 86/8/9	$0.—	$8,493.—			$1,000,000.—
	86 9 9		10%	86/8/9 ~ 86/9/9	$0.—	$8,493.—			$1,000,000.—
	86 10 9		10%	86/9/9 ~ 86/10/9	$1,000,000.—	$8,219.—			$0.—

L.207 86.6 1×50×700本(慶)

(二)長期擔保放款案例

王自強先生申請銀行住宅貸款，期間二十年，寬限期一年，擔保品：坐落臺北市辛亥路房屋乙座，可貸金額120萬元，實貸金額100萬元，相關資料如下：

戶號：800-06200-90001-2，活期存款帳號：800-31-1-3

貸放日期：八十五年十月九日，貸款金額：$1,000,000，利率：10%，貸放期間：二十年

＊長期放款年金戶：每月攤還金額固定，本案在寬限期（一年）後，每月攤還金額爲$9,813元。

＊長期放款利息足月部分，本金餘額按月計息；違約金爲利息金額10%。

1.會計分錄

(1)八十五年十月九日撥貸時：

　　借：長期擔保放款　　　　　　　$1,000,000

　　　　貸：活期儲蓄存款　　　　　　　　$1,000,000

(2)八十五年十一月九日收息時：（第一年，寬限期內，只需付息）

計算公式：$1,000,000×10%/12＝$8,333（利息）

　　借：庫存現金　　　　　　　　　$8,333

　　　　貸：應收利息——長擔息　　　　$8,333

　　八十六年十一月九日收息時：（第二年，非寬限期，需付息及攤還本金）

　　借：庫存現金　　　　　　　　　$9,813

　　　　貸：長期擔保放款　　　　　　　　$1,480（本金）

　　　　　　應收利息——長擔息　　　　　8,333

(3)八十七年一月九日未按期繳息，八十七年一月二十日才前來繳納，

需加計違約金：

計算公式：$997,028×10\%/12＝$8,309$（利息）

a. 違約金計算公式一：逾期在六個月以內按借款本金全額照原貸利率10%計收。

$997,028×10\%/365×11×10\%＝300（違約日期11天）

借：庫存現金　　　　　　　　　$10,113

　　貸：長期擔保放款　　　　　　　$1,504

　　　　應收利息——長擔息　　　　 8,309

　　　　應收利息——長擔息　　　　　300（違約金）

b. 違約金計算公式二：僅按逾期期間分期所應償還本金金額照原貸利率加計10%計收。

$($1,504×10\%/365×11) + ($1,504×10\%/365×11) ×$

$10\%＝$5$（違約日期11天）

借：庫存現金　　　　　　　　$9,818

　　貸：長期擔保放款　　　　　　　$1,504

　　　　應收利息——長擔息　　　　 8,309

　　　　應收利息——長擔息　　　　　　5（違約金）

(4)一百零五年十月九日收回借款：

借：庫存現金　　　　　　　　$9,556

　　貸：長期擔保放款　　　　　　　$9,477

　　　　應收利息——長擔息　　　　　79

2.有關傳票

(1)

商業銀行 轉帳支出傳票(103)

第＿＿＿號 (借)

部別：□1:銀☑2:儲□3:信　　　　　部別：儲蓄部
科目：長期擔保放款

戶名：王自強　　　中華民國 85年 10月 9日

授　信　戶　號	核　准　號　碼	貸　放　序　號
800-06200-90001-2	085-10-09-003	0001

到　期　日	利　率	授信型態	部別	科目	金　　　　額
105/10/09	10.000 %	1206	2	1261	1,000,000.00

轉存款入戶	戶名	王自強	帳號	800-31-0000013	轉帳戳記		對 方 科 目
	摘要						活期儲蓄存款

LN-03　2×50×700本(慶) 86.3.

第一聯　　　　　主管　　會計　　轉帳　　認證(覆核)　　記帳(登錄)

商業銀行 轉帳收入傳票(103)

第＿＿＿號 (貸)

部別：□1:銀□2:儲□3:信　　　　　部別：儲蓄部
科目：活期儲蓄存款

戶名：王自強　　　中華民國 85年 10月 9日

授　信　戶　號	核　准　號　碼	貸　放　序　號
800-06200-90001-2	085-10-09-003	0001

到　期　日	利　率	授信型態	部別	科目	金　　　　額
105/10/09	10.000 %	1206	2	1261	1,000,000.00

轉存款入戶	戶名	王自強	帳號	800-31-0000013	轉帳戳記		對 方 科 目
	摘要						長期擔保放款

認證	交易序號	交易代號	帳　號	存　款　金　額	放　款　金　額	核可	出納	票據號碼
	800113055	2170	8003100000013	1,000,000.00		00		

LN-03　(存款部門認證欄) 2×50×700本(慶) 86.3.

第二聯　　　　　主管　　會計　　轉帳　　認證(覆核)　　記帳(登錄)

(2)

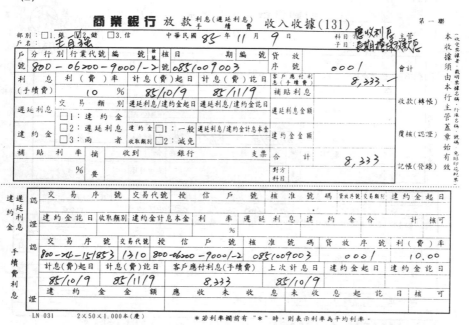

(3)

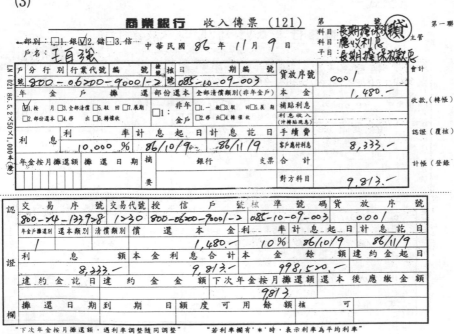

(4)

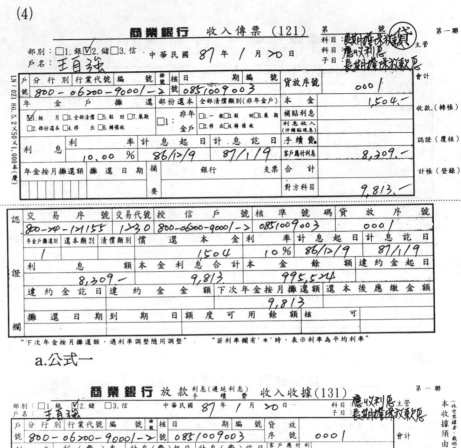

a.公式一

b.公式二

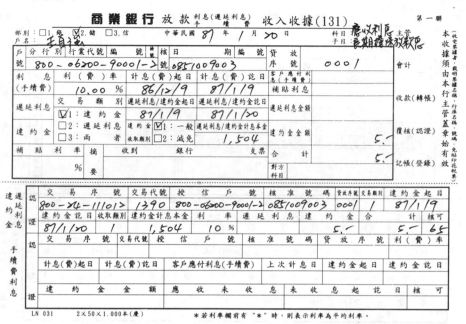

(5)

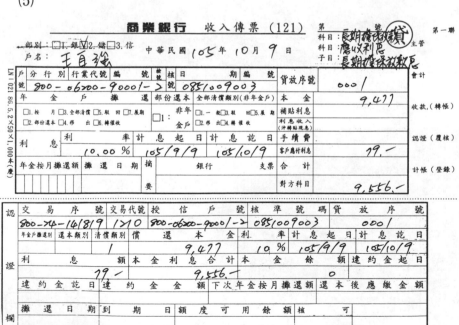

商業銀行　放款利息收據（121）

第二聯　主管

戶名：王自強　中華民國105年10月9日

LN-021 86.5.2×50×1,000本（慶）

戶號	分行別	行業代號	編號	檢號	日　期　編　號	貸放序號	
	800-06200-9001-2				085100900 3	0001	
摘要							
利息	利率		計息起日		計息訖日	手續費	
	10.00 %		105/9/9		105/10/9	利息	19.-
備註							

本收據須由本行主管蓋章始有效　收款（轉帳）　認證（覆核）　計帳（登錄）

認證欄	交　易　序　號	交易代號	授　信　戶　號	核準號碼	貸　放　序　號
	800-74-141819	1210	800-06200-9001-2	085100900 3	0001
年金戶攤還別	還本類別	清償類別	償　還　本　金	利率	計息起日　計息訖日
				10 %	105/9/9　105/10/9
利　息　額		本金利息合計	本　金　餘　額		違約金起日
19.-			0		
違約金訖日	違約金金額		下次年金按月攤還額	還本後應繳金額	
攤還日期	到　期　日	額度可用餘額	核	可	

以上各項經收無誤（本收據印花稅總繳）此據

"下次年金按月攤還額,遇利率調整隨同調整"　"若利率欄前有'*'時,表示利率為平均利率"

3.放款備查卡

經 副 裏 理		科 課 長 （主 辦）	經 辦

放款借據備查卡　85 年 10 月 9 日製

授信戶號	800-06200-9001-2	核准號碼	085-10-09-003	貸放序號		貸放科目	1361 長期擔保放款
授信戶	王自強		授信型態	126		貸放金額	NT$ 1,000,000.-

借款期間	20 年 個月	自85年10月9日 起 至105年10月9日 止	利率調整方式	☑浮動 □固定 □定期浮動每　月 □隨存單利率浮動	本金償還方式	□到期償還 ☑本息定額分期償還 □本金平均分期償還 □
寬限期間	1 年 個月	自85年10月9日 起 至86年10月9日 止	利率訂價 適用利率	基本放款利率加(減)1.905% 10.000 %	攤還期數　　　期初放日85年10月9日	

自 動 轉 帳	☑否 □只轉利息 □本息皆轉	存款帳號	800-31-0001-3
上次核准號碼		展期次數　　電話　　　FAX	

備註：

期別	償還日期 年 月 日	摘要	利率%	計息期間	收回本金	利　息	違約金計收 天數	違約金	本金餘額
85	11 9		10%	85/10/9 ～ 85/11/9	$0.-	$8,333.-			$1,000,000.-
85	12 9		10%	85/11/9 ～ 85/12/9	$0.-	$8,333.-			$1,000,000.-
86	1 9		10%	85/12/9 ～ 86/1/9	$0.-	$8,333.-			$1,000,000.-
86	2 9		10%	86/1/9 ～ 86/2/9	$0.-	$8,333.-			$1,000,000.-
86	3 9		10%	86/2/9 ～ 86/3/9	$0.-	$8,333.-			$1,000,000.-
86	4 9		10%	86/3/9 ～ 86/4/9	$0.-	$8,333.-			$1,000,000.-
86	5 9		10%	86/4/9 ～ 86/5/9	$0.-	$8,333.-			$1,000,000.-
86	6 9		10%	86/5/9 ～ 86/6/9	$0.-	$8,333.-			$1,000,000.-
86	7 9		10%	86/6/9 ～ 86/7/9	$0.-	$8,333.-			$1,000,000.-
86	8 9		10%	86/7/9 ～ 86/8/9	$0.-	$8,333.-			$1,000,000.-
86	9 9		10%	86/8/9 ～ 86/9/9	$0.-	$8,333.-			$1,000,000.-
86	10 9		10%	86/9/9 ～ 86/10/9	$0.-	$8,333.-			$1,000,000.-
86	11 9		10%	86/10/9 ～ 86/11/9	$1,480.-	$8,333.-			$998,520.-

L207 86.6　1×50×700本(慶)

違約金計算公式一

期別	償還日期 年	月	日	摘　要	利率%	計息期間	收 回 本 金	利　　息	違約金計收 天數	違約金	本 金 餘 額
	86	12	9		10%	86/11/9 ～ 86/12/9	#1,49?	#8,3?1			#997,0?8
	87	1	?0		10%	86/12/9 ～ 87/1/9	#1,504	#8,309	1/9-1/20 11	#300	#995,5?4
	105	9	9		10%	105/8/9 ～ 105/9/9	#9,654	#159			#9,477
	105	10	9		10%	105/9/9 ～ 105/10/9	#9,477	#79			#0

違約金計算公式二

期別	償還日期 年	月	日	摘 要	利率 %	計息期間	收 回 本 金	利 息	違約金計收 天數	違約金	本 金 餘 額
86	12	9			10%	86/11/9 ﹜ 86/12/9	#1,492.-	#8,321.-			#997,028.-
87	1	20			10%	86/12/9 ﹜ 87/1/9	#1,504.-	#8,309.-	1/9-1/20 11	#5.-	#995,524.-
105	9	9			10%	105/8/9 ﹜ 105/9/9	#9,654.-	#159.-			#9,477.-
105	10	9			10%	105/9/9 ﹜ 105/10/9	#9,477.-	#19.-			#0.-

五、一般放款業務的會計分錄

1.撥貸時

借：短（中、長）期放款或短（中、長）期擔保放款

貸：有關存款科目或其他相關科目

2.計息時（正常收息或補收利息時）

借：庫存現金或其他相關科目

貸：應收利息或利息收入——有關利息子目

各項放款在月中，其實收利息超過已提存之應收利息餘額時，其超過數額以「利息收入」科目處理。

3.收回時

借：庫存現金或其他相關科目

貸：短（中、長）期放款或短（中、長）期擔保放款

4.利息提存時（每月月終）

借：應收利息——有關利息子目

貸：利息收入——有關利息子目

5.違約金的計收

借：庫存現金或其他相關科目

貸：應收利息——有關利息子目

6.超收利息退回借款戶時

借：應收利息——有關利息子目

貸：庫存現金或其他相關科目

7.展期時

借：短（中、長）期放款或短（中、長）期擔保放款

貸：短（中、長）期放款或短（中、長）期擔保放款

即一方面爲放款的收回，另一方面則爲新撥貸。

第四節 透支的處理

一、透支的意義

凡銀行支票存款戶具有保證人或擔保物，與銀行訂立契約，於存款餘額以外，在一定期間及限額內得陸續透用款項，並得隨時歸還者，就叫做「透支」。如僅有保證人，而無擔保品，以「透支」科目整理；如保證人之外加具擔保物，則以「擔保透支」科目整理。申請透支，以與銀行有相當長期的往來，而平日出入頻繁實績優良的客戶為原則；透支額的設定，應參酌透支戶的往來情形，力求支用限度的減低，並切實配合頭寸鬆緊，隨時調節。

二、存款與透支的確定

支票存款為負債類科目，透支或擔保透支為資產類科目，此三科目在總分類帳上係分別設立帳頁登記，不相混淆；但在明細分類帳上，則係存款與透支同一帳頁記錄。當客戶明細帳為貸方餘額時，即為支票存款帳，受總分類帳支票存款科目的統制；如該戶餘額在借方，則為透支或擔保透支帳，受總分類帳透支或擔保透支科目的統制。但支票存款戶收付頻繁，餘額是存是欠變動無常，甚且一日之間存欠反覆數次，亦屬常見。須俟經辦人員記載各該存戶分戶帳，查明該存戶的餘額為存或欠（貸或借），再確定科目，而作如下處理：

1.客戶存支款項純係屬於存款的收付者，應用支票存款科目。

2.客戶存支款項純係屬於透支的增減者，應用透支科目；並將支票存款送款單或支票加蓋透支或擔保透支科目戳記。

3.客戶存支款項，如一部分屬於存款收付，同時另一部分屬於透支

的增減者，依例須另作兩紙傳票，一記支票存款科目；一記透支或擔保透支科目。惟爲節省手續起見，在實務上並不另製傳票，而在送款單及支票上蓋具橡皮戳記，將存款及透支的數額分別塡明。於營業終了編製科目日結單時，分別將該項存款與透支數額加入其所屬科目的借貸總數之中。橡皮戳記的形式如下：

支票存款　$	
透　　支 (擔保透支)　$	

軋透支的方法：

上面所述支票存款戶存支款，如涉及部分存款與部分透支的收付時，係採「存款與透支分記法」，此種處理方法在類似目前本省一般的銀行採用，尙無困難，但在歐美各國規模較大的銀行就很麻煩。非但每次須先查看帳戶餘額，還要軋計透支與存款的數額，才能編製傳票；遇到交易頻繁時，難免不發生計算上的錯誤。且一個存戶不得同時分設支票存款和透支兩個帳戶，而須將借貸記入同一個明細分戶帳；同時一筆存支的款項，亦非按透支與支票存款部分分作兩筆記入明細分戶帳，而是按其送款單或支票的全數一筆入帳。因之在規模較大的銀行，爲節省記帳員確定科目及分記支票存款與透支數額的繁瑣手續起見，當支票存款戶存支款項時，不論存款或透支，一律用「支票存款」科目記帳，待營業終了記帳完畢後，以總分類帳上「支票存款」及「透支」、「擔保透支」三統制帳戶的餘額，與支票存款明細分類帳上存款、透支、擔透各戶餘額的合計總數相比較，然後再將其差額加以轉正，此種辦法實務上稱爲「軋透支」或「沖透支」。茲特舉例說明於下：

設某銀行三月二十日總分類帳上支票存款科目餘額為$61,000，透支科目餘額為$28,000，支票存款明細分類帳各存戶餘額如下：

帳戶	存款餘額	透支餘額	三月二十一日各帳的存支情形		
			帳戶	存　入	支　出
#1	$12,000		#1	$ 6,000	
2	8,000		2		$10,000
3		$ 6,000	3	10,000	1,000
4	5,000		4		8,000
5		3,000	5	12,000	
6		10,000	6		
7		9,000	7		8,000
8	10,000		8		
9	6,000		9	10,000	
10	20,000		10		5,000
合計	$61,000	$28,000		$38,000	$32,000

如三月二十一日往來帳項一律用支票存款科目記帳，當日總分類帳該科目的餘額應為$67,000，而透支科目的餘額仍為$28,000。但存款明細帳各帳戶的餘額如下：

帳　戶	存款餘額	透支餘額
#1	$18,000	
2		$ 2,000
3	3,000	
4		3,000
5	9,000	
6		10,000
7		17,000
8	10,000	

9	16,000	
10	15,000	
合　計	$71,000	$32,000

此時以總分類帳「支票存款」科目餘額$67,000與明細帳上各戶的合計數$71,000比較，貸方應增加$4,000；再以總分類帳「透支」科目餘額$28,000與明細帳上各戶的合計數$32,000相較，則應增加借餘$4,000，故須作軋透支傳票沖正如下：

轉帳收入（貸）支票存款　　$4,000

轉帳支出（借）透支　　　　$4,000

反之，如總分類帳「支票存款」科目餘額大於明細帳各存款戶餘額合計數，同時總分類帳「透支」科目餘額大於明細帳各透支戶餘額合計數，則應作下列兩張軋透支傳票加以沖正：

1.（貸）透支轉帳收入傳票。

2.（借）支票存款轉帳支出傳票。

三、透支的帳務處理

1.無論收入或支出傳票，其交易如未涉及款項的透用，或透用款項的收回時，則依照支票存款作業處理。

2.是項交易如全部金額均為款項的透用或透用款項的收回時，應於傳票上加蓋「透支」或「擔保透支」戳記以示區別。

3.如僅部分金額涉及透用款項時，則應另於傳票上蓋用

透支（擔透）	NT
存款	NT

字樣橡皮章，將金額細分，透支部分以紅字，支存部分以藍字填寫，以利辦理日結。

4.每日營業終了,存款經辦人員應作連線科子目查詢日結單的交易,印錄「支票存款」、「透支」及「擔保透支」等科目的借、貸總數，並核算當日傳票金額，憑以製科目日結算，彙送會計人員辦理日結。

5.凡傳票上已蓋用「透支」或「擔保透支」者，於日結時均併附於「透支」或「擔保透支」的科目日結算。對傳票金額部分屬支票存款科目(即藍字部分)，應將該部分金額彙計於支票存款科目日結單的各相關借貸欄位，於科目日結單上註明共〇張借方、〇張貸方傳票附於透支(擔保透支) 科目日結算。

6.每月月終依據電腦印製的「透支性質授信計息清單」所列當月透支利息，填製有關 (貸)「利息收入」科目傳票。

四、透支利息的計算及實例

透支雖然也是銀行的一種放款，但透支利息的計算，則較一般放款複雜，茲將其要點說明於下:

1.目前各銀行對透支戶的存款已不計給利息，但爲瞭解透支戶的往來情形，仍應分別計出存款及透支的積數(由電腦計算)。存款積數計至千元，以下不計，透支積數計至元位，以下不計。結入新帳頁時，累計日數及存款透支積數亦應結轉。

2.存款的積數以每日最終餘額爲準，如當日最終餘額爲透支，即無存款積數，倘若同一日存款透支均有，對於存款額概不計息。透支的積數則按當日最高透支餘額計算；前日最終餘額爲透支，而大於本日中最高透支餘額時，本日的透支積數應以前日最終餘額爲準。

註: 透支積數也可按每日透支最終餘額計算，但如此則客戶可取巧先行透支而於接近營業終了時清還,使銀行不能計收透支利息。

本帳頁次

帳　號	101
本戶頁次	1
押品帳	13

戶名：○○股份有限公司　董事長　張○○

○○銀行支票存款明細分類帳（透支）

支票交付日期　83年3月11日
支票號數　自10001至10100
　　　　　　自　年　月　日　至　日
　　　　　　自　年　月　日　至　日
　　　　　　自　年　月　日　至　日

約定利率		透支限度		到期日
訂 年月日	83.1.27	約訂年月日	83.1.10	83 7 10
改 年月日	83.1.27	金額	100,000.00	
分厘	17.5%			

83年月	日	起息日期	支票號碼	摘要	借方	貸方	借或貸	餘額	積數 借方	積數 貸方	日數
3	31	自年月日		承前（頁）			Dr.	-42,124.18		1,760	20
	31	自年月日		三月份透支息	625.40		Dr.	-42,749.58	-85,498		2
4	2	自年月日		一次交換		15,210.00	Dr.	-27,539.58	-42,749 (註1)		1
	3		10001	C	20,000.00		Dr.	-47,539.58	-138,373 (註2)		3
	3			B/C		2,122.00	Dr.	-45,417.58	-95,417		1
	6		10003	一次交換	50,000.00		Dr.	-95,417.58	-95,417 (同註1)		1
	7		10002	C		102,843.00	Cr.	7,425.42			
	8			一次交換	50,000.00		Dr.	-42,574.58	-42,574		3
	8			一次交換		5,600.00	Dr.	-36,974.58	-36,974		
	8			Tc/n		10,000.00	Dr.	-26,974.58	-26,974 (同註2)		3
	11		10004	C	72,000.00		Dr.	-98,974.58	-98,974		
	11			一次交換		20,000.00	Dr.	-78,974.58			
	11		(星期六)	C		5,000.00	Dr.	-73,974.58	-320,896 (註3)		4
	15		10005	一次交換	12,000.00		Dr.	-85,974.58	-257,922		3

日期	票號	摘　　要	支出		收入		Dr/Cr	餘　額	角分	日數	備　註	積數
18		定存本息			215,620	00	Cr.	129,645	42	2	(同註1)	129
20	10006	一次交換	50,000	00			Cr.	79,645	42	3	−85,974	237
23	10009	C	100,000	00			Dr.	−20,354	58	2	−40,708	
25		C			72,000	00	Cr.	51,645	42	3	−20,354	102
28	10008	一次交換	128,500	00			Dr.	−76,854	58		(同註1)	
28		C			23,500	00	Dr.	−53,354	58			
28		B/C			71,500	00	Cr.	18,145	42	1	−76,854	
29	10007	保　付	21,000	00			Dr.	−2,854	58	1	−2,854	
		四月份透支息								30	−1,359,538	
4 30		過　次　頁	661	00			Dr.	−3,515	58		@17.5% 661.00	

註1: 因前一日餘額為透支，改本日營業開始時本戶即有透支，而此項透支積數則按3日最終透支餘額27,539.58又較本日透支餘額42,749.58為大，故本日透支積數應以42,749計算。

註2: 3日的透支積數應匯以最高透支額47,539計算；4日及5日的透支積數則按3日最終透支餘額45,417計算。

註3: 11日透支積數應匯以98,974計算（最高透支額）；12日（星期日）及13日14日透支積數均按11日最終透支餘額73,974計算。

註4: B/C為代收外埠票款，Tc/n為入戶電匯。

目前大多數銀行係參照日本銀行作法，按每日最高透支餘額計算，本書從之。

3.本日最終餘額雖為存款，但於本日內曾有透支或前日最終餘額為透支時，應照上述第二項以當日最高透支額或前日最終透支餘額的孰高者為準計算本日透支積數。

4.如遇星期日或其他公定假日，該日的透支積數，應以星期六或休假前一日的最終透支餘額為準計出。

5.存支的款項中，如有記帳日與起息日不同而發生超前或落後積數者，於計算透支積數時，應妥予調整。

6.每月月終，應將每一透支戶在該月份的透支積數算至月底為止，然後彙總求出當月份總積數，乘以約定利率，即得每一透支戶本月份透支利息（由電腦計算），然後編製（借）支票存款或透支或擔保透支轉帳支出傳票及（貸）利息收入——透支息或擔保透支息轉帳收入傳票相互轉帳。實務上為簡捷起見，除結決算月份外，月算僅計至月底前一日止，而將月底一日的積數，併在下月份計算。

7.透支利息，得依約逕自各該透支戶帳上扣除，但仍以不得超過原訂透支限額為原則。

五、透支業務的會計分錄

1.透支時

借：透支或擔保透支

貸：存款科目或其他相關科目

2.計息時（月底）

借：透支或擔保透支或支票存款

貸：利息收入——透支息或擔保透支息

每月月終，計算每月至月底前一日止之利息，並以「利息收入」科

目處理。

　　3.收回時

　　　借：支票存款

　　　貸：透支或擔保透支

第五節　聯合貸款

一、聯合貸款的性質

　　由於現代企業普遍由勞力的密集轉為資本、技術的密集，為求提高產銷能力，降低成本，設備、規模日益擴大，對資金的需求也就大為提高。因之，一家銀行對企業所提出的借款要求，由於本身貸放能力的不足，或基於危險分散的考慮，往往不能完全滿足企業的融資需要；如由企業分別向不同的銀行逐一洽貸，又不勝其煩。於是乃由各有關銀行訂定聯貸比率，共同提供資金，聯合給予借戶某一鉅額的貸款，謂之「聯合貸款」。質言之，所謂聯合貸款(Syndicate loan)，係某銀行接受借款人的委託，結合其他銀行組成「銀行團」，按彼此約定的承貸比例提供資金，貸放予借款人中長期資金的一種貸款方式。

　　銀行對個別授信戶大額授信，原則應審酌銀行淨值、資產總額、資金狀況、授信性質及風險等，協調其他銀行參與貸款。惟銀行對同一授信總額不得超過銀行淨值之百分之二十五；對同一授信戶之無擔保授信不得超過銀行淨值之百分之五；但對政府機構公營企業貸款及政府專案貸款或符合政府有關規定者，得不受此限。

　　辦理聯合貸款應有一家主辦銀行，負責與借款人洽商有關放款金額、期間、利率、擔保、還款辦法等，以及辦理對借戶的徵信與財務分析；最後並辦理估價、設定、簽約及貸放。至於參加聯貸的銀行，於同意參

加聯貸及出資比率後，應與主辦銀行簽訂聯貸合約，並攤繳應分擔的資金。

二、銀行團的組成及作業程序

(一)主辦銀行與參貸銀行

聯貸案件應有一主辦銀行 (Lead bank)，統籌辦理聯貸有關事務，主辦銀行的選定，由客戶就其對授信餘額最高的銀行，或其他往來銀行經商洽而願意受理者擔任。

凡對聯貸案件以書面答覆主辦銀行，同意並表明攤貸金額或比率的銀行，稱為聯貸參加銀行，簡稱參貸銀行或參加銀行 (Lending bank)。

(二)聯貸主辦銀行應辦事項

1.銀行受理客戶申請聯貸案件，其有關申請程序，均比照一般放款程序辦理。

2.編印聯貸說明書分送各有關銀行，徵詢願否參與聯貸。

聯貸說明書應包括借款人及保證人簡介並附徵信報告、借款金額、借款用途、借款期間、借款利率、償還計畫、擔保條件等有關資料及主辦銀行初擬意見。

3.擇定日期邀請參加銀行參加聯貸會議，商定攤貸比率、貸款條件、撥款程序及其他有關事項。

4.按聯貸會議商定的攤貸比率及貸款條件，即與參貸銀行簽訂銀行間聯貸合約，確定主辦銀行與參貸銀行間的權利與義務。

5.以主辦銀行名義代理參貸銀行與客戶簽訂貸款契約，並辦理擔保物權設定登記及其他有關貸放手續。

6.辦理貸款撥付，收取本息及劃撥等手續。

(三)貸款撥付與收回

貸款應辦手續全部辦妥後，主辦銀行得依照撥款進度先行撥付貸款，然後再依攤貸比率開具聯貸憑單向參貸銀行收取攤貸款項。貸款收回時，由主辦銀行通知參貸銀行依攤貸金額領回。

(四)利息及手續費收入的分配

聯貸利息或手續費收入，按各參貸銀行撥款日期，攤貸比率計算分配。

(五)貸款風險

聯貸的目的在分散授信風險，故聯貸的風險，應由主辦銀行與參貸銀行按攤貸比率分攤負擔。

三、主辦行的會計處理

1.放出時

主辦行與客戶訂妥借據及有關手續，並與出資同業簽訂聯貸合約，俟出資同業將款項送達，製給聯貸憑單，繕製下列分錄：

按借出總額編製（借）放款科目（貸）支票存款或其他相當科目（借款人戶）。

按同業出資部分編製（借）應收代放款（貸）受託代放款並編製（借）銀行同業存款或其他相當科目（同業戶）（貸）放款科目（按同業別另立帳頁餘額以紅字表示，作為原放款科目減項）。

2.計息時

根據約定利率按月計算利息，編製（借）應收利息（自放部分）（貸）利息收入傳票憑以記帳。

3.收到利息時

應由主辦行按借款總額計收，並發給收據，同業部分由主辦行按出資比例計算，扣除利息收據印花稅款後，附計算清單劃交出資同業，並作下列分錄：

（借）支票存款或其他相當科目（借款人戶）（貸）應收利息。

（借）應收利息(同業應得部分)（貸)業務費用或其他相當科目（利息收據印花稅款）（貸）銀行同業存款或其他相當科目（同業戶）。

4.貸款收回時

應由主辦行就借款人應還貸款總數收帳，再按出資比例劃交各出資同業，並作下列分錄：

就收回金額編製（借）支票存款或其他相當科目（借款人戶）（貸）放款科目。

就同業部分編製（借）受託代放款（貸）應收代放款，並編製（借）放款科目（貸）銀行同業存款或其他相當科目（同業戶）。

5.展期時

主辦行經出資同業同意後，依規定辦理手續，就展期時放款餘額，編製（貸）（借）放款科目轉帳傳票，憑以記帳另加繕製（貸）（借）應收代放款（借）（貸）受託代放款。

四、參貸行的會計處理

參貸行會計處理程序：

1.放出時

根據聯貸合約出資比例撥貸，收到主辦行聯貸憑單時，編製（借）放款科目（貸）銀行同業存款或其他相當科目。

2.計息時

根據約定利率按月計算利息，編製(借)應收利息(自放部分)（貸)

利息收入傳票，憑以記帳。

3.收到利息時

收到主辦行劃交利息款編製(借)銀行同業存款或其他相當科目(借)業務費用或其他相當科目（利息收據印花稅款）（貸）應收利息。

4.貸款收回時

（借）銀行同業存款或其他相當科目（貸）放款科目。

5.展期時

根據聯貸行間協議通過，並經主辦行通知後，就展期放款餘額，原科目相互對轉。

五、辦理印花稅總繳的處理

㈠主辦行繳納印花稅的處理

當收到利息時，主辦行按同業出資比例扣除利息收據印花稅款，除該行部分辦理總繳外，同業出資部分之利息收據應貼印花稅款統籌由（借）業務費用——印花稅出帳，以現金購買印花貼於收據上，並由參加行利息收入中扣回的印花稅款沖回（貸）業務費用——印花稅。

㈡參貸行繳納印花稅的處理

1.由主辦行代扣的印花稅款由（借）業務費用——印花稅出帳。

2.參貸行依月算規定提列應收利息則於收到利息沖銷應收利息時，即應總繳印花稅。但該項印花稅已由主辦行代扣，為免重複繳納印花稅，應於總繳時扣除該項金額，並在總繳申請表上加以註明扣除金額及緣由，以備查考。

六、貸款的事後管理

　　1.有關貸款用途資金流向的追蹤等聯貸款的監督與追償及其他事後
管理業務概由主辦銀行負責辦理(必要時得請參貸銀行協辦)，並應定期
向參貸銀行報告。

　　2.聯貸款於按進度撥付中(或撥付後)，主辦銀行發現借款人有重大
違約情事，對未撥貸部分應即停止撥付，對已撥貸部分得依據契約要求
借款人立即償還。

　　3.參貸銀行得隨時向主辦銀行查詢聯貸撥款及其他授信管理辦理情
形，調閱檔案，並得要求召開聯貸會議，檢討有關聯貸事項的執行。

七、管理費及承諾費

(一)管理費

　　1.主辦銀行得參酌聯貸當時客觀情形，如資金供需情形、申貸條件、
期限等，酌收聯貸管理費，並於聯貸契約簽訂時，一次向借款人計收，
但最高不得超過貸款金額百分之一。

　　2.借款人支付聯貸案的管理費歸由主辦銀行收受。

(二)承諾費

　　借款人的承諾費由各聯貸行按比例攤收。

第六節　授信業務的帳務處理

一、貸放的帳務處理

　　1.貸放時，應以「授信核准貸放登錄單」將授信貸放條件依電腦作業規定鍵入電腦，同時並作授信有關科目登帳處理（即認證授信有關科目傳票）。

　　2.主管人員檢印後，將電腦印製的有關存款科目傳票送存款部門人員記帳處理（即認證存款科目傳票）。

　　3.透支性質的放款（含透支、擔保透支及金融卡貸款）貸放時應由存款部門以「透支、擔透、金融卡貸款等契約登錄查詢單」登錄有關資料，建立透用額度，透支戶於額度內自指定透支的存款帳戶隨時以支票或取款條動用透支額度，故由存款部門人員作貸放帳務處理。

二、繳息、還本的帳務處理

㈠自動轉帳償還本息

　　1.授信部門應按資訊科每日印製的「放款本息自動扣帳明細表」於營業開始時依據各科目的「還本金額」「繳息額」分別逐製轉帳收入彙總傳票(本金科目及利息科目)，明細表須為各科目轉帳收入彙總傳票的附件。

　　2.存款部門依據資訊科每日印製的「存款戶的放款本息自動扣帳明細表」各存款科目的「本息合計」逐製轉帳支出彙總傳票，本表須為各科目轉帳支出彙總傳票附件。

　　3.上述1.所製轉帳收入彙總傳票的總和（含本金、利息）應等於上

述2.所製的轉帳支出彙總傳票總和。若不等，則表示某筆已將其存款扣帳，而放款未完成還本繳息，應查核「放款本息自動扣帳明細表」中還本金額、繳息額爲「＊＊＊」的「本息合計」總和若等於該差額，則以存款轉帳收入交易逐戶存入原扣帳帳戶，並查明原因。

4.各轉帳收入（支出）彙總傳票摘要欄請塡「放款本息自動扣帳中心轉帳」。

5.電腦斷線時「存款戶的放款本息自動扣帳明細表」的「本息合計」金額須自該存款戶餘額扣除。

6.營業單位須依據「放款本息自動扣帳明細表」逐筆記入「放款借據備查卡」並交主管押腳。

7.違約金電腦不予自動扣帳處理，由營業單位依規定自行收取。

8.透支或墊款帳戶，得爲本息自動扣帳帳戶。若「存款戶放款本息自動扣帳明細表」的「扣帳後存款餘額」欄的金額產生負數時，則表示該帳戶已產生透支或放款金額，應作「透支（或放款）及存款科目」的「045查詢交易」印錄科子目查詢日結單就正確的透支（或放款）彙總及存款彙總扣帳金額，分別開立透支（或放款）科目及存款科目轉帳支出傳票。

9.有「預繳息」則爲自動扣帳。

10.授信戶最後一期繳息，不自動扣帳。

(二)授信戶（非自動扣帳）繳息、部分還本及全部清償的作業及帳務處理

1.授信戶（非自動扣帳）繳息還本時，授信部門應先作「代號152」交易登錄「應收利息查詢申請單」，查詢該期間應繳的利息、部分還本或全部清償至交易日應繳之利息。

2.計收繳違約金、遲延利息時，授信部門應先作「代號153」交易登

錄「違約金、遲延利息查詢申請單」查詢授信戶應繳之違約金，遲延利息總額。

　　3.依據查詢的金額，就授信戶以現金方式或轉帳方式作繳息、部分還本、全部清償、繳違約金及遲延利息的交易，認證授信有關科目傳票。授信經辦於傳票「登錄」欄蓋章後，交予授信戶至出納部門或存款部門辦理繳款手續。

　　4.現金方式處理者請授信戶持上述3.的傳票至出納部門繳款；轉帳方式處理者請授信戶持上述3.的傳票至存款部門繳款。完成繳款手續後，將放款收據交予授信戶留存。

　　5.授信戶繳款後的授信有關科目傳票經主管檢印後，應再送回授信部門，憑以登載於「放款借據備查卡」，並交主管押腳。

　　6.押腳後的授信有關科目傳票應予留存以便營業終了後結帳用。

　　7.上述1.、2.印錄的查詢單，授信經辦於營業中應予留存，如無查詢單時，應以備忘事項記錄表（自行設計）記載授信戶名、交易方式、金額等事項，俟每日結帳帳平後，始可作廢。

三、授信部門的每日結帳

　　授信部門每日結帳的作業應依下列步驟處理：

　　1.每日營業終了時，授信經辦應按當日異動的授信部別、科目別，依轉帳收入傳票、轉帳支出傳票、現金收入傳票及現金支出傳票，分別整理營業中所彙總的授信有關科目傳票。

　　2.按各科目加計現金及轉帳收、付總數，求出當日現金及轉帳收、付總額。

　　3.經由電腦終端機鍵入交易代號（045）及當日須結帳的授信結帳科子目代號印錄「連線科子目查詢日結單」，與經上述二計算各授信科目傳票金額總額核對。

4.經核對金額相符後，依現金及轉帳收、付總額，據以編製各科目日結單，同時將傳票張數一併填入。

5.各科目日結單編竣後，應經授信主管覆核後連同傳票一併送會計部門。

四、授信會計有關的報表（電腦化）

(一)放款餘額表

1.每日由資訊室負責印製「放款餘額表」送各營業單位，授信經辦應確實核對帳上授信科目餘額與餘額表的餘額是否相符，並經主管覆核。

2.每月初應由資訊室負責印製至上月底止的「放款餘額表」送各營業單位，授信經辦應確實核對餘額是否相符，並經主管覆核。

(二)放款交易明細表（帳）

每半年由資訊室負責印製半年的放款交易明細送各營業單位，授信經辦應注意檢查是否有交易異常現象，檢查正常後應經主管覆核，並交由會計部門妥為保管。

商業銀行　放款餘額日報表

中華民國　86　年　06　月　16　日

分行代號：009　　照別：1　　　　　　　　科目：1154　　　　　　　頁次：00001

戶號	核序號	戶　名	授信類型	放出日 到期日	上次還本日 上次計息日	本日放款金額	本日償還金額	本金餘額	利率別	適用利率%

| | | | | | | 0.00 | 0.00 | 0.00 | | |
| | | | 8 | | | 5230000000.00 | 0.00 | 5230000000.00 | | |

| 本頁合計 |
| 本日科目合計 |
| 科目合計（含未異動資料） |

製表：電腦中心

程翊：　　　　　複核：　　　　　會計：　　　　　主管：

中華民國　85　年　07　月　01　日　—　85　年　12　月　31　日

商業銀行　放款交易明細帳

中山分行　部別：2　科目：1361

分行代號：009　　　　　　　　　　　　　　　　　　頁次：00012

戶號	帳序號	摘要	交易日期	放出日／到期日	放出金額	收回金額	餘額	繳息(費)止日	繳息(費)額	違約金 遲延利息／起息日 遲延利息	交易行
0090630000039220	850881700200001		0851015	0850910／1050910		2938000	1997062000	0851010	15250		990 09
0090630000039220	850881700200001		0851104	0850910／1050910		1997062000	0000	0851104	12516		240 09
0090630000039390	850882600300001		0851011	0850910／1050911		4524000	3075476000	0851011	23485		990 09
0090630000039390	850882600300001		0851111	0850911／1050911		4558000	3070918000	0851111	23451		990 09
0090630000039390	850882600300001		0851212	0850911／1050911		4593000	3066325000	0851211	23416		990 09
0090630000039460	850882600500001		0851019	0850918／1050918		4862000	3305138000	0851018	25239		240 09
0090630000039460	850882600500001		0851119	0850918／1050918		4899000	3300239000	0851118	25202		990 09
0090630000039460	850882600500001		0851126	0850918／1050918		4937000	3295302000	0851218	25164		990 09
0090630000039530	850882600700001		0851223	0850920／1050920		2570000	1747430000	0851020	13344		990 09
0090630000039530	850882600700001		0851021	0850920／1050920		2590000	1744840000	0851120	13324		990 09
0090630000039530	850882600700001		0851120	0850920／1050920		2610000	1742230000	0851220	13304		990 09
0090630000039600	850882400700001		0851220	0850918／1050918		4179200	2615821000	0851018	18558		990 09
0090630000039600	850882400700001		0851021	0850918／1050918		4208000	2611613000	0851118	18529		990 09
0090630000039600	850882400700001		0851120	0850918／1050918		4238000	2607375000	0851218	18499		990 09
0090630000039770	850882400400001		0851219	0850918／1050918		4524000	3075476000	0851018	23485		990 09
0090630000039770	850882400400001		0851018	0850918／1050918		4558000	3070918000	0851118	23451		990 09
0090630000039840	850882400400001		0851118	0850918／1050918		4593000	3066325000	0851218	23416		990 09
0090630000039840	850912200200001		0851216	0851016／1051016		3848000	2616152000	0851116	19978		990 09
0090630000039910	850912200200001		0851116	0851016／1051016		3878000	2612227000	0851216	19948		990 09
0090630000039910	850916200200001		0851216	0851016／1051016		3907000	2656093000	0851116	20283		990 09
0090630000041650	850916200200001		0851104	0851016／1051016		3937000	2652156000	0851216	20253		990 09
0090630000041650	850919100100001		0851204	0851004／1051004		8380000	4491620000	0851104	27187		990 09
0090630000041650	850919100100001			0851004／1051004		8430000	4483190000	0851204	27137		990 09

保存年限：七年　　　　LR80

主管：　　　　　覆核：　　　　　會計：　　　　　經辦：　　　　　製表：電腦中心

問　題

一、請說明授信、直接授信與間接授信的意義。

二、請簡述授信的基本原則。

三、請按1.財政部訂頒「銀行對企業授信規範」，2.擔保品的有無，3.授信期限的長短，4.借款人資金用途，分別列舉銀行授信的種類。

四、我國銀行法對銀行負責人、職員、或主要股東等辦理授信，有何種具體限制？

五、我國銀行法對於銀行就同一人或同一關係人的授信，在授信總額方面有無限制？請就現行規定說明之。

六、銀行法對商業銀行及儲蓄銀行的放款，各有何種特別限制？請分述之。

七、請附圖說明銀行辦理授信的作業流程。

八、請列述銀行信用評估的「5P」原則。

九、請列舉銀行常用財務比率的種類及計算公式。

十、請說明「擔保權」的意義及種類。

土、銀行對借款人提供的擔保物，其放款值如何決定？請分別就銀行法基本規定及銀行公會所擬統一標準分別列述之。

土、銀行放款的利率有那些調整方式？請列述之。

土、何謂透支？透支利息如何計算？試說明之。

古、透支的記帳方法有所謂「分記法」與「軋透支法」兩種，試分別說明其運用情形。

圭、請說明授信部門每日結帳的步驟。

習 題

一、某銀行有關放款的交易如下：

7/10　大華塑膠公司以該公司廠房及機器設備爲擔保，洽借$4,500,000，派員估價結果，因上項擔保物價略有不敷，經辦妥抵押權設定手續後，貸予$4,000,000，期限一年，利率年息一分七毫五絲，帳號 C-38，貸款轉入該公司支票存款戶#86帳內。

8/5　支票存款戶#375張永光經覓具殷實保證人劉天祿及王平芳來行洽借信用放款$50,000，鑒於該戶及保證人平日往來情形良好，准予貸放，期限三個月，利率年息一分一厘五毫，帳號# E-45，貸款轉入張君支票存款帳內。

8/10　# C-38大華塑膠公司以本行#21保付支票$30,000及現款來行繳納利息（假定應收利息科目短擔放息子目尚有餘額）。

9/5　# E-45張永光簽發該戶支票，來行繳納利息（假定應收利息科目短放息子目尚有餘額）。

9/10　# C-38大華塑膠公司簽發該戶支票，來行繳納利息並先償還部分借款$1,000,000（假定短擔放息子目尚有餘額）。

10/5　# E-45張永光今日已屆繳息日期，惟該戶因一時週轉困難，來行表示擬俟到期時連同本金一併清償。

10/9　# C-38大華塑膠公司，於交換時間過後持臺灣銀行本票$1,000,000，來行償還部分借款（因交換後票據當日未能兌現，故先貸其他預收款科目）。

10/10　# C-38大華塑膠公司，持現款來行繳納利息；又該戶昨日交換後票據經提出第一次交換收妥。

10/20 ＃E-45張永光, 簽發該戶支票來行繳納利息, 遲延期間應加收逾期違約金, 照原貸利率的10%計算（假定短放息子目已無餘額）。

11/5 ＃E-45張永光借款今日到期, 該戶來行表示因鉅額應收票據遭付款人拒付, 一時週轉困難, 乃以現款先償付本金$10,000及借款利息, 其餘本金請求轉期三個月。該戶所述各節經查屬實, 准予照辦（假定短放息子目已無餘額）。

11/10 ＃C-38大華塑膠公司今日持本行付款匯票$100,000, 來行繳納利息, 餘款提領現金（假定短擔放息子目仍有餘額）。

12/8 ＃E-45張永光因負債過多宣告倒閉, 向保證人劉天祿及王半芳追償結果, 劉、王二君以現款代償本金$20,000及截至六月八日止的利息（遲延期間加收違約金, 並假定短放息子目已無餘額）。

12/15 ＃C-38大華塑膠公司, 今日來行表示因最近資金充裕, 擬提前償清借款並繳清至本日止的利息, 經予照辦。應還本息, 由該公司所屬高雄分公司以外埠聯行高雄分行 Tc/n821電匯撥款付訖（假定短擔放息子目尚有餘額）。

12/16 逾期收款戶＃E-45張永光, 經追償結果, 願以價值$15,000的貨物, 償還一部分。本行鑒於該筆借款全額收回確有困難, 除承受上項$15,000貨物（記承受擔保品科目）外, 另$5,000借款經報請董事會核准轉入備抵呆帳科目。

12/30 前項承受的貨物, 本日出售, 實得$16,800。

將以上各筆交易分別編成傳票。

二、擔保透支戶#7復興貿易公司十二月份有關的交易事項如下:

12/2 簽訂透支契約, 透支限額$200,000, 利率年息10.75%, 期限

半年，擔保物房地產，押品帳#71，帳號#7。同時存入現金 $100,000。

12/3 存入本行支票存款戶#20新新商行支票$50,000及現金 $10,000（本日為星期六）。

12/3 存入本埠彰化銀行付款支票$30,000、本埠華南銀行付款支票$15,000（提出票據交換收妥）。

12/3 票據交換提回支票 No.34502 $200,000， No.34504 $100,000。

12/5 存入現款$150,000。

12/7 簽發支票 No.34505 $100,000，以電匯匯往外埠聯行新竹分行收款人安泰原料行。

12/7 票據交換提回支票 No.34501 $50,000。

12/7 交換時間過後存入現款$10,000及本埠聯行南門分行付款承兌匯票$100,000。

12/9 票據交換提回支票 No.34503 $85,000。

12/10 票據交換提回支票 No.34506 $30,000。
交換時間過後存入本埠臺灣銀行付款國庫支票$150,000。

12/14 由外埠聯行嘉義分行匯入信匯$50,000。

12/21 票據交換提回支票 No.34508 $120,000。

12/21 交換時間過後存入現金$20,000及本埠中央信託局付款支票 $50,000。

12/22 昨日交換後票據$50,000，經提出交換因更改處未經發票人簽章致遭退票。

12/22 簽發支票 No.34509 $80,000，請求本行付給同額存放同業一臺灣銀行戶支票。

12/26 存入臺北市銀行付款公庫支票$150,000。

將以上各交易記入復興貿易公司擔透明細帳，同時計算該戶截至十二月三十一日止的存款、透支積數，並計扣該戶應付的透支利息(元以下採四捨五入方式處理)。

三、8/1　東南水泥公司為擴增產能，擬向西德採購最新機器乙套，總價新臺幣 5 千萬元，除自備 1 千萬元外，不足部分經向華南銀行洽借。華南銀行經徵信分析結果，決定予以承貸，惟鑒於金額較大，乃徵得臺灣銀行的同意參加聯貸，聯貸出資比率為各佔50%，風險平均分擔。

8/10　臺灣銀行交付華南銀行面額 2 千萬元支票乙紙，付款行為華南銀行。

8/11　華南銀行經辦妥簽約、擔保款設定等手續，貸出 4 千萬元，並通知臺灣銀行。期間五年，利率年息10.75%，本金每三個月攤還二十分之一，利息按月繳納。

9/11　東南水泥公司交付華南銀行支票乙紙，用以繳納借款利息，付款行為華南銀行。

10/11　同9/11。

11/11　東南水泥公司交付華南銀行支票乙紙，用以清還第一期借款本金攤還款及本月應繳的利息。

試根據上列各交易，分別列示華南銀行與臺灣銀行應有的借貸分錄。

四、

太中股份有限公司
資產負債表
民國八十二年及八十一年十二月三十一日

資產	八十二年十二月三十一日 金額	%	八十一年十二月三十一日 金額	%
流動資產				
現　金	$177,623,924.00	1.92	$194,184,723.00	2.49
有價證券	1,443,176,067.24	15.59	158,519,620.50	2.04
應收票據	408,090,721.09	4.41	1,238,106,464.24	15.90
應收帳款	696,593,978.00	7.53	810,850,992.00	10.42
其他應收款	166,733,572.80	1.80	21,468,977.20	0.28
存　貨	1,118,141,831.69	12.08	1,197,570,979.20	15.38
預付款項	294,344,059.80	3.18	29,087,518.59	0.37
流動資產合計	4,304,744,154.62	46.51	3,649,789,274.73	46.88
長期投資	1,093,993,181.97	11.82	916,634,791.37	11.77
固定資產				
成　本				
土　地	579,693,172.00	6.46	470,720,221.00	6.05
建築物	700,095,331.00	7.56	566,059,650.00	7.27
機械設備	3,645,146,062.00	39.38	3,087,696,309.00	39.66
電氣設備	470,872,481.00	5.09	401,534,460.00	5.16
運輸設備	425,122,964.00	4.59	105,709,634.00	1.36
工具器具	449,000,627.00	4.85	395,525,852.00	5.08
給水設備	24,648,134.00	0.27	21,668,193.00	0.28
雜項設備	85,534,079.00	0.92	71,918,392.00	0.92
重估增值	293,471,398.00	3.17	316,324,780.00	4.06
成本及重估值合計	6,391,593,248.00	69.05	5,437,157,491.00	69.81
減：累積折舊	(3,188,469,632.00)	(34.45)	(2,759,208,593.00)	(35.44)
未完工程	236,414,058.00	2.55	22,937,879.00	0.30
預付購買設備款	335,436,866.50	3.63	131,765,389.00	1.39
固定資產淨額	3,774,974,540.50	40.78	2,832,652,166.00	36.39
其他資產				
遞延借項	68,316,186.50	0.71	375,525,376.50	4.82
暫付款	5,390,436.00	0.06	4,900,305.30	0.06
存出保證金	8,413,463.00	0.09	5,666,185.00	0.07
其他資產合計	82,120,085.50	0.89	386,091,866.80	4.96
資產總計	$9,255,831,962.59	100.00	$7,785,168,098.90	100.00

負債及股東權益	八十二年十二月三十一日 金額	%	八十一年十二月三十一日 金額	%
流動負債				
短期借款	$426,660,000.00	4.61	$135,000,000.00	1.74
應付速期信用狀貸款	887,783,066.00	9.59	574,386,226.00	7.38
應付票券			1,060,000,000.00	13.62
一年內到期長期負債	109,887,721.00	1.19	60,109,786.00	0.77
應付票據	123,932,017.00	1.34	153,478,758.00	1.97
應付帳款	445,058,061.00	4.81	413,431,534.00	5.31
應付費用	250,621,540.50	2.71	215,105,722.00	2.76
應付所得稅	85,498,489.00	0.92	120,796,482.00	1.55
預收款項	1,337,405,249.95	14.45	90,714,573.90	1.17
其他應付款	15,575,916.62	0.17	24,743,264.30	0.31
暫收款項	84,913,187.70	0.92	67,560,489.30	0.87
流動負債合計	3,767,335,248.77	40.70	2,915,326,835.50	37.45
長期負債				
長期借款	269,532,356.00	2.91	292,899,356.00	3.76
分期攤納關稅	54,397,602.00	0.59	48,938,260.00	0.63
土地增值稅準備	8,510,644.00	0.09	8,510,644.00	0.11
長期負債合計	332,440,602.00	3.59	350,348,260.00	4.50
其他負債				
存入保證金	11,861,600.00	0.13	1,700,712.00	0.02
遞延貸項	77,466,488.00	0.84	88,017,533.00	1.13
其他負債合計	89,328,088.00	0.97	89,718,245.00	1.15
負債合計	4,189,103,938.77	45.26	3,357,094,052.50	43.10
股東權益				
資　本	2,986,975,550.00	32.27	2,574,978,920.00	33.08
資本公積	132,854,155.75	1.43	132,674,833.35	1.70
法定公積	519,267,300.56	5.61	448,509,300.56	5.76
特別公積	565,240,000.00	6.11	565,240,000.00	7.26
累積盈餘	862,391,017.51	9.32	708,371,704.49	9.09
股東權益合計	5,066,728,023.82	54.74	4,429,774,758.40	56.90
承諾及或有負債				
關係人交易				
負債及股東權益總計	$9,255,831,962.59	100.00	$7,785,168,098.90	100.00

太中股份有限公司

損益表

民國八十二年及八十一年一月一日至十二月三十一日　單位：新臺幣元

	八十二年度		八十一年度	
	金　　額	%	金　　額	%
營業收入淨額	$8,934,009,180.95	100.00	$8,223,114,415.28	100.00
營業成本合計	7,325,875,983.23	82.00	6,225,712,040.79	74.94
營業毛利淨額	1,608,133,197.72	18.00	1,997,402,374.49	24.29
營業費用				
推銷費用	391,900,481.60		471,736,406.88	
管理費用	258,065,755.80		208,165,081.26	
營業費用合計	649,966,237.40		679,901,488.14	
營業利益	958,166,960.32		1,317,500,886.35	
營業外收入				
利息收入	25,769,093.05		14,569,093.50	
投資收入	78,325,164.90		39,599,660.60	
租金收入	5,958,653.00		3,151,540.00	
處分資產收益	190,879.00		1,432,336.00	
兌換盈益	287,680,288.00		7,917,871.90	
壞帳準備轉入	46,996,569.48		76,528.00	
存貨盤盈	3,690.00		4,990,139.40	
其他收入	27,480,811.12		24,210,623.15	
營業外收入合計	472,405,148.55	5.29	95,947,792.55	1.16
營業外支出				
利息支出	128,345,552.00		102,102,689.12	
投資損失	22,370,585.00		16,388,100.80	
處分資產損失	3,263,521.00		1,881,169.00	
停工損失	23,034,521.72		41,057,676.27	
災害損失	9,958,570.45		54,262.09	
兌換損失	5,222,355.30		77,504.15	
其他損失	23,989,336.38		34,818,123.50	
營業外支出合計	216,183,051.85	2.42	196,379,524.93	2.39
經常營業稅前淨利	1,214,239,057.02	13.59	1,217,069,153.97	14.79
預計所得稅	(150,000,000.00)	(1.68)	(163,819,582.00)	(1.99)
經常營業稅後淨利	1,064,239,057.02	11.91	1,053,249,571.97	12.80
會計原則變更累積影響數	(294,683,533.00)	(3.30)	(294,683,533.00)	(3.58)
本期稅後淨利	$　769,705,524.02	8.61	$　758,566,038.97	9.22
普通股每股盈餘				
經常營業稅前利益	$ 4.07		$ 4.07	
估計所得稅	(0.50)		(0.54)	
會計原則變更累積影響數	(0.99)		(0.99)	
本期稅後淨利	$ 2.58		$ 2.54	

請根據上述報表計算太中公司下列各項財務比率：

1. (　　)該公司淨值比率八十一，八十二年為何(1)56.90%，56.74%
(2)56.90%，54.74%(3)65.90%，56.74%(4)65.90%，
54.74%。

2. (　　)該公司流動比率八十一，八十二年為何(1)125.19%，
114.26%(2)79.88%，87.52%(3)83.12%，76.77%(4)
135.24%，124.35%。

3. (　　)該公司速動比率八十一，八十二年為何(1)125.19%，
114.26%(2)79.88%，87.52%(3)83.12%，76.77%(4)
120.31%，130.25%。

4. (　　)該公司毛利率八十一，八十二年為何(1)9.22%，8.61%(2)
24.29%，18.00%(3)13.59%，14.80%(4)14.80%，13.59%。

5. (　　)該公司負債比率八十一，八十二年為何(1)75.78%，82.68%
(2)43.12%，45.26%(3)45.26%，43.12%(4)76.77%，
83.12%。

6. (　　)該公司營業費用率八十一，八十二年為何(1)16.02%，
10.72%(2)15.12%，11.26%(3)14.80%，13.59%(4)8.27%，
7.28%。

7. (　　)該公司財務費用率八十一，八十二年為何(1)14.80%，
13.59%(2)4.14%，3.41%(3)17.28%，13.58%(4)1.24%，
1.44%。

8. (　　)該公司淨值收益率八十一，八十二年為何(1)9.22%，8.61%
(2)8.61%，9.22%(3)17.12%，15.19%(4)27.47%，23.96%。

9. (　　)該公司銷貨債權週轉率八十一，八十二年為何(1)0.24次，
0.12次(2)4.01次，8.09次(3)145次，0.97次(4)8.08次，4.10
次。

10.(　　)該公司存貨週轉率八十一，八十二年爲何(1)5.20次，6.55
次(2)6.87次，7.99次(3)8.61次，5.97次(4)3.67次，5.67次。

第十章　授信業務(二)

第一節　票據融通業務

一、票據融通的意義

　　票據融通，謂銀行針對企業，依國內外商品或勞務交易產生的票據，所辦理的經常性融資。亦即銀行就企業在國內外商品或勞務交易中所產生的票據，辦理融資業務，給予短期週轉資金，以協助企業獲得在其經常業務經營中所需資金。票據融通具有下述的特性：

　　1.申貸廠商以應收票據申請融資。

　　2.票據來自廠商在國內或國外商品或勞務交易。

　　3.票據融通屬於短期性週轉。

　　4.票據融通以支應企業在其經常業務過程中所需資金為主，不能充作為固定投資或其他中長期資金之用。

二、合法商業行為的票據

　　銀行雖得對支票、本票、匯票辦理融資，但並非對任何一張支票、本票或匯票均可辦理融資。銀行辦理票據融資，除了要依一般徵信、授信規定辦理外，對票據發票人、背書人、保證人或承兌人的信用，均要加以徵信調查。尤其應對企業票據來源的實質原因，如產品的交易買賣、借貸、互換或其他原因等，詳予探究。銀行只能對企業在國內外商品或

勞務交易產生的票據辦理融資，其他因企業互相換票、借票等非屬正常商業交易行為所取得的票據，均不得受理。銀行辦理票據融資，應對實際交易情形進行瞭解，其理自明。

銀行辦理有關客票融資的授信業務，對收受的票據，應確實瞭解其實際交易情形，避免票據集中，注意風險的分散，以提高授信品質。

三、票據融資方式的選擇

票據融通，應視票據種類及交易情形，按下列方式擇一辦理：

1.貼現。

2.墊付國內票款。

3.墊付出口票款。

4.出口押匯。

5.進口押匯。

四、貼現的意義及要件

(一)貼現的意義

貼現，係指銀行以折扣方式預收利息而購入未屆到期日的承兌匯票或本票，並取得對借款人追索權的票據融通方式。

(二)貼現的要件

1.貼現票據以未屆到期日的承兌匯票或本票為限

所謂承兌匯票，係指匯票經付款人承兌，或付款人以外的第三人參加承兌之謂。匯票既經付款人或第三人承兌，則承兌人對受款人或執票人，即應負付款的責任。故銀行辦理承兌匯票的貼現，係以承兌人的信用為基礎，而銀行辦理本票的貼現，則以發票人的信用為基礎。至於對

支票則不得辦理貼現。

2.貼現票據由銀行以折扣方式預收利息而購入

凡銀行的客戶，持有未到期的承兌匯票或本票，因週轉需要，請求銀行辦理貼現，經銀行決定受理者，應由銀行審究票據的到期日，預先一次計收利息，並從票據金額中扣抵，然後以扣抵利息後的餘額撥貸。

3.銀行應取得對借款人的追索權

所謂取得對借款人追索權，即貼現的匯票或本票，銀行於貼現購入後，到期提示，如不獲付款時，得向借款人依法進行追索。銀行為取得對借款人的追索權，必須於受理貼現，收取票據時，請借款人就貼現的匯票或本票背書。對約定執票人應放棄追索權的票據（Without-recourse bill），銀行不得受理貼現。

㈢融資方式的選擇

依銀行法第十二條規定，「借款人營業交易所發生的應收票據」，得為擔保放款或保證的標的，故借款人對未屆到期日的承兌匯票或本票，得選擇申請「票據貼現」或「短期（擔保）放款」。

五、貼現票據的審核

凡屬銀行可貼現的票據，如客戶持來銀行請求貼現時，自應加以審查，而特別注意下列各點：

1.貼現票據以短期性不超過一百八十天為宜，如因情形特殊，必須延長者，得由承辦銀行審酌個案情形辦理。

2.貼現票據應基於正常交易行為所產生，且能依法提出合法商業行為證件。此項證件普通為統一發票。

3.票據的發票人、承兌人、本票的受款人等，必須為合法正式工商業，並已加入當地同業公會。

4.票據的法定要件應具備，背書應連續，金額的更改更應絕對避免。票據關係人為法人時，對代表人的代表權、地址、正式圖章等，均應慎重審查。發票人或背書人禁止轉讓或承兌附條件的票據不得予以貼現。

5.匯票正面「免除作成拒絕證書」文字之處，應徵求發票人及保證人的簽章，並請各背書人於背書「免除作成拒絕證書」之處簽章。

6.匯票承兌人或本票發票人及貼現申請人如係公司行號，對於銀行所負的主債務及從債務，以不可超過其資本淨值為宜。

7.照銀行法第十五條第四項的規定，可為銀行貼現的票據僅限遠期匯票及本票，而將遠期支票排除在外。故對遠期支票的票據放款，應以無擔保放款處理。

8.票據由銀行承兌或以銀行為擔當付款人者，得在票據交換機構提出交換。

六、貼現的撥貸

(一)辦理簽約手續

貼現申請案件經核定准貸後，應請申請貼現人，辦理下列訂約手續：

1.簽訂借保戶約定書及貼現契約書類。

2.申請人應將貼現票據連同貼現票據明細表，交由承貸銀行簽收。

3.依核准貸放條件，如申請貼現人應另提供擔保者，應辦妥擔保設定手續。

(二)貸　放

1.銀行應審核貼現票據各項法定要件是否齊全，及借款人已否履行核准貸放各項條件後，辦理撥款手續。

2.撥貸前應先行掣開傳票，撥款以轉帳撥入申請人存款帳戶為原則，

不得以現金支出為之，傳票用印後，第四聯「貼現票據備查卡」由授信主辦保管備查。

3.撥貸金額的計算。

計算貼現金額公式如下：

撥貸金額＝票面金額（不含票載利息）－預收利息

$$預收利息＝票面金額×貼現年率×\frac{貼現日數}{365}$$

4.預收的貼現利息，應於每月底結算時按已實現的收益沖轉為利息收入科目。

5.貼現票據如附有利息者，得將預計到期應收利息金額，加入貼現票據金額內。

6.營業單位經辦人員應於貼現交易發生當日記載「貼現帳」（如已電腦連線，得以電腦定期編印的相關報表代替）。

7.營業單位授信經辦人員應於每日營業後填製貼現科目日結單送會計部門彙總。

㈢計算貼現息實例

某甲售貨一批，計新臺幣100,000元予某乙，某甲於八十五年三月一日開具商業承兌匯票乙紙，由某乙於當日承兌，並約定於八十五年五月一日到期付款，某甲以該匯票持向銀行申請貼現，業由銀行核准辦理，並於八十五年三月十二日辦理貸放，假定貼現息為年息9%，則：

1.匯票付款期限：61天（三月一日至五月一日止）。

2.貼現期限：50天（三月十二日至五月一日止）。

3.貼現金額＝100,000元

4.貼現利息＝100,000元×9%×(50/365)＝1,232元

5.撥貸額＝100,000元－1,232元＝98,768元

七、貼現的會計分錄

1.貼進票據時

　借：貼現

　　　貸：預收利息——貼現息

　　　　　存款科目（申請人）

2.收回貼現票款時

　借：存放銀行同業（或相關科目）

　　　貸：貼現

　借：預收利息——貼現息

　　　貸：利息收入——貼現息

3.利息扣繳的問題，附息票據到期兌現，票載利息撥還申請人時

(1)收到票載利息：

　借：庫存現金（或相關科目）

　　　其他預付款——扣繳利息所得稅

　　　貸：其他應付款

(2)轉交票載利息：

　借：其他應付款

　　　其他應付款——代扣利息所得稅

　　　貸：存款科目（或相關科目）

　　　　　其他預付款——扣繳利息所得稅

註：其他預付款——扣繳利息所得稅的分錄，係於票據付款人就票
　　載利息扣繳利息所得稅記帳，如無此情事，則可省略。

4.受理買回（或贖回）並退還貼現息

(1)本金部分：

　借：庫存現金（或相關科目）

　　　　貸：貼現

(2)利息部分：

　　a.沖轉預收利息：

　借：預收利息——貼現息

　　　貸：利息收入——貼現息……未退還部分

　　b.如有退還申請人部分利息時，其退還息：

　借：應收利息或利息收入——貼現息

　　　貸：存款科目（或相關科目）……退還申請人部分

5.預收利息按月依權責發生制轉列利息收入

　借：預收利息

　　　貸：利息收入——貼現息

　例　援用前述實例，於八十五年三月十二日預收貼現息1,232元，則
屬於三月份利息者為20天，計算式為：

$$100,000元 \times 9\% \times \frac{20}{365} = 493元$$

屬於四月份利息為30天，計算式為：

$$100,000元 \times 9\% \times \frac{30}{365} = 739元$$

填製傳票如下：

三月底填製（借）預收利息——貼現息493元

　　　　　　　　（貸）利息收入——貼現息493元

四月底填製（借）預收利息——貼現息739元

　　　　　　　　（貸）利息收入——貼現息739元

八、墊付國內票款的意義及特性

　　墊付國內票款，謂銀行對國內支票在票載發票日前，或（及）對匯

票、本票金額較小，未便辦理貼現者，墊付其部分票款的票據融通方式；即一般銀行實務上所稱的「客票貸款」。

支票原爲支付工具，本應見票即付，然而國內商場交易上，買賣雙方習慣上仍有開發或接受遠期支票爲交易結算的手段，且爲數頗鉅。此等因商品的銷售、出租或提供服務等實際交易行爲所產生的支票，表徵相當的資產價值，如任其閒置，即是資金的積壓，對廠商個人，對整個社會、國家經濟發展而言，似爲無形的損失。因此銀行爲適應工商企業的需要及便利融通其所需週轉資金，於法令許可範圍內，爲協助買賣雙方順利完成交易，爰予辦理墊付票款以融通遠期支票，使積壓的資金及時回流於生產過程，循環運用，以促進生產，活潑國內經濟。

本票及匯票原爲銀行辦理貼現的標的，惟若客戶所提供的本票或匯票面額較小，張數又多，且到期日長短不一而未便辦理貼現者，依財政部77.4.19臺財融第770942853號函規定，仍得受理爲墊付國內票款的標的。

銀行辦理墊付國內票款，係以借款人申請辦理墊付國內票款時，所提供的遠期支票或（及）匯票、本票爲還款財源。

九、墊付國內票款的審核

(一)申請對象

凡依法登記的公司行號，及依營業稅法免辦營業登記的農、林、漁、牧事業，其財務、業務正常，並與銀行往來情形良好者，得依規定提供國內應收票據爲還款財源，向銀行申請。

(二)融資票據

1.申請墊付國內票款的應收遠期支票或匯票、本票，應以基於商品

在國內的銷售、出租，或在國內提供服務等實際交易行為所得，且票信良好者為限。

2.凡無實際交易為基礎的票據，或票據的票信不佳，發票人有退票、拒絕往來等情事者，銀行均得不予受理。

3.企業向銀行請求墊付國內票款的票據，於申請當時已到期，或其支票已逾票載發票日者，以交由銀行代收(外埠票據)，或逕自提示，或委託銀行交換提示兌領（本埠票據）為原則。但對已到期的票據委託代收或交換提示者，因代收流程遲延或其他正當理由，銀行有墊付票款融通的必要時，銀行得參照墊付國內票款的規定辦理融通。

4.商品銷售國外，或在國外提供勞務等所得的票據，另依進出口貿易融資有關法令規定辦理。

㈢墊付用途及期限

墊付國內票款的用途，以短期性週轉為原則，每筆墊付期限，應依其實際賒欠天數、發票人、承兌人、票據上保證人及借款人的信用情形及票據到期日等酌定之，最長以不超過一百八十天為原則。但對辦理分期性貸款所收的票據，得視實際情形，酌予放寬墊付期限，以中期放款辦理，惟票據的到期日，均不得超過墊付期限。

㈣其他應行審核事項

比照貼現及一般放款辦理。

十、墊付國內票款額度的核定

1.銀行對企業辦理墊付國內票款，得按企業實際週轉需要，預先核定墊付總額度，並准予企業在核定額度內循環動用。核定額度有效動用期限，應經常檢討，通常以一年為原則，屆期銀行應重新檢討，並由企

業另行申請後動用。

2.銀行核定企業的墊付國內票款總額度，應參酌企業的產銷近況、賒銷金額、賒欠天數、賒欠的買方暨其信用地位、行業景氣、以及其已在其他銀行融資情形核定。墊付總額度經核定後，如企業營業情形驟增，對所核定的墊付總額度確實不敷實際需要，得隨時重行辦理徵信、分析，調整額度。對開業不久或籌備中的企業，得參酌企業信用情形、營運計畫及預定賒銷條件等，預估其一年內的營業額，據以核定其墊付國內票款總額度。

3.對每一企業墊付國內票款總額度的計算，可參照下列公式辦理：

（全年內銷金額÷週轉次數）×墊付成數－其他行庫局墊付國內票款金額＝墊付國內票款總額度

上列公式的「週轉次數」計算方式，可參照下列公式計算：

$$\frac{\text{全年內銷金額}}{\text{應收帳款＋應收票據}}=\text{週轉次數}$$

「全年內銷金額」宜儘量採用最近營業情形的資料評估；應收帳款及應收票據金額，均以內銷所得者為限，並得以全年每日餘額平均、月底餘額平均或最近餘額預估之。

4.銀行對企業核定墊付國內票款總額度，係為因應企業未來一年營業週轉的需要。如綜合主、客觀各項因素判斷，預期企業未來一年營業實績、或收款條件，將較以前年度營業情形為佳或為差時，對計算墊付額度基礎的企業「全年內銷金額」、「應收帳款」及「應收票據」金額，均得酌情做適當的調整。惟採用計算或調整的基期，應互為一致。例如「全年內銷金額」係以該年度之十二月份內銷金額為基準估算時（例如：以十二月份內銷金額×200%×12為全年內銷金額），則亦應以該年度十二月份的應收帳款及應收票據金額為基準估算之。

5.銀行對申貸企業已另行核定「貼現」最高額度，供其所收的本票、

匯票辦理貼現者，其辦理墊付國內票款的最高限額，應按其貼現實際情形，相對予以調整。

十一、墊付國內票款的成數

1.墊付國內票款，乃墊付部分票款的票據融通方式，故每筆融資的墊付成數，應低於票面金額的十成(一般爲百分之八十)。即墊付金額應少於票面金額，不得全額墊付。但採用循環墊付（撥貸）者，得將新申請墊付的票據金額，連同前欠償淸後所剩餘或（及）現欠超額提供部分，而仍由銀行繼續持有的未兌現或兌現後仍留存銀行金額，一併計算核撥墊付。即採循環撥貸方式者，可依下列公式計算核貸：

{新提供票據金額＋〔(借戶分批提供墊付票款票據總金額－已兌現償還墊付票款金額)－(現欠墊付國內票款總餘額÷墊付成數)〕}×墊付成數＝可循環撥貸墊付金額

2.墊付票款的成數，得參照企業以往應收票據的退票率及其信用情形等酌定之。

3.企業提供的應收票據，其發票人或承兌人或票據上保證人如爲該企業有利害關係的企業，或過於集中某一票據債務人者，除辦理票據債務人歸戶外，得酌予減低墊付成數，以避免風險過度集中。

十二、墊付國內票款的撥貸

1.辦理簽約手續。

申請墊付國內票款案件，經核准後，應請申請人辦妥下列訂約手續：

⑴辦理簽訂借、保戶約定書手續。

⑵立具提供票據爲還款財源的聲明書。

2.提繳「應收票據申請墊付國內票款明細表」，並將票據背書繳交銀行。

3.銀行為便於彙總收兌票款及轉帳抵償墊款，得設置「墊付國內票款備償專戶」，用於收存兌收的票款。銀行應與借款人事先約定，對存入備償專戶的兌現票款，於何時沖償墊款，係於約定的一定期間或累積至一定金額時沖償宜事先約定。

4.銀行於撥貸前應行查核下列事項：

(1)審核各張票據及查對明細表。

(2)查核企業經本行（庫、局）墊付國內票款的總額度及現欠情形。

(3)查核他行（庫、局）對該企業辦理墊付國內票款金額情形。

(4)其他核准墊付條件的履行情形。

5.撥款：

(1)徵取債權憑證憑貸，並以轉帳方式撥款。

(2)會計分錄：

　借：短期放款——墊付國內票款

　　　貸：存款科目——申請人

註：借款人另行提供適當擔保申貸者，以「短期擔保放款」科目辦理。

6.銀行核貸後，應切實在經查證的發票存根聯上加蓋：「已在○○行庫辦理融資」文義的戳記。

十三、墊付國內票款的會計分錄

1.收受票據時

　借：應收代收款——放款託收

　　　貸：受託代收款——放款託收

2.墊付國內票款放出時

　借：短期放款（或短期擔保放款）（墊款期間在一年以內者）

　　　中期放款（或中期擔保放款）（墊款期間在一年以上者）

　　貸：活期存款或支票存款

3. **支出票據時（領回或提出交換）**

　　借：受託代收款——放款託收

　　　　貸：應收代收款——放款託收

4. **票款入備償專戶**

　　借：庫存現金或存放銀行同業

　　　　貸：活期存款——○○公司墊付國內票款備償專戶

5. **收回墊付國內票款時**

　　借：活期存款——○○公司墊付國內票款備償專戶

　　　　貸：短期（擔保）放款或中期（擔保）放款

第二節　匯票承兌業務

一、承兌業務的性質

　　所謂「承兌」係執票人於匯票到期日前，向付款人為承諾兌付的提示，而由付款人在匯票正面簽章，承諾於匯票到期日付款之意。銀行的「商業匯票承兌」業務，乃銀行就國內外商品交易或勞務提供所產生的遠期匯票，由出售商品或提供勞務的相對人委託銀行為付款人，而經銀行承兌者；經銀行承兌的匯票，稱為「銀行承兌匯票」。銀行是授受信用的機關，票據一經銀行承兌，信用立即增強，易於流通轉讓，對生產事業的發展以及信用制度的建立均有莫大幫助。此種票據的產生必有商業行為為依據，所以在發票之初，信用基礎已經具備，再由銀行承兌，持票人（或請求承兌人）即可以憑以購貨，或向其他銀行貼息取現，以供週轉。由此可知，銀行商業匯票承兌業務，實為銀行憑其信用以融通社會經濟及調節社會資金的一種方法。

商業匯票承兌雖係銀行的一種授信業務，屬於放款業務的範疇，但與貸出資金，到期收回本金與利息的一般放款不同。匯票承兌時實際上並無資金貸出，而是憑銀行本身的信用，根據契約承擔到期付款的最後責任，由請求承兌人於匯票到期前一日將票款交付銀行備付，因此銀行辦理票據承兌後，對收款人只是一種或有負債，對申請人亦僅是一種或有債權而已；至於從承兌業務中所得到的收入，乃是手續費收入，並非利息收入。

二、匯票承兌業務的意義及種類

1.定 義

匯票承兌係指銀行受客戶的委託，擔任其所發匯票的付款人，並予承兌付款。

(1)買方委託承兌：銀行接受承兌申請人（買方）的委託，為其合法商業行為的債權人所發匯票的付款人，並予以承兌。

(2)賣方委託承兌：合法商業行為的債權人將其因商品或勞務交易取得的遠期票據轉讓予銀行，並依該支票金額，簽發見票後定期付款的匯票委託銀行為付款人並予承兌。

2.匯票承兌關係圖如下頁

3.匯 票

匯票格式須使用銀行制定並統籌印製者。應由銀行擔當付款人，原則上以記名式為限，面額以萬元為單位。

4.申請人

以依法設立登記的工商企業或其他經濟事業為原則。凡財務健全、信用良好，且與銀行有存款往來者均得向銀行申請本項授信。

5.申請銀行承兌的匯票，以由合法商業行為所產生者為限

(1)買方委託承兌

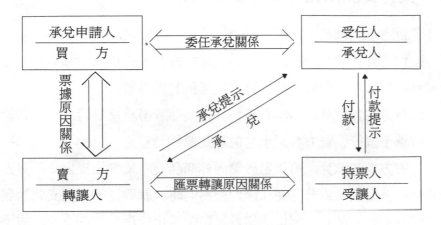

(2)賣方委託承兌

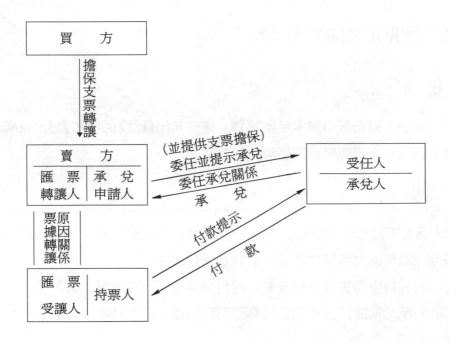

三、買方委託承兌與賣方委託承兌的不同

「買方委託承兌」與「賣方委託承兌」不同之點在於：

1.買方委託承兌的申請人，為交易的買方或勞務的受領者；賣方委託承兌的申請人，則為交易的賣方或勞務的提供者。

2.賣方委託承兌，申請人應將其在商品或勞務交易時，取得的遠期支票轉讓予銀行；買方委託承兌則無此要件。

3.買方委託承兌，可適用於國內外商品交易或勞務提供，而賣方委託承兌，僅指商品或勞務在「國內交易」時，就取得的遠期支票辦理；在「國外交易」部分，因依國際貿易習慣不可能產生遠期支票，故不適用。

四、匯票承兌的辦理手續

(一)申　請

申請人向銀行申請承兌匯票者，應請其出具「授信申請書」，有關的徵信資料及合法商業行為憑證（如發票等）。

(二)審　核

承辦單位受理申請後，應以申請人的信用狀況、資金用途及其到期償兌來源和能力為審核基礎。並注意下列事項：

1.授信申請書（含批覆書）的科目欄應填「應收承兌票款」。

2.承兌期間，自承兌日起算至票載到期日，最長不得超過一百八十天。

3.承兌手續費率，以在百分之〇‧五到百分之三範圍內訂定為原則。

4.擔保物的徵提，視授信戶之信用及還款來源情形徵求。

5.應徵取與承兌金額同額的備償本票。

6.逐筆申請應審查下列事項：

(1)申請書及有關約據的申請人、保證人及有關的債務人其簽章應與本行留存印鑑相符。

(2)匯票到期日距承兌日不得逾一百八十天。但因情形特殊，必須延長者，得酌予延長，並由營業單位報財政部及中央銀行核備。

(3)匯票金額與營業額及合法商業行為憑證金額是否相當。

承辦單位得斟酌申請人的實際業務需要，約定最高承兌額度，由申請人循環動用免逐筆申請。

對於申請人的額度申請的審核要領，除免附具商業行為憑證外，如申請人為賣方者，其額度申請應參照銀行辦理墊付國內票款的額度申請審核要領辦理。其餘與逐筆申請者相同。有關備償本票的徵取得依其承兌額度徵取全額本票乙紙，如未徵取者，應於承兌時，依其每筆承兌金額，於承兌時逐筆徵取。

(三)訂　　約

承兌的申請經核准後，承辦單位應通知申請人辦理訂約手續，所須簽訂之約據如下：

1.票據承兌、保證約定書。

2.申請人及保證人的授信約定書（如已徵取者則免再徵取）。

3.保證書（如原徵保證書的保證金額已足擔保者免再徵取）。

4.須提供擔保品者，其擔保物權須設定完妥。

(四)承兌手續

逐筆承兌：申請人辦妥訂約手續後，於批覆書有效期間內可申請承兌，惟如申請人的信用於核准後有明顯惡化的情事，承辦單位應予以婉

拒，否則應徵足額擔保後承作。申請人欲申請承兌時，應逐件填寫「銀行承兌匯票申請書」，連同辦理承兌的匯票及存根聯，送交承辦單位辦理承兌。承辦單位受理後應辦理下列事項：

1.徵提與承兌匯票同金額的還款本票(以下簡稱備償本票)，其到期日不得遲於承兌匯票到期日，並以銀行爲擔當付款人。

2.核對合法商業行爲憑證，如核對無誤，應於其上蓋「本交易業在○○商業銀行辦理授信」字樣及授信部門戳記，並蓋經辦人及授信主辦印章後留其影本，將正本返還申請人。

3.核對匯票發票簽章與銀行留底印鑑是否相符。

4.檢視匯票金額是否超過批覆金額，如有超過不得承作應重行申請。

5.賣方委託承兌者其轉讓予銀行爲擔保的遠期票據，原則上不得少於銀行承兌匯票面額的125%。

6.匯票到期日距承兌日超過一百八十天者，不得承兌。

7.收取承兌手續費：依匯票票面金額及承兌期間（承兌日起迄到期日止），按承兌手續費費率計算收取。承兌期間以每一個月爲一期，未滿一個月視爲一期，每件至少收取新臺幣1,500元，於承兌時一次收取。

8.上述事項認爲妥善無誤後，應即掣開傳票並於匯票用阿拉伯數字打孔機複打數目後，由經辦員依授信核序號填記其有關內容於「應收承兌票款帳」、「承兌匯票帳」，並將授信核序號以國字大寫填載於匯票騎縫處，連同有關傳票提經負責人檢印。有關傳票送會計部門，承兌匯票則應由營業單位有權簽章人員二人共同在承兌欄及騎縫處簽章，其中銀行承兌匯票申請書留存檔卷，經承兌的匯票及其存根聯則交申請人。(本項業務如採電腦連線作業，得以電腦登錄認證後列印的相關報表取代「應收承兌票款帳」、「承兌匯票帳」)

9.依「應收承兌票款備查卡」登載有關事項，經辦員於該卡上金額後蓋章，授信主管於其上金額前檢印。

(五)事後管理

1.承辦單位應於備償本票到期前七天，通知申請人備款支付。

2.承兌匯票到期提示時，申請人縱未備款支付，承兌行仍應按匯票面額支付，並註記於備查卡。於付款後，應即限期請求申請人歸還墊款。

3.無論係申請人備款支付或本行代墊票款，或申請人或其關係人歸還墊款，於每次交易發生時，應即掣開傳票依規定登帳（或按電腦作業規定登錄及認證）。

4.承兌匯票縱未到期，承辦單位如發現申請人的信用明顯惡化影響本行債權確保，應即依有關催收的規定採取必要的因應措施。

(六)帳務處理

1.每日營業終了後應由授信部門分別就「應收承兌票款」及「承兌匯票」編製科目日結單，與會計部門核對借、貸方及餘額無誤後，送會計部門編製日報表。

2.銀行承兌匯票業務如為電腦連線作業，上述「應收承兌票款帳」及「承兌匯票帳」得以電腦報表代之。但營業單位經辦員應於交易發生時填製「應收承兌匯票備查卡」送請授信有關主管覆核，並由授信主管於該備查卡該筆交易金額欄前及傳票上方押腳。

五、匯票承兌的會計分錄

1.辦理承兌時

(1)徵提備償本票時：

　　借：保管有價證券──匯票承兌

　　　　貸：應付保管有價證券──匯票承兌

(2)承兌匯票時：

銀行承兌匯票申請書

茲送上銀行承兌匯票第　　號臺張

計新台幣

請 貴行依照發票人向 貴行訂立之票據承兌、保證約定書上之約定，惠予承兌為荷。此致

○○商業股份有限公司

發票人　　　　（簽章）

住址

民國　年　月　日

第　　　號

銀行承兌匯票

第　　號

見票後　　日付

發　　　　　或其指定人

計新台幣

此致

○○商業股份有限公司

驗付

發票人　　　　（簽章）

地址

發票日期　民國　年　月　日

茲經承兌　　本承兌匯票係預訂承兌約定

向○○商業銀行股份有限公司　分行照收不誤

准於民國　年　月　日請

承兌人　　　　（簽章）

地址

（本匯票之承兌經本行主管三人合簽有效）

承兌日期　民國　年　月　日

經副理　經覆　會計　覆核　經核辦業

第　　號

存根　第　　號

金額		發票日	年　月　日
承兌期限		承兌日	年　月　日
付款處	承兌人	到期日	年　月　日

L242

應收承兌票款備查卡

戶號＿＿＿＿＿＿
戶名＿＿＿＿＿＿

授信核准序號：
批覆資料
核准日期：自　年　月　日　至　年　月　日
可動用額限度：（含本筆）

承兌契約
1. 承兌號數
2. 簽訂日　年　月　日
3. 匯票期間　自　年　月　至　年　月
4. 約定承兌額
5. 約定承兌手續費率　年

擔保
①備償本票　　萬元。到期日　年　月　日
②保證金　　萬元。給據編號：
③擔保品編號：種類：

製　年　月　日

經副襄理　｜　科課長（主辦）　｜　經辦

承兌號數 年 月 日	摘要	匯票號數	付款人	發票 年 月 日	承兌 年 月 日	到期 年 月 日	金額	種類	兌付 年 月 日	款項收妥 年 月 日	備註

借: 應收承兌票款

貸: 承兌匯票

(3)收取承兌手續費:

借: 庫存現金 (或相關科目)

貸: 手續費收入——承兌手續費

2.備償本票到期兌現後再行付款

(1)備償本票兌現時:

借: 應付保管有價證券

貸: 保管有價證券

借: 支票存款 (或相關科目)

貸: 應收承兌票款

(2)承兌匯票提示付款時:

借: 承兌匯票

貸: 存款科目 (或相關科目)

3.承兌匯票提示時, 備償本票尚未兌現時

(1)承兌匯票提示由本行先行墊付款時:

借: 承兌匯票

貸: 存款科目 (或相關科目)

(2)本行付款後收回時:

借: 庫存現金 (或相關科目)

貸: 應收承兌票款

利息收入——雜項收入息

4.本行付款後, 如有轉催收情事時

借: 催收款項

貸: 應收承兌票款

5.轉催收後收回時 (部分收回視其收回部分的不同應分別適用)

借：庫存現金（或相關科目）

　　貸：催收款項（註：收回墊付款部分）

　　　　利息收入──雜項收入息（註：利息部分）

　如本項業務的電腦連線作業係採雙邊同時起帳方式處理〔即於（借）或（貸）「應收承兌款項」科目時同時（貸）或（借）「承兌匯票」科目〕，則2.至4.的帳務處理應改爲：

2.備償本票到期兌現後再行付款

(1)備償本票兌現時：

　借：應付保管有價證券

　　　貸：保管有價證券

　借：支票存款（或相關科目）

　　　貸：其他應付款──承兌匯票款

(2)承兌匯票到期兌付時：

　借：其他應付款──承兌匯票款

　　　貸：存款科目（或相關科目）

　借：承兌匯票

　　　貸：應收承兌票款

3.承兌匯票到期而備償本票尚未兌現時

(1)承兌匯票提示由銀行先行墊付款時：

　借：其他應收款──承兌匯票款

　　　貸：存款科目（或相關科目）

　借：承兌匯票

　　　貸：應收承兌票款

(2)本行墊付款收回時：

　借：庫存現金（或相關科目）

　　　貸：其他應收款──承兌匯票款

利息收入──雜項收入息

4.本行付款後，如有轉催收情事時

借：催收款項

貸：其他應收款──承兌匯票款

第三節　國內信用狀業務

一、國內信用狀業務的性質

近年來，本省各大銀行，爲便利廠商向國內採購原料或物資，並配合政府建立貨幣市場政策，相繼開辦國內遠期信用狀業務。國內貿易的買賣雙方經洽妥同意延期付款後，由銀行介入其間，以銀行的信用代替買賣雙方的信用，以保證買方收妥貨品後履行付款的義務，此種純爲國內貿易所開的信用狀，即所謂「國內信用狀」；與依據國外信用狀向國內廠商轉開的信用狀，而爲國外信用狀延伸的 Local L/C 性質不同。至於所謂「遠期信用狀」，即於匯票承兌後若干時間付款，在此期間，受益人如果爲了資金需要，可將匯票自由背書轉讓，向往來銀行或貨幣市場貼現。遠期信用狀對買方有延期付款的功效，有利買方資金調度，所產生的銀行承兌匯票並成爲貨幣市場的信用工具，方便賣方籌措資金。屬於國內又屬遠期的信用狀，即屬「國內遠期信用狀」，爲產生銀行承兌匯票的憑藉。有關上述信用狀等名詞的定義列述於下：

1.信用狀

銀行受客戶的委任，通知並授權指定受益人，在其履行約定條件後，得依照一定款式，開發一定金額以內的匯票或其他憑證，由該行或其指定的代理銀行負責承兌或付款的文書。

2.即期信用狀

信用狀條款訂明，當信用狀受益人依信用狀所定條件提示單據時，由開狀行或其代理行，於見票或接受單據即日付款者，爲即期信用狀。

3.遠期信用狀

信用狀條款訂明，當信用狀受益人依信用狀所定條件提示單據時，由開狀行或其代理行於見票時予以承兌或於見票或接受單據後一定期間，始予付款者，爲遠期信用狀。

4.國內信用狀

係指開狀行所開發的信用狀，受益人爲其本國人。

二、國內信用狀交易流程

1.申請人資格：凡依法登記、信用良好、財務健全且與銀行有良好往來的公司、行號、公營事業機構或政府機關均可向銀行營業單位申請開發國內信用狀。

2.授信用途：爲向國內採購與其經營業務有關的原料或物資。

3.申請方式：申請人應填具「國內信用狀申請書」，並依徵信規定檢附各項徵信資料（銀行於一年內曾詳實徵信者得免附）及買賣契約影本或其它交易證件（如報價單等）向開狀行申請。申請時並應註明申請開發的國內信用狀種類（如：國內即期信用狀，國內遠期信用狀或買方付息國內遠期信用狀）。

申請人向開狀行申請開發國內信用狀，以逐筆申請（即申請人每次以擬開發的信用狀金額向開狀行申請，開狀行如予核准，則據以開發信用狀）爲原則，惟對於信用良好與本行往來關係密切，且因其業務需要，預期開發次數頻繁者，得爲額度申請，一經核准，除非有信用貶落或有不能履約之虞等情事外，得憑以在額度內循環申請開狀。

4.每筆信用狀的有效期限最長以不超過六個月爲原則；匯票付款期限，自發票日起算最長不得超過一八〇天。

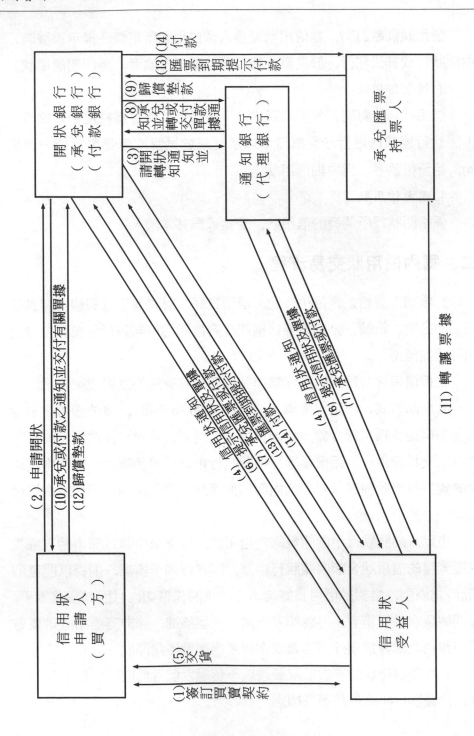

商業銀行＿＿＿＿＿＿＿

不可撤銷信用狀

正本

地　址：　　　　　　　　　　　電　話：

本行茲徇右列申請人之請求開發本信用狀，本信用狀適用國際商會所訂現行「信用狀統一慣例與實務」之規定。	開狀日：　年　月　日 信用狀號碼：　　　　　　通知銀行編號： 　　　　　　　　　　　通知日期：　年　月　日
	申請人：
通知銀行：	金額：新台幣
受益人： 地　址：	有效期限至　　　年　　　月　　　日

本信用狀可由上開受益人在不超過上開金額範圍內依本狀規定條件簽發匯票洽請承兌／付款，該匯票之條件：

　甲、付　款　人：　商業銀行＿＿＿＿＿＿＿
　乙、付款期限：□見票即付
　　　　　　　　□以「定日付款」方式填寫到期日，其到期日爲自發票日起算不得超過＿＿＿＿天
　丙、金　　額：須與相關發票上所開列金額一致
　丁、應檢附之單證如下：
　　1.匯票承兌／付款申請書一份（本申請書須由受益人與申請人連名共同申請，申請人印鑑應與本行留存印鑑相符）
　　2.統一發票
　　3.
　　上項單證應載明申請人向受益人購買下列貨品：

特別指示：1.匯票承兌／付款申請書使用本行所訂格式，申請書上信用狀申請人所蓋印鑑應與原留印鑑相符
　　　　　2.分批交貨：□可以　□不可以
　　　　　3.□匯票貼現利息由信用狀受益人負擔　□匯票墊款利息由信用狀開狀申請人負擔。
　　　　　4.最後交貨日期：民國　　年　　月　　日

上述匯票須載明本信用狀之日期及編號並限於有效期限內向本行辦理提示請求承兌／付款。上述單證經審查結果核與本信用狀規定條款相符時，本行保證上開依規定簽發、提示之匯票必能如約獲得承兌／付款。	通知日期：　　　年　　　月　　　日
商業銀行　　　　　　　　啟 　（有權簽章人員二人共同簽章有效）	（通知銀行有權簽章人員簽章）

5.費用及保證金之計收。

(1)開狀手續費：

a.即期信用狀：按信用狀有效期限及金額，於年率百分之○‧五至三（0.5%-3%）範圍內計收，但每筆至少收取新臺幣1,500元。

b.遠期信用狀：按開狀金額扣除以現金徵取的保證金後的餘額及信用狀所訂匯票最長付款期限（未滿一個月者按一個月計算。逾一個月者，依實際月數計算，其未足月之日數以一個月論）於年率百分之○‧五至三的範圍內計收。

(2)保證金的計收：

計收原則：保證金的計收以不低於信用狀金額的百分之十為原則，惟得視授信戶信用及擔保情形等，酌予減免。

收取方法：

a.以收取現金為原則。收取現金做為保證金者，應掣給「國內信用狀存入金證實書」（如以票據交付銀行做為保證金者，須於兌領後始可掣發）。

b.如以銀行認可的定期存單等有價證券做為保證金者，應依規辦妥設質手續，並徵取「擔保物提供約定書」，得掣給「質押品文件保管證」。

c.如以提供其他擔保品方式代保證金者，依規辦妥設定擔保手續。

6.徵取備償本票。

三、國內信用狀業務的帳務處理

(一)會計分錄

1.開發信用狀及收取各項費用

(1)收取保證金：

a.以現金方式收取者，應另掣給「國內信用狀存入保證金證

實書」。

　　　　借：庫存現金（或相關科目）

　　　　　　貸：存入保證金——國內信用狀

　　　　b.以提供存單或有價證券代替者，應徵取「擔保品提供約定書」
並設質完妥。

　　　　借：保管有價證券——國內信用狀

　　　　　　貸：應付保管有價證券——國內信用狀

　　(2)計收開狀手續費：

　　　借：庫存現金（或相關科目）

　　　　　貸：手續費收入——信用狀開發費

　　(3)開狀時：

　　　借：應收信用狀款——國內遠期或國內即期

　　　　　貸：信用狀款項——國內遠期或國內即期

　　2.修改信用狀

　　(1)信用狀金額增加時，其差額比照開狀時的分錄，費用的補收亦同，
但子目應記「信用狀更改展期費」。

　　(2)信用狀金額減少時，其差額比照註銷時的分錄。

　　信用狀修改涉及金額之增減時，應於傳票上註明國內信用狀號碼及
申請人戶名戶號。

　　3.信用狀註銷

　　(1)未用完餘額註銷：

　　　借：信用狀款項——國內遠期或國內即期

　　　　　貸：應收信用狀款——國內遠期或國內即期

　　(2)退還保證金：

　　　a.借：存入保證金——國內信用狀

　　　　　　貸：存款科目（或相關科目）（以現金方式存入保證金者）

　　b. 借: 應付保管有價證券

　　　　貸: 保管有價證券 (以有價證券代保證金者)

　4. 匯票付款 (即期信用狀)

(1)開狀行付款:

　　借: 其他應收款 (或其他應付款)——國內信用狀(如由銀行先行
　　　　　　　　　　墊付時用「其他應收款」; 如申請人已備款待付
　　　　　　　　　　時用「其他應付款」)

　　　　存入保證金——國內信用狀

　　　　貸: 存款科目 (或相關科目)——受益人

　　借: 信用狀款項——國內即期

　　　　貸: 應收信用狀款——國內即期

(2)通知行代理付款:

　　a. 通知行付款:

　　借: 聯行往來 (應另註明國內信用狀號碼、申請人戶名戶號及受
　　　　　　　　益人名稱)

　　　　貸: 存款科目 (或相關科目)——受益人

　　b. 開狀行歸還通知行墊款:

　　借: 其他應收款 (或其他應付款)——國內信用狀

　　　　存入保證金——國內信用狀

　　　　貸: 聯行往來 (應爲註明國內信用狀號碼、申請人戶名戶號
　　　　　　　　及受益人名稱)

　　借: 信用狀款項——國內即期

　　　　貸: 應收信用狀款——國內即期

(3)即期信用狀申請人備款歸還墊款:

　　a. 開狀行墊款前申請人自行備款待付:

　　借: 庫存現金 (或相關科目)

　　　貸：其他應付款──國內信用狀

b.開狀行收受信用狀及有關單據時：

借：信用狀款項──國內即期

　　　貸：應收信用狀款──國內即期

借：其他應付款──國內信用狀

　　　存入保證金──國內信用狀

　　　貸：存款科目（或相關科目）

c.開狀行墊款後申請人清償墊款：

借：庫存現金（或相關科目）

　　　貸：其他應收款──國內信用狀

　　　　　利息收入──雜項收入息

(4)即期信用狀辦理改貸還款者（應另徵借據）：

借：短期放款──國內即期改貸

　　　存入保證金

　　　貸：其他應收款──國內即期

借：庫存現金（或相關科目）

　　　貸：利息收入──雜項收入息（註：墊款後至改貸時的墊款

　　　　　　　　　　　　　　　利息）改貸後的繳息還款

a.繳息：

借：庫存現金（或相關科目）

　　　貸：應收利息（或利息收入）──短期放款息

b.還本：

借：現金（或相關科目）

　　　貸：短期放款──國內即期改貸

(5)備償本票提示兌現或退還、存單等有價證券解質、變價或退還：

借：應付保管有價證券──國內信用狀

　　　　貸：保管有價證券——國內信用狀

　　如獲有款項時依其款項的用途參照有關本章帳務處理的有關規定辦理。

　　5.匯票承兌（遠期信用狀）

　　⑴開狀行承兌：

　　　　借：應收承兌票款——國內遠期

　　　　　　貸：承兌匯票——國內遠期

　　⑵通知行代理承兌（不起帳）：

　　於代理承兌後，通知開狀行如上述5.⑴列帳。

　　6.承兌匯票付款（遠期信用狀）

　　⑴承兌匯票到期日前收妥申請人備付票款：

　　　　借：庫存現金（或相關科目）

　　　　　　存入保證金——國內信用狀

　　　　　　貸：應收承兌票款——國內遠期

　　⑵承兌匯票到期兌付：

　　　　借：承兌匯票——國內遠期

　　　　　　貸：存款科目（或相關科目）——受益人

　註：上述會計分錄6.之⑴、⑵為配合銀行授信業務電腦的處理，目前採下列會計分錄處理：

　　　　⑴承兌匯票到期日前收妥申請人備付票款：

　　　　　　借：庫存現金或其他相關科目

　　　　　　　　貸：其他應付款——國內遠期

　　　　⑵承兌匯票到期兌付：

　　　　　　借：其他應付款——國內遠期

　　　　　　　　貸：存款科目或其他相關科目

　　　　　　借：承兌匯票

　　　　　貸：應收承兌票款

⑶承兌匯票提示時，申請人尙未備妥票款，由開狀行墊付：

　　借：承兌匯票——國內遠期

　　　　貸：存款科目（或相關科目）

⑷申請人歸還墊款時：

　　借：庫存現金（或相關科目）

　　　　貸：應收承兌票款——國內遠期

　　　　　　利息收入——雜項收入息

註：上述會計分錄6.之⑶、⑷爲配合銀行授信業務電腦的處理，目
　　　前採下列會計分錄處理：

　　　⑴銀行先行墊付：

　　　　借：其他應收款——國內遠期

　　　　　　貸：庫存現金或其他相關科目

　　　　借：承兌匯票——國內遠期

　　　　　　貸：應收承兌票款——國內遠期

　　　⑵申請人歸還墊款時：

　　　　借：庫存現金或其他相關科目

　　　　　　貸：其他應收款——國內遠期

　　　　　　　　利息收入——雜項收入息

7.買方付息遠期信用狀

⑴由開狀行辦理墊款或改貸時：

　　借：信用狀款項——買方國內遠期

　　　　貸：應收信用狀款——買方國內遠期

　　借：短期放款——國內遠期

　　　　存入保證金——國內信用狀

　　　　貸：存款科目（或相關科目）——受益人

(2)由通知行代為墊付時:

　　a. 通知行:

　　借: 聯行往來

　　　　貸: 存款科目 (或相關科目)──受益人

　　b. 開狀行 (辦理改貸時):

　　借: 信用狀款項──買方國內遠期

　　　　貸: 應收信用狀款──買方國內遠期

　　借: 短期放款──國內遠期

　　　　存入保證金──國內信用狀

　　　　貸: 聯行往來

(3)收回墊款本息:

　　借: 庫存現金 (或相關科目)

　　　　貸: 短期放款──國內遠期

　　　　　　應收利息 (或利息收入)──短期放款息

(4)由開狀行辦理墊付但未辦改貸時:

　　借: 信用狀款項──買方國內遠期

　　　　貸: 應收信用狀款──買方國內遠期

　　借: 其他應收款──國內信用狀

　　　　存入保證金──國內信用狀

　　　　貸: 存款科目或相關科目──受益人

(5)由通知行代為墊付:

　　a. 通知行:

　　借: 聯行往來

　　　　貸: 存款科目 (或相關科目)──受益人

　　b. 開狀行 (未辦改貸):

　　借: 信用狀款項──買方國內遠期

　　　　　貸：應收信用狀款——買方國內遠期

　　　　借：其他應收款——國內信用狀

　　　　　　存入保證金——國內信用狀

　　　　　貸：聯行往來

　　(6)收取利息時：

　　　　借：庫存現金（或相關科目）

　　　　　貸：利息收入——雜項收入息

　　(7)收回墊款：

　　　　借：庫存現金（或相關科目）

　　　　　貸：其他應收款——國內信用狀

㈡帳簿及備查簿設置

1.開狀行

　　(1)「應收信用狀款明細分類帳及信用狀款項明細分類帳」：應設戶號、戶名、開狀日、保證人、信用狀號碼、受益人、借方、貸方、餘額、備註等欄，並按戶號次序裝訂（國內遠期及國內即期分別裝訂）。

　　(2)信用狀開狀沖銷備查卡：以信用狀留底聯代之，依戶號及信用狀號碼次序裝訂。

　　(3)「應收承兌票款明細帳及承兌匯票明細帳」依銀行辦理匯票承兌業務有關規定設置，惟應註明「國內遠期信用狀」使用，並另行依戶號及日期次序裝訂，記帳時應另行於備註欄或相當欄位載明信用狀號碼。

　　(4)存入保證金——國內信用狀明細分類帳：應設戶名、戶號、日期、信用狀號碼、借方、貸方、餘額及備註欄。依戶號及日期次序裝訂。

　　(5)應收承兌票款備查卡：如銀行辦理匯票承兌業務方式。

　　(6)統一發票及有關單據簽收備查簿：應設日期、戶名、信用狀號碼、單據名稱、數量、備註及簽收欄。（由營業單位自行設備登載）

(7)本項業務各種明細帳，於電腦連線作業後，得以電腦列印的有關帳務報表代之。但各種備查卡、簿仍應依規定設置並登載。

2.通知行

(1)通知備查簿由營業單位自行設簿登載。

(2)信用狀留底聯，應依通知號碼次序裝訂。

(3)代墊付或承兌國內信用狀款項備查簿：應設代墊日、開狀行、信用狀號碼、通知號碼、受益人、代墊金額、歸墊日、備註及主管經辦用印欄。(由營業單位自行設簿登載)

第四節　保證業務

一、保證業務的意義及性質

所稱保證業務，謂銀行與其委託人的債權人約定，於其委託人不能履行債務時，由銀行代負履行責任的授信業務，亦即銀行接受申請人的委任，向指定第三者出具保證書(函)，或在票據上為保證的記載，擔保委任人（即被保證人）在約定的條件下依約履行，若其不履行時，則由銀行負賠償損失的責任。保證業務乃授信業務之一，本質上並非資金的貸與，而係一種書面上對第三者所出具的一種書面上履約承諾，但其潛在的風險，與一般直接資金的貸與並無二致，因為保證責任的代為履行，最終亦為資金的損失，故銀行辦理本項業務時，應審慎敍做。

保證業務係屬銀行授信業務的一種，亦即對外擔負保證責任而收取手續費的一種業務。銀行受顧客的委託，就所委託保證事項向其債權人簽發憑證；如委託購買證、信用保證書，或辦理票據及發行證券保證，或履行契約保證等等，均稱保證業務。

近年來，由於我國經濟建設的進步及國際貿易的擴展，銀行保證業

務，也隨之迅速發達，尤以工商企業向國外採購機器、器材、原料等分期付款的保證業務爲更多。此項業務雖以銀行信用爲客戶作保證，而非直接放款，但對於國際貿易及資金融通均有裨益。

　　保證業務對銀行而言，係一種或有負債，也是一種信用授予行爲，與承兌匯票業務性質類似，均無須貸出資金。但有不同之處，即承兌匯票必須基於交易行爲先產生票據，然後始能承兌，範圍比較小，且銀行於承兌後必須負絕對付款的責任；至於保證業務乃銀行對交易行爲所產生的付款責任，這種擔保付款的行爲，範圍較爲廣泛，銀行並不負絕對付款責任，僅於被保證人因故不能履行契約責任時，再負最後淸償責任。

二、保證業務的項目

　　目前各銀行辦理的保證業務，約有下列各項：

1.外銷商品原料應繳進口稅捐或貨物稅記帳保證,本保證又可分爲：

(1)外銷品原料應繳進口稅捐記帳保證。

(2)外銷品原料應繳進口稅捐緩繳保證。

(3)外銷品原料應繳貨物稅記帳保證。

2.生產事業輸入機器設備應繳進口稅捐記帳保證。

3.預付款（含預付工程款、預付貨款）保證。

4.工程押標金保證。

5.工程履約保證。

6.發行商品禮券保證。

7.發行公司債保證。

8.票據保證，又可分爲：

(1)本票的保證。

(2)發行商業本票的保證。

9.不動產買賣履約保證。

10.進出口授信案件履約保證，又可分爲：

(1)出口信用狀遭拒付的履約保證。

(2)委任開發進口即期信用狀的履約保證。

(3)委任開發進口遠期信用狀的履約保證。

11.國內外銀行貸款保證。

12.外購機器設備分期付款保證。

13.外籍勞工繳交保證金的保證。

14.其他經專案核准的保證。

三、保證的審核及注意事項

1.保證額度的訂定

視客戶的信用、財務及經營狀況、履約能力、與銀行往來情形等，並參酌實際需要，依有關文件（如買賣合約、工程合約、進口報單）的記載而訂定。

2.保證方式

通常有下列四種：

(1)簽發保證書（Letter of guarantee）。

(2)簽發擔保信用狀（Stand-by L/C）。

(3)在本票上保證。

(4)票據背書。

3.保證函的內容

(1)保證金額應明確：金額不明確者，易被視爲無限制保證責任。

(2)保證期限：保證書應明確記載本保證書的有效期限，惟保證責任的解除可以從保證書的文字上推定者尚無不可。

(3)保證書的內容：保證書的條款，避免使用不確定或無限責任的文句。其內容有不利於銀行的條件者，不應受理爲原則。

　4.保證責任的履行

　　(1)銀行簽保後，如將來委任人不履行契約條款或不爲兌付時，保證對造得依保證書的內容，要求銀行履行賠償或兌付的責任。

　　(2)銀行於接獲保證對造要求履行保證責任時，應即向委任人或連帶保證人求償。

　5.其他事項與辦理短期放款同

四、保證的處理手續

　　保證業務的種類繁多，處理手續各異，本文僅就一般保證業務加以說明。

㈠申請保證時

　　1.客戶申請保證時，應先填具「保證款項申請書」，連同進口批准書或其他證明文件，送交銀行查核。

　　2.經辦員審查保證內容，並檢討申請人、背書人及保證人等的信用狀況和往來經過以及廠商的經營狀況，報請主管認可後，即向總行申請。

　　3.經總行批准後，即通知申請人出具「委任保證契約書」乙份、本票乙張及背書人的「本票背書承認書」，被保證人及背書人或保證人的約定書各乙份交銀行存查。

　　4.核對申請人所交稅收機關或售貨人或債權人的保證書，並由經辦員將保證書正副本若干份送請有權簽章人員簽章後，留存副本一份，其餘交予申請人，必要時亦得將正副本各乙份，由銀行直接寄送稅收機關或售貨人或債權人。核對時，對保證期限、保證金額、所保證的貨物名稱及數量等，均應特別注意。

　　5.簽發保證書時，應填製（借）應收保證款項支出傳票及（貸）保證款項收入傳票，以憑記帳，此兩科目爲或有資產與或有負債的對轉

科目。

6.保證款項的手續費，應於發給保證書時一次徵收，以「手續費收入——保證手續費」科目入帳。保證手續費率各銀行並不一致，通常視保證種類、風險程度、申請人信用狀態、與銀行往來情形、同業所訂費率等而定。茲舉例說明於下：

保證手續費的計算公式如下，但每筆最少收1,500元。

$$保證手續費＝保證金額×費率×\frac{期數}{12}$$

保證金額：係指銀行依該次「委任保證契約」所須負擔的最高保證債務。銀行所負保證債務，如須加計利息（含遲延利息）違約金等附屬債務，並得逾最高保證金額者，應酌加其附屬債務，但辦理外銷品原料進口稅捐記帳保證得不計其附屬債務。

費率：以年率訂之，由營業單位於年率百分之一至百分之三範圍內酌定之。

期數：依「委任保證契約」的保證期間，以每一個月為一期，未滿一個月者，視為一期。銀行保證行為如非於保證期間內屆滿後失效者，應酌加日數以計算期數。但辦理外銷品原料進口稅捐記帳保證得不酌加日數。

例一 營業部於八十五年四月一日依客戶 A 公司的申請承作保證業務，保證金額為1,000萬元，期間為自八十五年四月一日起至八十五年九月十八日，其保證手續費之計算方式如下：

保證金額＝1,000萬元

費率＝1%（設營業部係以年率1%計收）

期數：八十五年四月一日起迄八十五年九月十八日止共計五個月又十八日，其逾五個月者，計有十八日以一個月計，共計六個月即六期。

$$保證手續費＝10,000,000元×1\%×\frac{6}{12}＝50,000元$$

例二 依上例如銀行所保證者除1,000萬元保證金外，另外加計以年率12%的利息。營業部授信部門預估銀行可能產生的代償金額爲保證金額加計一個月的利息，則最高保證金額爲：

$$10,000,000元×(1＋12\%×\frac{1}{12})＝10,100,000元,$$

$$保證手續費爲10,100,000元×1\%×\frac{6}{12}＝50,500元$$

例三 依例一，如銀行保證期間雖係自八十五年四月一日起迄八十五年九月十八日，但銀行保證責任，須俟債權人（受益人）通知解除後始得解除者。

營業部授信部門預估銀行保證責任可能延至保證期間屆滿後六個月（85.3.18)始能確定解除，則自八十五年四月一日起迄八十六年三月十八日止共計十一個月又十八日，其期數爲12。(18日因未滿一個月，視爲一期)

$$保證手續費＝10,000,000元×1\%×12/12＝100,000元$$

例四 如例二及例三的情形同時發生時：

$$保證手續費＝10,100,000元×1\%×12/12＝101,000元$$

授信經辦人計收保證手續費應塡開傳票，借：「庫存現金」（或相關科目）貸：「手續費收入」科目，「保證手續費」子目。傳票備註欄並應註記保證函件號數，其下方註記授信戶名及戶號。

㈡責任解除時

1.保證款項俟被保證人繳清款項或履行付款責任，經稅捐機關或債權人通知得以銷案後，銀行保證責任即告解除，應塡製(借)「保證款項」

及（貸）「應收保證款項」科目傳票，以憑轉帳，並將保證時所收存的本票發還申請人亦即被保證人。

2.如到期被保證人未能依約償還,應比照逾期放款的催討程序辦理。銀行如因此賠繳保證款項，應就賠繳額填製（借）其他應收款或短期墊款科目支出傳票，俟收回時再（貸）其他應收款或短期墊款科目，以便應收保證款項與保證款項兩科目始終保持平衡。

記帳的實例：

例五 八十五年二月六日大和紡織公司由美國進口棉紗原料乙批,擬於加工製造後將製成品外銷。其應繳進口關稅新臺幣20萬元，經關稅課徵機關准予記帳，分期繳納。該公司填具申請書並檢附核准文件及其他證明文件，來行請求予以保證。除簽訂約定書並簽發保證書交該公司轉交海關外，並依約收取保證手續費5‰。應填製傳票如下：

轉帳支出傳票

（借）應收保證款項　應收大和紡織保證關稅款	$200,000.00

轉帳收入傳票

（貸）保證款項　保證大和紡織應繳關稅（臺北關）	$200,000.00

現金收入傳票

（貸）手續費收入　大和紡織關稅保證手續費	$200,000 \times \dfrac{5}{1000}$	$1,000.00
保證手續費		

例六 八十五年八月六日接到臺北關通知，大和紡織公司已如期繳清稅款，准予銷案。應填製傳票如下：

轉帳支出傳票

（借）保證款項　大和紡織保證關稅款銷案（臺北關）　　　　　$200,000.00

轉帳收入傳票

（貸）應收保證款項　應收大和紡織保證關稅款銷案　　　　　$200,000.00

例七　如上列大和紡織公司到期未能繳清稅款，由銀行簽發臺灣銀行支票 No.31035乙紙，代爲賠繳。應填製傳票如下：

轉帳支出傳票

（借）其他應收款　賠繳大和紡織保證關稅款（臺北關）　　　$200,000.00
　　　（或短期墊款）

轉帳收入傳票

（貸）存放銀行同業　#×××　臺灣銀行　臺支 No.31035　$200,000.00

例八　上例銀行代大和紡織所繳稅款，經向該公司催討後，除收回本金$200,000.00外，並加收逾期利息$800及違約金$1,000，應填製傳票如下：

轉帳收入傳票

（貸）應收保證款項　收回應收大和紡織保證關稅款　　　　　$200,000.00

轉帳支出傳票

（借）保證款項　保證大和紡織關稅款（臺北關）　　　　　　$200,000.00

現金收入傳票

（貸）其他應收款　收回代墊大和紡織保證關稅款　　　　　　$200,000.00
　　　（或短期墊款）

現金收入傳票

（貸）利息收入──雜項收入息　大和紡織保證款項逾期利息及違約金

$1,800.00

以上各筆交易應記入「應收保證款項」及「保證款項」明細帳，格式如下，倘交易不多，亦可採用甲種借貸式或丁種銷帳式的帳式。

五、保證發行商業本票業務的性質

為協助促進貨幣市場的建立，充裕貨幣市場信用工具，便利工商企業籌集短期資金，本省各銀行近年相繼辦理商業本票保證發行業務。「商業本票」是由信譽卓著，財務結構健全的公司，為籌集季節性或短期產銷週轉金，經過金融機構保證，以貼現方式所發行的。商業本票的票額有拾萬元、伍拾萬元、壹佰萬元及壹仟萬元等數種，期限均在一年以內。對資金的供給者（購買商業本票人）而言，由於商業本票經過銀行、信託公司或票券金融公司保證，投資收益較同期銀行存款利息高，流通性大，隨時可以變現，是最好的投資工具。對資金需求者（發行商業本票的公司）而言，手續簡便，費用合理，發行金額及期限可以依照公司實際需要作機動調整，並且在有多餘資金時還可以買回，有助於降低營運成本，提高公司的知名度。由銀行辦理保證發行的商業本票，照規定應經票券金融公司簽證及於貨幣市場承銷發行，本票到期時並由保證銀行擔當付款。

商業本票的保證、發行手續列示如下：

1.申請保證發行的對象為(1)公營事業機構，經主管機關核准者，(2)經依法辦妥公司登記的公民營工商企業，與銀行有往來且無不良紀錄者。

2.發行額度以不超過申請人現有全部資產減去全部負債及無形資產後的餘額為限，並視申請人財務狀況，到期償還能力，以及實際業務需

○○ 銀行　應收保證款項帳　保證款項

帳頁		H-3
戶號		
戶頁		

抵押品卡 No.361
約定書 No.420
存款 No.支票存款#7000

委任人　戶名　大和紡織公司
代表人　林○○（職稱）董事長

職業：紡織　住址：臺北市××路×巷×號　電話：×××號

85年		保證號碼	借	貸	背書人或保證人	摘要			當初保證			到期			借方	貸方	餘額	手續費		沖銷記錄及公文字號	批准號碼	備註
月	日					經辦機關	保證種類	期限	年	月	日	年	月	日				費率	金額			
2	6	1	1		張○○、林○○	臺北關	進口關稅	六個月	85	2	6	85	8	6	2000000 00	2000000 00	2000000 00 0	‰ 5	100000	85.8.4 ×字××號	390	
8	6		1																			

經理　副理　襄理

註：上項明細帳如銀行已辦施電腦連線作業，則可由資訊室根據電腦資料庫自動印製明細表代替，而可不必由人工逐筆記帳；惟此時因已無明細帳，為免發生錯誤並便於控管仍需保留「應收保證款項分戶備查卡」。

要核定最高保證發行額度，一次或分次保證發行。

3.每一次保證期限自發行日起至該本票到期日止，最長以一年為限，並須以銀行為擔當付款人。

4.本票面額每張以新臺幣壹拾萬元或其倍數為單位，以適應貨幣市場交易上的需要。

5.公營事業機構，其還款來源已列入預算，並經其上級機關見證者，得免提供擔保；民營工商企業原則上應提供擔保品，辦妥設定擔保權手續，並徵取放款各種書據及投保必要的火險。

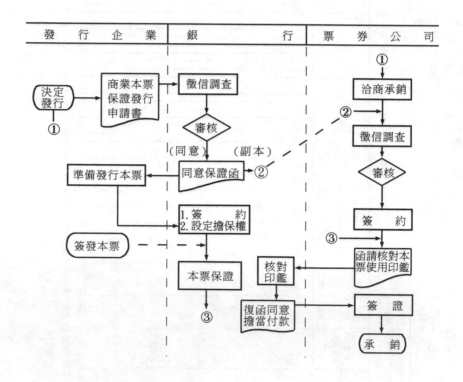

商業本票保證發行作業流程圖

6.保證手續費暫按本票發行金額在年息百分之〇‧三至百分之一範圍內，視客戶信用程度、擔保物內容、往來情形及保證金大小等個別核定。按實際發行月數計收，未滿一個月者，如爲往來實績優良客戶，亦可按實際日數計收。

7.辦理保證發行商業本票，除按保證面額以應收保證款項及保證款項對轉科目列帳，以紀錄保證的或有資產及或有負債外，並應按商業本票到期日順序，另設備查簿登記戶名、發行金額、面額種類及張數、發行日期、到期日、擔保條件及保證人等。

8.商業本票到期日前一星期，應以書面通知申請人於到期日前將票款繳存銀行備付。

9.商業本票如經執票人提示要求付款，而申請人尚未繳足票款時，保證銀行仍應即時兌付，並立即向申請人及保證人催收歸墊、應付遲延利息及違約金。

10.商業本票的格式例示如下頁。

六、保證商業本票的帳務處理

1.徵提備償本票時，應編製傳票：
　　借：保管有價證券
　　　　貸：應付保管有價證券
2.簽蓋保證商業本票及計收保證手續費：
(1)編製傳票兩式：
　　借：應收保證款項
　　　　貸：保證款項
　　借：庫存現金或相關科目
　　　　貸：手續費收入——保證手續費
(2)登錄電腦並編製「應收保證款項分戶備查卡」，按到期日先後順序

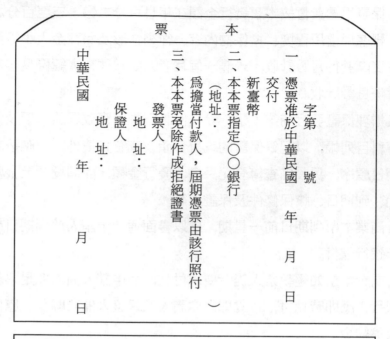

```
　　　　　　　本　票

一、憑票准於中華民國　年　月　日
　字第　　號

二、本票指定○○銀行
　交付
　新臺幣
　（地址：　　　）

三、本本票免除作成拒絕證書
　本票為擔當付款人，屆期憑票由該行照付
　發票人
　地址：
　保證人
　地址：

中華民國　年　月　日
```

```
茲證明本本票發票人保證人記載事項無誤
（本簽證與本票聯上下分離者本簽證無效）　　簽證 ↓↑
```

科　目：＿＿＿＿　對方科目：＿＿＿＿

驗印	記帳	營業	會計	經副襄理

保管。

3.備償本票兌現或申請人繳存票款並由銀行退還備償本票，應編製傳票兩式。

借：庫存現金或相關科目
　貸：其他應付款——保證發行商業本票備付款
借：應付保管有價證券
　貸：保管有價證券

4.商業本票到期付款：

(1)編製傳票兩式：

　　借：其他應付款——保證發行商業本票備付款

　　　　貸：庫存現金或相關科目

　　借：保證款項

　　　　貸：應收保證款項

(2)登錄電腦，辦理銷帳，並抽出「應收保證款項分戶備查卡」，蓋用已付款戳記。

5.申請人屆期違約，由銀行代為墊付時：

(1)編製傳票兩式：

　　借：其他應收款——應收保證款項到期墊付款

　　　　貸：庫存現金或相關科目

　　借：保證款項

　　　　貸：應收保證款項

(2)登錄電腦、辦理銷帳，並抽出「應收保證款項分戶備查卡」，填註銀行代為墊付日期及金額等資料。

6.銀行收回墊付款時：

(1)編製傳票一式：

　　借：庫存現金或相關科目

　　　　貸：其他應收款——應收保證款項到期墊付款

　　　　　　利息收入——雜項收入息

(2)抽出「應收保證款項分戶備查卡」，蓋用已付訖戳記。

七、保證發行公司債

　　近年來由於利率水準逐步下降，且貨幣市場及資本市場發達，有逐漸取代銀行貸款市場之勢。各大公司為減輕利息負擔並改善財務結構，

經副 襄理		科課長 (主辦)		經辦	

應收保證款項分戶備查卡

年　　月　　日製

授信戶 戶號		授信核序號 (保證書號碼)		保證 金額	NT$ 　　　　元
授信戶 戶號		保證型態		手續費 費率	％
保證起日	年　月　日	本票 金額／到期日	元／年　月　日	遲延利率	％
保證訖日	年　月　日	TEL：	FAX：		
備註					

日　期			摘要	保證金額	解除保證 函日期及 文　號	解除金額	保證餘額	手　續　費		
年	月	日						期數	費率	金額

乃紛紛發行銀行保證的公司債，取得中長期資金，以取代銀行的短、中期放款。現特將有關保證發行公司債有關規定列述於下：

1.發行公司債保證，係由銀行出具保證函，保證發行公司不履行公司債本息的清償責任時，由銀行代為履行給付責任。銀行辦理此項業務，係以協助公司依法發行公司債，公開籌集所需資金為目的。

2.公司法第二五○條規定，公司有下列情形之一者不得發行公司債：

⑴對於前已發行之公司債或其他債務有違約或遲延支付本息的事實，尚在繼續中者。

⑵最近三年或開業不及三年的開業年度課稅後的平均淨利，未達原定發行的公司債應負擔年息總額之百分之一百者。但經銀行保證發行的公司債不受限制。

3.依公司法第二四九條規定，公司有下列情形之一者，不得發行無擔保公司債：

⑴對於前已發行的公司債或其他債務，曾有違約或遲延支付本息的事實已了結者。

⑵最近三年或開業不及三年的開業年度課稅後的平均淨利，未達原定發行公司債應負擔年息總額之百分之一百五十者。

依證券交易法第二十九條規定：公司債的發行，如由金融機構擔任保證人者，得視為有擔保之發行。

4.依財政部72.2.3臺財稅發字第9024號令規定，公司發行公司債的用途，限於下列四項之一：

⑴現有設備之汰舊換新。

⑵現有設備之擴充或改良。

⑶現有事業曾利用短期債務擴充機器設備，擬調整並健全其財務結構者。

⑷現有事業設備完整，業務富有前途，缺乏生產資金者。

5.公司債發行保證，其債權人雖爲公司債票的權利人，但要保機關
爲證券管理委員會，銀行的保證函應向該會發出。

6.公司債發行總額，不得逾公司現有全部資產減去全部負債及無形
資產後之餘額。無擔保公司債之總額，不得逾前項餘額之二分之一。(公
司法第二四七條)

7.銀行辦理公司債發行保證，宜洽請發行公司提出具體可行的償還
財源、債款的籌措計畫及保管方法，並審愼評估其可行性。

第五節　信保基金保證業務

一、中小企業信用保證基金的性質

中小企業信用保證基金（簡稱信保基金）爲一財團法人組織，以配
合政府輔導中小企業的政策，協助中小企業解決其擔保品不足及信用薄
弱的困難，提供向銀行融資的信用保證，便利其獲得適當資金的融通，
促進其健全發展爲宗旨。

二、保證對象及保證項目

(一)基金信用保證對象的基本資格

1.生產事業
係指符合下列標準的獨資、合夥或公司組織的企業。

(1)依法登記、獨立經營、領有營利事業登記證，並領有工廠登記證
的製造業，加工業與手工業，或並領有營造業登記證或土木包工業登記
證的營造業。

(2)實收資本在新臺幣6,000萬元以下，且資產總值不超過新臺幣

18,000萬元。

(3)連續營業已達半年以上。

(4)本國人資本超過百分之五十。

2.一般事業

係指符合下列標準的獨資、合夥或公司組織的企業。

(1)依法登記，獨立經營，領有營利事業登記證，但不含金融保險業、煤礦開採業、土地開發業、房地產的買賣租賃及經紀業、特許娛樂業(酒家舞廳等)。

(2)最近一年營業額在新臺幣8,000萬元以下，350萬元以上。

(3)連續營業已達一年以上。

(4)本國人資本超過百分之五十。

3.小規模商業

係指符合前項(1)(3)(4)款要件，但最近一年營業額未滿新臺幣350萬元的企業。

4.自創品牌企業

係指依財政、經濟兩部核頒的「自創品牌貸款要點」規定審查合格的企業。

5.創業青年

係指經行政院青年輔導委員會審查合格者。

(二)保證項目及授權範圍

保證項目及授權範圍一覽表：

信用保證＼項目	一般貸款	商業本票保證	外銷貸款	融資購料週轉資	進口記帳稅捐保證	履約保證	政策性貸款	小規模商業貸款	自創品牌貸款	青年創業貸款	發展貸款
適用對象	一般生產事業							小規模商業	不限中小企業	創業青年	一般生產事業
授權額度（註1）	一千萬元（一千五百萬元）	五百萬元（一千五百萬元）	七百萬元（一千七百萬元）	一千萬元	五百萬元	一千萬元	一千萬元（二千五百萬元）	一百萬元（二百萬元）	二千萬元	六十萬元	一千萬元
授權保證成數（註2）	八成	九成	八成								九成

註1：授權額度係以授信金額計算。

註2：依授權方式送保案件，實際保證成數應依金融機構以授權方式送保案件核定保證成數作業要點辦理。此外，必要時，信保基金亦得針對個案情況，於查覆書上或專函另訂授權保證成數。

三、信用保證送保作業流程

　　中小企業信用保證基金承保案件分授權送保、專案送保及直接徵信轉介融資等三種，其作業程序如下：

1.授權送保流程圖

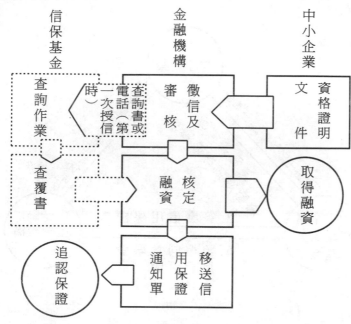

2.專案送保流程圖

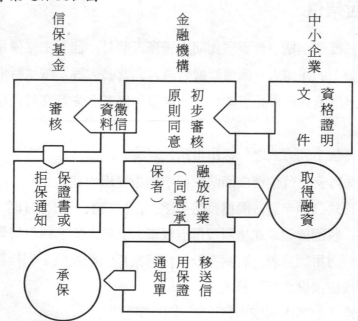

3.直接徵信轉介融資作業流程圖

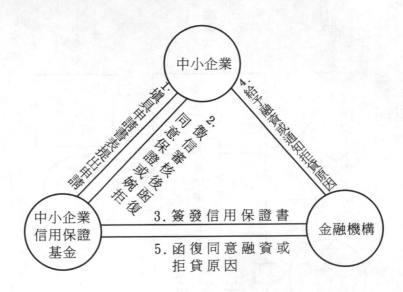

四、代位清償

　　銀行於授信到期（含視同到期）屆滿五個月，已對主從債務人（含額度保證書上的保證人、備償票據發票人、背書人等）依法訴追並取得執行名義且借款人已停止營業後，得申請信保基金先行交付代位清償的備償款項。

　　銀行得依下列方式之一提出申請：

　　1.以先行交付代位清償備償款項申請書提出申請。

　　2.以正式公函申請，簡述授信金額、送保成數、起訖日期、催討或訴追概略、收回展望，並檢附授信准駁書、契約、本票或借據影本、核貸時借保戶信用調查表、有關存款、授信帳戶明細及依下列申請範圍計算之申請代位清償金額計算表。

　　申請範圍包括下列四項：

1.本　金

指尙未收回的逾期授信保證部分的本金。

2.積欠利息

指授信到期（視爲到期）前未收取的利息。

3.逾期利息

指授信到期（視爲到期）後未收取的利息，最高以六個月爲限。

前兩項利息以原約定的擔保放款或政府規定的其他優惠利率計算，適用的利率遇有調整或分期攤還陸續收回者，按各期的保證餘額分別計算。

4.訴訟費用

俟訴訟終結及執行借保戶財產分配完畢，如有不足再申請按追訴當時保證金額佔追訴標的金額之比率分攤爲原則。

五、信保案件的帳務處理

移送信保的授信案件，帳務處理除應考慮保證成數，尙有保證手續費的計算與帳務。茲分別就1.新授信案件，2.展期案件，3.授信收回，及4.代位淸償的處理，分述於下。

㈠各保證項目保證手續費的計收標準

保證項目	一般貸款	小規模商業貸款	外銷貸款	購料週轉融資	商業本票保證	政策性貸款	自創品牌貸款	青年創業貸款	發展貸款	進口稅捐記帳保證	履約保證
基金計收保證手續費年費率	0.75%									由金融機構所收保證手續費的五成移充。	
收取對象及有關規定	由受保證的企業或創業青年於利息之外，另行繳付；但經基金保證的授信，授信單位應按擔保放款或政府規定的其他優惠利率計息。										

(二)計算方式與會計處理

1.新授信案件

送保案件的保證手續費，除進口稅捐記帳保證及履約保證係以授信單位向企業所收保證手續費部分移充外，其餘均依授信移送保證期間，以「月」為單位計算。月數的計算係以授信起日至次月的相當日（無相當日者為該次月的最後一日）為一個月，餘類推；畸零天數自相當日的次日計算至訖日止，在十五天（含）以下者免計，超過十五天者進整以一個月計。但一筆授信移送保證期間未達一個月者，仍應以一個月計。授信單位計收的保證手續費應連同「移送信用保證通知單」，轉匯存臺灣中小企業銀行總行營業部支存70-1號帳戶。

以一般貸款為例，會計分錄：

(1)撥貸時：

　　借：短期擔保放款（信保保證八成部分）

　　　　短期放款（銀行自行授信二成部分）

　　　　　貸：有關存款科目或其他相關科目

(2)代收保證手續費：

　　借：有關存款科目（或庫存現金）

　　　　　貸：其他應付款──代收保證手續費

2.展期案件

(1)應就展期前後的全部保證期間重新計算保證手續費，以補收其與原繳保證手續費的差額。

(2)毋需補收展期手續費者，仍應填送「移送信用保證通知單」，並一律以掛號方式郵寄信保基金，以免遺失。

以一般貸款為例，會計分錄：

(1)展期時：

借：短期擔保放款

短期放款

貸：短期擔保放款

短期放款

即一方面爲放款的收回，另一方面則爲新撥貸。

(2)補收展期手續費：

借：有關存款科目（或庫存現金）

貸：其他應付款——代收保證手續費

3.收回款的帳務處理

授信期中有分期償還或逾期後分期攤還或經催討後部分收回（含扣抵借保戶的存款、貸款轉存的定期存款、押匯款、工程款、執行薪津等）時，應按保證比率沖抵，不得僅沖還未保證部分。若基金保證的授信併同自行核貸的無擔保放款催討時，收回金額亦應按各筆授信佔所有無擔保（含基金保證部分）總額比率沖還。

以一般貸款爲例，收回時會計分錄：

借：庫存現金或其他相關科目

貸：短期擔保放款

短期放款

4.代位清償的帳務處理

債務人貸款逾期，授信單位依法對債務人的財產執行完畢，授信仍全部或一部無法受償時，得檢送借保戶財產拍賣案的分配表、授信（催收）帳戶明細（含授信單位自行授信部分），法院對全體主從債務人核發的債權憑證影本（惟在不影響債權追償情形下，如暫未取得債權憑證，並經信保基金同意者不在此限）等，於徵得信保基金同意後就原先行交付代位清償的備償款項分別沖還本金、利息及訴訟費用（不得將備償利息部分移用於沖抵本金）。授信單位於沖抵後仍應依前述有關規定追查借

保戶有無其他可供執行的財產或薪資，俾得執行取償，至於信保基金攤付的訴訟費用仍應併同債權本息依法參與分配，若有收回款項仍應按比率匯還信保基金。

以一般貸款轉成逾期放款為例，會計分錄：

(1)逾期放款轉列催收款時：

借：催收款項

　　貸：短期擔保放款

　　　　短期放款

　　　　應收利息——有關利息子目

(2)基金同意代位清償時：

借：暫收款

　　貸：其他應收款——各項費用

　　　　催收款項

　　　　利息收入——雜項收入息

第六節　逾期放款的處理

一、逾期放款的發生

所謂「逾期放款」係放款到期，借款人不能清償；或雖未到期，而借款人由於宣告破產，或事業失敗等原因，將難以如約償還，有發生呆帳損失可能者。

通常銀行所指的逾期放款範圍係包括逾期授信(尚在原授信科目中)及催收款項兩者；茲分述於下：

(一)逾期授信

1. 已屆清償期而未受清償的各項授信款項。

2. 對於分期償還的各項授信款項,以約定日期定其清償期,但如銀行依契約請求提前償還者,以銀行通知債務人還款之日為清償期。

(二)催 收 款

各項授信款項具有下列情形之一,應即轉入「催收款項」科目處理:

1. 清償期屆滿六個月尚未受清償者。

2. 清償期雖未屆滿六個月,但已向主、從債務人進行法律訴追行為者。

逾期授信及催收款項依規定積極清理,而具有下列情事之一者,應扣除估計可收回部分後轉銷為呆帳。

1. 債務人因解散、逃匿、和解、破產的宣告或其他原因,致債權的全部或一部不能收回者。

2. 擔保品及主、從債務人之財產經鑑價甚低,或扣除先順位抵押權後,已無法受償,或執行費用接近或可能超過銀行各受償金額,執行無實益者。

3. 擔保品及主、從債務人的財產經多次減價拍賣無人應買,而銀行亦無承受實益者。

4. 逾期授信超過清償期二年,且經積極催收,仍未收回者。

各種放款承貸後,應隨時從報紙或各方面注意借款人及保證人有無發生週轉不靈、倒閉或宣告破產情形。如有此等情事,無論已否到期,應即呈報總行並委請律師代為起訴追償。倘保證人有倒閉或破產情事,應囑借款人另覓具殷實保證人抵補。

各種放款到期未獲清償時,經辦人應將當日未來清理的逾期放款呈

請主管人員查核，除客戶事前得銀行諒解，短期中可免催收外，其餘應即向借款人催償。逾期放款的處理，須慎重審察情勢，發揮高度的技巧，採取有效而妥善的辦法。如能與借款人及保證人商洽解決辦法，在不妨害銀行債權及避免銀行發生損失的前提下，可進行分期攤還，或由借款人自動變賣質押品抵償，但應小心處理，以免發生糾紛或事端。

二、擔保物的處分

借款過期經催告仍未清償時，若有擔保物設定質押權，應依法加以處分：

1.動產質權的實行：可依民法第八百九十三條規定將質物拍賣抵償。拍賣的方法應公開，可於報紙刊登拍賣啓事；如拍賣物價值甚小，亦可僅用公告方式，另以存證信函通知保證人、借款人、出質人屆時到場，如屆時債務人不到場仍應進行拍賣。銀行如認爲質物可能有權利上或物權上糾紛時，宜經法院裁定後拍賣。

2.權利質權的實行：以定期存款單或提貨單設定質權時，可向定期存款存儲銀行或提貨單的發貨行號，洽取質押的存款或貨物。前者爲直接清償，後者須經拍賣方式獲得款項再清償。以無記名債券爲質押時，可直接領取利息及票款；如以股票設質，則宜通過交易所買賣爲宜，但須注意應事先向出質人徵取過戶聲請書，並由出質人於股票背面蓋妥印章以便處理。

3.不動產抵押權的執行：若債務人提供不動產並由銀行設定抵押權，而其借款到期經催收拒不償付時，可按強制執行法所定拍賣程序處理。如向法院申請拍賣抵押物，應先向法院民事庭提出聲請書，並繳呈抵押權設定契約書抄本、他項權利書抄本、不動產登記簿謄本、借款契約或票據抄本，經法院裁定准予強制執行後，持同裁定書正本、強制執行申請書及登記簿謄本向法院執行處提出。至於強制執行的程序，乃是

由銀行人員引導法院執行處的書記官、執達員至現場作查封筆錄，並以封條查封抵押物；然後經法院執行處，向地政事務所爲囑託執行登記，禁止權利移轉，除委請地價評議機關議價張貼公告外，並登報公告定期公開拍賣。拍定之後，銀行即可向執行處領取債權本息而受清償。

4.以提貨單爲質權設定時，若銀行請求發貨人給付貨物而被拒絕，應向借款人提起訴訟，獲判決後，以執行名義，要求給付；若仍遭拒絕，更可以發貨人爲被告而訴請交付質物，然後受償。倘以其他定期存款單爲質權設定，而遭遇拒絕付款時，亦可以相似的程序，請求法院命令該行付款，清償借款。

三、法律途徑的訴追

放款到期經催收未還後，旣無其他協商途徑，且對借款人的動產或不動產又未設定質權或抵押權時，當循法律途徑訴追。至於訴訟的手續，是先向地方法院民事庭提出起訴狀，經過對方答辯，再開辯論庭，兩造當庭辯論，由法院定期宣判。銀行接到判決書，而對方在二十日內未提起上訴，視爲判決確定；銀行即用確定的判決書，作爲執行名義，申請強制執行債務人及保證人的財產，予以查封拍賣，接受清償。但因由起訴至判決需時較久，被告（即債務人）且可上訴至高等法院、最高法院，在此一段期間中，借款人每易移轉財產所有權，故於起訴同時或起訴之前，宜聲請假扣押、假處分，以保全債權。爲簡化訴訟起見，如借款人係以本票借款，可將本票申請法院裁定准予強制執行，而免辯論、判決等程序。債權若係小數金額，可僅檢具債權憑證，申請法院給予債務人支付命令以節省手續。與債務人在法院中和解，所作和解筆錄亦有執行名義，遇債務人不履行和解條件時，可以申請強制執行。與債務人在法院辦理公證，而公證書附有強制執行條款時，也可爲強制執行名義。

債權人就金錢請求，或得易爲金錢請求的請求，爲保全強制執行，

得聲請假扣押。借款發生呆滯情形後，不論銀行已否進行訴追，如債務人有意圖隱匿財產，致日後銀行債權有不能執行之虞時，應即查明其事實，呈請法院依法爲假扣押的執行。

債權人就金錢以外之請求欲保全強制執行者，得聲請假處分。借款人如有將抵押物的現狀任意改變或意圖毀損抵押權益等，使日後銀行債權在執行上發生困難；或在法律關係上與債務人有爭執而欲確定其暫時狀態時，應呈請法院爲假處分的裁定。

四、債權債務的抵銷

依據民法第三百三十四條的規定：「二人互負債務，而其給付種類相同，並均屆淸償期者，各得以其債務，與他方的債務，相互抵銷」。銀行對借款人有放款債權，而借戶對銀行有存款債權，且雙方均爲金錢債權，故借款人到期不償還借款時，銀行可以與放款相抵銷。

民法雖有「雙方債權須均屆滿淸償期方能抵銷的規定」，但並無強制性，根據契約自由的原則，當事人間仍可自行約定。銀行放款約定書普通均有「借款人的存款雖然未到期銀行亦可以抵銷」的約定，故借戶的支票存款、活期存款甚至定期存款及儲蓄存款，皆能抵銷。

民法第三百三十五條規定，抵銷應以意思表示向他方爲之，方能生效，因此銀行將借款人的存款與放款抵銷後，應即通知對方囑其限期將存摺或存單交還銀行作廢，並爲避免第三人無辜損失起見，最好將因抵銷而使存單等作廢的情事，登報聲明。

五、各種債權的時效

放款於逾期後，應特別注意放款債權中有無時效將要屆滿。因時效如任其屆滿，則請求借戶償還的權利，將因對方主張時效已經終止而歸於消滅。因此債權中，倘有時效將屆終止者，應即辦理請求、承認、起

訴、和解、聲請強制執行等中斷時效手續。各種債權的時效如下：

1.請求權因十五年間不行使而消滅。

2.利息及其他一年或不及一年的定期給付債權，各期給付請求權，因五年間不行使而消滅。

3.借款契約的本金請求權十五年，利息請求權五年。

4.支票對發票人一年(自發票日起)，對背書人四個月(自提示日起)。

5.本票對發票人及其保證人三年(自到期日起)，對背書人一年(自拒絕付款日起)。

6.匯票對承兌人及保證人三年(自到期日起)，對發票人或前手一年(自拒絕付款日起)。

註：本票的請求權雖為三年，但銀行另有徵取約定書，如遇失效時，尚可以一般消費借款予以追償，請求權十五年。

六、各種催討費用的帳務處理

銀行催討逾期放款過程中，或委託律師或自行辦理一切訴訟及非訟案件，為辦理此等案件所開支的費用，一部分應由銀行負擔，一部分由銀行先行墊付，俟勝訴後，再向被告或債務人追索。此等訴訟有關費用的會計處理方法，特說明於下：

1.支付律師的前酬款及後酬款，以及因訴案所開支的旅費、膳宿等費，通常多由銀行負擔，支出時應先以其他預付款科目入帳，俟訴訟結案時，再轉入業務費用科目法律事務費子目。

2.訴訟費、公告費、執行費、判決費以及其他可向被告或債務人請求的費用，銀行先行墊付時，暫以其他應收款科目入帳，俟勝訴獲給付收回時，再貸其他應收款科目；但如敗訴或未能獲得給付時，即應自其他應收款科目轉入業務費用科目法律事務費子目。

七、催收款項的意義

凡各種已到期的放款及透支，已逾期六個月以上，雖依法律程序訴追催討，而一時仍未能收回，經報請總行核准後，可由原放款科目轉列催收款項科目，分別繼續依法催收，或作其他適當處理。所謂「催收款項」，係記載逾期而收回有困難的逾期放款，也是各種放款及透支與呆帳間的過渡性科目。

八、催收款項的處理

1.經奉准轉入催收款項科目的放款及透支，應將截至核准轉入催收款項日止的應收未收利息，一併轉入催收款項帳。除原屬透支應將利息滾入本金一筆記帳外，其餘各項放款的應收利息與本金，應分二筆記載。如有因催收而墊付的開支款項，也要一併記入催收款項帳。轉入催收款項時的分錄爲：

借：催收款項

貸：○○放款（或透支） （放款本金或透支本息）

應收利息 （應收未收放款利息）

其他應收款 （代墊各種費用或款項）

2.轉入催收款項的放款或透支，自轉帳之日起，內部帳面停止計息，月算時不再計提催收款項的應收利息。但對借款人及保證人追償時，仍應按照原利率計算利息，如已逾期並應照契約規定加收違約金，與本金一併向債務人索取。由於上述對外債權關係，轉入催收款項後的利息，對外仍應照常計算，並登記催收款項帳，作備忘記錄。所以催收款項帳內，有內部帳面與對外債權兩種金額，前者爲截止轉帳日止的本金與利息及墊付的款項；後者乃指內部帳面金額及轉帳日以後的利息與墊付款項，表示對借款人的應計債權額。對外債權欄減去內部的帳面差額，即

轉入催收款項後，所計應收利息及逾期違約金等的數額。

3.催收款項如有收回，應依民法第三百二十三條的規定，先抵充費用，次抵充已轉入催收款項的應收利息，再次抵充對外債權的利息，最後抵充原本。入帳時先填製（貸）催收款項現金收入傳票（轉入催收款項的應收利息）如尚有剩餘，再填製（貸）應收利息或利息收入（催收款項息或雜項收入息子目，此項利息即內部帳面停止計息後，對外債權仍照常計算的利息）及（貸）催收款項（原本金）傳票以憑記帳；如入帳款項小於帳面餘額，不足部分自應仍懸帳面繼續催收。

4.轉入「催收款項」的放款及透支，於每屆結算提存呆帳準備時，應比照信用放款的提存率計提備抵呆帳，詳見結算一章。

5.催收款項科目應採用如下頁的特種格式明細分類帳。

九、呆帳損失的發生

催收款項如有一部分或全部無收回希望時,應填具申請書報告總行,經提請董事會核准後，得依所得稅法的規定作為打除的呆帳，予以轉銷。銀行每年辦理兩次結算，除非本期放款經轉入催收款項後，確定無收回希望，應轉入呆帳科目外，大多數催收款項，均為本期以前的逾期放款，故於轉銷時，應與本期以前所計的備抵呆帳沖轉，轉銷時填製（借）備抵呆帳（貸）催收款項傳票分別憑以記帳。經轉銷的催收款項或經轉入呆帳的放款，在催收款項帳內的對外債權記錄仍予保留，並注意借款人及保證人的經濟狀況能力等，隨時相機追償，不得放棄。凡業經轉銷的催收款項（即經核定打除的呆帳）復經收回時，應就收回數額填製（貸）收回呆帳及過期帳傳票憑以記帳，列為當年度收益。因一般銀行備抵呆帳及收回呆帳兩科目均歸入總行帳，故分行如有核定打除的呆帳或收回的呆帳，均應以聯行往來科目與總行帳聯繫，分錄如下：

○○銀行催收款項帳

正面

| 帳頁 | |
| 戶頁 | |

原放款科目＿＿＿

借款人＿＿＿（存款 No. ）住址＿＿＿ 電話 No.＿＿＿

上段表：

交來			押品單據				抵押品					保			險		付出			附屬書類	備
年	月	日	行名	種類	號數	到期	種類	數量	單價	價值	押品提供人	行名	種類	保單號數	到期日	金額	年	月	日	委託書	註

下段表：

原放出			到期	保證人		摘要	借方	貸方	餘額	備考	
年	月	日	日期	姓名	住址					核准號數	備考
號數											

總經理 副襄理　會計　營業　記帳

背面

原訂利率

借款人　　　　　　　　對外債權

年 月 日	摘要	借 方	貸 方	餘 額	日數	積 數	利率	利 息	備註

催收經過

年 月 日	催 收 記 錄	主管蓋章	年 月 日	催 收 記 錄	主管蓋章

呆帳實際發生時	打除的呆帳復經收回時
分行：借：聯行往來 　　　　貸：催收款項 總行：借：備抵呆帳 　　　　貸：聯行往來	分行：借：庫存現金 　　　　貸：聯行往來 總行：借：聯行往來 　　　　貸：雜項收入——收回呆帳及過期 　　　　　　　　　　　　　　　帳

註：(1)所得稅法規定應收帳款、應收票據及各項欠款債權有下列情事之一者，得視爲呆帳損失實際發生。並儘先就上年度呆帳損失準備下沖抵，如有不足，得列爲本年度損失。

　　　a.因倒閉、逃匿、和解或破產的宣告，或其他原因致債權的一部或全部不能收回者。

　　　b.債權中有逾期二年經催收後未經收取本金或利息者。
　　　　前項債權於列入損失後收回者，應就其收回數額列爲收回年度的收益。

　　　c.呆帳損失屬債務人倒閉、逃匿者，應有警察機關或我國駐外使領館的證明；其屬和解者，應有法院或商會的和解筆錄或裁定書正本；其屬破產的宣告者，應有法院裁定書正本；其屬逾期二年，經債權人催收，未經收取本金或利息者，應取具郵政機關存證函或向法院訴追的催收證明。

　　(2)財政部46臺財稅發字第02768號令：稅法對於呆帳損失的範圍包括各項欠款債權，而呆帳損失準備的估列則限於應收帳款與應收票據，應收利息自難解釋爲應收帳款，據以估列呆帳損失準備，但此項應收利息如有逾期二年經催收後尚未收取者，得視爲實際發生的呆帳損失。

　　(3)臺灣省政府46府財主二字第64608號令公營事業(公營半公營銀行亦係公營事業之一種)，應收利息如有逾期二年, 經催收

後，尚未收取者，依稅法規定固可視爲實際發生的呆帳損失，但爲維護國家權益，免使公帑遭受損失起見，仍應比照對應收帳款及未經收取本金的債權限制，由主管機關責成繼續催收，不得逕以呆帳處理。

十、催收款項的記帳實例

例一 短期放款戶林木火#6-23-3前所借$100,000，到期後屢次催討均未獲清償，已逾期六個月，經陳准總行轉入催收款項帳。截至目前該戶應收未收利息計$8,130，代該戶墊付訴訟費執行費等$4,800，亦一併轉入該戶催收款項帳。應製傳票如下：

轉帳支出傳票

(借) 催收款項	由短期放款#6-23-3　林木火轉入 本金100,000、利息8,130、墊付費用4,800	$112,930.00

轉帳收入傳票

(貸) 短期放款	#6-23-3　林木火　轉催收款項	$100,000.00

轉帳收入傳票

(貸) 應收利息	短放#6-23-3　林木火　未收利息轉催收款項 ──短期放款息	$8,130.00

轉帳收入傳票

(貸) 其他應收款	墊付林木火案件訴訟費執行費等轉催收款項	$4,800.00

例二 該筆短期放款轉入催收款項後，經繼續加緊催討結果，經獲得清償$20,000。

現金收入傳票

（貸）催收款項　部分收回（林木火）	$20,000.00

例三　上例催收款項雖再多方催收仍未能獲清償，經提報董事會核准予以打除。

轉帳支出傳票

（借）備抵呆帳——催收款項　林木火　催收款項經奉董事會核准打除	
	$92,930.00

轉帳收入傳票

（貸）催收款項　林木火　奉核定打除	$92,930.00

例四　林木火催收款項轉備抵呆帳打除後，經加緊向保證人催收結果，已獲保證人代為清償$92,000，應製傳票如下：

現金收入傳票

（貸）雜項收入——收回呆帳及過期帳　林木火案經保證人代償	$92,000.00

十一、承受擔保品的會計處理

凡催收款項而有擔保品，經依法或洽定承受借戶的原有擔保品或補交的物品，以抵還借款本息者為承受擔保品。承受時應估計價值陳報總行核准，然後填製（借）承受擔保品（貸）催收款項傳票分別憑以記帳。如催收款項數額小於承受擔保品價值，此項差額應以「其他應付款」科目處理；如承受擔保品價值小於催收款項數額，其差額以「備抵呆帳」科目處理。凡因承受擔保品所支付費用而不能向借戶取償者，仍應以承

受擔保品科目出帳，視為取得成本的一部分。

擔保品承受以後所發生的保險、稅捐等費用或如租金收入等收益，應作銀行本身的收支以「雜項支出」或「雜項收入」科目處理；實務上也有先以應收款或預收款入帳，俟承受擔保品變賣或處分時，再一併處理。經呈准總行變賣時，除去拍賣等費用的淨得價款，倘有多於或少於該項承受擔保品帳面價值的情形，應以多收額列於「雜項收入」科目，少收額列於「雜項支出」科目處理。但如該項催收款項係屬當期的放款，承受擔保品時的差價已用（借）備抵呆帳處理，而該承受的擔保品又於同期內售出，則多收額應先以「雜項收入──收回呆帳及過期帳」入帳，表示收回前已打除的呆帳，倘有剩餘再列收為「雜項收入」；如發生少收額仍視為應打除的呆帳。承受的擔保品其後呈准總行作為自用時，即應（借）房屋基地、房屋及建築、其他設備或買入有價證券、長期股權投資等各有關資產科目（貸）承受擔保品科目。

銀行承受的擔保品如業務上不需要，往往先行承受，然後伺機變賣，藉以了結該放款帳目。但如承受的擔保品為銀行業務所需要而屬債券、股票等有價證券，則於作價承受時，可逕以（借）買入有價證券或長期股權投資科目入帳，不必借承受擔保品科目，對不足額仍借入備抵呆帳科目；日後出售所發生的損益，則以買賣票券損益或企業投資損益科目處理。

承受擔保品科目明細帳，可採用甲種帳式，按質押品的種類或借款人名分戶，根據傳票及有關資料登記，並將承受擔保品的品名、數量、規格、牌號、存放地點及承受變賣經過等，詳細記入摘要欄內。但承受質押品較多時，也可另行設計特種帳式，按質押品種類性質分戶，根據傳票及有關資料登記。茲將承受擔保品帳的特種帳式，列示一式於下頁。

○○銀行　承受擔保品帳

種類＿＿＿

本帳頁次　帳　號
本戶頁次

年月日	承受品名稱	數量	市價	所在地點	所有權狀紀錄	帳號	借戶姓名	放款科目	金額	承受原因	總行核准電函	承受金額	處分情形 日期(年月日)	摘要	收入金額	銷帳(月日)	備註

十二、承受擔保品的記帳實例

例一 中期擔保放款戶大生公司借款本息$132,163.00，因逾期甚久未能收回，原已轉入「催收款項」繼續催討。茲借款人來行請求承受其擔保品臺灣水泥公司股票1,000股及房屋乙幢，本行鑒於催收困難，乃予同意，並將股票作價$25,000由本行收購；房屋亦作價$120,000予以承受，再伺機出售。按該戶截至目前為止結欠本行的款項為催收款項$132,163.00，代付房屋保險費、訴訟費用$5,000.00，轉入催收款項後的利息及違約金$4,000.00。應編各項傳票如下：

轉帳收入傳票

（貸）催收款項　大生公司中擔放本息	$132,163.00

轉帳收入傳票

（貸）其他應收款　代付大生公司房屋保險費及訴訟費等	$5,000.00

轉帳收入傳票

（貸）利息收入——催收款項息　大生公司中擔放逾期利息及違約金	$4,000.00

轉帳收入傳票

（貸）其他應付款　應付大生公司承受股票房屋餘款	$3,837.00

轉帳支出傳票

（借）長期股權投資　承受中擔放戶大生公司臺泥股票1,000股＠25.00	
	$25,000.00

轉帳支出傳票

（借）承受擔保品　承受中擔放戶大生公司擔保品房屋乙幢	$120,000.00

　　例二　支付前項承受擔保品房屋的保險費、房屋稅等$800.00，並收到該房屋的租金$3,000.00。應編傳票如下：

現金收入傳票

（借）雜項支出　承受大生公司房屋保險費及房屋稅等	$800.00

現金收入傳票

（貸）雜項收入　承受擔保品（大生公司房屋）租金收入	$3,000.00

　　例三　前項房屋業經拍賣，扣除拍賣費用後淨得$115,000.00。應編各項傳票如下：

轉帳收入傳票

（貸）承受擔保品　出售承受擔保品大生公司房屋	$120,000.00

轉帳支出傳票

（借）雜項支出　出售承受擔保品大生公司房屋乙幢損失 　　　　　　（帳面價值120,000實售115,000）	$5,000.00

轉帳支出傳票

（借）臨時存欠　承受擔保品大生公司房屋出售價款	$115,000.00

現金收入傳票

（貸）臨時存欠　張○○　承受擔保品（房屋）出售價款	$115,000.00

　　例四　前向大生公司收購的臺泥股票1,000股，今日委託第一證券行售出，扣除手續費及交易稅後淨得$26,500.00，當收該證券行所開本行支票存款#303 No.12000支票乙紙，面額如數。應編傳票如下：

轉帳收入傳票

（貸）長期股權投資　臺泥股票1,000股@25.00　　　　　　　　$25,000.00

轉帳收入傳票

（貸）長期股權投資損益　出售臺泥股票1,000股利益（第一證券行）　$1,500.00

轉帳支出傳票

（借）支票存款　#303 No.12000第一證券行（臺泥股票價款）　　$26,500.00
註：實務上以支票代替此一轉帳支出傳票。

十三、財政部重新規定逾期放款的列報範圍

　　由於各金融機構對逾期放款的認定標準，寬嚴不一，且差異頗大，不能真正顯示各銀行間授信資產品質惡化的程度，財政部乃於八十三年二月間，重新規定「逾期放款」的列報範圍，以求一致，並統一規定自八十三年三月一日起實施。茲特將其規定主要內容列示於下，以供參考：

　　1.凡貸款本金超逾約定清償期限三個月以上，而未辦理轉期或清償者，以及中長期分期償還放款或貸放會金未按期攤還逾六個月以上者，均應將該項放款餘額悉數列報為逾期放款。

　　2.有下列情形者，仍應列入列報逾期放款範圍：

　　(1)放款清償期雖未屆滿三個月或六個月，但已向主、從債務人訴追或處分擔保品者。

　　(2)放款擔保品已拍定待分配部分。

　　(3)本金未到期而利息已延滯六個月以上的放款（包括短期放款及中長期放款）。

　　3.符合下列情形者，准免列入列報逾期放款範圍：

　　(1)協議分期償還案件，借戶依協議條件按期履約，並符合下列條

件者：

　　a. 原係短期放款，以每年償還本息在百分之十以上者爲原則，惟期限最長以五年爲限。

　　b. 原係中長期放款者，其分期償還期限以原殘餘年限的二倍爲限，惟最長不得超過二十年。於原殘餘年限內其分期償還的部分不得低於積欠本息百分之三十。

協議分期償還案件其程序要件以有書面資料可稽，如增補契約、協議償還申請書等，並經原授信核定層次或有權者核准始生效力。

(2)已獲信用保證基金理賠款項及有足額存單或存款備償，約定待其他債務人財產處分後再予沖償的逾期案件。但以下列存款備償的放款，仍應列入列報逾期放款範圍：

　　a. 未辦妥質權設定的定存單。

　　b. 已辦妥質權設定的定存單，未徵得發單行拋棄抵銷權同意書者。

　　c. 活期性存款。

問　題

一、請分別說明票據融通的意義、特性及選擇方式。

二、請分別說明貼現的意義、要件及審核應注意事項。

三、請分別說明墊付國內票款的意義、用途、期限及成數。

四、對借款戶申請墊付國內票款的額度，銀行應如何核定？

五、請列舉墊付國內票款業務有關的會計分錄。

六、何謂買方承兌？何謂賣方承兌？兩者有何不同？

七、請分別說明國內信用狀的意義及交易流程（請附圖說明）。

八、銀行辦理普通放款、商業匯票承兌與保證等三項業務，性質上有何不同？請分析之。

九、請說明銀行保證商業本票業務的性質，並列舉有關的會計分錄。

十、請分別說明中小企業信用保證基金1.保證對象的基本資格，2.保證項目，3.保證手續費計收費率標準。

土、請列舉移送信保一般貸款案件有關的會計分錄。

圭、請列舉銀行各種債權的時效。

圭、何謂催收款項？催收款項帳「內部帳面」與「對外債權」兩者之間的內容及關係如何？

習 題

一、8/25 大華公司持交通銀行承兌面額$500,000的匯票乙紙，來行申請貼現。匯票發票日爲八月二十日，承兌日爲八月二十一日，到期日爲見票後兩個月。本行經審查要件無誤，即予承辦，貼現利率爲年息9.5%，預扣貼現利息後餘款，轉存該公司支票存款#451帳內。

9/19 勝利電機廠持本埠永新貿易行承兌面額$250,000的匯票乙紙，來行申請貼現。該匯票利率爲月息5.4‰，發票日爲九月十九日，到期日爲發票後二個月。本行當予承辦，貼現利率爲年息9.5%，預扣貼現息後的餘款，經簽發存放銀行同業一臺銀戶 No.4573支票乙紙付訖。

10/21 大華公司貼現票據本日到期，經提出第一次交換，由承兌人交通銀行如數付訖。

11/19 勝利電機廠貼現票據本日到期，本行憑票向承兌人永新貿易行收款，因遭拒絕付款，當即轉向申請貼現人勝利電機廠及保證人張炳南催收。

11/30 十九日到期票據經催收結果，貼現人勝利電機廠特簽發該戶支票存款#555 No.47351支票乙紙來行淸還票款本息。另逾期違約金按貼現利率十分之一計算。

1.爲上列各交易編製傳票，如傳票可用原始憑證代替時，並註明原始憑證名稱。

2.將有關傳票記入貼現明細帳。

二、8/9 中央電氣公司與本行簽訂承兌契約，並簽發面額$400,000匯

票乙紙，來行請求承兌，當予承辦。手續費5‰，收現。該票據九月九日到期，受款人爲龍口製造廠。

9/1 中央電氣公司簽發面額$100,000匯票乙紙，到期日爲十月一日，受款人臺北電機公司，來行請求承兌，經予承辦。手續費按5‰計算，由該公司簽具支票存款#740 No.37380支票乙紙付訖。

9/8 中央電氣公司交來同業存款戶#1臺灣銀行所簽發面額$400,000的支票乙紙，備付明日到期之承兌匯票。

9/9 本行八月九日所承兌中央電氣公司的匯票，本日到期，受款人龍口製造廠持該紙匯票來行，囑將其中$100,000付予現金，餘款轉存三個月期定期存款，利息年息6.0%，經編列帳號#3-66-733，當簽發 No.4570存單乙紙，交該廠收執。

9/12 臺北電機公司持本行九月一日所承兌的匯票，來行申請貼現，經予照辦。預扣貼現利息後的餘款，悉數作爲該公司償還短期放款#300的部分借款。

9/30 中央電氣公司交來本行#40保付支票乙紙，面額$100,000，備付明日到期的承兌匯票。

10/1 九月一日承兌中央電氣公司的匯票本日到期，因受款人臺北電機公司已向本行貼現，故逕與貼現科目轉帳。

試做上列各交易的借貸分錄。

三、7/10 明茂針織廠來行申請開發國內信用狀，金額新臺幣500萬元，期限四個月。經簽發#34516信用狀乙紙，逕寄復興紗廠，規定匯票承兌後三個月付款，條件爲 D/P(付款交單)，15%開證保證金、20元開證手續費、年息1%承兌保證費，由該廠簽發支票存款戶支票乙紙。

7/25 復興紗廠簽發指定本行承兌付款的跟單匯票乙紙，面額新臺幣4百萬元，來行要求承兌，經查核無誤，當予照辦。

10/24 明茂針織廠交來本埠同業華南銀行付款面額$4,000,000支票乙紙備付。

10/26 七月二十五日本行承兌的匯票，由天一公司持來存入該戶支票存款帳內。

11/10 國內信用狀到期，明茂針織來行申請註銷信用狀未用餘額，並領回開證保證金（存入該廠支票存款帳內）。

試做上列各交易的借貸分錄。

四、墊付國內票款的交易事項：

甲公司提供交易性客票共計125萬元來行申貸「墊付國內票款週轉金貸款」，核貸成數為面額的八成。請做相關的借貸分錄。

1.撥貸時：⑴撥款，⑵收存甲公司提供的客票。

2.相對日繳息時（按年利率10％計收）。

3.收存的客票，經提示全數收妥。

4.到期償還本息時。

五、發行商業本票保證的交易事項：

乙公司來行申請發行商業本票保證5千萬元，手續費0.5％，保證期間自六月一日至七月十五日止，手續費按發行期間計收，不滿一個月者以一個月計，並徵取同額備償本票。請做相關的借貸分錄。

1.保證發行時：⑴保證，⑵收保證手續費，⑶徵取備償票（以保管有價證券做備忘分錄）。

2.申請人繳存備付票款並退還備償本票時。

3.商業本票到期付款時。

4.申請人未能備足票款，由本行墊付時（本票由本行活期存款戶提示）。

5.收回本行墊款時（設遲延二天、利率為年息9.5%、利息收入為

$$50,000,000元 \times 9.5\% \times \frac{2}{365}）。$$

六、發行公司債保證的交易事項：

　　丙公司來行申請發行公司債2億元，手續費率為1%，保證期間四年，並徵取同額備償本票。

1.保證時：⑴保證，⑵收手續費，⑶徵取備償票。

2.申請人繳存票款並退還備償票時。

3.公司債到期付款時。

4.申請人未備足票款，由本行墊付時。

5.收回本行墊款時（設遲延二天、利率9.5%）。

第十一章　國內匯兌

第一節　匯兌業務概說

一、匯兌業務的性質

「匯兌」乃銀行憑其信用，藉聯行或同業間款項的劃撥，代替現款的輸送，以清理兩地間債權債務或款項授受的一種業務。經營匯兌業務的銀行，必須於外埠設立分支行，或與外埠或國外同業相互通匯，以便委託或代理收付。銀行辦理匯兌業務，對銀行本身而言，不但可以收取匯兌手續費，而且因為收款與解款在時間上往往有相當間隔，所以匯兌業務發達的銀行，經常擁有相當數量尚未解付的款項，無異取得一筆無利息負擔的資金。此外在社會方面，由於銀行經營匯兌業務，就可以調節兩地間資金的盈虛，而活潑各地金融；在顧客方面，可免現金的輸送，不僅安全迅速，且又省時省事。故匯兌與存款、放款並稱為銀行三大主要業務。業務經營的方式上，匯兌雖係一種服務性業務，與資金性業務的存款，在本質上雖有差異，但關係卻甚密切，舉其要點如下：

1.消極方面可防止本銀行資金的外流，積極方面可吸收外來的資金，以增加存款量。

2.良好的匯兌業務，可先期掌握客戶的資金動向及來源，於吸收存款方面，可居於主動及佔先的有利地位。

3.因匯兌關係的服務業務，除可確保舊戶外，並可招徠新存戶。

4.可以運用未達中的應付匯款及應付代收款等無息資金，以增加收益。

二、匯兌業務的種類

匯兌業務的種類有下列四項：

1.票匯 （Demand Draft, 簡稱 D/D）

票匯是由匯款行簽發匯款支票，交由匯款人自行至外埠付款地或由其寄交收款人，持向付款行領取的匯款。

2.入戶信匯 （Mail Transfer, 簡稱 M/T）

入戶信匯是由匯出行簽發入戶信匯委託書，寄交解款行或利用電信傳送，將款項撥入收款人存款帳戶的匯款。

3.入戶電匯 （Telegraphic Mail Transfer, 簡稱 T/T）

入戶電匯是匯款人委託匯款行，藉電信將款項當天電匯解款行轉入收款人帳戶的匯款。

4.代收款項 （Bill for Collection, 簡稱 B/C）

代收款項是本行受顧客委託，代為收取本埠遠期票據或外埠各種即期及遠期票據的款項，並於收妥後，直接轉入該顧客存款帳戶或另憑收據支領。

上述票匯、入戶信匯、入戶電匯是銀行受付款人的委託，匯款給收款人，而先由本埠銀行收款，外埠聯行或同業付款，足以使銀行本埠資金增加，外埠資金減少，屬於順匯；代收款項是由本埠銀行付款，外埠聯行或同業收款，足以使銀行本埠資金減少，外埠資金增加，屬於逆匯。

三、匯兌關係人

1.匯款行

接受顧客委託將款項匯出的單位，又稱匯出行。

2.匯款人

委託匯款之人，又稱匯出人。

3.解款行

受託將款項解付收款人的單位，又稱付款行。

4.收款人

領取匯款之人。

5.託收行

接受顧客委託將代收票據寄交付款地聯行或同業代收的單位，又稱委託行。

6.託收人

委託代收票據的客戶，又稱委託人。

7.代收行

受託辦理代收款項的單位，又稱受託行。

8.付款人

各種票據的付款銀行。

四、往戶與來戶的區別

凡匯兌交易由本銀行發動，委託總分行或外埠同業代理收付款項時，本銀行稱為委託行，外埠總分行或同業稱為代理行。凡匯兌交易由外埠總分行或同業發動，委託本銀行代理收付款項時，外埠總分行或同業稱為委託行，本銀行稱為代理行。同一銀行得一方面為委託行，另一方面為代理行。故匯兌交易的主體，可相互發生債權債務的關係。

匯兌交易如由本行發動，與外埠總分行或同業發生債權債務關係而託收託付款項時，該外埠總分行或同業，在本銀行帳簿上通稱某某總分行或同業「往戶」。匯兌交易如由外埠總分行或同業發動，與本行發生債權債務關係而託收託付款項時，該外埠總分行或同業，在本銀行帳簿上

通稱某某總分行或同業「來戶」。換言之，委託行在代理行帳冊上稱為來戶，代理行在委託行帳冊上稱為往戶。

五、聯行或同業間的通匯

銀行經營匯兌業務，必須委託外埠分支行代理收付款項，如外埠未設立分支行，亦應與外埠同業約定相互通匯。銀行同業互訂通匯契約時，統由雙方總行辦理，對匯兌種類、透支限額、存欠利率，結息期間，以及代理收付手續等，均須一一訂明以資遵行。契約簽訂後，雙方銀行的各分行之間，即可與契約所訂的外埠同業直接互通匯兌，不必再個別簽訂契約。訂立通匯契約的手續，應先互送有權簽章人員的印鑑、匯兌所用的密碼及密押等，以備辦理匯兌時核對之用。

聯行間互相委託代收代解款項，無須互撥基金，即逕以「聯行往來」科目轉帳。同業間通匯的匯兌基金，概由雙方總行相互調撥；通匯銀行雙方的分行，相互間如有委託代理的收付款項，均應個別轉報總行，然後再由雙方總行清算應收應付差額，詳細情形於下文說明。

六、外埠同業的通匯程序

與同業訂有通匯契約的銀行，如解匯地無聯行時，就可以和通匯銀行在解匯地的分行通匯，委託代為解款。同時本行也可以接受外埠通匯銀行的委託，代解匯款。關於通匯銀行間的通匯程序，茲特說明於下：

(一)委託外埠同業解款

1.本行分行處委託外埠同業解款時，有關收匯及委託的一切手續，應照聯行間匯出匯款的辦法辦理，同時匯款行並應於匯出當日填具「委託外埠同業代解報告」送報總行。

2.總行接到上項委託代解報告時，即據以填製（借）其他預付款

──匯兌基金科目的支出傳票，並將該款項存入通匯銀行總行。

3.匯款行接到解款行寄來的「代解外埠同業解訖報單」時，即據以填製（借）匯出匯款轉帳支出傳票及（貸）聯行往來轉帳收入傳票，以憑轉帳，並另填具「委託外埠同業代解解訖報告」寄送總行。

4.總行接到該「委託外埠同業代解解訖報告」應與通匯銀行總行送來的解訖清單核對，並將解訖報告代替（借）聯行往來轉帳支出傳票，復憑解訖清單填製（貸）其他預付款──匯兌基金轉帳收入傳票以便轉帳。

(二)外埠同業委託解款

1.本行分行處代解同業匯款手續，大致與聯行間的解款手續相同，惟解訖報單應使用三聯套寫式，其中第一聯爲「代解外埠同業匯款解訖報單」應寄送匯出行，第二聯「代解外埠同業匯款解訖報告」與第三聯「代解外埠同業匯款解訖清單」寄報總行。

2.總行接到通匯銀行總行撥交的匯兌基金時，則以貸記其他預收款科目入帳。

3.總行接到本行分行處的「代解外埠同業匯款解訖報告」及「清單」時，即以解訖報告代替（貸）聯行往來科目的轉帳收入傳票，並另填製（借）其他預收款科目轉帳支出傳票以憑轉帳，解訖清單則轉寄通匯銀行總行。

第二節　匯款的處理

一、各項匯款的分類

匯款是兩地間的一方由甲行收款，而由另一方乙行解款，因此，以

款項的授受可分爲下列二種：

1.匯出匯款

銀行接受客戶的委託，以票匯、入戶信匯或入戶電匯方式將款項匯往外埠收款人的匯款。

2.匯入匯款

銀行接受外埠聯行或同業的委託，代爲解付該行所匯出的票匯、入戶信匯或入戶電匯的匯款。

根據上述，凡是銀行接受匯款人委託匯出的款項稱爲匯出匯款；而接受匯款行委託代解匯入的款項，就稱爲匯入匯款。因此匯出匯款與匯入匯款實爲匯款業務的兩面，只是接受對象而有所不同，以匯款行亦即收匯行或委託行而言，是匯出匯款；而就解款行亦即解匯行或代理行而言，乃是匯入匯款。現分別將票匯、入戶匯款的處理程序，並就匯款行與解款行兩方面加以說明，而使讀者對於每一種匯款，從收匯起至解匯爲止應經的全部過程，有一系統的觀念。

二、票匯的處理

(一)收　匯

1.顧客申請票匯時應填具「匯款申請書」、「匯款備查聯」及「匯款回條聯」（三聯套寫），填明匯款種類(在票匯處打勾)、解款行、收款人（未指定收款人者收款人欄免填)、匯款金額（大寫）及匯款人姓名、電話及地址等。

2.經辦人對上項匯款申請書所填各項審核無誤後，向匯款人收取款項及手續費，並以阿拉伯數字填妥匯款金額、手續費收入後計出合計金額。

3.收妥款項後，加蓋收款章於匯款申請書各聯，將匯款回條聯交予

1

商業銀行匯款申請書(代收入傳票)

中華民國　　年　　月　　日

傳票＿＿＿＿號

(516　519)
(517　555)　貸
518

匯款種類	□ 1.電匯	□ 2.信匯	□ 3.票匯

科　目	匯出匯款手續費收入	其他應付款
匯出匯款		
手續費		
其他應付款(郵電費)		
合　計		
對方科目		

(收款戳記)

解款行	商業銀行	分行辦事處

收款人帳號	存	分行代號	科目	戶號	檢

(請填安十二位數)

收款人戶名	

匯款金額	新台幣 (大寫)

匯款人：
電　話：
地　址：

認證欄	交易日	交易序號	交易代號	收況別	匯款種類	解款行	認證
	收款人帳號或匯票號碼		匯款金額		類別		
	交易日	交易序號	貸送序號	交易代號	貸送人	匯款編號	

經副襄理　　　會計　　　分次　　　押碼　　　記帳　　　出納　　　收款

商業銀行匯款備查聯

2

中華民國　　年　　月　　日

本聯供匯兌主管日結對帳後訂册密存備查。（保存三年）

匯款種類	□ 1.電匯	□ 2.信匯	□ 3.票匯			摘　要	金　　額
解款行	商業銀行			分行辦事處		匯出匯款	
收款人帳號	存	分行代號	科目	戶號	檢	手續費	
		（請填妥十二位數）				其他應付款（郵電費）	
收款人戶名						合計	
匯款金額	新台幣（大寫）					對方科目	
						（收款戳記）	
匯款人：電話：地址：							

初碼值：　　　　　　　　譯碼人：

認證欄	交易日	交易序號	交易代號	收兌別	匯款種類	解款行
	收款人帳號或匯票號碼		匯款金額		類別	
	交易日	交易序號	發送序號		交易代號 發送人	匯款局號

押碼值：　　　　　　　　押碼人：　　　　　　　　發訊范：

3

商業銀行匯款回條聯

中華民國　　年　　月　　日

匯款種類	□ 1.電匯　　□ 2.信匯　　□ 3.票匯	摘　要	金　　　額
解款行	**商業銀行**　　　　分行辦事處	匯出匯款	
收款人帳　號	存　分行代號　科目　戶　號　檢　　　請填安十二位數)	手續費	
		其他應付款(郵電費)	
		合　計	
收款人戶　名		對方科目	
匯款金額	新台幣　　大寫	（收款戳記）	
匯款人：電　話：地　址：			

本聯請匯款人留存備查退匯時交還本行。

商業銀行　　　　　　　　具

匯款人並發給號碼牌憑以向匯兌部門領取匯票，匯款申請書及匯款備查聯轉交匯兌經辦員登錄電腦及製票。

　　4.以該單位票據或取款條請匯者，交由存款部門記帳，經主管人員檢印後，匯款申請書及匯款備查聯轉交匯兌經辦員登錄電腦及製票，匯款回條聯交予匯款人。

(二)登錄電腦及製票

　　1.款項收妥後，經辦員即以「匯款申請書」代替收入傳票，據以填製「匯款支票」，並將解款行、匯票號碼、金額、收款人及匯款人資料鍵

入電腦並印錄交易內容，同時認證，資料存於分行的匯款暫存檔。

2.將「匯款支票」連同「匯款申請書」送由主管人員核對並簽章。

3.主管人員將有關匯款資料由暫存檔中調出，鍵入押碼值，發送電訊，然後在「匯款支票」簽章並註記密碼後交匯款人收執。

4.電腦中心印製匯出匯款明細帳次日送交匯款行，經辦員依序訂冊保管備查，年度終了送交會計部門保管。

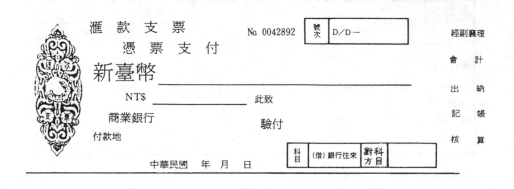

(三)解款行的解匯程序

1.電腦中心在匯款次日印錄匯入匯款備查簿送達解款行，經辦員依序訂冊保管，以備解付時核對，年度終了送交會計部門保管。

2.匯款支票持票人向解款行提示，經辦人應即發給號碼牌憑以向出納領款，然後與匯入匯款備查簿核對，並注意匯票上記載的各項要件是否齊備，有權簽章人員的簽章及編號是否正確。

3.匯款支票限於見票即付，如匯入匯款備查簿尚未收到，無從核對，應即照會匯出行，如一切正確無誤，仍應照付。

4.匯票支票背面應由收款人簽名，並註明地址，如有指定收款人時，應由該收款人簽章背書，對背書有疑義時，須取得相當證明方可付款，但銀行對於背書人的真偽，以及收款人是否本人，均不負認定之責。

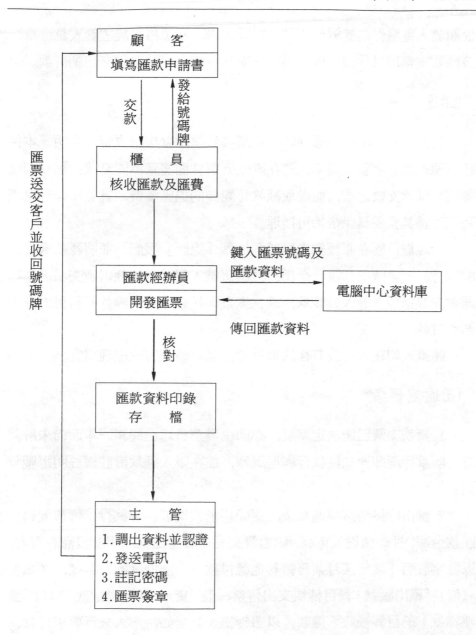

5.匯款支票經驗明無誤後，即在匯入匯款備查簿解訖日期欄塡記付款日期，同時將解款行、匯款行、匯票號碼、匯款編號、押碼值、匯款

金額鍵入電腦作票匯解款交易，並經印錄、認證再送經主管人員核章，該匯款支票用以代替（借）聯行往來科目的支出傳票送交出納付款。

(四)退　匯

1.匯款人因故申請退匯時，須請其於原匯款申請書背面寫明「本件請辦理退匯」字義及簽章，並在匯款支票背面簽章，同時收回匯款回條聯貼於匯款支票之後，並徵取匯款時同額的退匯匯費，其簽章如有疑義時，應請其覓妥具保後始可辦理。

2.經辦員應在原匯款支票票面加蓋「退匯」戳記，並將匯款編號、解款行、匯票號碼、匯款金額、押碼值鍵入電腦做匯款退匯交易，連同匯款支票送經主管人員核章，匯款支票即代替「匯出匯款」科目的支出傳票付款。

匯款人如在本行設有存款帳戶者，應以轉帳方式辦理為宜。

(五)逾期匯款

1.匯款支票已逾法定期限，亦即由發票日起已屆滿一年而尚未解款時，解款行應即通知匯款行辦理退匯，並在匯入匯款備註欄註明退匯日期。

2.匯出行接到該項通知後，應即將匯款編號、解款行、匯票號碼、匯款金額、押碼值鍵入電腦，做退匯交易並於匯出匯款明細帳備註欄內，以紅字註明「某年某月某日轉其他應付款──逾期匯款」字樣，並填製（借）「匯出匯款」科目轉帳支出傳票，及（貸）「其他應付款」科目「逾期匯款」子目轉帳收入傳票，以憑轉帳。其後如持票人來行要求付款，解款行不得受理，而應由匯出行辦理，付款時以「其他應付款」科目「逾期匯款」子目出帳。

3.經轉入「其他應付款──逾期匯款」的匯款支票已屆滿十五年（自

商業銀行　匯出匯款明細帳

中華民國　年　月　日

頁次：

業種：1：電匯　2：信匯　3：票匯

分行別

解款行	匯款編號	申請時間	匯出款 借	匯出款 貸	匯出款 餘額	收款人帳號或匯票號碼	櫃員代號	主管代號	事故 未解訖	事故 解訖	事故 更正	事故 退匯	事故 掛失	事故 逾期	匯出日期	收款人戶名	匯款人
本頁小計																	
業種合計																	

經副襄理　　會計　　覆核　　製表：資訊室

商業銀行　匯入匯款備查簿

頁次：

業種：1: 電匯　2: 信匯　3: 票匯

分行別

中華民國　年　月　日

匯款行	匯款編號	發送時間	匯款金額	收款人帳號或匯票號碼	櫃員代號	主管代號	事故						解訖日期	收款人戶名	匯款人
							未解訖	解訖	更正	退匯	掛失	逾期			
本頁小計															
業種合計															

經副襄理　　會計　　覆核　　製表：資訊室

匯款支票發票日起算）尚未付款時，於報請總行核准後轉入「雜項收入」科目。其後如持票人來行要求付款，仍須報請總行核准後，再以「雜項支出」科目付款。

三、入戶匯款的處理

入戶匯款分為入戶信匯與入戶電匯二種，入戶信匯原係由匯出行簽發入戶信匯委託書寄交解款行，將款項撥入收款人存款帳戶，但電腦化後，二者同為藉電信傳送，入戶信匯乃先彙集當天所有入戶信匯資料，存於匯款暫存檔，次營業日經由電腦整批作業轉入收款人存款帳戶，而入戶電匯則在當天經由電腦處理，當日即轉入收款人存款帳戶。

(一)收　匯

1.顧客申請入戶匯款時，經辦員應請匯款人填具「匯款申請書」、「匯款備查聯」及「匯款回條聯」（三聯套寫），其填寫方法與手續參照票匯「收匯辦法」。

2.本項匯款不得付現，必須撥入收款人存款帳戶，所以收款人必須在解款行設有存款帳戶者為限。收匯時，應先向匯款人說明並請其填明收款人戶名、存款種類及帳號，並在入戶信匯或入戶電匯處打勾。

(二)登錄電腦

1.款項收妥後，經辦員以「匯款申請書」代替收入傳票，將解款行、收款人帳號、匯款金額及匯款人等資料鍵入電腦。

2.電腦中心接到收款帳號及其他訊息，會在資料檔找出原先開戶行已鍵入的收款人戶名，並將戶名及有關資料傳回，由經辦人員逐一核對，同時，印錄交易內容及認證，匯款資料則存在分行匯款暫存檔。

3.主管人員由暫存檔調出經辦人員所鍵入的資料，加以核對並編製

押碼值後發送電訊。

4.電腦中心接到匯款押碼，經程式設計將自動檢核，押碼正確無誤，入戶電匯當日即自動轉入收款人帳戶，入戶信匯則存於暫存檔，次日營業再以電腦整批作業轉入收款人帳戶。

5.入戶匯款作業流程圖如下：

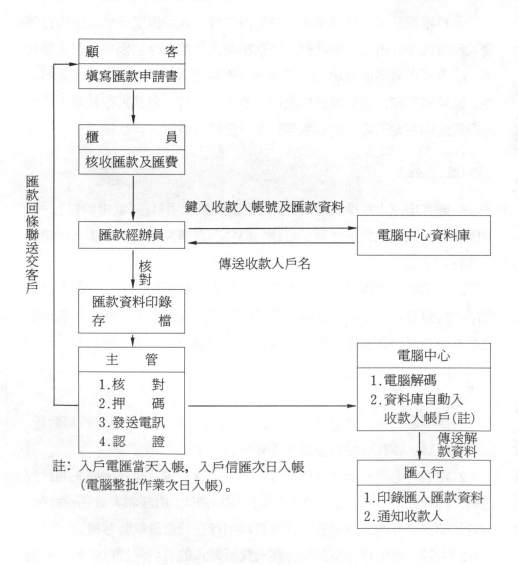

註：入戶電匯當天入帳，入戶信匯次日入帳
（電腦整批作業次日入帳）。

(三)退　匯

1.匯款人因故申請退匯，除入戶電匯在匯款當時，經電腦檢核無誤已將匯款轉入收款人帳戶不得辦理退匯外，入戶信匯由於次營業日始入帳，可在匯款資料尚存於暫存檔內而未撥入收款人帳戶之前辦理退匯。

2.申請退匯，經辦人須請其於原匯款申請書背面寫明「本件請辦理退匯」字義並簽章，同時收回匯款回條聯並收取匯款時同額的（退匯）匯費後，將原匯款編號、解款行、原收款人帳號、原匯款金額、押碼值等鍵入電腦做匯款退匯交易，然後印出匯款退匯登錄單（格式見次頁），並認證再連同匯款回條聯一併作為借：「匯出匯款」支出傳票的附件，將款項轉入匯款人帳戶。如匯款人在本行無帳戶而在其他行庫有帳戶，則請其填具跨行匯款申請書，將款項匯入匯款人帳戶。上述二種方式均以轉帳方式處理。但如匯款人在本行及其他行庫均無帳戶，欲直接領回該筆款項時，須另立收據，並核對匯款人身份證件無誤後始可付款，收據作為借：「匯出匯款」支出傳票的附件，若匯款人遺失匯款回條聯者，則更須覓妥具保手續。

四、匯款的結帳

(一)結帳時為連線狀態

1.存款部門須作「連線科子目查詢」交易，清出「電匯」、「信匯」、「票匯」及「聯行往來」四科目數字。

2.匯兌部門須作「印製解訖匯出匯款聯行往來傳票」及「印製匯入匯款支出傳票」二交易，得出匯出、匯入的數字。

3.依存款清出的電匯、信匯、票匯的數字結出當日電腦匯出匯款金額，加上未連線人工處理部分的匯出匯款金額應與會計相符。

商業銀行　匯款退匯登錄單 (556)

中華民國　年　月　日

退匯種類	□ 1.信匯		□ 2.票匯	原匯款編　號				
解款行		(信匯)原收款人帳　號			(票匯)原匯票號　碼			
原匯款金　額			退匯方　式	□ 1.現金	□ 2.轉帳			
退　匯原　因								

認證	交易日	交易序號	交易代號	種類	原匯款編號	原收款人帳號或匯票號碼
	原匯款金額	退還方式	核可			

經副襄理　　　　認證　　　　記帳　　　　經辦

4.匯出匯款轉帳支出傳票匯出解款數字及匯入匯款支出傳票匯入解款數字，應再與存款清出的電匯、信匯、票匯的相關內容相符，且應與會計相符。

5.存款部門依匯入存款科目的匯入金額，一筆填製存款科目彙總收入傳票與匯入匯款支出傳票（聯行往來科目）轉帳。

6.匯兌部門須另依連線科子目查詢單（聯行往來科目）查出的相關欄位內容，按匯款種類，分別填製聯行往來科目借貸方彙總傳票各乙聯，核符後送電腦中心以便與聯行往來整批作業相勾稽。

(二)結帳時爲斷線狀態

1.待恢復連線後再結帳。

2.營業時間結束後，仍斷線，其結帳手續爲：

(1)匯出匯款金額：依人工方式加總結帳，並填製有關彙總傳票。

(2)匯入匯款金額：電匯部分向電腦中心查詢當日電腦匯入各存款科目明細，信匯部分則依「匯入匯款備查簿」的資料核算。如有人工匯入時則可由譯碼單取得。

(3)待恢復連線後，依連線結帳方式結帳，並清出有關數字，與人工填製的傳票相互核對無誤後，將人工傳票黏貼於電腦傳票之後作附件。

3.匯出時採連線方式作業者，結帳時應採電腦結帳方式並填製彙總傳票。匯出時採人工作業者，結帳時，依人工方式填製傳票。

4.匯款連線作業牽涉的會計科目有匯出匯款，聯行往來，各相關存款科目，涉及的作業部門有出納、存款、匯兌，故結帳時，應切實依據有關的資料及傳票，相互勾稽、核對至正確爲止。

○○商業銀行　匯出匯款轉帳支出傳票	傳票　　　　號
中華民國	(借)：匯出匯款
電匯：共　　　　　　筆，金額：	(正常解訖)
信匯：共　　　　　　筆，金額：	(正常解訖)
票匯：共　　　　　　筆，金額：	(正常解訖)
跨行通匯：共　　　　　　筆，金額：	(正常解訖)
	(正常解訖)
	(正常解訖)

小計: 共		筆, 金額:		（正常解訖）
票匯: 共		筆, 金額:		（其他解訖）
小計: 共		筆, 金額:		（其他解訖）
總計: 共		筆, 金額:		
交易序號			對方科目	聯行往來

（匯款行傳票）

RM41 81.1 2×50×50本　　　主管　　　會計　　　記帳　　　經辦

○○商業銀行　匯款解訖報單　　　傳票　　　號

中華民國			（貸）：聯行往來
電匯: 共		筆, 金額:	（正常解訖）
信匯: 共		筆, 金額:	（正常解訖）
票匯: 共		筆, 金額:	（正常解訖）
跨行通匯: 共		筆, 金額:	（正常解訖）
			（正常解訖）
			（正常解訖）
小計: 共		筆, 金額:	（正常解訖）
票匯: 共		筆, 金額:	（其他解訖）
小計: 共		筆, 金額:	（其他解訖）
總計: 共		筆, 金額:	
交易序號		對方科目	匯出匯款

（匯款行傳票）

附件（　）張經與本單逐項核符無誤另行裝訂保管。

核對訖

主管　　　會計　　　記帳　　　經辦

<u>○○商業銀行　匯入匯款支出傳票</u>　　傳票_____號

中華民國			(借)：聯行往來
電匯：共	筆，金額：		(正常解訖)
信匯：共	筆，金額：		(正常解訖)
通匯：共	筆，金額：		(正常解訖)
			(正常解訖)
			(正常解訖)
總計：共	筆，金額：		(正常解訖)
交易序號		對方科目	

（解款行傳票）

RM42 81.1 50×50本　　　主管　　　會計　　　記帳　　　經辦

(三)匯費及郵電費收入的整理

匯費及郵電費的收取標準，通常由各銀行總行視實際情形並與同業洽商後酌定。匯款匯費及郵費於收入時可一筆填入「匯款申請書」的「手續費收入」欄，不必分開。至於電匯時向匯款人所收取的電話或電報費，除按上述辦法記入「手續費收入」科目外，部分銀行係用「其他應付款」科目「郵電費」子目整理，俟月算時再轉入「業務費用」科目「郵電費」子目的貸方，以便沖減郵電費的實支數。另有一部分銀行對於所收的郵電費，往往直接貸入業務費用科目郵電費子目。但匯款的電話、電報費，無論以貸記其他應付款或以貸記業務費用整理，照規定仍應計繳營業稅。

客戶辦理跨行匯款所收跨行通匯手續費，非屬本行收入，應以「其他應付款」或「應付帳款」科目「跨行通匯手續費」子目整理入帳。

五、匯款業務的會計分錄

1.匯出行方面（用匯款科目）

(1)匯出匯款時：

借：庫存現金

貸：匯出匯款

匯費收入

其他應付款——郵電費（亦可（貸）業務費用科目）

（應付帳款——跨行通匯手續費）

(2)接到解款行付款報單時：

借：匯出匯款

貸：聯行往來

(3)退匯時：

a.借：匯出匯款

貸：其他應付款（或應付帳款或○○存款）

借：庫存現金

貸：匯費收入（退匯費）

b.借：其他應付款（或應付帳款或○○存款）

貸：庫存現金

(4)逾期匯款轉列營業外收入時：

借：匯出匯款

貸：雜項收入

(5)轉入雜項收入後，再行付款時：

借：雜項支出

貸：庫存現金

2.匯入行方面（不用匯款科目）

(1)接到匯出行匯款代解委託書時：

不作分錄，只登錄匯入匯款簿，以供備忘。

(2)解付匯款時：

　　借：聯行往來

　　　　貸：庫存現金（或支票存款或活期存款）

(3)接到匯出行退匯通知書時：

免作分錄，僅於匯入匯款簿內以紅字註明退匯日期及退匯字樣。

(4)接到匯出行逾期退匯通知書時：

免作分錄，僅於應解匯款簿或匯入匯款簿以紅字註明「逾期退匯」字樣。

第三節　代收款項的處理

一、代收款項的性質

　　代收款項（Bill Collection for Customers，簡稱 B/C）係銀行接受顧客或同業的委託，代收本埠或外埠的款項。代收款項可分代收本埠款項及代收外埠款項兩種，前者係外埠聯行或同業或本行存戶，以本埠付款的票據，交由本行代為收取；後者則係顧客將外埠票據交予銀行，託銀行將票據寄與外埠代理行代為收取。茲再說明於下：

　　1.代收本埠票據如定期存單、支票、本票及匯票等，往往有即期與遠期之別，本埠即期票據或派人洽收或提出票據交換，當日即可直接收帳，因之得視交易的性質記入適當科目（如支票存款、活期存款、同業存款或聯行往來）而以普通現金收入或匯劃收入方式處理。至於代收本埠遠期票據，如為數不大，銀行多不承作，因票據到期，顧客可逕向付款行收取，毋庸託收；但如票面金額鉅大，為吸收存款起見，即使手續

較煩，亦予代辦，但多以在本行有存款帳戶的客戶爲限。受理時，應作（借）應收代收款與（貸）受託代收款的備忘記錄；亦可只登記代收票款簿或另設遠期票據登記簿，俟到期收妥後，再正式收入託收人存款帳內。

2.代收外埠票據通常爲代收支票、匯票、本票等票款。不論爲即期或遠期，因須委託外埠聯行或往來銀行代收，故在受理時，應作（借）應收代收款與（貸）受託代收款的備忘記錄，或登記代收票款簿，俟接到外埠聯行或通匯行的收款報單後，再行正式入帳。

代收本埠款項已於第五章票據交換部分有所討論，茲特就代收外埠款項有關各點加以說明。

二、代收款項的類別

1.本埠遠期票據

凡未到期的本單位票據、本埠聯行票據及本埠他行票據，於票據到期時，可由本單位自行代收票款者，屬之。

2.外埠即期及遠期票據

⑴委託聯行代收部分：凡已到期及未到期外埠聯行票據及外埠他行票據，可委託聯行代收票款者，屬之。

⑵委託同業代收部分：凡已到期及未到期的外埠他行票據，其付款地無聯行，但可委託同業代收票款者，屬之。

三、代收款項的處理

㈠收取託收票據

1.凡接受客戶委託代收票據，應先驗對票據上記載要件是否齊全，不論該票據付款地是否有本行分支機構，均可代收（本行有分行處者可

由本行託收，無分行處者委託其他金融機構代為託收)。

2.經辦員逐張驗對票據後，應請託收人在票據背面背書，同時填明託收人存款種類及帳號，並與「票據代收摺」所記載內容逐項核對無誤後，在代收摺金額首位處蓋章，如未發給代收摺者，應另填製「代收款項便條」交託收人收執。

3.經收票據應加蓋「○○銀行」的特別劃線戳記，如需委託其他金融機構代收的票據則加蓋平行線戳，並將託收人、票據張數、金額合計及代收費（按現時國內各種匯款收費標準收取）等逐項記入「代收票據登記表」，再連同代收摺或代收款項便條送經主管人員(或經理授權人員)核章，驗核張數及金額後，代收摺或便條交託收人收執，票據及代收票據登記表則交由經辦員取回整理。

商業銀行代收票據登記表

中華民國　　　年　　月　　　日　　R-047 76.11.1,500本（立）
保存年限5年以上

託收人	票據張數	金　　額	主管蓋章	備考

(二)登錄電腦

1.經辦員將收取的票據分成本埠票據及外埠票據，外埠票據又分成即期（當天發送）及遠期。再依到期日先後將票據號碼、到期日、發票人帳號、付款人、託收人帳號逐筆登錄電腦並印錄「已登錄託收票據明細表」。

票據代收摺

託收日期			付款行	票據		發票人或承兌人	到期日			金　額										經收章	轉入存款			備考
年	月	日		種類	號碼		年	月	日	千	百	十	萬	千	百	十	元	角	分		年	月	日	

銀行

商業銀行代收款項使條

借　　號　　總第

存 No.

託收人	發票人	付款人	代收號數	到期	科目	金　額
		行車社名稱				
		分行名稱				
票據種類號數						
		備註：				

中華民國　年　月　日轉帳
中華民國　年　月　日託收

託收人簽章

代收行　　　　會計　　　　記帳　　　　覆核
經副襄理　　　　　　　　　　託收行

經副襄理
會計
製票

茲便帳收條荷
到收荷
右車列交
票票
據欸一行
俾取
收現或轉入
交請持人
本章

2.託收票據登入電腦，概不登錄託收人戶名，僅登錄其帳號，票據收妥後，逐由電腦憑登錄的帳號自動存入託收人帳戶，因此，收受託收票據時，對票背記載的帳號應與代收摺核對正確，登入電腦時，務必完整正確，並切實認證，以防誤入他人帳戶或無從入戶。

3.登錄票據號碼、發票人帳號、付款行庫及其分支機構（代號不完整時，應以人工補塡中文名稱），務必完整正確，以防票據郵遞或其他事故遺失時，得以及時查明，正確辦理止付。

(三)認　證

已登錄的託收票據連同明細表交由匯兌襄理或票據保管人或被授權人逐筆核對認證，並於「認證」欄蓋章。

(四)保　管

1.每日結帳時「代收票據登記表」與「明細表」及當天已登錄的票據，其總張數及總金額均應相符。

2.票據由襄理級（含中級專員）以上主管人員或報經總行授權的人員保管，每日結帳後應收存於金庫室金庫（櫃）內。

3.「代收票據登記表」及「明細表」由經辦員保管。

(五)未提示票據的領回或展延

已登錄電腦尚未提示的票據，客戶申請領回或展延提示日時，先抽出該票據核對無誤後，印錄「委託代收票據領回展延申請書」，再核對無誤後，請客戶於申請書戶名處加蓋原留取款印鑑並予核符。如爲展期者，則於「已登錄託收票據明細表」備註欄註明「展延〇年〇月〇日」，並將票據重新登記「代收票據登記表」及登錄電腦，視爲當天託收的票據處理。

如為領回，則於「已登錄託收票據明細表」備註欄註明「○年○月○日領回」，將票據交還客戶，申請書暫以活頁裝訂備查。

㈥印錄票據到期明細表

託收票據登錄電腦後，有關票據資料即儲存在電腦檔，託收行在票據到期日前通知電腦中心印錄下列明細表。

1.託收票據整批發送明細表。

2.託收票據整批本埠代收明細表。

㈦本埠票據到期的處理

1.票據到期時，經辦員向主管人員領出票據並與電腦中心印錄的「託收票據整批本埠代收明細表」逐筆核對，並結計總筆數及總金額。

2.該批託收票據於票據提示日由電腦中心主機自動整批作業以「交換票據」存入託收人帳戶，存款部門經辦人作連線科子目查詢，依科目別各填寫一張現金收入傳票，摘要欄註明「本埠代收○○筆」字樣，如無託收人帳戶者（例如款項收妥後，指定轉入定存或償還放款或其他用途）則由各該主辦部門填寫相關科目的現金收入傳票，交予匯兌部門一併彙計傳票總筆數及總金額，以與票據及明細表核符。

3.匯兌部門核對票據、傳票及明細表相符後，一併送交出納部門核收，明細表一份由出納部門於總筆數及總金額前蓋章後交還匯兌部門，另一份留作代替交換票據登記簿。

4.本埠託收票據提示退票時，應逐筆填寫退票的三聯單，逐筆扣減託收人帳戶並連絡託收人憑取款印鑑領回。

㈧外埠票據到期的處理

1.外埠票據須在到期前一日送達代收行，因此經辦員應在二日前向

主管人員領出票據並與電腦中心印錄的「託收票據整批發送明細表」逐筆核對，並結計總筆數及總金額。

2.經辦員核對無誤後，明細表連同票據送請主管人員核章，明細表一份留存，另一份連同票據以限時掛號郵送代收行。

3.委託同業代收部分,得先洽請同業同意以明細表代替代收摺簽收，或另於託收票據上編號以簡化工作；如同業不同意，則從其辦法，但不論以何種方式託收，在送交票據時至少應留存一份明細表備查，以防中途遺失或未取回簽收的單摺而未察覺。

4.委託聯行託收部分，如有電告，應於明細表該筆備註欄，加蓋「電告」字樣的橡皮章，以資識別，俾便必要時電話查詢，並供代收行代為注意，於退票時先行處理。

(九)委託聯行代收款項收妥與退票的處理

1.代收行收到託收行寄來的票據，提出交換款項收妥後，次營業日由電腦中心主機自動轉入各託收人帳戶，託收行作連線科子目查詢，印錄查詢單憑以填寫借：「聯行往來」貸：「各種存款」科目的轉帳收入傳票，摘要欄註明「外埠代收○○筆」加蓋轉帳章，但不必再登錄入帳。

2.託收票據退票由代收行以限時掛號寄出「代收票據退票彙計表」及退票的票據給託收行，託收行於「託收票據整批發送明細表」備註欄註明退票理由並逐筆填寫「存戶領回退票憑單」，迅速通知客戶憑取款印鑑領回。

(十)電告的處理

1.託收票據電告如係託收人要求，得向其收取一通長途電話費，電告前，託收行應先以電話向代收行查詢票據確已送達，並已於當天提出交換，託收行即可作託收電告的交易，並印錄「託收電告入帳登錄單」，

電告款項即由電腦以「交換票據」款項存入託收人帳戶，託收行應彙總一筆填寫借「聯行往來」代收票據聯行往來傳票，貸「存款科目」轉帳收入傳票，於摘要欄註明「外埠代收○○筆」，並加蓋「代收電告已入帳」字樣之橡皮章及轉帳章，不可再登錄託收人帳戶，以免重覆入帳。

2.結帳時，應作科子目查詢電告入帳情形，如有退票，其款項已於代收行登錄退票時由電腦自動扣帳（出借方帳），託收行應填寫借「存款科目」退票三聯單，第三聯「退票憑單代存款支出傳票」加蓋「電告退票已扣帳」字樣的橡皮章，以資識別，同時填寫貸「聯行往來」代收票據聯行往來傳票，以與退票三聯單第三聯轉帳，但不可再登錄託收人帳戶，以免重覆扣帳。退票三聯單第二聯「存戶領回退票憑單」暫由匯兌經辦員保管，俟託收人加蓋取款印鑑領回退票後，再送交會計部門作為第三聯的附件。

(二)代收郵電費的整理

銀行代收款項向託收人所收取的郵電費或手續費，究應如何計算，目前由各銀行自行訂定標準；偏僻地區為了交通及通訊的限制，標準往往略高。代收費如屬手續費性質自應以「手續費收入」科目「代理收付手續費」子目入帳。如屬郵電費性質，其入帳科目，各行稍有不同，一部分銀行係貸入「業務費用──郵電費」科目，以沖減費用實支數；亦有銀行先貸記「其他應付款」科目，俟月算時再轉入「業務費用──郵電費」科目的貸方，而沖減費用實支數。

(三)代收票款逾期的處理

客戶所託代收的票款，如收妥轉入應付帳款或其他應付款後已逾五年，但託收人仍未來行領取而又無法查明者，得將該應付票款轉列雜項收入科目，作為營業外收入。轉列收入後如託收人又來行領取，再以（借）

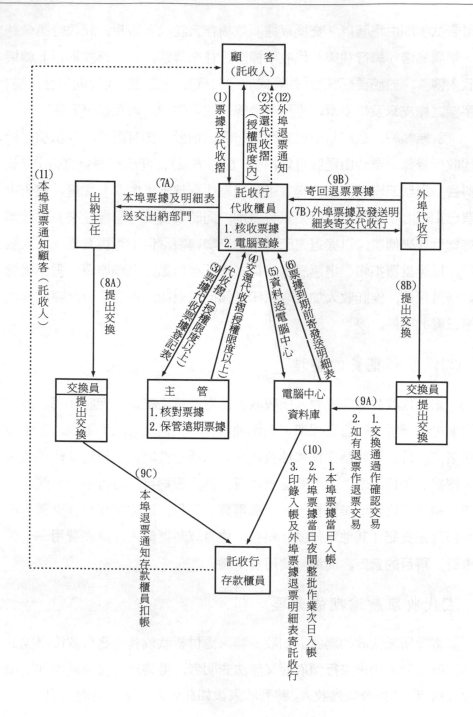

雜項支出科目付出。

四、代收款項每日帳務處理

(一)託收行

1.印錄_{應收}_{受託}代收款傳票及明細分類帳：

(1)本日增加的託收票據，應印錄：

　借：應收代收款　　轉帳支出傳票

　　　貸：受託代收款　　轉帳收入傳票（二聯套印）

(2)本日減少的託收票據，應印錄：

　借：受託代收款　　轉帳支出傳票

　　　貸：應收代收款　　轉帳收入傳票（二聯套印）

(3)本日的_{應收}_{受託}代收款明細分類帳，其借貸方明細及合計應與應收代收款傳票借貸方明細及合計相同。至於受託代收款爲對轉科目，其明細及合計恆與對方應收代收款科目相同。

(4)_{應收}_{受託}代收款傳票加蓋轉帳章連同明細分類帳送請主管人員核章後，送交會計部門結帳，明細分類帳經與科目日結單核符後，交還匯兌部門。

2.作連線科子目查詢，印錄查詢單，據以核對營業時間中所作查詢有無異動，本埠、外埠、同業收妥款項及當天電告入帳與電告退票扣帳所填各種存款科目傳票，聯行往來傳票及存放銀行同業傳票是否俱全，其筆數、金額是否相符。

3.結帳分錄如下：

(1)本埠票據：

a. 提示時：

借：庫存現金

　　貸：存款科目　　現金收入傳票

　　　　其他科目　　有關專用傳票或現金收入傳票

b. 退票時：

借：存款科目　　退票三聯單

　　貸：庫存現金

(2)委託聯行代收的外埠票據：

a. 前一營業日收妥款項，於本日存入託收人帳戶時，託收行應填寫下列傳票：

借：聯行往來　　代收票據聯行往來傳票（二聯）

　　貸：存款科目　　轉帳收入傳票

　　　　其他科目　　轉帳收入傳票

b. 退票時：

電腦未予存入託收人帳戶，不必填寫傳票出帳。

c. 本日電告存入託收人帳戶時，託收行應填寫下列傳票：

借：聯行往來　　代收票據聯行往來傳票（二聯）

　　貸：存款科目　　轉帳收入傳票

d. 電告退票當天代收行已作退票登錄扣減託收人帳戶時，託收行應填寫下列傳票：

借：存款科目　　退票三聯單

　　貸：聯行往來　　代收票據聯行往來傳票（二聯）

(3)委託同業代收的外埠票據：

a. 收妥款項存入託收人帳戶時：

借：存放銀行同業　　轉帳支出傳票

　　貸：存款科目　　轉帳收入傳票

　　　　其他科目　　轉帳收入傳票

　　b. 退票時：

　電腦未予存入託收人帳戶，不必填寫傳票出帳。

(二)代 收 行

　　1.作印錄其他應付款借貸方傳票及聯行往來貸方傳票，本日收妥代收票據款項，作清檔後，應轉入「其他應付款」科目，代收票據子目，而前一營業日轉入「其他應付款」的託收票據款項，則於本日由電腦中心主機自動存入託收人帳戶，因此，本日結帳時，應印錄及填寫的傳票如下：

　　(1)前一營業日收妥的託收票據款項：

　　　借：其他應付款　　代收票據支出傳票

　　　貸：聯行往來　　代收票據聯行往來傳票，自行填寫

　　(2)本日收妥的託收票據款項：

　　　借：庫存現金

　　　　貸：其他應付款　　代收票據收入傳票

　　作科子目查詢核對上列傳票的筆數及金額無誤後，將貸方「其他應付款」傳票送交出納部門核收代現金收入傳票，借方「其他應付款」傳票與貸方聯行往來傳票轉帳。

　　2.若當天託收行作電告，則代收行應填寫下列傳票：

　　(1)借：庫存現金

　　　　貸：聯行往來　　代收票據聯行往來傳票

　　(2)電告退票時：

　代收行應登錄退票，扣減託收人帳戶時，代收行應填寫下列傳票：

　　　借：聯行往來　　代收票據聯行往來傳票

　　　　貸：庫存現金

第四節　跨行通匯

一、跨行通匯的意義及種類

「跨行通匯」係指以銀行的匯兌系統結合財政部金融資訊服務中心（以下簡稱金資中心）與各參與跨行通匯單位的匯兌系統，以電腦作業方式傳輸電文，辦理銀行間匯兌的業務。跨行通匯的匯款種類如下：

1.入戶匯款

匯款人為一般公司行號、團體或個人，委託匯款行將款項電匯解款行轉入收款人帳戶的交易。

2.公庫匯款

匯款人為政府機關，委託匯款行將公庫的公款電匯解款行轉入收款人帳戶的交易。

3.同業匯款

匯款人為本行或銀行同業，委託匯款行將款項電匯解款行轉入同業存款帳戶的交易，但匯款人與收款人均應為已參加跨行匯款單位。

二、跨行匯款的最高限額

1.入戶匯款

每筆匯款金額最高不得超過新臺幣2千萬元。

2.公庫匯款及同業匯款

每筆匯款不受最高金額的限制。但不得超過匯款行跨行業務清算基金。

三、跨行通匯交易的收費標準及其分配

匯款類別	代繳交易	代發交易	同業匯款 公庫匯款	入戶匯款
匯費	每筆手續費新臺幣四元。	每筆手續費新臺幣十元。	每筆不限金額固定為新臺幣三十元。	(一)每筆匯款金額在新臺幣二百萬元以下者，三十元。(二)超過二百萬元，每超過一百萬元加收十元，未滿一百萬元以一百萬元計。
收益分配　匯出單位	(一)扣繳轉帳銀行：○‧五元。(二)存款銀行：二‧五元。	(一)代發轉帳銀行：五元。(二)存款銀行：一元。	均分　二十元	均分　二十元
收益分配　金資中心	一元	四元	十元	十元

四、跨行通匯的處理

(一)收　匯

顧客申請跨行通匯時，經辦員應請匯款人填具「跨行匯款申請書」、「匯款備查聯」及「匯款回條聯」（三聯套寫），其填寫方法與手續參照票匯處理。

(二)電腦登錄

1.款項收妥後，經辦員以「匯款申請書」代替收入傳票，將解款行、收款人帳號、收款人戶名、匯款金額及匯款人等資料鍵入電腦。

2.其他有關資料印錄、認證、押碼、發送電訊、入帳與入戶匯款相同。

(三)退　匯

跨行通匯發送電訊後因故（如收款人帳號與戶名不符）退匯，端末機會出現「匯出匯款被退匯」字幕，經辦人應即印錄跨行通匯匯出匯款退匯明細查詢單，查明退匯原因，儘速通知客戶持匯款回條聯來行辦理退匯手續，其處理手續參照入戶匯款辦理。

(四)跨行通匯流程圖

1

粗線內請匯款人正確填妥，並請參閱第3聯說明事項

商業銀行跨行匯款申請書（代收入傳票）

貸　　傳票＿＿＿號

中華民國　　年　　月　　日	616、617、618、619	科　目	匯出匯款 手續費收入 其他應付款
匯款種類	□1.入戶匯款　□2.公庫匯款　□3.同業匯款		
解款行	金庫銀行局、社　支分解事支局、分社　庫行處	解款行代號	匯款金額
			手續費
收款人帳號	存　請由左方依序填寫全部帳號，多餘空格留在右方		其他應付款 金有中心
			合　計
收款人戶名			對方科目
匯款金額	新台幣（大寫）		（收款戳記）
匯款人：電話：地址：			

RM. 31　79. 1.　3X50X10,000 4.(ST)

覆核認證

認證欄	交易日	交易序號	交易代號	收託別	通匯種類	解款行代號	
	收款人帳號		收款人戶名		匯款金額		類別
	交易日	交易序號	電文序號	交易代號	登退人	通匯序號	

　經副襄理　　　會計　　　登記　　　加總　　　匯出　　　出帳　　　代款

商業銀行滙款備查聯

中華民國　　年　　月　　日	616,617,618,619		傳票＿＿＿號

滙款種類	□1.入戶滙款　□2.國庫滙款　□3.同業滙款	摘要	金　　額

解款行	庫 銀 局　　行 社　　支分解處　　行行處庫 率 支局、分社	解款行代號	滙款金額
			手續費
收款人 帳　號	存　請由左方依序填寫全部帳號，多餘空格留在右方		其他應付款（金資中心）
			合　計
收款人 戶　名			對方科目
滙款金額	新台幣（大寫）		（收款戳記）
滙款人：電　話：地　址：			

RM-31

認證欄	初碼值：　　　　　　　　　　譯碼人：　　　　　　　　覆核認證

交易日	交易序號	交易代號	收兌別	通滙種類	解款行代號	
收款人帳號		收款人戶名		滙款金額		類別
交易日	交易序號	電文序號	交易代號	發送人	通滙序號	

押碼值：　　　　　　　　　　押碼人：　　　　　　　　發訊：

商業銀行跨行滙款回聯條

3

中華民國　　年　　月　　日					摘　要	金　額
滙款種類	□1.入戶滙款	□2.國庫滙款	□3.同業滙款	解款行代號	滙款金額	
解款行	庫 銀行 局　社	支分處 分行 支局・分社	庫 行 處		手續費	
收款人 帳　　號	存	請由左方依序填寫全部帳號，多餘空格留在右方			其他應付款 （金資中心）	
收款人 戶　　名					合　計	
滙款金額	新台幣 （大寫）				對方科目	
					（收款戳記）	
滙款人： 電　話： 地　址：						RM-31

◉說明：

　一、跨行滙款係經由電腦作業滙至他行庫，如機器故障或
　　　線路中斷或下午三時（星期六上午十一時卅分）以後申
　　　請滙款，可能無法當天滙達。

　二、滙款人應填寫要項錯誤，應自負責任，因而遭退滙時
　　　，本行並得加收退滙費。

　三、本筆滙款請滙款人自行通知收款人。

　四、如有查詢、更正、退滙時，請持本聯來行洽辦。

商業銀行　　　具

五、跨行通匯基金的設立與清算

(一)設立基金的目的

　　銀行於金資中心開立的「跨行業務基金專戶」，凡跨行匯款的匯入與
匯出款項（含跨行 ATM 交易），均由電腦立即逐筆自該專戶自動收付，
銀行基金餘額足夠支付匯款金額時，始能匯出，並當天清算。

(二)代表單位與任務

營業部或指定的分行爲本行跨行通匯款項清算的代表單位，代表開立「跨行業務基金專戶」，並指定一人負責辦理基金的調撥、調節、補足、清算等事宜，另指定一人爲職務代理人。

(三)清算的範圍

1. 跨行通匯與基金調撥所發生的借貸（逐日清算）。

2. 分配跨行通匯作業手續費之借貸（每月二十一日由金資中心彙計上月應收應付手續費，併入跨行通匯款項清算，遇星期例假日順延至次營業日清算）。

(四)各營業單位的清算

各營業單位辦理跨行通匯所發生的借貸，一律以「聯行往來」科目對會計室往來。

六、跨行通匯的帳務處理

(一)跨行通匯匯款業務的結帳以銀行營業日爲結帳日，當日結帳後由清算代表行——總行營業部連同前一營業日的跨行 ATM 交易清算資料統籌與金資中心辦理清算。

(二)匯款行每筆跨行匯出匯款應收手續費應依規定計收，並依規定的比例分配，每月應累計全月份「其他應付款」或「應付帳款」科目「跨行通匯手續費」子目項下金額，於次月十五日前劃撥清算代表行，由清算代表行於指定清算日統籌與金資中心辦理清算。

(三)資訊室應彙總全行所有營業單位當日跨行通匯的匯出匯入總筆數、總金額，以連線查詢方式提供給清算代表行據以結帳及與金資中心辦理

清算。

　　資訊室應按營業日印出下列表報送有關單位：

　　1.連線作業跨行通匯的匯出、匯入聯行往來彙計表——依營業日按分行別順序印送會計室核對，如有不符應即與資訊室及清算代表行查核更正。

　　2.跨行通匯匯出匯款被退匯明細表——送匯出行核對用。

　　3.跨行通匯匯出匯款明細帳——按營業日印送各匯出單位核對。

　　4.跨行通匯匯出匯款解訖明細表——按營業日印送各匯出單位核對後作爲聯行往來收入傳票的附件。

　　5.跨行通匯匯入匯款備查簿——按營業日印送各匯入單位核對。

　　6.跨行通匯手續費月報表——按月印送各單位核對每月份跨行通匯手續費，俾據以劃撥清算代表行。

　　㈣跨行匯出匯款的帳務處理。

　　1.申請跨行匯款：

　　　借：庫存現金或有關存款科目

　　　　貸：匯出匯款——跨行通匯

　　　　　　手續費收入——匯費收入（匯出行收入部分）

　　　　　　其他應付款——跨行通匯手續費（金資中心收入部分）

　　2.結帳時：

　　⑴匯出行（清算代表行除外）：

　　　a.每日營業時間終了結帳時，匯兌部門應根據終端機印出的(借)匯出匯款轉帳支出傳票（第一聯）中跨行通匯匯款筆數、金額核對「聯行往來」連線科子目查詢、日結單上「跨行匯款轉帳」的貸方筆數、金額相符後，與（貸）聯行往來科目傳票轉帳。其分錄：

　　　借：匯出匯款——跨行通匯

　　　　貸：聯行往來——會計室

「匯出匯款──跨行通匯」科目傳票以（借）匯出匯款轉帳支出傳票代替。聯行往來傳票以（貸）匯款解訖報單（第二聯）代替。

　　b. 其他應付款──跨行通匯手續費的處理：

累計全月份「其他應付款──跨行通匯手續費」科目金額與資訊室印送的「跨行通匯手續費月報表」核對後，於次月十五日前劃撥清算代表行。

　　劃撥清算代表行時：

　　　借：其他應付款──跨行通匯手續費

　　　　　貸：聯行往來──清算代表行

　　(2)匯出行──清算代表行：

　　本身部分：

　　　借：匯出匯款──跨行通匯

　　　　　貸：其他應付款──應付跨行通匯清算款

　　聯行部分：

結帳時應根據「聯行往來」連線科子目查詢日結單上「跨行匯款轉帳」欄借方筆數、金額填製彙總轉帳傳票。

　　　借：聯行往來──會計室

　　　　　貸：其他應付款──應付跨行通匯清算款

　　3.匯出匯款退匯：

　　本行為匯出單位，他行庫解款單位因故要求退匯，接到退匯時依電腦查詢的資料內容填製：

　　(1)清算代表行：

　　　借：其他應收款──應收跨行通匯清算款

　　　　　貸：聯行往來──會計室

　　(2)匯出行（清算代表行除外）：

　　　借：聯行往來──會計室

貸：其他應付款——跨行匯出匯款退匯（匯款金額）

給付退匯匯款時，手續費不退還給客戶。但退匯理由為01通匯序號錯誤或02押碼錯誤時應退還之。

借：其他應付款——跨行匯出匯款退匯

貸：庫存現金或有關存款

⑶清算代表行為匯款行時：

借：其他應收款——應收跨行通匯清算款

貸：其他應付款——跨行匯出匯款退匯（匯款金額）

給付退匯匯款時，手續費不退還給客戶。但退匯理由01或02除外。

借：其他應付款——跨行匯出匯款退匯

貸：庫存現金或有關存款

4.清算代表行收到聯行轉撥跨行通匯手續費劃收報單時：

借：聯行往來

貸：其他應付款——跨行通匯手續費

㈤跨行匯入匯款的帳務處理。

1.匯入匯款入帳。

⑴解款行（清算代表行除外）：

a.電腦自動入帳：

結帳時匯兌部門根據終端機印出的匯入匯款支出傳票中跨行通匯自動入帳筆數、金額核對「聯行往來」連線科子目查詢日結單「跨行匯款轉帳」欄借方筆數、金額填製：

借：聯行往來

貸：各有關存款科目

聯行往來傳票以匯入匯款支出傳票代替。

b.人工入帳時：

根據「跨行通匯匯入匯款解款」交易逐筆產生（借）聯行往來（二

聯式）傳票與（貸）存款傳票轉帳。

借：聯行往來

貸：各項存款（逐筆列印）

(2)解款行（清算代表行）：

a.電腦自動入帳：

結帳時匯兌部門根據終端機印出的匯入匯款支出傳票中跨行自動入帳筆數、金額核對「其他應收款——應收跨行通匯清算款」填製傳票轉帳。

借：其他應收款——應收跨行通匯清算款

貸：各項存款

b.人工入帳時：

根據「跨行通匯匯入匯款解款」交易逐筆產生（借）其他應收款科目應收跨行通匯清算款子目與（貸）各項存款傳票轉帳。

借：其他應收款——應收跨行通匯清算款

貸：各項存款

c.根據「聯行往來」連線科子目查詢日結單上「跨行匯款轉帳」欄貸方筆數、金額填製轉帳傳票。

借：其他應收款——應收跨行通匯清算款

貸：聯行往來（聯行部分）——會計室

2.匯入匯款完成退匯。

退匯時操作「跨行通匯匯入匯款退匯」交易逐筆列印傳票憑以轉帳。

(1)解款行（清算代表行除外）：

借：聯行往來——會計室

貸：聯行往來——會計室

跨行通匯入戶匯款退匯轉帳支出傳票第一聯代替（借）聯行往來支出傳票。跨行通匯入戶匯款退匯轉帳收入傳票第二聯代替（貸）聯行往

來收入傳票。

(2)解款行——清算代表行：

　a.本身部分：

　借：其他應收款——應收跨行通匯清算款

　　　貸：其他應付款——應付跨行通匯清算款

　b.聯行部分：

　借：聯行往來——會計室

　　　貸：其他應付款——應付跨行通匯清算款

3.匯入匯款未能及時退匯。

⑴解款行（清算代表行除外）：

戶名不正確，且當日不及退匯，應由人工開列待退匯入匯款傳票轉入其他應付款列帳，次營業日辦理退匯，再由其他應付款科目轉出。

當日：

　借：聯行往來（傳票第一聯）

　　　貸：其他應付款——待退匯入匯款（傳票第二聯，人工帳）

待退匯入匯款轉帳收入傳票（第二聯）爲「其他應付款——待退匯入匯款」傳票，待退匯入匯款轉帳支出傳票（第一聯）爲聯行往來支出傳票，次日比照2.「完成退匯」內容方式辦理退匯。

次日退匯時：

　借：其他應付款——待退匯入匯款

　　　貸：聯行往來

匯入行不及退匯時，清算代表行當日要作：

　借：其他應收款——應收跨行通匯清算款

　　　貸：聯行往來——會計室

次日退匯時作：

　借：聯行往來——會計室

　　　　　貸：其他應付款——應付跨行通匯清算款

　　(2)清算代表行本身不及退匯：

　　　　借：其他應收款——應收跨行通匯清算款

　　　　　貸：其他應付款——待退匯入匯款

　　次日退匯時作：

　　　　借：其他應付款——待退匯入匯款

　　　　　貸：其他應付款——應付跨行通匯清算款

　4.匯入匯款電腦自動退匯。

　　押碼不符，通匯序號不符，帳號不符等原因，由電腦產生自動退匯。

　　清算代表行：

　　　　借：其他應收款——應收跨行通匯清算款

　　　　　貸：其他應付款——應付跨行通匯清算款

㈥清算代表行對金資中心跨行通匯業務的帳務處理。

　1.基金轉撥處理。

　　(1)提撥跨行業務基金（包括跨行 ATM 及跨行通匯業務）時：

　　　　借：其他預付款——跨行清算基金

　　　　　貸：存放央行（甲戶）

　　央行轉帳回單應作為借方傳票的附件。

　　(2)增加或減少基金的處理方式有二：

　　　　a.自本行於央行所開設的「銀行業存款戶」做轉帳處理。

　　增加基金時：至央行自「銀行業存款戶」轉撥到金資中心的「跨行
基金戶」。央行所發給的存款回單作為借方科目傳票之附件。

　　減少基金時：至金資中心取得其所開立的「跨行基金戶」的支票存
入本行在央行開設的「銀行業存款戶」。

　　　　b.利用通匯系統的「同業匯款」交易，匯出金額增加則可增加基
金，匯入金額增加則可減少基金。

2.清算代表行辦理清算。

(1)清算日，清算前應作「跨行作業統計資料查詢」交易，查出金資中心當日跨行通匯交易資料，並與本行當日結帳資料相互核對無誤後，據以辦理清算。其分錄爲：

　a.其他應收款大於其他應付款時（借差）：

　借：其他應付款——應付跨行通匯清算款（匯出）

　　　其他預付款——跨行清算基金（借差）　.

　　　貸：其他應收款——應收跨行通匯清算款（匯入）

　b.其他應付款大於其他應收款時（貸差）：

　借：其他應付款——應付跨行通匯清算款（匯出）

　　　貸：其他應收款——應收跨行通匯清算款（匯入）

　　　　其他預付款——跨行清算基金（貸差）

　c.跨行作業統計資料查詢單應作爲清算日「其他預付款——跨行清算基金」傳票的附件。

(2)清算時，如本行資料與金資中心資料不符時，應查詢各項交易資料及查明不符原因，若仍無法查明，則暫依金資中心資料辦理清算，其差額暫列「其他應收（付）款——跨行作業調整借（貸）項」科目整理，待查明正確後再調整沖轉。

(3)手續費清算：

　應於指定清算日根據每月二十一日的「跨行作業統計資料查詢單」，金資中心提供的「跨行交易手續費月報表」，資訊科印送的「跨行通匯手續費月報表」及「其他應付款——跨行通匯手續費」科目全月份累計金額核對無誤後，逕與金資中心辦理清算。

　借：其他應付款——跨行通匯手續費

　　　貸：其他預付款——跨行清算基金

(七)跨行匯款滯留交易的帳務處理。

1.匯入匯款。

發生滯留的匯入匯款交易時，當日清算代表行應作：

(1)結帳時：

　　借：其他應收款──應收跨行通匯清算款

　　　　貸：其他應付款──跨行匯入匯款滯留

(2)清算時：

　　借：其他預付款──跨行清算基金

　　　　貸：其他應收款──應收跨行通匯清算款

(3)匯入匯款滯留在金資中心，清算代表行接到金資中心訊息，有二種處理方式：

　　a.當日人工解款：

應客戶或匯出銀行要求可逐筆 A/C 電告當日解訖方式處理。

　　　(a)清算代表行應電告匯入行處理入帳：

　　借：其他應付款──跨行匯入匯款滯留

　　　　貸：聯行往來──匯入行

　　　(b)匯入行（接到清算代表行 A/C 轉撥電告時即以解款入戶）：

　　借：聯行往來──清算代表行

　　　　貸：各項存款

　　b.經電腦中心集中處理後，第二天入帳：

　　　(a)匯入行──以一般匯入匯款方式處理：

　　借：聯行往來

　　　　貸：各項存款（電腦自動入帳）或

　　　　貸：各項存款（人工解款）或

　　　　貸：聯行往來（退匯）──會計室或

　　　　貸：其他應付款──待退匯入匯款

　　　(b)清算代表行──營業部：

借：其他應付款——跨行匯入匯款滯留

貸：聯行往來——會計室

處理聯行滯留匯入匯款退匯時：

借：聯行往來——會計室

貸：其他應付款——應付跨行通匯清算款

　(c)清算代表行本身：

借：其他應付款——跨行匯入匯款滯留

貸：各項存款（電腦自動入帳）或

貸：各項存款（人工解款）或

貸：其他應付款——應付跨行通匯清算款（退匯）或

貸：其他應付款——待退匯入匯款

2.匯出匯款退匯滯留交易。

(1)當天人工處理：聯行退還匯出匯款給匯款人。

　a.匯出行：

借：聯行往來——清算代表行（以電告方式處理）

貸：其他應付款——跨行匯出匯款退匯

　b.清算代表行——營業部：

借：其他應收款——應收跨行通匯清算款

貸：其他應付款——跨行匯出匯款退匯滯留

借：其他應付款——跨行匯出匯款退匯滯留

貸：聯行往來——匯出行（以電告方式處理）

　c.清算代表行本身：

借：其他應收款——應收跨行通匯清算款

貸：其他應付款——跨行匯出匯款退匯滯留

借：其他應付款——跨行匯出匯款退匯滯留

貸：其他應付款——跨行匯出匯款退匯

(2)經電腦中心集中處理後入第二天帳：

　　a. 匯出行：

　借：聯行往來——會計室

　　　貸：其他應付款——跨行匯出匯款退匯

　　b. 清算代表行——總行營業部：

　借：其他應收款——應收跨行通匯清算款

　　　貸：其他應付款——跨行匯出匯款退匯滯留

　借：其他應付款——跨行匯出匯款退匯滯留

　　　貸：聯行往來——會計室

　　c. 清算代表行本身：

　借：其他應收款——應收跨行通匯清算款

　　　貸：其他應付款——跨行匯出匯款退匯滯留

　借：其他應付款——跨行匯出匯款退匯滯留

　　　貸：其他應付款——跨行匯出匯款退匯

問　題

一、何謂匯兌？匯兌業務的特質爲何？匯兌業務與存款業務有何關係？

二、試說明國內匯兌的種類。

三、何謂往戶？何謂來戶？二者有何不同？

四、試說明匯款的種類。

五、匯款的郵電費收入，可採用那幾種科目整理？試申述之。

六、匯款業務的記帳，在委託行及代理行兩方面有用匯款科目者，有不用匯款科目者，試舉例說明之。

七、試簡述票匯時匯出行及解款行辦理的程序。

八、試繪圖說明入戶匯款的作業流程。

九、試述逾期匯款的意義及處理手續。

十、試繪圖說明代收票據的作業流程。

二、試述下列各符號或名詞的意義：

D/D、M/T、T/T、B/C、入戶信匯、匯入匯款。

三、試說明「跨行通匯」的意義、種類及最高限額。

三、試說明跨行通匯的處理手續。

击、試列示下列跨行通匯事項有關的借貸分錄：

1.申請跨行匯出匯款時

2.匯出行每日結帳時

(1)清算代表行除外的分行

(2)清算代表行

　　a.本身部分

　　b.聯行部分

(3)清算代表行收到聯行轉撥跨行通匯手續費時

3.解款行匯入匯款每日結帳

⑴清算代表行除外的分行

⑵清算代表行

　a.本身部分

　b.聯行部分

4.提撥跨行業務基金時

5.清算代表行辦理清算

⑴應收款大於應付款時

⑵應付款大於應收款時

⑶清算手續費時

習　題

一、8/2　活存戶#383張建忠持存摺並簽具面額$40,024取款憑條乙紙，來行辦理入戶電匯。收款人新竹分行活存戶#16羅忠雄，匯款金額$40,000，匯費$8，電話費$16，匯款編號 TM/T75。

8/2　華洋茶行持聯行臺中分行所開本行付款、面額$50,000的匯票乙紙，來行辦理票匯，受款人臺光茶莊，解款行嘉義分行，匯款金額$50,000，匯款編號 D/D310，當即簽發匯票 No. 25331，匯費$8收現。

8/3　接新竹分行解款報單，通知 TM/T75已解訖。

8/3　接彰化分行電話，委託代解入戶電匯乙筆，收款人本行支票存款戶#6文星運輸公司，匯款人林正一，匯款金額$10,000，匯款編號 TM/T49，解匯後即以報單通知彰化分行解訖。

8/5　客戶朱良光持現款$30,008，來行辦理入戶信匯，受款人桃園分行活存戶#200陳大南，匯款金額$30,000，匯費$8，匯款編號 M/T89。

8/5　嘉義分行寄來解款報單，通知 D/D310已解訖。

8/7　接桃園分行通知，M/T89因收款人陳君他遷，存款已結清，無法解款，特將代解委託書退回。當即通知原匯款人朱君來行辦理退匯手續。

8/10　本行於三年前委託鳳山分行代解 D/D #21，金額$5,000，因已逾法定期限仍未解付，經填具「逾期退匯通知書」通知鳳山分行退匯。

8/12　接鳳山分行退匯報單，當即將匯票票款$5,000轉列收入。
就上列各交易編製有關傳票。

二、10/17 支票存款戶#453大光土產行持來彰銀苗栗分行付款、面額$20,000匯票乙紙，委託代收，經填具有關單證，連同該紙匯票寄聯行苗栗分行代收。代收郵費$6收現，代收編號 B/C340。

10/17 活存戶#888朱昌正以旗山信用合作社付款、面額$50,000支票乙紙委託代收，因付款地本行無分行，乃轉託本埠同業合作金庫代收。代收郵費$8收現，代收編號 B/C49。

10/17 臺南分行寄來本行支票存款戶#43張大彬所簽面額$10,000支票及本行付款、面額$100,000匯票各乙紙，委託本行代收票款。票據經審核要件無誤，即予照付，並填發報單通知臺南分行。

10/17 屏東分行寄來本行支票存款戶#931正光紙廠所簽面額$8,000支票乙紙，委託本行代收。該支票因業經付款人止付，應予退票，經填發通知書寄交屏東分行。

10/17 客戶劉明哲以本行花蓮分行付款、面額$4,000支票乙紙，委託代收，經填寫有關單證，連同該紙支票寄聯行花蓮分行代收。代收郵費$6收現，代收編號 B/C89。

10/19 苗栗分行寄來報單，通知 B/C340業已收妥，當即將票款轉入託收人大光土產行存款帳內。

10/19 接本埠同業合作金庫通知，十七日轉請代收的票據業經收妥，並已將票款存入本行往來帳內。當即將票款轉入託收人朱昌正活存帳。

10/19 花蓮分行寄來報單通知，B/C89已收妥。因未及通知託收人劉君領取，票款暫時收存。

就上列各交易編製有關傳票。

第十二章　聯行往來及同業往來

第一節　聯行往來概說

一、銀行設置分行的目的

銀行為應事實需要，往往於國內外成立分支機構；通常在重要的都市設分行，次要地區設支行，較小的鄉鎮設辦事處。分支機構不多的銀行，各分支行處統由總行處直接管轄；在分支機構眾多的銀行，為便於統管起見，多採分級管理制度，系統如下：

```
                ┌ 甲分行
                │          ┌ 戊支行──辛辦事處
        總行 ┤ 乙分行─┤ 己支行
                │ 丙分行──────────子辦事處
                └ 丁分行──庚支行──丑辦事處
```

銀行設置分支機構的目的，概括言之，約有下列各點：

1.吸收各地資金

銀行於各地設置分支行處，即可辦理存款、匯款、代收等業務，而吸收各地資金，以供放款或投資之用。

2.調劑各地金融

銀行爲社會金融的借貸機關，若於各地設立分支行處，經辦存款、放款、匯兌業務，即可調節各地金融，以助長各地工商企業的繁榮。

3.便利各地匯兌

銀行設立各地分支行處，即可擴大通匯網，以便各地商民匯解款項。

4.便利代理收付

銀行於各地設置分支行處，即可代理收付，以便利外埠票據及其他款項的收取或支付。

二、聯行往來的意義及內容

所謂「聯行往來」，乃表示聯行間因資金調撥或款項收付等交易而發生的借貸關係。易言之，就是指總分支行間，彼此代理收款或付款的經過和結果而言。聯行往來的主要項目，約有下列幾項：

1.營運基金的調撥

這種基金在總行可另設「某某分行基金」科目處理，但目前實務上均作普通往來項目記入「聯行往來」科目。

2.各地間頭寸的調撥

在工商業區域的分行，業務常偏重於資金的貸放；而在非工商業地區的分行，常偏重於存款的吸收，如此分行之間頭寸的盈缺，須要相互調撥，相互調劑。

3.業務上款項的收付

主要爲聯行間匯兌、進出口押匯和其他代理收付款項。

4.盈餘及特殊項目的轉帳

如每年決算盈虧的劃轉總行帳、管理費用的分攤、房地產的轉記總行帳等。

依照銀行業統一會計制度的規定，凡總分支行各單位相互往來的款項，除規定以「內部往來」科目處理者外，均應以「聯行往來」科目入

帳。此乃一種資產負債共同科目，借餘為資產，貸餘為負債。凡委託聯行收款，或撥款與聯行，或將資產、費用劃撥聯行，均為本行對聯行存款的增加或欠款的減少，或屬資產的增加，或屬負債的減少，應記聯行往來的借方；凡委託聯行付款，或將負債、利益劃撥與聯行，均為本行對聯行存款的減少或欠款的增加，或屬資產的減少，或屬負債的增加，應記聯行往來的貸方。由於聯行往來帳項對聯行相互間資產負債的影響是相對的，結果甲行記借方的事項，乙行必記貸方；反之，甲行記貸方的事項，乙行必記借方。

三、總會計的性質

在採用總行制的銀行，總行除管理分支行處外，並另設營業部門經辦一般銀行業務，因此總行的會計處理，兼具總會計及一般業務會計兩部分；但在採用總管理處制的銀行，由於總行係一純粹的管理機構，本身並不直接經辦業務，故僅有總會計而無一般業務會計。所謂「業務會計」，乃指存款、放款、匯兌、押匯等業務的會計處理而言。所謂「總會計」，乃是指聯繫總分支行間會計及處理由總行所統制的資本、資產及負債，以及彙編全體結決算報告與分配決算盈餘等等而言。總會計實施的範圍，計有下列各項：

1.屬於銀行全體的特殊帳目

銀行設置的科目中有關資本、公積、存款準備金、開辦費、買賣證券、對外投資、土地及房屋等，因具統一性，而非每一分支機構所獨有，故由總行集中記載，以便統一管理並彙總計算。

2.屬於全行會計事務的統制及彙總事項

總行對各分支行處的各種業務量值、營業收支、業務費用及營業盈餘等，除事前分別一一訂定預算目標外，平時應嚴予督促、稽查，事後更要予以公平考核。每屆結算、決算時，總行又須彙合各分支行處的結

決算結果，編製全體結決算報表，以表現全行財務狀況及經營結果，並統籌分配每年決算盈餘及訂定費用分攤標準等。此外聯行往來帳項的集中核銷，及各項日報、月報、半年報、年報的審核及彙總等，亦均歸入總會計範疇。

3.屬於總行本身的帳目

總行各部門費用開支的記載、整理，各項設備的購置、變賣、折舊，以及其他總行各資產、負債、損益帳戶的記載整理等。

第二節　聯行往來的會計處理

一、聯行往來的記帳制度

聯行往來帳項的記帳方法，因分支行處的多寡與管理制度的不同，而有分散制、集中制、聯合制及特種集中銷帳制之分。茲逐一說明於下：

(一)分　散　制

即各分支行處間的往來帳項，用總分行往來科目直接各自記入對方帳戶，而不必經過總行或管轄行記帳。此制在記帳原則上頗為適合，且甚明晰，但如分支行處過多，就會感到手續繁複；而最大缺點，則在總行不能統制各分支行處資金的調配與運用。

(二)集　中　制

亦稱總行集中記帳制，即總分支行處所發生的往來帳項，無論是總行對各分行處，或分支行對分支行，均由各分支行處報告總行，集中在總行記帳。換言之，各分支行處間的往來，也視同對總行的往來，記入總行帳，分支行間彼此不直接開立往來戶記帳。此制就分支行而言，因

聯行往來帳僅設總行一戶，記帳比較簡單；就總行方面而言，因各分支行所有對外埠聯行往來，均透過總行轉帳，故對各分支行往來情形得以瞭解，但總行的記帳手續，不免過繁，而各分支行處也無法明瞭聯行間的往來情形。

(三)聯合制

此法在採取分區管轄的銀行，對總行與分行的往來，以及分行與分行的往來，採分散制，一概用總分行往來科目記帳；至於分行與所屬支行處的往來，或某分行的支行處與他分行的支行處或總行的往來，採集中制，用分支行往來科目記帳。因此管轄行應設總分行往來與分支行往來兩科目記帳。此制亦稱管轄行集中記帳制，或分行轉帳制。記帳辦法如下：

1.同一管轄行轄下的分支行處，彼此相互往來時，不透過管轄行帳，而由往來雙方用分支行往來科目直接記帳。

2.管轄行轄下的分支行或辦事處，與另一管轄行轄下的分支行或辦事處往來時，均各自用分支行往來科目雙方記入所屬管轄行帳，並應報告管轄行，以便管轄行據以轉帳。

3.總行與各管轄行或管轄行間相互往來時，均用總分行往來科目直接記對方行帳。管轄行所屬分支行或辦事處與總行的往來，在分支行處用分支行往來科目以管轄行的戶名記帳，在總行用總分行往來科目，以管轄行戶名記帳，雙方均應通知管轄行，以便據以轉帳。

聯合制乃取分散制與集中制之長，而去兩制之短，但此制的運用必須管轄行主持得人，否則稍有不慎，極易發生差錯。

(四)特種集中銷帳制

此制不論總分行間或分支行處間的往來，均一律相互以「聯行往來」

科目處理，不用「總分行往來」與「分支行往來」科目。在總行帳上，亦不必將分支行間相互的往來，視同總行對兩分支行的往來而加以記帳，只須依據各總分支行處複寫的每日、每旬或每月聯行往來分戶帳，逐筆查驗對銷，目的在減輕總行記帳工作，利用對銷往戶與來戶的往來帳目，即可洞悉聯行往來帳情，而收管理統制各分支行之效，在分支行較多的銀行，最為適用。此制著重集中核銷，故又稱集中銷帳制，為目前我國一般銀行所採用。

二、各種記帳制度的例釋

茲為使讀者徹底明瞭上述四種記帳制度的區別，特再舉例說明於下：

設甲分行客戶大有公司今日持現金10,000元，來行請求入戶電匯匯往子支行（管轄行為乙分行）支票存款戶#135張永成帳內，子支行接電後，已經撥付。

1.分散制

委託行（甲分行）：

借：庫存現金	$10,000.00
貸：匯出匯款	$10,000.00
借：匯出匯款	$10,000.00
貸：總分行往來（子支行）	$10,000.00

代理行（子支行）：

借：總分行往來（甲分行）	$10,000.00
貸：支票存款	$10,000.00

2.集中制

委託行（甲分行）：

借：庫存現金	$10,000.00
貸：匯出匯款	$10,000.00

借：匯出匯款　　　　　　　　$10,000.00

　　貸：總行往來　　　　　　　　　　$10,000.00

代理行（子支行）：

借：總行往來　　　　　　　　$10,000.00

　　貸：支票存款　　　　　　　　　　$10,000.00

總行：

借：分支行往來（甲分行）　　$10,000.00

　　貸：分支行往來（子支行）　　　　$10,000.00

3.聯合制

委託行（甲分行）：

借：庫存現金　　　　　　　　$10,000.00

　　貸：匯出匯款　　　　　　　　　　$10,000.00

借：匯出匯款　　　　　　　　$10,000.00

　　貸：總分行往來（乙分行）　　　　$10,000.00

乙管轄行：

借：總分行往來（甲分行）　　$10,000.00

　　貸：分支行往來（子支行）　　　　$10,000.00

子支行：

借：分支行往來（乙分行）　　$10,000.00

　　貸：支票存款　　　　　　　　　　$10,000.00

4.特種集中銷帳制

委託行（甲分行）：

借：庫存現金　　　　　　　　$10,000.00

　　貸：匯出匯款　　　　　　　　　　$10,000.00

借：匯出匯款　　　　　　　　$10,000.00

　　貸：聯行往來（子支行）　　　　　$10,000.00

代理行（子支行）：

借：聯行往來（甲分行）　　　$10,000.00

貸：支票存款　　　　　　　·$10,000.00

註：甲分行及子支行聯行往來帳應複寫二份，各寄總行一份，以便核對銷帳。

三、聯行往來的明細帳

聯行往來科目的明細記錄爲聯行往來帳，目前一般銀行所採行的聯行往來帳記帳制度是特種集中銷帳制，所以聯行往來帳格式乃屬特殊活頁套寫式。茲依交易性質分「匯款」、「代收」、「雜項」三項（如外匯業務往來帳項較多，尚可自「雜項」往來劃出，單獨成爲一項），列述於下：

(一)匯款往來帳

1.凡受託或委託聯行代解各種匯款所發生的交易均屬匯款往來。

2.凡因代解匯款，如票匯的匯款支票、入戶信匯的委託書及接到電匯、入戶電匯而發生的聯行往來科目支出傳票等，均記入匯款往來帳的借方；凡接到代理行解匯寄來的各種匯款解訖報單，均代替聯行往來科目收入傳票，記入匯款往來帳的貸方。

3.匯款往來帳的格式如下：

○○銀行 聯行往來帳 本帳頁次
（匯款）
民國 年 月 日

日	張之中
	號

⑯匯

解款行名	解款日期	編 號	貸 方 金 額	查對印	備 註

註: 借方帳須將解款行名改爲匯款行名並將「貸方」改爲「借方」二
字。

(二)代收往來帳

1.凡因代收款項所發生的聯行往來交易均屬代收往來。

2.凡代委託行收妥票款或其他款項所發生的代收款項委託書，即代
替聯行往來科目收入傳票，記入代收往來帳的貸方；凡接到代收行收妥
款項寄來的代收款項劃收報單，即代替聯行往來科目支出傳票，記入代
收往來帳的借方。

3.代收往來帳的格式如下：

○○銀行 聯行往來帳 本帳頁次
（代收）
民國 年 月 日

日	張之中
	號

⑯代

代收行名	起算日	編 號	借 方 金 額	查對印	備 註

註: 貸方帳須將代收行名改爲託收行名, 並將「借方」改爲「貸方」二字。

(三)雜項往來帳

1.凡不屬於匯款往來及代收往來的其他聯行往來交易,如資金回送、A/C 轉撥、票據回送, 交換票據的提出、提回與退票, 各項費用的轉撥, 全行的通存、通提, ATM 聯行收付, 薪津、貨款集中轉帳, 代扣公用事業費用, 放款本息扣帳以及聯行利息與其他款項的劃收、劃付等所發生的聯行往來事項均屬雜項往來。

2.雜項往來帳的摘要欄應逐筆詳細填寫, 借方帳通常是根據付款委託書或劃收報單記帳; 貸方帳則根據收款委託書或劃付報單記帳。

3.雜項往來帳的格式如下:

對方行名	起算日	摘　　要	借　　　　方	查對印	備　註

○○銀行　聯行往來帳　（雜項）　民國　年　月　日

本帳頁次　日　張之中　號　雜

註: 貸方帳須將「借方」改爲「貸方」二字。

註: (1) A/C 轉撥係顧客要求將款項撥入本埠聯行存款帳時的處理方法。如係撥入外埠聯行存款帳, 則以入戶信匯或入戶電匯處理。經辦人受理後, 應填製聯行往來科目收入傳票憑以記

帳，並填製劃收報單（可與收入傳票套寫）註明起算日、A/C轉撥號數、金額、收款人存款種類、帳號及姓名等，經主管人員簽章後，送交對方行，憑以將款項轉入受款人帳內。

(2)票據回送係客戶於票據交換時間後急需用款，而持有的本埠聯行支票爲劃線支票；或所存的聯行票據因未及提出交換，致無法使用款項時，銀行得接受客戶請求以票據回送方法處理。受理後應先與對方聯行連絡，經同意保留票款，始可辦理。倘票據已經出納收入並存入持票人存款帳內，即填製聯行往來科目現金支出傳票憑以領出該票據；如票據尚未存入，即填製聯行往來轉帳支出傳票及存款或其他科目的轉帳收入傳票，再將款項存入持票人存款帳內，並將劃付報單及票據送交聯行憑以轉帳。

聯行往來帳因係按匯款、代收、雜項等三部分分別單獨記帳，以致聯行往來科目的借貸總額及餘額無從表示，故另設總帳一種，將當日的匯款、代收及雜項往來的借貸金額各結出合計數，分別填列總帳各欄，然後結出當日聯行往來科目借貸總額及餘額。總帳每日套寫兩份，副本應連同匯款、代收、雜項等往來帳的副本，一併寄送總行核銷。聯行往來總帳的形式如下頁。

四、聯行往來的傳票與報單

聯行往來科目一方爲借方時，他方則應爲貸方；一方爲貸方時，其對方則應爲借方。因此聯行往來的交易發生時，先起帳的聯行應同時填製報單及電腦聯，報送對方行，對方行則以其代替「聯行往來」科目傳票憑以記帳。具體言之，凡主動或受託代收聯行款項，應填製（貸）聯行往來科目收入傳票與劃收報單套寫聯；收入傳票憑以記聯行往來帳，劃收報單寄送對方行，憑以代替（借）聯行往來科目支出傳票記聯行往

○○銀行　聯行往來帳

(總帳)

民國　年　月　日

種　類	摘要	借　　　方	貸　　　方	借或貸	餘　　額
雜　項	承前日				
	本日				
	計				
匯　款	承前日				
	本日				
	計				
代　收	承前日				
	本日				
	計				
聯行往來	合計				

來帳。反之，凡主動或受託代付聯行款項，應填製（借）聯行往來科目支出傳票與劃付報單套寫聯；支出傳票憑以記聯行往來帳，劃付報單寄送對方行，憑以代替（貸）聯行往來科目收入傳票記聯行往來帳。茲將上述聯行往來收入、支出傳票格式，列示如下：

○○商業銀行　聯行往來收入傳票　　第　　號

主動行 ☐☐☐　　　　　　　被動行 ☐☐☐☐

1 列帳日 年 月 日 ☐☐☐☐☐　　　　　　　　(貸)：2 聯行往來

主動行傳票	(劃收日)起 算 日 期			業種	摘　　要	金　　額								
	年	月	日			拾	億	仟	佰	拾	萬	仟	佰	拾	元
	合　　計														製 票

新臺幣　　億　　仟　　佰　　拾　　萬　　仟　　佰　　拾　　元整

對方科目 ☐☐☐☐☐☐☐☐☐☐☐☐

業種說明：36：資送　37：票送　38：A/C 轉撥
50：雜項往來　35：交換票據
PS：每張傳票限填一筆交易。

RI 43 84.4 2×50×200 本

認證欄	主動行：　　　　被動行：　　　　借貸別：		
	交 易 序 號	對方行入帳帳號	交 易 金 額
	交 易 類 別	業 種 別	重複認證註記　傳票更正方式
	摘要		

主管　　　會計　　　認證　　　記帳　(登錄)　　　出納

○○商業銀行　聯行往來劃收報單　　第　　號

主動行 ☐☐☐　　　　　　被動行 ☐☐☐

2 列帳日　年　月　日　☐☐☐☐☐　　　　　　(借)：☐1 聯行往來

被動行聯行往來彙總傳票附件	(劃收日)起算日期			業種	摘　　要	金　　額									主動行主管
	年	月	日			拾	億	仟	佰	拾	萬	仟	佰	拾	元	
															會計
	合　計														製票
	新臺幣　　億　　仟　　佰　　拾　　萬　　仟　　佰　　拾　　元整														
	對方科目 ☐			業種說明：36：資送　37：票送　38：A/C轉撥											

RI 43

50：雜項往來　35：交換票據

(被動行)　主管　　會計　　出納　　記帳　　核章

○○商業銀行　聯行往來支出傳票　　第　　號

主動行 ☐☐☐　　　　　　被動行 ☐☐☐

1 列帳日　年　月　日　☐☐☐☐☐　　　　　　(借)：☐1 聯行往來

主動行傳票	(劃付日)起算日期			業種	摘　　要	金　　額									
	年	月	日			拾	億	仟	佰	拾	萬	仟	佰	拾	元
	合　計														製票
	新臺幣　　億　　仟　　佰　　拾　　萬　　仟　　佰　　拾　　元整														

對方科目	
RI 44 84.4 2×50×200 本	業種說明：36：資送　37：票送　38：A/C 轉撥
	50：雜項往來　35：交換票據
	PS：每張傳票限填一筆交易。

	主動行：　　　　被動行：　　　　借貸別：		
認證欄	交 易 序 號	對方行入帳帳號	交 易 金 額
	交 易 類 別	業 種 別	重複認證註記　傳票更正方式
	摘要		

主管　　　　會計　　　　認證　　　　記帳　　　　　出納
　　　　　　　　　　　　　　　　　　（登錄）

○○商業銀行　聯行往來劃付報單　　第　　　號

主動行 ☐☐☐　　　　被動行 ☐☐☐

2 列帳日 ☐☐☐☐☐　　　　　　　　（貸）：☐2☐ 聯行往來
　　　年 月 日

被動行聯行往來彙總傳票附件	（劃付日）起 算 日 期			業種	摘　　要	金　　　　額								主動行
	年	月	日			拾	億	仟	佰	拾	萬	仟	佰	拾	元	主管
															會計
		合　　計													製票

新臺幣　　億　　仟　　佰　　拾　　萬　　仟　　佰　　拾　　元整	
對方科目	業種說明：36：資送　37：票送　38：A/C 轉撥
	50：雜項往來　35：交換票據

RI 044

　　　（被動行）主管　　會計　　出納　　記帳　　核章

五、聯行往來的錯誤更正

㈠聯行往來如於起帳後發現有錯誤，不得單就錯誤的差額更正。

㈡聯行往來錯誤的更正，更正傳票上各欄如傳票序號、列帳日、解款行、匯款行、編號、解訖日期、業種、金額等均應與原有錯誤的聯行往來對方傳票資料一致，並於「摘要」欄註明：「更正○○年○○月○○日錯誤」。

㈢錯誤的發生僅在於本單位，而與對方行無涉時，除由該單位自行辦理更正外，仍應將更正傳票及電腦聯特別註明：「單方更正」，電腦聯於更正當日計入彙計表送電腦中心，不必要的傳票或電腦聯則逕行撕毀。例如將金額位數看錯，或電告傳票解款行起帳後，收到匯款行的劃收報單發現金額有差異時，均屬單方更正。

㈣聯行往來錯誤更正範例：

例一 （匯款支票與票匯解訖報單不符的更正）甲分行（匯出行）於十月二十四日向乙分行（解款行）匯出 D/D # 2，金額 3,669 元，客戶於同月二十九日持該匯票前往乙分行領款。乙分行悉數解款後記入：

（借）：聯行往來 3,669 元，但匯票聯行往來傳票（電腦聯）（借）及匯款解訖報單等則誤記爲 3,696 元。

以上錯誤分別於下述各階段發覺後立即更正：

1.當日結帳前發現

乙分行於十月二十九日聯行往來餘額與「聯行往來報單彙計表」核對不符，發現錯誤立即更正，重新填製「票匯聯行往來傳票」（電腦聯）及「匯款解訖報單」等，並將錯誤電腦聯及報單等撕毀作廢。

2.結帳後發現

(1)乙分行於十月二十九日並未詳細核對聯行往來科目餘額，即將錯誤「電腦聯」計入「聯行往來報單彙計表」寄電腦中心，並將錯誤解訖

報單寄甲分行。

(2)總行電腦中心於十月三十日執行聯行往來科目總數檢核，立即發現錯誤，並即刻電話通知乙分行查明更正，乙分行未查明更正前，該批交易不得繼續處理。

(3)甲分行接到乙分行的「匯款解訖報單」發現錯誤，即以電話通知乙分行更正補送。此時甲分行暫以正確金額入帳，並於貸方電腦聯摘要欄，以紅字註明(正確金額應為 NT$3,669，俟收到乙分行正確「匯款解訖報單」後立即補正)。

(4)另乙分行應於錯誤發覺當日填製正確票匯聯行往來傳票(電腦聯)(借)，及正確「聯行往來報單彙計表」送電腦中心補正。「匯款解訖報單」等送甲分行(匯款行)。

3.雙方均錯誤列帳

(1)若甲分行接到乙分行錯誤的解訖報單而逕予轉帳(借)匯出匯款 3,696 (貸)聯行往來 3,696。

(2)當日(十月三十日)甲分行聯行往來科目及聯行往來報單彙計表均以錯誤金額列帳。

(3)甲分行於十月三十一日接到乙分行補送的正確報單，仍應正式列帳，(借)聯行往來 3,669，(貸)匯出匯款 3,669。

(4)另填製錯誤更正傳票，(借)聯行往來 3,696，(貸)匯出匯款 3,696，並將轉帳支出傳票(電腦聯)計入報單彙計表送電腦中心，另將第四聯作廢。

(5)更正傳票上各欄如列帳日、解款行、匯款行、編號、金額等均應與原有錯誤的聯行往來貸方傳票資料一致，並於摘要欄註明「更正○○年○○月○○日錯誤」。

例二　(資金回送電告錯誤更正)臺南分行於十一月五日向營業部要求資金回送 50 萬元，但營業部僅由臺銀匯款 40 萬元，是日營業部聯

行往來科目借方以 40 萬元起帳，臺南分行聯行往來科目貸方則以 50 萬元入帳相差 10 萬元。臺南分行於次日接到匯款行「劃付報單」第三聯時，發覺錯誤。

茲將本筆交易處理經過及錯誤更正，說明如次：

11/5 營業部（資金回送匯款行）：

借：聯行往來 　　　　$400,000

　　貸：存放銀行同業 　　　　$400,000

將第一、三聯加蓋「電告訖」，第二聯送電腦中心，第三聯送解款行，第四聯撕毀。

11/5 臺南分行（資金回送解款行）：

借：存放銀行同業 　$500,000

　　貸：聯行往來 　　　　$500,000

第三、四聯均應填寫對方行傳票編號，第四聯送電腦中心。

11/6 解款行收到第三聯「聯行往來劃付報單」與 11/5 轉帳收入傳票（資金回送電告專用）金額不符，辦理更正。

借：聯行往來 　　　$500,000

　　貸：存放銀行同業 　　$100,000

　　　　聯行往來 　　　　　400,000

第一、二聯與第三、四聯分開填製。

第一、二聯編號應與 11/5 臺南分行聯行往來 50 萬元之傳票編號一致。

第三、四聯編號應與 11/5 營業部寄來之「劃付報單」之編號一致。

以上傳票及電腦聯均應註明「更正○○年○○月○○日錯誤」。

六、每日帳務處理

1.聯行往來帳分為匯款、代收及雜項往來三類，應依聯行往來傳票

的借貸方，分別記入之後，予以合計。

2.聯行往來總帳包括上述三類，各分爲「承前日」，「本日」及合計等三行。

3.不論聯行往來帳或聯行往來總帳，均應套寫二聯，一聯存底，一聯送會計室核帳。

4.總帳的雜項、匯款、代收的本日欄，應依各該往來的借貸合計塡寫，承前日欄亦各依前日各種往來帳的合計塡入，此兩欄相加則爲本日的合計，三項的合計相加即爲總計。

5.將總帳各類借貸的合計及總計予以比較，並將其差額分別塡寫於餘額欄，借方大於貸方時，則於「借或貸」欄註明「借」或「Dr.」，反之則塡「貸」或「Cr.」。

6.前記雜項往來、匯款往來、代收往來、各類別的餘額的借、貸方合計數字，其「和」或「差」應與聯行往來合計的借方或貸方餘額相符。

7.每期初應將前期的聯行往來科目餘額（即雜項、匯款及代收往來的合計額），應作一筆轉入雜項往來帳「承前期」欄。

第三節　未達帳的處理

一、未達帳的性質

聯行間往來交易，凡甲行所記借項，乙行必記貸方；凡甲行所記貸項，乙行必記借方，兩行間的借貸，適相抵銷。不過事實上聯行間往來的帳項，常因兩地間郵遞的先後或手續上的稽延，以致一筆往來帳項代理行已貸記或借記委託行帳，而委託行由於尚未接到收款或付款報單卻未能同時借記或貸記代理行帳，此種一方已經記帳而他方尚未入帳的帳項，俗稱「未達帳」（Outstanding items）。有時爲數頗大，應經常加以

核對清理，如未達時日已久，即須發單查詢，以防弊誤。每屆結算期爲了沖銷總分行聯行往來科目的借貸方餘額，以表現全行眞確的財務狀況與損益情形，對此種未達帳項更要切實整理。按聯行往來或總分行往來科目，係記載總分行內部往來帳項的會計科目，並不涉及對外的債權債務；且總行與分行或分行與分行間一筆帳項的往來，雙方所記金額必相等，借貸必相反，在總行結算彙編全行資產負債表時，自應相互對銷。

二、平時未達帳的清理

未達帳的清查，在採用總行集中記帳制或集中銷帳制的銀行，可由總行根據本身所記或各分支行抄寄的聯行往來帳，憑往來雙方帳單核銷，於銷帳欄內加蓋「銷帳」或月份戳記。總行核銷帳目時，如發現有錯誤或未達時間過久，應隨即填發未達帳查詢書或錯誤更正書，通知分行查覆或轉帳。在分散記帳制或管轄行集中記帳的聯合制，通常係由代理行將代理收付的款項，根據聯行往來帳來戶的收付數額抄具清單寄委託行即往戶，委託行再據以與本身所記對方往戶帳項核對。核對結果，如有未達帳項，應編製未達帳軋帳單一式三份，一份留存備查，一份寄對方行，一份報總行以便清查。茲將對帳清單與未達帳軋帳單分別列示於下：

○○銀行聯行往來對帳清單

戶名＿＿＿＿＿＿

分支行名稱及戶名	軋帳摘要	借方餘額	貸方餘額	借或貸	合計	分支行名稱及戶名	軋帳摘要	借方餘額	貸方餘額	借或貸	合計

貴行聯行往來帳截至　年　月　日止已查對無誤，茲將對帳清單寄奉，至希覆核爲荷
　　此致
　　　　　行台照

○○銀行總行會計室具

○○銀行未達帳軋帳單

中華民國85年5月份

行名＿＿＿＿

記帳		銷帳		摘　　要	金　　額	記帳		銷帳		摘　　要	金　　額
月	日	月	日			月	日	月	日		
				本行帳餘額	借880,000 00					貴行清單餘額	貸700,000 00
				加：貴行已代收本行 　未入帳						加：本行已代付貴行 　未入帳	
5	30			代收款項	30,000 00	5	30			代解匯款	85,000 00
				出口押匯	50,000 00					代支費用	6,000 00
										代兌旅行支票	60,000 00
				減：貴行已代付本行 　未入帳							
5	30			代解匯款	60,000 00	5	30			減：本行已代收貴行 　未入帳	
				聯行利息支出	20,000 00					代收放款利息	1,000 00
				代解活支匯款	30,000 00						
				聯行往來調整後餘額	850,000 00					聯行往來調整後餘額	850,000 00

　　上月份的未達帳，通常應於次月轉清銷帳。因此核對未達帳時，應注意轉清銷帳的日期，並在未達帳軋帳單銷帳日期欄內註明，直至所有未達帳均已銷帳為止。

三、利用電腦核銷聯行往來帳項

　　在採用集中銷帳制的銀行，總行設有聯行科專責辦理總分行間往來帳項的核銷事宜。由於每筆聯行往來帳項，必屬一借抵一貸，或一貸抵一借，就全行而言借貸必可對銷，故部分銀行乃將聯行往來交易資料納入電腦，而以電腦代替人工自動辦理銷帳，計列未達帳目，計算未達積數等工作；惟在此種體制下，所有聯行往來交易的委託書及報單，均須

由委託行及代理行分別加製乙份，並寄送電腦中心以憑將其借、貸帳項登入電腦中。

四、結算時未達帳的清理

期末對各分行處未達帳項的清理，目前各銀行所用的方法有四種，茲分述於下：

(一)採用未達帳科目法

結算時總行如發現全行聯行往來科目的借貸方餘額未能抵銷，就設置「未達帳」科目，將各總分支行處聯行往來科目借貸方餘額相抵後的差額，全數轉入此一科目。至於各總分支行處間未達帳的檢查清理，另行辦理，而免錯誤。次期各委託行爲求軋正聯行往來科目的上期未達數額，應於開業日將聯行往來科目的餘額全數轉入「聯行往來未達帳」科目。凡每期開業後，收到代理行送來屬於前期的收付款報單時，應記入「聯行往來未達帳」科目，俟上期未達全部轉清後，再將「聯行往來未達帳」科目餘額轉回聯行往來科目。至於屬於本期新發生的聯行往來帳項，均應以聯行往來科目處理。本法的優點，在總行不待各分行造送未達帳清單，即能迅速產生總結算報表，缺點是不能表明各分行未達帳的詳細情形。

(二)差額轉入應收款或應付款法

此法在結算時僅由總行將全行聯行往來科目的借餘或貸餘總額逐行轉入「其他應收款」或「其他應付款」科目，次期開業日再由「其他應收款」或「其他應付款」科目轉回聯行往來科目。至於各總分支行處間未達帳的檢查清理，於結算後另行辦理，而免錯誤。此法係前法的變通，運用的優點與劣點大體相同，由於處理手續較爲簡單，實務上頗多採用。

(三)按各種未達帳調整記帳法

結算時總行如發現全行聯行往來科目的借貸方餘額不能抵銷時，乃逐一詳細查明，然後於各分支行處及全體的結算表上，按代理收付的性質，將聯行往來及有關的資負或損益科目分別調整，以便全行聯行往來科目的借貸餘額，可彼此相互抵銷而結平。調整方法如下：

1.代理行已付訖並已借記聯行往來科目，但付款報單未寄達委託行，而委託行尚未貸記聯行往來科目的事項，如匯出匯款、活支匯款、進口押匯及代付款項等，總行應代委託行作（借）匯出匯款等有關科目（貸）聯行往來科目的調整記錄。

2.代理行已收訖並已貸記聯行往來科目，但收款報單未寄達委託行，而委託行尚未借記聯行往來科目的事項，如代收出口押匯、買入匯款及其他代收款項等，總行應代委託行作（借）聯行往來（貸）出口押匯、買入匯款等有關科目的調整記錄。

3.在不用代收款項或匯款科目而直接以聯行往來科目記帳的銀行，常有委託行已借記或貸記聯行往來科目，但代理行因尚未收訖或付訖，並未貸記或借記聯行往來科目的事項，總行應代委託行作（借）或（貸）有關科目（貸）或（借）聯行往來科目的調整記錄。

以上三種方法，雖能使聯行往來科目的全體借貸餘額相互抵銷，但每期聯行往來交易所發生的未達帳項，仍未能全部銷清，而必須留待次期開業後繼續清理銷帳，與次期新發生的聯行往來交易混雜一起，極易發生錯誤，似未能完全達到清理未達帳的目的。因此乃有第四法的產生。

(四)假結算辦法

即每期結算時，預定數天的假結期間，總行即利用此期間，將本期總行及各分行所有聯行往來帳項，一一予以核銷完畢，如發現仍有未達

帳情形，即通知代理行轉帳，俟全部未達帳清理完結，所有聯行往來科目餘額借貸相銷後，再通知分行結清一切帳目。此法雖可完全達到清理未達帳的目的，但在分支行較多的銀行，因未達帳項較多，總行常難於短期間內將全部未達帳核銷完竣。

五、未達積數的計算

由上文所述已知聯行往來交易，因委託行與代理行雙方未能同時記入聯行往來帳，而有「未達帳」的發生。總行對於此項未達帳，應根據聯行往來科目平均餘額計算利息。所謂平均餘額乃是將一個月中聯行往來科目的每日餘額相加，所得總數亦即積數，再除以當月日數的結果。計息時應就未達帳項的金額，逐筆和未達日數相乘，求出未達積數，復將當月份未達積數的總數用當月總日數去除，即得平均未達數，然後據以調整聯行往來平均餘額。茲將各種聯行往來交易未達積數的計算方法列示於下：

茲再舉例說明於下：

例一 臺中分行六月一日匯出 M/T #8金額40,000元，臺南分行於六月二日解訖，並記入匯款往來帳的借方，臺中分行六月三日收到解訖報單。

1.以臺南分行解訖日期六月二日為起算日。

2.臺中分行的匯款貸方往來帳應計列$40,000貸方（負數）未達積數，因臺南分行解訖時的（借）聯行往來$40,000，其間相差一天應由臺中分行付息。

例二 臺中分行六月十日委託臺南分行代收 B/C #2金額5,000元，臺南分行於六月十一日收妥並記入代收往來帳的貸方，臺中分行六月十三日接到劃收報單。

1.以臺南分行收妥日期六月十一日為起算日。

2. 臺中分行代收借方往來帳應計列$10,000借方（正數）未達積數（$5,000×2天），因臺南分行收妥時，貸記聯行往來$5,000兩天的利息，應歸屬臺中分行。

　　例三　臺中分行六月二十一日代高雄分行收取該行客戶倉租金額2,000元，並記入雜項往來帳貸方，高雄分行於六月二十二日接到劃收報單。

　　1. 以臺中分行劃收日期六月二十一日爲起算日。

　　2. 高雄分行雜項往來帳應計列$2,000借方（正數）未達積數，因臺中分行收取的倉租屬於高雄分行，故該行劃收時（貸）聯行往來$2,000未達一天的利息，應歸屬高雄分行。

　　例四　總行六月十九日轉撥應由臺中分行負擔的保險費一筆計800元，並已記入雜項往來帳借方，臺中分行於六月二十三日接到劃付報單。

　　1. 以總行劃付日期六月十九日爲起算日。

　　2. 臺中分行雜項貸方往來帳，應計列$3,200貸方（負數）未達積數（$800×4天），因該筆保險費係由總行代付，故總行於劃付時（借）聯行往來$800，其間四天的利息，應由臺中分行負擔。

　　例五　臺中分行於六月二十五日經由臺銀臺中分行以 M/T #10資金匯送金額500,000元，並記入雜項往來帳借方，營業部於六月二十六日接到通知，即予整理記帳。

　　1. 以營業部收款日期六月二十六日爲起算日。

　　2. 臺中分行雜項借方往來帳則應計列$500,000的赤字（負數）未達積數。因臺中分行雖於六月二十五日匯送資金，但營業部六月二十六日收到款項，故臺中分行六月二十五日於雜項往來帳所記（借）聯行往來$500,000未達一天的利息，應予扣除。

第四節　聯行往來利息的處理

一、聯行利息的性質

　　銀行各分支行間，每因各地產銷、供需等經濟條件的不同，而使資金的營運情況也有顯著的不同。繁華地區的都市，對資金的需求通常大於供給，農村地區的鄉鎮，對資金的供給往往大於需求。銀行於各地設立分行後，即可將聯行間的資金，以有餘補不足，相互調劑。

　　屬於同一銀行的各分支行，就全行立場而言，雖係一體，但資金由鄉鎮地區流入都市地區的情勢，如果持續不變，分行間的匯兌差額，就無法拉平。無論貸方行逆差或借方行順差，均將愈來愈大。在此情況下，對於各種分支行間所提供或所使用的聯行資金，自應依照一般借貸關係計算利息，以使各分支行間的業務及損益，更能表現真實公平的結果。同時各分行間通匯結果，代收、代付與應收、應付的帳項甚多，此項代理收付的金額，有時為數甚鉅，並且每因各地經濟與資金流轉方向的特異情形，形成單方面的順差或逆差，而致匯兌餘額的餘絀無法平衡，關於此項代理收付的借貸差額，如不予計算利息，也顯失公平。

　　聯行利息的計算，除表示各總分支行間公平損益結果外，在另方面尚可促進全行存放業務的經營，平衡各分支行資金的營運。我們知道，如果聯行往來利息的借貸利率偏高，分行鑒於吸收存款轉借聯行，將較撥用聯行資金從事放款有益，結果一味吸收存款而不能善加運用，非但增高成本，且將陷入資金過剩的窘境；反過來說，如果聯行往來利息過低，因分行認為撥用聯行資金從事放款，反較以存款放出有益，於是吸收存款不力而放款過寬，引起全行頭寸緊俏與營運困難的後果。因此聯行利息利率的高低，必須配合全行資金的運用情況，妥為訂定。

二、聯行利息的計算

關於聯行利息的計算方法，茲分項說明於下：

(一)計 算 方 式

1.在採取集中記帳制的銀行，各分支行處頭寸調撥，因係由總行統籌匡計，故多數不計算聯行利息。

2.在採分散記帳制的銀行，總分行間聯行利息的計算，係由代理行按月計妥後寄委託行轉帳，即各行就來戶計算，結果通知對方行轉帳。

3.在採取總行集中銷帳制的銀行，由各分支行處個別計算並通知總行，總行於驗算後，按各分支行處應收、應付的數額分別予以入帳，視同對總行的應收或應付利息。

(二)計 算 時 期

計算聯行利息的時期各銀行不同，或於期末一次計算，或每三個月計算一次；目前一般銀行爲配合月算制度，多係每月計算一次。至於計息期間，實務上有由每月一日算至月底，亦有由上月二十一日算至本月二十日。以正確而言，當推前一方式較佳；後者於月底月算前提早算妥，處理上較爲方便。

(三)計 算 方 法

聯行往來利息的計算，通常以聯行往來平均餘額爲計算基數，並調整聯行往來未達帳項的平均未達積數，求出計息額後再乘以規定利率。但事實上並不如此簡單，因爲總分支行間往往尚有許多特殊收支事項，諸如總行代繳的存款準備金、聯行間相互墊付、代付的費用，分支行行舍應計的使用費等，均須一一計算在內。

1.基本公式：

$$\underset{\text{平均餘額}}{\underset{(1)}{\text{聯行往來}}} \pm \underset{\text{平 均 額}}{\underset{(2)}{\text{未達積數}}} \pm \underset{\text{款準備金}}{\underset{(3)}{\text{銀行部存}}} \pm \underset{\text{款準備金}}{\underset{(4)}{\text{儲蓄部存}}} = \underset{(5)}{\text{聯行利息計息額}}$$

$$\text{聯行利息計息額} \times \text{聯行利息利率} \times \text{該月日數} = \underset{(6)}{\text{往來息}}$$

$$\text{往來息} \pm \underset{\text{準備金淨利息}}{\underset{(7)}{\text{銀行部存款}}} \pm \underset{\text{準備金淨利息}}{\underset{(8)}{\text{儲蓄部存款}}} \pm \underset{(9)}{\text{其他補扣息}}$$

$$\pm \underset{\text{產息及房租}}{\underset{(10)}{\text{營業用房地}}} \pm \underset{\text{往來息差額}}{\underset{(11)}{\text{上 月 份}}} = \underset{(12)}{\text{本月份聯行利息}}$$

2.各項說明：

(1)各分行「聯行往來」科目該月份平均餘額，如借貸利率不同，而月中聯行往來科目借方及貸方均有餘額時，在借貸方利率不同時，原則上應分別計算積數，不得相互抵銷。

(2)因入帳日期互異而發生的未達帳，將使兩聯行間利息起算日期參差不一。此種起算日的差異，在平時各分行應按未達積數的計算方法，根據對方行報單或通知書於聯行往來帳內加以調整，加項用黑字，減項用紅字，均記入各該往來帳備註欄。等到月底再分別彙計總數，除以當月份總日數，即得未達積數平均額。歸納言之，聯行往來的未達積數有三種：

a.「匯款往來」貸方應扣的未達積數。

b.「代收往來」借方應補的未達積數。

c.「雜項往來」借方應補及貸方應扣積數。

上列基本公式中(3)(4)兩項為銀行部活期、定期存款與儲蓄部活期、定期儲蓄存款所應計繳的存款準備金。因該項準備金已由總行彙總計繳，

故此項代繳額應由分行負擔，而於聯行往來平均餘額項下予以調整。

公式的(5)項爲(1)至(4)四項的累計淨額，借貸兩方應相抵減。而(7)(8)兩項爲銀行部及儲蓄部存款準備金的利息。此項準備金利息（存款準備金應繳額×60％×年息2.4％），須扣除應計的營業稅及福利費用。

公式的(9)項係總分行間代付墊付費用，或總行對分行特殊開支的補貼。

(10)項係分行使用總行行舍所應負擔的房地租。

(11)項係上月份分行計出的聯行利息與總行所計數的差額，於本月份予以調整。

(12)項係(6)至(11)各項的累計淨額。各數均計至元位，元以下四捨五入。

三、聯行利息的記帳

分行每月計出的聯行利息，應以內部損益科目聯行利息收入或聯行利息支出子目與聯行往來科目轉帳，並填製報單附計算明細表通知總行。總行根據有關資料檢算後，將正式計算結果通知分行，分行再將差額於下月份調整。但有些銀行則於每月底計出利息時，先以應收或應付利息提存，俟接總行檢算通知時，再正式以聯行往來科目轉帳。

四、內部往來的利息

設有儲蓄部或信託部的銀行，除計算聯行利息外，對於銀行部與儲蓄部或信託部間的內部往來也要計算利息，計息的方法可以比照聯行利息辦理。

內部往來利息計出後，在銀行部、儲蓄部或信託部均分別各以內部損益科目內部利息收入或內部利息支出子目與內部往來科目轉帳。

第五節　同業往來的處理

一、同業往來的性質

銀行因業務上的需要，常與同業發生帳項往來，尤其是在信用制度日形擴展，使用票據日趨普遍的今日，銀行與銀行之間，爲要擴充業務，便利顧客，不能不加強聯繫，因此銀行同業之間，互通有無，或存或欠，關係更形密切。

同業往來就地域而言，有本埠銀行與本埠銀行之間的交易，稱爲本埠同業往來；有本埠銀行與外埠銀行之間的交易，稱爲外埠同業往來；亦有本埠銀行與國外銀行之間的交易，稱爲國外同業往來。

二、同業往來發生的原因

同業間發生往來的原因，可分三項說明：

1.本埠同業往來的發生，約有下列各原因：

⑴銀行因臨時頭寸不足，向同業透支或拆借。

⑵銀行將平時週轉資金或剩餘頭寸等存入本埠同業往來戶，以備隨時支用，有時並可生息。

⑶收入本埠同業付款的票據，存入該同業往來戶，或存入其他銀行委託代爲收取。

2.外埠同業往來的發生，多因銀行爲經營外埠各地匯款、代收的匯兌業務及進出口押匯業務，而在該地區又未設立分支行，唯有與外埠同業訂立通匯契約，相互代理收付。

3.國外同業往來的發生，係因銀行爲辦理國外匯兌業務，乃在通商各國重要城市約定代理銀行，相互簽訂通匯合約，並在代理銀行開設存

款帳戶存儲外匯資金，或向代理行簽訂透借外匯資金，以供辦理進出口押匯、匯出入匯款、託收託付款項及其他外匯業務之用。

三、同業往來的會計科目

同業間相互往來的帳項，過去係以「同業往來」的資產負債共同科目入帳，在此科目下先分往戶及來戶，再按地區別分設本埠同業往來、外埠同業往來及國外同業往來等三個子目。但現行銀行業統一會計制度的規定，已將往戶、來戶及資產、負債分開處理，而不採用「同業往來」科目。換言之，凡銀行委託同業代理收付時，須以「存放銀行同業」資產科目處理；但委託同業付款而超過存款，或委託同業收款而歸還透支時，對透支部分應以「透支銀行同業」負債科目處理。於「存放銀行同業」及「透支銀行同業」兩科目之下，可再分設「存放本埠同業」、「存放外埠同業」、「存放外商同業」、「存放國外同業」及「透支本埠同業」、「透支外埠同業」、「透支外商同業」、「透支國外同業」等子目。至於同業委託本行代理收付時，即以「銀行同業存款」負債科目處理；如同業委託本行付款而超過存款，或同業委託收款而係歸還透支時，對透支部分應以「銀行同業透支」資產科目處理。「銀行同業存款」及「銀行同業透支」兩科目之下，可再分設「本埠同業存款」、「外埠同業存款」、「外商同業存款」、「國外同業存款」及「本埠同業透支」、「外埠同業透支」、「外商同業透支」、「國外同業透支」等子目。

同業往來所用科目除上述外，其他尚有記載同業間借貸資金所用的拆放銀行同業、銀行同業拆放、央行貼現轉融資、央行放款轉融資、央行其他融資及銀行同業融資等科目，當於後文加以說明。

四、同業往來的開戶手續

各分行與本埠其他同業間，在業務上如有開立往來戶的需要時，應

事先陳請總行核准，方可辦理。同業往來的利率，亦應經總行核准後隨
時改訂，但其中支票存款部分，本埠銀行間的存放銀行同業與銀行同業
存款，屬於活期性質的存款，開戶時要預留印鑑並簽訂存款往來契約，
其餘存款及取款手續，也和一般支票存款或活期存款相同。有時因彼此
業務及資金運用上的需要，而以定期存款或儲蓄存款方式存儲時，有關
開戶及存取款手續，原則上應按存款種類，比照一般存款處理。關於同
業間相互存儲的存款，依照銀行法的規定，收存行既不必計繳存款準備
金，存放行亦不得視爲存款準備。

外埠及國外同業往來，主要是爲與同業通匯，相互委託代理收付款
項，應先由雙方總行或代表的分行，簽訂通匯契約，並互送有關人員的
簽章，然後各分支機構即可與契約所定地點的外埠通匯同業，直接互通
匯兌，不必再個別簽訂通匯契約。通匯契約既經簽訂，例由雙方總行負
責劃撥通匯基金，因此雙方分支機構，代理收付款項時，均須報請總行
轉記對方行帳。通匯基金的往來帳目，應由雙方總行於每月底分別抄製
對帳單，寄交對方總行清查核對。

五、同業往來的計息

同業往來不論是本埠、外埠、外商或國外，對於利息的計算，原則
上均由代理行負責，再按期抄送利息計算表及對方帳單，送對方行核對
轉帳。亦即「銀行同業存款」及「銀行同業透支」的利息應由本行計算
後，通知對方行轉帳；而「存放銀行同業」及「透支銀行同業」的利息
由對方行計算，通知本行轉帳。茲將計算同業往來利息的有關事項，說
明於下：

(一)利　率

除銀行同業存款項下屬於支票存款部分不計息外，其他各種銀行同

業存款或銀行同業透支利率，均可由往來銀行相互參照當時一般存放款利率水準，自行酌定。

(二)計　算

1.同業存款項下屬於活存部分，應比照一般活期存款採積數法，在每期結息日累計該期存款積數，再乘以銀行同業存款利率（如爲年息應化爲日息），求出該期應付利息總數，然後於次日轉帳。銀行同業存款的積數，通常計至千元爲止，以下不計。

2.屬於定存或儲存部分的銀行同業存款，利息應比照一般存款按「本金×利率×月數」的方式計算，於每月付息日計給。

3.銀行同業透支的利息，比照一般透支，以每日透支最高餘額爲積數，用紅字書寫；一月中如另有存款積數時，亦應同時計出，用藍字或黑字表示。俟每月終再將當月份透支及存款的總積數分別和約定利率相乘，求出應收及應付利息總數後，再用二者相抵的差額轉帳。同業透支的積數一般計至元位爲止，以下不計。

(三)所 得 稅

同業間往來所發生的利息，因係銀行業的一種營業收入，每月已計繳營業稅，照稅法規定一律免扣利息所得稅。

(四)入　帳

1.活存部分的銀行同業存款利息，於計出後應塡製（借）利息支出——銀行同業存款息科目（貸）銀行同業存款或銀行同業透支科目轉帳傳票，將利息滾入存款或透支帳內。定存及儲存利息，於每月付息日計給，並塡製（借）利息支出——銀行同業存款息科目（貸）庫存現金或銀行同業存款科目傳票轉帳。月算如已將該月份應付未付的同業存款利

息提入「應付利息——銀行同業存款息」科目，付息時對已提存部分應（借）應付利息科目，未提存部分則（借）利息支出科目。

2.存放銀行同業息俟對方行算出經核對無誤後，填製（借）存放銀行同業或透支銀行同業科目（貸）利息收入——存放銀行同業息（未提存數）及應收利息——存放銀行同業息（已提存數）等科目傳票轉帳。

3.銀行同業透支利息於計出後，應填製（借）銀行同業透支或銀行同業存款科目（貸）利息收入——銀行同業透支息科目傳票轉帳。

4.透支銀行同業息俟對方行算出，經核對無誤後，再填製（借）利息支出——透支銀行同業息科目（貸）透支銀行同業或存放銀行同業科目傳票轉帳。

六、明細帳的處理

以上所述銀行同業存款、銀行同業透支、存放銀行同業及透支銀行同業四科目中，前兩科目係由他行主動，向本行開立存款戶或透支戶，屬來戶性質，按對方行名分別設帳，並記入同一明細帳上，當餘額在貸方時為「銀行同業存款」帳，乃本行負債；餘額在借方時為「銀行同業透支」帳，乃本行資產。後兩科目係由本行主動，向他行開立存款戶或透支戶，屬往戶性質，亦按對方行名分別設帳，並記同一明細帳上，當其餘額在借方時為存放同業帳，屬本行資產；餘額在貸方時為「透支銀行同業」帳，屬本行負債。茲再列表於下：

<table>
<tr><td align="center">總分類帳</td><td></td><td align="center">明細分類帳</td></tr>
<tr><td align="right">銀行同業存款科目</td><td>統制
……→各戶貸餘</td><td>} 銀行同業存款</td></tr>
<tr><td align="right">銀行同業透支科目</td><td>統制
……→各戶借餘</td><td>各 戶 明 細 帳</td></tr>
<tr><td align="right">存放銀行同業科目</td><td>統制
……→各戶借餘</td><td>} 存放銀行同業</td></tr>
<tr><td align="right">透支銀行同業科目</td><td>統制
……→各戶貸餘</td><td>各 戶 明 細 帳</td></tr>
</table>

受銀行同業存款與銀行同業透支兩科目或存放銀行同業與透支銀行同業兩科目共同統制的明細帳，應採用丙種或另行設計的特種格式，以便同時計算存欠積數。每種明細帳可先按本埠、外埠、外商及國外分子目，再按每一往來銀行分戶。銀行同業存款與銀行同業透支每月底應由本行抄送往來對帳單乙份，送對方行核對。存放銀行同業與透支銀行同業，例由對方行每月底抄送對帳單乙份，供本行核對，核對結果如無錯誤，應將回聯寄還對方行。對帳單與抄送支票存款戶的格式相同。

七、同業往來的交易實例

茲爲使讀者易於瞭解，特將同業往來有關的交易舉例釋明於下：

例一 本埠合作金庫來行洽辦開立同業存款戶，約定採支票存款方式，透支限額爲$500,000.00，業經呈請總行核准。該庫今日來行辦理開戶手續，並存入現金$500,000.00，當出給送款簿及支票簿各乙本。

例二 該庫今日塡具同業存款支票乙紙$300,000.00，來行囑轉存爲一個月期定期存款，利率年息5.25%，到期日八月八日，當予照辦，並發給存單乙紙。

現金收入傳票

（貸）銀行同業存款——支票存款　#4　合作金庫　　　　　　　　$500,000.00
　　　（本傳票以該庫所塡送款單代替）

轉帳收入傳票

（貸）銀行同業存款——定存　#6　合作金庫　年息5.25%　8/8到期
　　　　　　　　　　　　　　　　　　　　　　　　　　　　　　$300,000.00
　　　（本傳票以該行所塡存款憑條代替）

轉帳支出傳票

（借）銀行同業存款──支票存款　#4　合作金庫	$300,000.00
（本傳票以該行所填同業存款支票代替）	

例三　本日由交換所提回該庫所簽同業存款支票乙紙，計 $400,000.00。（該庫存款餘額爲$200,000.00）

現金支出傳票

（借）銀行同業存款──支票存款　#4　合作金庫	$200,000.00

現金支出傳票

（借）銀行同業透支　#4　合作金庫	$200,000.00
（以上兩張傳票以該同業存款支票代替，於支票上分別列記銀行同業存款及銀行同業透支的金額。）	

例四　月底月算時，算出該庫應付透支利息計$2,000.00仍列記該庫同業透支帳內。

轉帳收入傳票

（貸）利息收入──銀行同業透支息　七月份透支利息　#4　合作金庫	
	$2,000.00

轉帳支出傳票

（借）銀行同業透支　#4　合作金庫　七月份透支息轉帳	$2,000.00

例五　該庫今日填具送款單存入本埠臺灣銀行付款同業存款支票乙紙，計$300,000.00，該支票當即送存本行在臺銀的#2支票存款帳內。（該庫透支餘額爲$202,000.00。）

轉帳收入傳票

（貸）銀行同業存款——支票存款　#4　合作金庫	$98,000.00

轉帳收入傳票

（貸）銀行同業透支　#4　合作金庫	$202,000.00
（上列傳票以送款單代替，於送款單上分別列記存款及透支的金額。）	

轉帳支出傳票

（借）存放銀行同業——支票存款　#2　臺灣銀行	$300,000.00
（本傳票以本行所填送款單存根代替）	

例六　本行支票存款戶#55大利工程公司簽發該戶支票乙紙計 $400,000.00，來行要求掉換本行存放銀行同業戶臺灣銀行付款的同一面額支票乙紙，以作參加投標時押標金之用，經予照辦。（本行存放臺銀的餘額爲$300,000.00，透支限額爲$500,000.00。）

轉帳收入傳票

（貸）存放銀行同業　#2　臺灣銀行	$300,000.00

轉帳收入傳票

（貸）透支銀行同業　#2　臺灣銀行	$100,000.00

轉帳支出傳票

（借）支票存款　#55　大利工程公司	$400,000.00
（本傳票以大利工程公司所簽支票代替）	

第六節　同業間借貸款項的處理

一、同業間融通資金的方式

　　銀行間因臨時頭寸不足，而又未與他行訂立透支契約，或雖已訂立契約，而額度不敷需要時，可以出具借款憑證向其他銀行借入所需資金。方式有四：一種是以貼進的票據，轉向中央銀行申請「轉貼現」；一種是以承作的擔保放款債權，連同擔保品，再轉向中央銀行申請「轉質押」；一種是憑借款憑證或函件或公債、債券等擔保品，向中央銀行的「拆借款項」；另外還有出具借款憑證，向其他同業借入短期並以日拆計息的「銀行同業拆放」，以及以票據或其他方式向其他同業借入長、短期款項的「銀行同業融資」。

二、拆放銀行同業及銀行同業拆放的會計處理

　　凡同業為彌補存款準備的不足或為臨時週轉，向本行短期借款而以拆息計算者，為「拆放銀行同業」。拆放時應由拆借行填具申請書及還款憑證（應使用以中央銀行業務局為擔當付款人的本票），據以填製（借）拆放銀行同業科目傳票付帳；拆出行應簽發中央銀行業務局「銀行業存款」支票，交借款行於「存放央行──一般往來戶」項下轉帳。所收利息可逐貸記利息收入──拆放銀行同業息科目，惟月算或結算時，如有尚未到期的未實現利息，應將此部分利息轉入預收利息科目。俟到期憑借款憑證提出交換或逐送中央銀行轉帳時，可填製（貸）拆放銀行同業科目傳票收帳，借方為庫存現金或存放央行──一般往來戶科目。拆借行於到期再申請續借時，應按上述手續一面作舊拆放的收回，同時作新拆放的放出。拆放銀行同業明細帳，採用乙種帳式，按拆借行分戶。

拆放銀行同業有爲期一天的日拆，亦有拆借若干時日的短期拆款。日拆也名拆票，拆出行即於次日，憑其拆借款憑證，向拆借行收取拆款，或提出交換所經交換向拆借行收回拆款。

凡本行向其他同業拆借款項時，應貸記銀行同業拆放科目，所付利息應借記利息支出──銀行同業拆放息科目。月算或結算時，尚未到期的利息應轉入預付利息科目。償還借款時，應借記銀行同業拆放科目。該科目明細帳採用乙種帳式，按貸款行分戶。

三、轉貼現及重貼現的會計處理

轉貼現爲銀行週轉資金的方式之一，乃是頭寸緊俏時，將承作的貼現票據，在未到期前再轉向中央銀行請求貼現，以便貼借款項，融通資金。一俟票據到期，由承作轉貼現行，直接向票據承兌人收回票款。

銀行如將貼進的票據，再向中央銀行轉貼現，對於轉貼出的票據擔負或有負債責任，非至票據到期，經承作轉貼現的中央銀行憑票收妥票款，並接獲通知後，不能免除轉貼現的負債責任。兌付通知一經收到，即可免除對轉貼現的或有負債，但同時也喪失對貼現放款的債權，所以要將「貼現」與「央行貼現轉融資」兩科目對銷。倘到期接得中央銀行未能兌付的通知，除向原票據貼現人催收外，還須還清轉貼現的或有負債，將票款償還中央銀行。

轉貼現與向同業借入的短期借款雖同屬資金的週轉，但實質上仍有不同。就借款的銀行說，借入款通常多爲彌補存款準備或供資金臨時週轉，而憑信用向中央銀行或其他同業拆借的款項；借入次數過多或經常拆借，每予人有週轉失靈的不良印象。如將自己承作的貼現票據，轉向中央銀行請求轉貼現，由於票據本身已多一重保障，情形就不一樣。所以銀行在需要資金週轉時，採取轉貼現方式，較借入款方式爲佳。茲將轉貼現的帳務處理分述如下：

1.以貼進的票據，加簽轉讓背書，再連同原契據及有關證件，轉向中央銀行貼借款項時，應事先向總行申請，經核准後以「央行貼現轉融資」科目處理。

2.轉貼現時，應填製（借）存放央行──一般往來戶及預付利息科目的支出傳票及（貸）央行貼現轉融資科目的收入傳票，分別憑以轉帳，並在有關貼現帳戶「備註」欄內，註明轉貼現日期。

3.轉貼現預付利息的計算方法與貼現的預收利息相同，此項預付利息，於月算時，應將屬於該月份的應計利息，轉列利息支出科目。

4.票據到期承兌人將票款付給承作轉貼現的中央銀行時，應填製（借）央行貼現轉融資科目及（貸）貼現科目的轉帳傳票，分別憑以轉帳。

5.票據到期承兌人未兌付票款時，應即將票款先行償付貼放行，填製（借）央行貼現轉融資科目及（貸）存放央行──一般往來戶科目的轉帳傳票憑以付款，並將票據未能兌付原因於傳票內註明。俟向原貼現人追索收回貼現票款後，再一面貸記貼現科目，一面將補收的逾期利息及違約金貸記利息收入──貼現息科目。

6.央行貼現轉融資明細帳，採特種帳式，按轉貼現號次，根據傳票及有關資料接續登記。帳式如下：

○○銀行央行貼現轉融資帳

年		傳票	原貼	承兌或付款人		到期			票	面	轉貼	轉貼現利息			轉帳			備註
月	日	號數	現號數	戶名	地址	年	月	日	金	額	現銀行	日數	利率	金額	年	月	日	

當銀行向中央銀行辦理轉貼現時，在中央銀行方面，稱為「重貼現」

或稱「再貼現」。轉貼現與重貼現乃票據再貼現時就申請行與承作行的相對立場而言，重貼現業務是中央銀行對一般銀行融通資金的方法，利率通常均較貼現利率爲低。

凡向中央銀行請求轉貼現時，應塡具重貼現申請書，連同原票據、契據及有關證件等，一併送請中央銀行辦理。經核准後，將原票據加簽轉讓背書，交中央銀行收存，並出具領款收據，洽領重貼現款項。中央銀行於放出重貼現款時，應借記重貼現科目，所收利息貸記預收利息——重貼現息科目，票款餘額轉入申請行存款帳時貸記銀行業存款科目。重貼現票據到期收回時，中央銀行應貸記重貼現科目，於重貼現帳收回欄註明收回日期，同時通知轉貼現行；票據如遭拒付時，中央銀行應即通知轉貼現行，並索回票款。以上重貼現的放出及收回，必須按照應借應貸科目，編製轉帳或現金收支傳票，憑以記入重貼現帳，格式如下：

中央銀行重貼現帳

年		重貼現號數	票據		重貼現行		出票人	背書人	票據附件	期限	出票			到期			票面金額	貼現息			收回			備註
月	日		種類	總數	戶名	地址					年	月	日	年	月	日		日數	利率	金額	年	月	日	

四、轉質押、重質押放款及重質押透支的會計處理

銀行放出的各種質押放款，在償還期前，如需要資金週轉，可以原放出的擔保放款債權及擔保品等，轉向中央銀行申請借款，謂之「轉質押」，爲申請轉質押銀行的負債。

申請轉質押時，應將原放款契據、擔保品、保險單證及有關文件等，一併送請中央銀行審查。經核准後，簽訂契約辦理擔保權移轉登記，出具借款憑證，領取借款，並填製（貸）央行放款轉融資科目收入傳票收帳，同時在原借款人放款帳及質押品登記簿註明轉質情形。轉質押到期還款時，一面填製（借）央行放款轉融資及應付利息（月算提存部分）或利息支出（月算未提存部分）支出傳票付帳，一面收回原交出的有關單證，辦妥擔保權重行轉回的登記和押借契據的註銷，仍於原借款人放款帳及質押品登記簿註明。轉質押帳，採乙種帳式，按轉質押號數分戶，根據傳票登記。

註：各銀行配合政府政策所承作的各種專案性貸款，其依照規定轉向中央銀行申請資金再融通時，亦比照轉質押以「央行放款轉融資」科目處理。

上述銀行的轉質押負債，就承放的中央銀行而言，對同業以擔保放款的債權轉請質押的放款，謂之「重質押放款」。如以擔保透支的債權轉請質押而訂約透支的款項，謂之「重質押透支」，均為中央銀行的資產。有關放出和收回的會計記錄，特用普通分錄表示如下：

放出時：

借：重質押放款（或重質押透支）

　　貸：銀行業存款

收回時：

借：銀行業存款

　　貸：重質押放款（或重質押透支）

　　　應收利息（或利息收入）$\left\{ \begin{array}{l} \text{重押放息} \\ \text{重押透息} \end{array} \right.$

五、央行及同業的其他融資

凡因存款準備金或臨時性營運資金的不足，出具借款憑證或另附具

公債、國庫券，或其他有價證券等，向中央銀行申請融資者，以「央行其他融資」科目整理。

　　凡因辦理授信或外匯業務的需要，以票據或其他方式向其他國內外同業融資的款項（包括臺幣及外幣），以「同業融資」科目整理；並再分設「票據借款」及「借入款」兩子目。

　　又凡借入款項的償還期限在一年以上者，則以「長期借款」科目整理。

　　央行其他融資及同業融資的處理和記錄方法，大致與同業間的拆借相同，不再贅述。

問 題

一、試說明聯行往來的性質和主要項目。

二、試說明各種聯行往來記帳制度的意義並比較其優劣。

三、何謂未達帳？結算時對未達帳的清理有那幾種方法？各法之優劣為何？

四、試述下列聯行往來交易的起息日

　　1.匯款，2.代收款項，3.出口押匯，4.資金回送，5.費用轉撥。

五、聯行往來的「雜項往來」可包括那些交易事項？

六、銀行總分支行間，何以必須計算往來利息？

七、請列示計算聯行利息的公式。

八、試列舉並說明同業往來有關的會計科目。

九、聯行間委託收、付款的委託書及收、付款的報單，可以代替作何種記帳憑證之用？

十、試說明聯行往來利率的高低對銀行存放款業務的影響。

二、試說明同業間融通資金的方式及借款行與貸款行記帳時所用的科目。

三、試以借貸分錄方式，說明轉貼現放出及收回時，貼借行及中央銀行雙方的記帳方法。

習 題

一、某銀行臺北分行與臺中分行聯行往來的交易事項如下：

3/1　臺北分行：支票存款戶#47王湘芬簽發該戶支票乙紙，面額 $20,000，委託票匯臺中分行，匯費$8收現，匯款編號D/ D831。

3/1　臺中分行：委託臺北分行解付入戶電匯乙筆，計$50,000，匯 款編號 TM/T950，收款人爲活存戶#7皇冠大飯店。臺北分行 當日解訖。

3/2　臺北分行：(1)代臺中分行收取短期放款利息乙筆，計 $3,000。

　　　　　　　(2)代臺中分行支付房屋租金$5,000。

3/2　臺中分行：(1)接臺北分行 TM/T950解款報單。

　　　　　　　(2)接臺北分行放款利息劃收報單及房租劃付報 單。

　　　　　　　(3)委託臺北分行代收該行支票存款戶#33支票 $8,000，代收編號 B/C871。

3/3　臺北分行：(1)委託臺中分行代收該行支票存款戶#10支票 $4,000，代收編號 B/C1351。

　　　　　　　(2)臺中分行託收 B/C871已收妥。

　　　　　　　(3)以資金$300,000接濟臺中分行（經由臺銀臺北 總行及臺中分行承轉）。

　　　　　　　(4)客戶張某以現金購買旅行支票$1,000。

3/3　臺中分行：解付 D/D831。

3/4　臺北分行：接臺中分行 D/D831解款報單。

3/4　臺中分行: (1)兌付臺北分行三月三日所售旅行支票
　　　　　　　$1,000。

　　　　　　　(2)接臺銀臺中分行通知臺北分行所撥資金
　　　　　　　$300,000, 已存本行活期存款戶。

　　　　　　　(3)臺北分行託收 B/C1351已收妥。

　　　　　　　(4)接臺北分行 B/C871收款報單, 該款因託收人
　　　　　　　未設存款帳, 暫收其他應付款科目。

3/5　臺北分行: (1)接臺中分行旅行支票的付款報單。

　　　　　　　(2)接臺中分行 B/C1351收款報單, 該款轉存託收
　　　　　　　人張立中支票存款#870帳內。

為上列各交易作成分錄, 並說明各該筆交易未達積數的計算方法。

二、1.試根據下列資料, 計算臺北分行一月份的聯行往來利息:

　　(1)聯行往來科目平均餘額 (借餘) $10,000,000。

　　(2)平均未達積數計匯款往來$300,000, 代收往來$100,000, 雜項
　　　往來 (借餘) $50,000。

　　(3)應繳存款準備金$2,100,000。

　　(4)存款準備金利息, 準備金戶部分為年息2.4%, 一般往來戶不計
　　　息。

　　(5)往來息利率為日息借方3.1‰, 貸方3.2‰。

　　(6)本月份應負擔行舍使用費$5,000。

　　(7)經總行通知上月份聯行利息收入多計$800。

　　2.根據計出的聯行利息填製有關傳票。

三、某銀行與同業間的往來事項如下, 試作成分錄。

　　1.向本埠華南銀行開立支票存款戶, 並訂立透支契約, 透支限額為

$500,000，利率按年息9%計算，當存入現金$1,000,000，帳號爲#3。

2.簽發存放銀行同業——華銀戶支票$800,000，購進短期公債一批。

3.本埠中華銀行簽具借款憑證，向本行拆借$500,000，期間十天、利率按年息9%計算，拆款於預扣拆息後，悉數轉存該行支票存款#8帳內（該行目前存款餘額爲$150,000）。

4.支票存款戶#455永豐工業公司存入銀行同業存款#8中華銀行簽發的支票$900,000。

5.支票存款戶$831湯文光存入本埠同業華南銀行承兌付款的匯票$200,000，該紙匯票經送存本行設於該行的支票存款#3帳內。

6.中華銀行存入本行保付支票$800,000。

7.中華銀行向本行拆借的$500,000，本日到期，該行簽發本行付款支票乙紙付訖。

8.以本行承作的貼現票據$3,000,000，轉向中央銀行貼現，未到期日數爲二十天，利率按年息9%計算，票款於扣除利息後悉數轉存本行一般往來戶#5帳內。

9.本行因彌補存款準備不足，特向中央銀行借款$5,000,000，期間十天、利率年息11.5%，扣除拆息後的餘款轉存本行一般往來戶#5帳內。

10.支票存款戶#6大華實業公司簽發該戶支票$500,000，要求掉換存放央行戶支票乙紙，經予照辦。

11.簽發存放銀行同業——華南銀行支票$500,000，交予興業航運公司，作爲本行投資該公司的第一期股款。

12.本行向中央銀行轉貼現的票據$3,000,000，本日到期，經央行通知票款已收訖。

13. 簽發存放銀行同業──華南銀行支票$300,000，存入中央銀行一般往來戶#5帳內。

14. 銀行同業存款戶彰化銀行簽發該戶支票存款戶#4支票$2,000,000，轉存三個月期定期存款，利率為年息6%。

第十三章 月 算

第一節 月算的概述

一、記帳的基礎

　　依照銀行業統一會計制度的規定，銀行應採用權責發生制為記帳基礎。所謂「權責發生制」也稱應收應付制，乃根據實際交易的發生，確定權利或責任所屬的期間，作為決定利益或損失歸屬的標準。即任何交易的發生，凡具有合法的根據，或合乎一般商業的習慣，不論實際上有無現金的收支，均一一入帳；例如在月底或結算日計算本期損益時，放款縱未到期，而從放款日或起息日至月算或結算日為止的放款利息收入則已發生，此項利息雖尚未收到，但已有應收的權益，故應以利息收入及應收利息分別入帳，一方面作為本期利益的增加，一方面作為本期應收債權的增加。又如已發生尚未實際支付的各項應付未付費用，也應以業務費用或管理費用與應付費用或其他應付款分別入帳，一方面作為本期費用的增加，一方面作為本期債務的增加。此種應收應付制度下所需用的會計科目，計有應收、應付利息，應收收益、應付費用，預收、預付利息，其他預收、預付款，預付費用及預收收益等項。

　　通常一般企業計算損益的標準，以採用權責發生制為原則，而視現金收付制為權宜辦法。在平日處理帳務時為手續上的簡便計，往往有若干帳目的記載應用「現金收付制」，也就是以現金的收到與否決定該項收

益的發生，以現金的支付與否爲決定該項費用的發生；但至會計期間終了時，對當期尙未入帳而已發生的各種收益及費用，仍須根據權責發生制爲標準分別入帳，以確計當期應享有的收益與應負擔的費用。此種權宜變通的帳務處理辦法，通常稱爲權責發生與現金收付「聯合制」。

權責發生制與現收現付制兩種基礎的主要區別，在於損益的計算方式，後者以現金的收付來決定收益或費用的期間，前者則以收益或費用的發生時日來決定歸屬的期間。故在權責發生制下，應收收益及應付費用，均視爲本期的收益或費用，但預收收益與預付費用則爲後期的收益與費用。欲求每一營業期間損益結果的公平合理，自非採用權責發生制不可。

二、 月算的意義

銀行係經營信用受授的機關，經營的成敗，不僅直接關係業務前途，並且影響整個社會，故銀行對其本身經營狀況及損益情形，自應隨時有所瞭解，以爲改進業務的參考，俾能適應經濟情況的變化，因此我國銀行業統一會計制度，特別規定銀行每月均須辦理月算一次。

「月算」又稱月計損益制度，即指總分行每月計算損益一次的制度而言，各項損益計算時期應自每月一日起至月末一日止。月算的目的，乃爲轉正各科目每月份應計的損益數，以便明瞭當月損益概況，而定下月營業方針，並奠定日後結算及決算的基礎。月算的要求，無須像結算及決算的精細，且因時間所限，月算時應行計算的損益，通常僅以比較重大的損益事項爲限，如存放款、透支、有價證券、聯行及內部往來等的利息、各項應收或預收收益、各項應付或預付費用等，至於固定資產及開辦費、租賃權益等的折舊與攤提或兌換所發生的損益，如爲數不多，爲簡便計，得於結算時一次轉帳，不必按月計算。

三、月算應辦的事項

每月底辦理月算時，應於營業時間終了後，先將當日帳目結計妥當，再辦理月計損益事項。茲將應行調整的項目列述如下：

1.各項活期性及定期性存款應付利息的提存。

2.各項透支及放款應收利息的提存。

3.貼現預收利息的歸收。

4.轉貼現及借入款預付利息的沖轉。

5.各種有價證券應計利息的提存。

6.存款準備金應計利息的提存。

7.同業往來應收或應付利息的計列。

8.聯行往來及內部往來利息的計列。

9.各項應收收益及預收收益的轉帳。

10.各項應付費用及預付費用的轉帳。

11.各項預付款、預收款的沖轉。

12.兌換損益的提列。

13.固定資產的折舊及開辦費、租賃權益等遞延費用及未攤銷損失的攤銷。

註：上列最後兩項，亦可於結算時一次辦理。

辦理月算的主要工作，除調整帳目外，並須編造月報，以表現當月份及累計至該月底止的財務、業務變動概況及損益情形。

第二節　月算的調整

一、存款應付利息的提存

1.活期性存款，如活期存款、行員儲蓄存款及活期儲蓄存款等，利息不必按戶計算，可將總分類帳各該存款科目每日餘額分別加計，求出該月份的積數(包括休假日在內)乘以各該存款規定的年利率再除以365，即可求得應付利息的數額。如有存款戶的利率與規定利率不相同的情形，就要按戶計算個別積數，然後將利率相同的各戶積數相加，分別乘以約定利率，乃爲各利率別存款當月的應付利息；此項應付利息數亦可設置利率別利息積數表加以計算。至於行員儲蓄存款的應付利息，可比照活期存款辦理；但因行員存款利息於每月二十日已逐戶計妥支付，故月算時，僅需計算自二十一日起至月底止的未付部分。

2.定期存款及各種定期儲蓄存款，應根據各該存款利率別的利息積數表(積數表的應用詳第四節)，分別求出本月份的應付利息總數。但業務較簡的分行或分戶不多的科目，得直接逐戶計出月底爲止的應付未付利息，再將各戶計出的應付利息數加總，由此項總數減去帳面應付利息餘額，所得差額即爲月算應行提存的應付利息。茲將逐戶計提應付利息的原則，列舉於下：

(1)無論月份的大小，一律視爲三十天，但因月算當日的利息仍需照計，故實際等於頭尾皆算，算式爲 (30－起息或存入日＋1)。

(2)一筆存款的計算期間如超過一個月以上，應自起息日按對月的相當日期先計算月數，然後以三十天乘月數，不足一個月的零頭日數再比照 (30－起息日＋1) 的方式計算。

(3)每月終存入或起息的款項，一律提存利息一天。

(4)大月終（即該月總日數爲三十一天）的前一日，即三十號存入或起息者，一律提存利息一天。

(5)小月終（即該月總日數爲三十天）的前一日，即二十九號存入或起息者，一律提存利息兩天，大月的二十九號存入者亦同。

(6)二月終的前一日存入或起息者，如在平年（即二月二十七號存入者）應提存四天，如在潤年（即二月二十八號存入者）則提存三天。

(7)提存利率以約定利率爲準，逾期未來行解約者，仍以原約定利率計提；但如該筆存款的到期日或到期後遇利率調整降低時，則以同一存期較低的最新利率計提。

3.提存應付利息時，應按每一科目別填製（借）利息支出（貸）應付利息科目傳票轉帳。利息支出及應付利息科目之下應按每一存款科目分設子目。

4.釋例：某分行八十五年（平年）八月底月算時，有下列各筆定期存款的應付利息須行提存，提存前應付利息科目定期存款息子目的餘額爲$2,146.00。

存　戶	本　金	期　別	利　率	存入日期	起息日期	到期日期
			(年息)			
1.林敏智	$50,000.00	一個月期	5.40%	8月 1日	8月 1日	9月 1日
2.朱立民	30,000.00	三個月期	6.48%	6月30日	7月31日	9月30日
3.大成公司	100,000.00	六個月期	8.64%	5月15日	8月15日	11月15日
4.王清平	60,000.00	九個月期	9.00%	2月27日	2月27日	11月27日
5.劉民雄	40,000.00	九個月期	9.00%	2月28日	2月28日	11月30日

茲將以上5筆定期存款應付未付的利息總數，計算於下(計至元位爲止，以下四捨五入)：

(1)$50,000.00 \times 0.054 \div 360 \times 30（天）　=　225.00$

$$30天＝30-1+1$$

(2) $30,000.00×0.0648÷360×31(天)＝\quad 167.00$

$$31天＝30+1$$

(3) $100,000.00×0.0864÷360×16(天)＝\quad 384.00$

$$16天＝30-15+1$$

(4) $60,000.00×0.09÷360×184(天)＝2,760.00$

$$184天＝(8-2)×30+(30-27+1)$$

(5) $40,000.00×0.09÷360×181(天)＝1,810.00$

$$181天＝(8-2)×30+1$$

$\underline{\quad\quad\quad\quad\quad}$

$5,346.00$……應付未付利息
　　　　　總數

$\begin{pmatrix}應付利息\\ 總\quad\quad 數\end{pmatrix}$ $\begin{pmatrix}應付利息\\ 子目餘額\end{pmatrix}$

$\$5,346.00-\$2,146.00＝\$3,200.00$……應付利息提存額

根據上文所求金額，作成傳票如下：

轉帳收入傳票

（貸）應付利息	一定期存款息	八月份提存息	林敏智等5戶	$3,200.00

轉帳支出傳票

（借）利息支出	一定期存款息	八月份提存息	林敏智等5戶	$3,200.00

二、透支及放款利息的提存

㈠各項透支：透支及擔保透支應逐戶求出截至月底止（實務上常僅計至月底前一日）的透支積數，乘以規定利率，計出各該透支戶的利息額，填製（借）透支或擔保透支（貸）利息收入科目傳票，將該項透支利息

直接自各透支戶帳內扣付。

　㈡各項定期性放款：短期、中期、長期等定期性放款可利用利率別積數表，求出本月份應提存的應收利息，但業務較簡的分行或分戶不多的科目，得直接逐戶計出截至本月底止應收未收利息總數再減去帳面應收利息餘額，所得差額即為月算應提存的應收利息。

　　逐戶計提放款應收利息的要點如下：

　　1.逾期放款的應收利息最多僅能計提至到期後六個月為止；逾期六個月即應照規定轉列「催收款項」，停止計息。

　　2.利率以約定利率為準，不加計逾期違約金。

　　3.依照中華民國銀行公會八十三年七月一日修正的規定，各項放款計息的方式如下：

　　⑴短期放款：

　　按日計息，每日放款餘額之和（即總積數）先乘其年利率，再除以365即得利息額。

　　⑵中長期放款（包括固定利率及機動利率放款）：

　　足月部分（不論大小月，例如二月八日至三月八日為一個月）按月計息，不足月部分，按日計息。本金乘其年利率、月數、再除以12即得利息額，遇有不足一月的畸零天數部分，則按日計息。

　　4.期間的計算，自起息日算至當月最後一日為止（短期放款按當月份實際日數計算，中長期放款則每月一律按三十天計算），但月末當日仍需算入，故實際等於頭尾皆算，計算日數的公式為（當月份總日數－起息日＋1）。

　　5.計息期間如超過一個月以上，第一個月應比照（當月份總日數－起息日＋1）方式計算，其餘各月則應按所屬月份的實際總日數計算（中長期放款則一律按三十天計算）。

　　㈢提存應收利息時，應按每一科目別填製（借）應收利息（貸）利息

收入科目的傳票轉帳。應收利息及利息收入科目之下，應按每一放款科目分設子目。

㈣釋例：某分行八月底月算時，短期放款科目有下列各戶的利息應行提存，提存前應收利息科目短期放款息子目已無餘額。

借　　戶	本　　金	利　　率	放出日期	起息日期	到期日期
		(年息)			
1.常伍青	$1,000,000.00	10.00%	6月10日	8月10日	9月10日
2.劉青松	500,000.00	10.25%	6月30日	8月31日	12月31日
3.趙公誠	300,000.00	9.50%	8月29日	8月29日	9月29日
4.林　甲	500,000.00	10.50%	2月28日	3月31日	8月28日

以上四筆短期放款的應收未收利息總數計算於下（計至元位為止，以下四捨五入）：

1.$1,000,000.00 × 0.1000 ÷ 365 × 22(天) = 6,027.00

2.$500,000.00 × 0.1025 ÷ 365 × 1(天) = 14.00

3.$300,000.00 × 0.0950 ÷ 365 × 3(天) = 234.00

4.$500,000.00 × 0.1050 ÷ 365 × 154(天) = 22,151.00

28,426.00……應收未

收利息

總數

$$\begin{pmatrix} 應收利息 \\ 總　　數 \end{pmatrix} \begin{pmatrix} 應收利息 \\ 子目餘額 \end{pmatrix}$$

$28,426.00 － 0 = $28,426.00……應提存的應收利息

根據上文所求金額，應製傳票如下：

轉帳收入傳票

（貸）利息收入——短期放款息　八月份提存息　常伍青等4戶　$28,426.00

轉帳支出傳票

（借）應收利息——短期放款息　八月份提存息　常伍青等4戶　$28,426.00

註：上舉四筆短期放款如改爲「中期放款」，則天數將改變爲：第一筆改爲21天，第二筆不變，第三筆改爲2天，第四筆改爲151天；而利率年息化爲日息則改爲除以360。

三、貼現預收利息的歸收

貼現係一種票據放款，發生延滯情形較少，故可按總分類帳貼現科目每日餘額求得本月份總積數，乘以規定利率，計出屬於本月份應收數額，填製（借）預收利息（貸）利息收入——貼現息科目傳票轉帳，將屬於本月份貼現利息正式轉入利息收入科目。

四、轉貼現、借入款預付利息的沖轉

轉貼現、借入款於借款時預先扣付的利息，原係借記預付利息科目，故月算時應逐筆求出屬於本月份應負擔的利息，填製（借）利息支出（貸）預付利息科目傳票轉帳，將預付部分正式轉入利息支出科目貼現轉融資息、央行其他融資息或同業拆放息等子目。

五、各種有價證券及短期票券利息的提存

各種有價證券的市價雖時有起落，但如幅度不大且無經常下降的趨勢，爲簡化記帳手續起見，月算時可不必估價調整而提存備抵證券損失。對於有固定利息可收的公債、公司債及銀行定期存單等，則應按各種債

券規定的利率，分別計算屬於本月份的應收證券利息，並填製（借）應收收益（貸）買賣票券利益科目傳票轉帳；對於貼現方式買進的商業本票、銀行承兌匯票、國庫券等短期票券，月算時可採(面額－買入成本)÷買入至到期總日數×月算當月持有日數方式，求出月算應提存的票券息，並填製（借）應收收益（貸）買賣票券利益科目傳票轉帳。應收收益及買賣票券利益科目之下，應再分設有價證券收益、定期存單收益、承兌匯票收益、商業本票收益、國庫券收益等子目。

六、存款準備金利息的提存

1.分行的存款準備金息，係併入聯行及內部往來利息內計算。

2.總行應根據本月份存放央行準備金戶的每日餘額，求出本月份總積數(包含休假日在內)，乘以規定利率，再就本月份應收的利息填製(借)應收利息（貸）利息收入——準備金息的傳票轉帳。

七、同業往來息的計列

1.同業存款活存部分應按每一行庫別每日餘額，求出本月份總積數，乘以約定利率，結計本月份應付利息總數，填製（借）利息支出——同業存款息（貸）應付利息科目的傳票轉帳。

2.存放同業活存部分應按每一行庫別每日餘額，求出本月份總積數，乘以約定利率，結計本月份應收利息總數，填製（借）應收利息（貸）利息收入——存放同業息的傳票轉帳。

3.同業往來息有約定於每月二十日計息時，月算僅須計提二十一日起至月底為止應計利息。

4.銀行同業透支息通常均係計至月底，而以(借)銀行同業透支(貸)利息收入——銀行同業透支息科目傳票轉帳，並通知透支行。透支銀行同業息於月底俟對方行算出時，向其查明應付利息數，以（借）利息支

出——透支銀行同業息（貸）透支銀行同業科目傳票轉帳；如月算當日
未能查明應付利息數額，應先以（貸）應付利息科目提存，俟接對方行
通知時，再由應付利息科目轉入透支銀行同業科目。

　　5.銀行同業存款及存放銀行同業屬於定存部分，可比照一般定期存
款利用利息積數表或採逐戶計算方式，算出本月份應計的應付或應收利
息數，分別予以提存。

八、聯行及內部往來息的計列

　　1.聯行往來利息根據聯行往來利息計算辦法(見聯行往來一章)，求
出本月份應計數額後，如為收入息，應填製（借）聯行往來（貸）內部
損益——聯行利息收入科目傳票轉帳，如為支出息，則填製（借）內部
損益——聯行利息支出（貸）聯行往來科目傳票轉帳。分行計出的利息
經總行覆核而發生差額時，概於下月份計算聯行往來息時再行調整。聯
行利息如係聯行間彼此自行計算時，應由代理行計算，每月抄製結單，
通知委託行覆核轉帳，所記借貸科目，仍如上述。

　　依照上文所述聯行利息計出後的轉帳，係直接記入聯行往來科目，
如有差額再於下月份計算聯行利息時調整，手續上較為簡便。但也可以
先用「應收利息」「應付利息」科目提存，俟總行或對方行覆核得到正確
數額後，再行轉入聯行往來科目。茲將有關分錄列示如下：

　　(1)聯行利息計出時：

應收利息		內部損益	
內部損益	或	——聯行利息支出	
——聯行利息收入		應付利息	

　　(2)接總行或對方行覆核結果，利息額應再增加時：

聯行往來	（覆核數）	應付利息	（原計出數）
應收利息	（原計出數） 或	內部損益	（追加數）

內部損益 ⎰→ （追加數）　　　　——聯行利息支出

　　——聯行利息收入　　　　聯行往來　　（覆核數）

(3)接總行或對方行覆核結果，利息額應再減少時：

聯行往來　　　（覆核數）　　應付利息　　　（原計出數）

內部損益　　　（追減數）　或　聯行往來　　（覆核數）

　　——聯行利息收入

　　應收利息→（原計出數）　　　內部損益　　（追減數）

　　　　　　　　　　　　　　　　　——聯行利息支出

　　2.一般銀行兼營儲蓄銀行業務時，除於總行專設儲蓄部外，於各分行另設儲蓄部代理處，代辦儲蓄部業務。平日分行與儲蓄部代理處之間，如有款項或代理收付的往來，均記入「內部往來」科目。每屆月終辦理月算時，就根據「內部往來」科目平均餘額、存款準備金及其他有關事項，按第十二章第四節辦法計算內部往來利息。對於所計利息的轉帳，特用普通分錄方式表示如下：

分行：　　　　　　　　　　　　　　代理處：

　內部往來　　　　　　　　　　　　　內部損益——內部利息支出

　　內部損益——內部利息收入　　　　　內部往來

　　　或　　　　　　　　　　　　　　　　或

　內部損益——內部利息支出　　　　　內部往來

　　內部往來　　　　　　　　　　　　　內部損益——內部利息

　　　　　　　　　　　　　　　　　　　　　　　　收入

九、各項應收收益及預收收益的轉帳

　　利息收入以外的各項應收未收收益，如應收倉租、手續費及房地產租金及其他雜項收入之類，除另有規定外，應於每月終查明，填製（借）

應收收益（貸）儲運收入或手續費收入或雜項收入或其他相當收益科目傳票轉帳。又各項預收收益，除另有規定者外，應於每月終查明應歸收部分，填製（借）預收收益（貸）儲運收入、手續費收入或其他相當收益科目傳票轉帳。

十、各項應付費用及預付費用的轉帳

應屬本月份負擔而數額較鉅的費用，如營業稅、房屋稅、地價稅、印花稅、福利費用及雜項支出等，應於每月終查明，以（借）業務費用或管理費用或雜項支出（貸）應付費用或其他應付款科目的傳票轉帳。銀行業每月應報繳的稅捐頗多，有營業稅、放款利息收據印花稅、各項合約、收據應計貼的印花稅，以及代扣的存款利息、薪資、租金、股利、執行業務者報酬等所得稅款，均應於次月十日以前自動報繳。除末項代扣各類所得稅款，係屬存款人或各該所得人應負擔，而於代扣時業已暫（貸）其他應付款外；其餘凡屬銀行應負擔的營業稅及印花稅等，均應於月算時提存備繳。營業稅係按當月份利息收入、手續費收入、儲運收入、證券經紀收入，以及買賣票券收入、長期股權投資收入、兌換收入等營業收入的總額，乘以規定稅率（現行稅率爲百分之五）而得。放款利息收據印花稅，有些銀行係根據實際開發收據的總金額總繳（可扣除以支票繳息部分）；有些銀行爲求簡便，則以各項放款利息收入的當月份金額總繳。至於各項單證應計貼的印花，則根據當月實際填發或使用的數量，按規定稅率計算總繳。

又預付租金、預購文具印刷物品等各項預付費用，對已失時效或已消耗部分，每月終應根據各項物品領用憑證及其他有關單據確計數額後，以（借）業務費用或管理費用（貸）預付費用科目的傳票轉帳。

此外銀行於月中所收匯款郵電費、支票存款的支票簿印刷費等先以其他應付款科目整理者，月終亦應悉數貸入業務費用科目郵電費、印刷

費等子目，以便沖減費用的開支總額。

十一、預付款、預收款的沖轉

　　凡月中先以其他預付款科目出帳的各種費用或其他開支，每月終應查明可歸入適當科目部分，以（借）業務費用或管理費用或其他適當科目（貸）其他預付款科目的傳票轉帳。至於月中先以其他預收款入帳的部分放款本金、利息收入或其他收入等，每月終應查明可歸入適當科目部分，以（借）其他預收款（貸）○○放款或利息收入或其他適當科目傳票沖轉。

十二、兌換損益的提列

　　月算時，兌換帳應以月終各原幣的結帳價格，乘月終各該原幣的餘額，若月終原幣餘額爲「多」，而上述相乘的積數大於月終各該原幣的成本餘額時，即屬兌換利益，應以（借）兌換（貸）兌換利益科目的傳票轉帳；該項乘積小於月終各該原幣的成本餘額時，就是兌換損失，應以（借）兌換損失（貸）兌換科目的傳票轉帳。反之，若兌換帳月終原幣餘額爲「缺」，而前項相乘的積數大於月終各該原幣的成本餘額時，乃屬兌換損失，應以（借）兌換損失（貸）兌換科目的傳票轉帳；該項相乘的積數小於月終各該原幣的成本餘額時，即屬兌換利益，應以（借）兌換（貸）兌換利益科目的傳票轉帳。在外幣交易不多的情形下，兌換損益也可於結算時一次調整轉帳。

十三、各項折舊、攤銷的攤提

　　房屋、交通及其他設備等固定資產，應根據每年或每期折舊率求出各月折舊率，於月算時計出本月份應計折舊額，以（借）業務費用或管理費用──○○折舊（貸）累計折舊科目的傳票轉帳，科目之下再按每

種固定資產分設子目。此外開辦費、租賃權益等遞延費用，也應根據每期攤銷率求出每月攤銷率，於月算時計出本月份應計攤銷額，以（借）業務費用或管理費用——攤銷○○（貸）開辦費或租賃權益科目等傳票轉帳。如果折舊及攤銷數額爲數不大，也可於結算時一次計提轉帳。

第三節　月報的編製

一、月報的種類

　經過月算調整及整理手續後，各種帳目及損益科目所顯示的數額已大體正確，即可根據總分類帳及明細分類帳編製各項月報表，以便瞭解月計損益而決定營業方針。

　依照財政部所屬行局會計制度的一致規定，月算報表計有下列各種：
1. 月計表。
2. 資產負債表。
3. 損益表。
4. 費用月報表。
5. 新授信業務明細表。

此外銀行爲經營管理上的需要，通常另加編製下列三種月算報表：
1. 損益月報。
2. 各科目平均餘額表。
3. 科目月報。

二、月計表的編製

　月計表乃按月計算各科目的借貸方總數及其餘額，以表現各科目當月的變動情形，及月底各項資產負債與損益的實際數額，同時並可驗算

當月內每日由各科目日結單過轉總分類帳的變動數額是否正確。茲特再說明於下：

1.此表根據總分類帳各科目當月份借貸方變動總數及截至月底止餘額分別填入。

2.本月無交易發生的科目，僅須將上月底餘額填入本月份該科目餘額欄內。

3.各科目全部列入後，借方各欄合計數應與貸方各欄合計數相等。此變動總數亦應與當月每日日計表本日金額欄總數的合計總數相符，餘額則應與月底日計表餘額欄的總數相符。

4.各損益科目分別於各該科目內列計數額，故「本期損益」科目不記載，但下期各月日計表內「上期損益」科目仍應列示。

5.一、七兩月應將上年或上期餘額結轉數，計入本月變動總數內，此時借貸總額的差額，即為各該科目月底餘額。

6.每一科目根據上月底餘額，以同方向相加，異方向相減方式，加減本月份借方及貸方變動數額後，應等於該科目月底餘額。

7.經營外匯業務的銀行，應先按每一種貨幣分別編製各種幣別月計表，再按規定折合率折合為本位幣，然後以各科目合併總數，填入綜合月計表。

8.月計表的格式列示於下頁。

三、資產負債表的編製

1.本表係顯示該月終了日的資產負債及業主權益的靜態狀況，應按總分類帳科目的餘額編製之。

2.本表依據月計表上資產、負債及業主權益科目餘額填入，並將該月損益表上純益（或純損）數及本年度發生累計數，分別填入「本期損益」及「上期損益」。

3.逐欄合計後計入總計欄，借貸雙方的總計欄金額應相符。

○○銀行　月計表

幣別：　　　　中華民國 年 月 日 第　　號

科　　目	本月金額		餘　　額	
	借　方	貸　方	借　方	貸　方
資產類				
庫存現金				
庫存外幣				
待交換票據				
存放央行				
存放同業				
總　　計				

經副襄理　　　會計　　　覆核　　　製表

○○銀行
資產負債表　　　　　　　　第　　號
中華民國 年 月 日　　　　單位：

資　　産			金額	%	負債及業主權益			金額	%
科目名稱	符號	檢查號碼			科目名稱	符號	檢查號碼		
資　　産					負　　債				
流動資産					*流動負債*				
現金					短期債務				
（依總分類帳科目分列）					（依總分類帳科目分列）				
存放央行					央行存款				
（依總分類帳科目分列）					（依總分類帳科目分列）				
存放銀行同業					銀行同業存款				

（依總分類帳科目　分列）				（依總分類帳科目　分列）				
買入票券				應付款項				
（依總分類帳科目　分列）				（依總分類帳科目　分列）				
應收款項				期付款項				
（依總分類帳科目　分列）				（依總分類帳科目　分列）				
期收款項				預收款項				
（依總分類帳科目　分列）				（依總分類帳科目　分列）				
短期墊款								
（依總分類帳科目　分列）				**存款及匯款**				
預付款項				支票存款				
（依總分類帳科目　分列）				（依總分類帳科目　分列）				
				活期存款				
				（依總分類帳科目　分列）				
買匯貼現及放款				定期存款				
買匯及貼現				（依總分類帳科目　分列）				
（依總分類帳科目　分列）				儲蓄存款				
短期放款及透支				（依總分類帳科目　分列）				
（依總分類帳科目　分列）				匯款				
短期擔保放款及透支				（依總分類帳科目　分列）				
（依總分類帳科目　分列）								
中期放款				**央行及同業融資**				
（依總分類帳科目　分列）				央行融資				
中期擔保放款				（依總分類帳科目　分列）				
（依總分類帳科目　分列）				同業融資				
長期放款				長期負債				
（依總分類帳科目　分列）				長期債務				
長期擔保放款				（依總分類帳科目　分列）				
（依總分類帳科目　分列）								
				其他負債				
基金長期投資及應				營業及負債準備				
				（依總分類帳科目　分列）				

收款				雜項負債				
基金				(依總分類帳科目				
(依總分類帳科目				分列)				
分列)				遞延收入				
長期投資				(依總分類帳科目				
(依總分類帳科目				分列)				
分列)								
長期應收款				**往來及兌換**				
(依總分類帳科目				內部往來				
分列)				(依總分類帳科目				
				分列)				
固定資產				兌換				
土地								
(依總分類帳科目				業主權益				
分列)				**資本**				
房屋及建築				資本				
(依總分類帳科目				(依總分類帳科目				
分列)				分列)				
機械及設備				預收資本				
(依總分類帳科目								
分列)				**資本公積**				
交通及運輸設備				資本公積				
(依總分類帳科目				(依總分類帳科目				
分列)				分列)				
雜項設備								
(依總分類帳科目				**保留盈餘**				
分列)				已指撥保留盈餘				
未完工程				(依總分類帳科目				
(依總分類帳科目				分列)				
分列)				未指撥保留盈餘				
				(依總分類帳科目				
無形資產				分列)				
無形資產				累積虧損				
(依總分類帳科目				(依總分類帳科目				
分列)				分列)				
				本期損益				
其他資產								
雜項資產				**權益調整**				
(依總分類帳科目				未實現長期投資損				
分列)				失				
遞延費用				累積換算調整數兌				
(依總分類帳科目				換差價準備				
分列)								

			實有負債及業主權益				
往來及兌換							
內部往來							
（依總分類帳科目分列）			信託代理及保證資產				
兌換			（依總分類帳科目分列）				
實有資產							
信託代理及保證資產							
（依總分類帳科目分列）							
總　　　計			總　　　計				

經副襄理　　　　　　會計　　　　　　覆核　　　　　　製表

四、損益表的編製

1.損益表係顯示該月份預算執行結果情形，分為收入、支出、盈虧等部分編製之。

2.編製方法：

⑴本表依據月計表編製。

⑵各損益科目名稱，按照規定次序，分別列至總分類帳科目止。

⑶本月份實際收支數填入各該科目「本月份發生數」欄下的「實際數」內，期初預估應分配本月份之數額則填入「預算數」內。

⑷截至本月底止，實際及預算收支累計總額，分別填入各該科目「本年度發生累計數」欄下各該小欄內，並比較其增減。

3.損益表的格式如下頁。

五、業務費用月報的編製

業務費用月報乃報告各月份業務上所發生各項費用的明細數額，及各該預算期各項費用與預算數的比較數，以供控制各項費用開支及編擬

○○銀行

損益表

第　號

中華民國　年度　月份　　　　　　　　單位：

科　　目			本月份發生數			本年度發生累計數		
名　　稱	符號	檢查號碼	實際數	預算數	增減%	實際數	預算數	增減%
營業收入								
金融業務收入								
(依總分類帳科目分列)								
其他營業收入								
(依總分類帳科目分列)								
內部損益								
內部損益								
減：營業成本								
金融業務成本								
(依總分類帳科目分列)								
其他營業成本								
(依總分類帳科目分列)								
內部損益								
內部損益								
營業毛利								
減：營業費用								
業務費用								
業務費用								
管理費用								
管理費用								
其他營業費用								
營業利益(損失)								
營業外收入								
其他營業外收入								
(依總分類帳科目分列)								
減：營業外費用								
其他營業外費用								
(依總分類帳科目分列)								
營業外利益(損失)								
稅前純益(純損)								
減：所得稅								
本期稅後純益(純損)								

經副襄理　　　　　　會計　　　　　　覆核　　　　　　製表

下期預算的參考，並可驗算該月份業務費用科目各子目明細帳的記載是否無誤。此表根據本月底業務費用明細分類帳內各子目的數額，依照規定次序而按下列方式填製：

1.將本月底各子目餘額列入「本月底止本期實支累計數」欄，本月份的「本月底止本期實支累計數」扣前月份同欄數，為本月份數，列入「本月份實支數欄」。

2.本期（六個月為一期）各子目的預算分配數列入「預算分配數」欄。

3.截至本月止本期累計實支數列入本月底止本預算期累計「實支數」欄。

4.本月底止本預算期累計數的「實支數」與「預算分配數」相互比較後，所得差額列入「比較增減數」欄，如前者大於後者以紅字表示，如小於後者以藍字表示，並應分別將超支原因在備註欄作簡要說明。

5.各子目如有因月算或科目或子目錯誤而有更正數額，應以紅字填記於上半格,本月份實際數則填記於同欄下半格(計算累計數則應扣除)。

6.合計數應與損益月報「業務費用」科目本月份及本月底止本期累計數相符。

7.業務費用月報的格式列示於下：

○○銀行業務費用月報

中華民國　年　月份

子　目	本月份數			本月底止			備註
	實支數	預　算 分配數	比　較 增　減	實支數	預　算 分配數	比　較 增　減	

六、管理費用月報的編製

此一報表的格式及填製方法，與業務費用月報相同，不再贅述。

七、新授信業務明細表

1.本表主要在顯示該月份新增授信業務內容，以供瞭解資金營運情形。

2.編製方法：

(1)本表應於每月終編製。

(2)本表由業務部門按授信科目編製。

(3)各授信科目編列至總分類帳科目為止。

3.格式如下：

○○銀行

新授信業務明細表

中華民國　年　月份　　　　　　單位：

授信單位	科目	戶名	金額	授信日期	到期日	保證人	擔保品			備註
							名稱	數量	估值	

經副襄理　　　　　　業務主管　　　　　　覆核　　　　　　製表

八、損益月報的編製

損益月報係用以表現各月份損益的詳細情形，以便分析檢討每月經營結果而作改進營業方針的參考，同時並可驗算各損益科目各子目明細帳的記載，是否與總分類帳統制科目一致。此表根據各損益科目各子目明細帳，按每一子目別的先後次序，按照下列方式填製：

1.此表左列支出，右列收入，按各收入、支出科目各子目的次序，依次根據各該子目明細分類帳的數額分別填入。

2.各損益科目至月底止的本期累計數，應與總分類帳及日計表各該科目的借貸餘額相符,純益或純損也要和月終日計表內純益或純損相符。

3.本月底止累計數減上月底止累計數，應等於本月份數。

4.本月份借貸數填入各該科目及子目「本月份數」欄內，截至本月底止借貸總額填入各該科目及子目「本月底止本期累計數」欄內。

5.業務費用、管理費用科目的各子目，因另編費用月報，故不計列細數。

6.因月算或科目或子目的更正數額，應於「本月份數」欄內以紅字填記。

7.「支出」「收入」軋抵後的本月份及累計純損或純益，填記於右下方的「純損」或左下方的「純益」行內，但純損應以紅字填記。

8.逐欄加結合計數填入「合計」行內，支出各欄合計數應與收入各欄合計數相等。

9.損益月報的格式，列示於下：

○○銀行　損益月報

中華民國　　年　　月份

幣別：新臺幣

利息收入

收入	本月份數	本月底止本期累計數
存放央行息		
轉存央行存款息		
存放同業息		
存放國外同業息		
同業透支息		
國外同業透支息		
拆放同業息		
買入匯款息		
進口押匯息		
出口押匯息		
貼現息		
透支息		
擔保透支息		
短期放款息		
短期擔保放款息		
中期放款息		
中期擔保放款息		
長期放款息		
長期擔保放款息		
遠期信用狀息		
雜項收入息		

利息支出

支出	本月份數	本月底止本期累計數
央行存款息		
同業存款息		
國外同業存款息		
透支同業息		
透支國外同業息		
同業拆放息		
活期存款息		
外幣活期存款息		
公庫存款息		
定期存款息		
外幣定期存款息		
活期儲蓄存款息		
行員儲蓄存款息		
零存整付儲蓄存款息		
整存零付儲蓄存款息		
整存整付儲蓄存款息		
存本取息儲蓄存款息		
貼現息		
放款轉融資息		
其他同業融資息		
遠期信用狀息		
雜項支出息		

手續費收入
承兌手續費
保證手續費
代理收付手續費
代售旅行支票手續費
代放手續費
出口押匯費
信用狀開發費
信用狀更改展期費
預繳外匯費
分割出口信用狀手續費
出口簽證費
出口信用狀通知費
進口簽證費
進口託收代收費
進出口代收費
註銷退票手續費
保管票券手續費
信用卡年費
雜項手續費

儲運收入
證券經紀收入
買賣票券收益
有價證券收益
定期存單收益

手續費支出
保管手續費
保證手續費
代理收付手續費
信用狀通知費
進出口代收費
票據交換手續費
徵信查詢手續費
跨行業務手續費
雜項手續費

儲運費用
證券經紀費用
買賣票券損失
有價證券損失
定期存單損失
承兌匯票損失
商業本票損失
國庫券損失
長期股權投資損失
兌換損失
各項提存
呆帳
現金運送費
營業資產出租費用
研究發展費用

員工訓練費用		承兌匯票收益
其他營業費用		商業本票收益
		國庫券收益
內部損益		長期股權投資利益
內部利息支出		兌換利益
聯行利息支出		營業資產租金收入
業務費用		其他營業收入
管理費用		內部損益
財產交易損失		內部利息收入
資產報廢損失		聯行利息收入
災害損失		財產交易利益
雜項支出		雜項收入
純益		純損
合計		合計

總副襄理　　會計　　覆核　　製表

九、各科目平均餘額表的編製

由於銀行係以「資金」爲業務標的，營業盈餘的多寡，主要決定於資金的數量與資金借貸利率的差率；而資金量則隨存放款的增減每日均有變動，因此爲便於分析觀察起見，確定銀行資金多少及各種業務大小時，不能僅以月底或年底或某一日的資金量或業務量爲標準，而必須以每月或每期或每年的平均數做標準來觀察。故目前一般銀行，除統一會計制度規定的月報外，爲本身經營分析上的需要，往往根據總分類帳各科目每日餘額另行編製「各科目平均餘額表」。

各科目平均餘額表爲經營統計的重要資料，乃按月平均各科目的每日餘額，求出當月份的平均餘額，以表現各科目餘額增減的中位數，俾便觀察銀行各月份存放款及匯兌等業務變動的趨向與概數，更進而瞭解銀行資金的來源運用與存欠情形，並可驗算該月份各科目日結單借貸餘額的過入總分類帳是否無誤，此表根據總分類帳各科目餘額，按照下列方式填製。

1.該月各科目每日餘額的累計數爲總積數，此項總積數包括休假日在內，休假日或當日無交易的科目，均以前一日的餘額爲準。

2.總積數除以該月總日數爲平均餘額，填入各該科目「小計」欄，各種合計數列入「合計」欄內。該月總日數係實際日數，例如一月是三十一日，二月是二十八日等而非營業日數。

3.聯行往來科目如當月份借貸餘額均有，應分別計列，不得相互抵銷。

4.總計數應與當月份每日日計表總計數的平均數相符。休假日以前一日日計表的總計數爲準。

茲將各科目平均餘額表的格式列示於下：

○○銀行　各科目平均餘額表

單位：新臺幣元　　　　　中華民國　年　月份

借　　方				貸　　方			
科目	小計	彙計號碼	合計	科目	小計	彙計號碼	合計

十、科目月報的編製

除上述各月報外，其他科目月報如應收、應付利息，應收、應付款明細表及各種放款月報等，基於業務上及統計上的需要，特別編製的科目別明細月報，係月計表內各統制科目的明細報表，根據各科目明細分類帳依下列方式填製：

1. 根據各科目明細分類帳各子目、戶名、帳號及本月餘額，依貨幣種類分別填入各欄，並分別加結總數。

2. 同一科目明細表連續二張以上時，每張應列「小計」，最後一張倒數第二行列小計後，再於末行結出合計數。

3. 本表如有空格時，應於餘額欄由右上角至左下角劃一斜線註銷。

4. 戶數不多的科目，得併列一表，但每一科目均須加結總數，各科目餘額應與月計表及月終總分類帳各該科目餘額相符。

5.科目月報的格式列示於下：

科目：　　　　　　　　　　中華民國　年　月份

子目、戶名、帳號	摘　　　　要	幣名	餘　　額	備　　註
合　　計				

十一、利用電腦自動編製各項月報表

在採用電腦處理會計資料的銀行，上述月計表、資產負債表、損益表、業務及管理費用及損益月報，以及各科目平均餘額表等各項月報表，均可由電腦中心利用總、分行每日電腦會計系統所產生的科目及子目日結單的每一科目及子目借貸變動金額與餘額，經貯存於電腦資料庫中，於每月終自動編製分送總行及各分行，而可省略由人工編製的繁重手續。

第四節　利息積數表的運用

一、應收、應付利息的計算方法

月算對存款應付利息及放款應收利息的計提，有二種方法，一種是「直接調整法」，又名「逐筆計算法」，乃指業務較簡的行處或分戶不多的科目，得直接就科目內每一戶名逐戶計算未付或未收的利息數額，並結計未付或未收利息的累計總額，然後與帳面應付利息或應收利息餘額比較，二者差額即為應提的應付利息數或應收利息數。另一種是「利息積數表調整法」，又名「積數法」，乃指業務較繁的行處或分戶較多的科

目，因逐戶計算利息手續繁重，乃將科目內數額先按利率大小分類，求出該科目每一種利率別每日餘額，填製利息積數表，彙總計算利息而據以提存應付或應收的利息。

辦理月算時對於存、放款應付應收利息的計算，僅須求出總數即可，各戶利息細數，俟正式收付或結算時再逐戶確計。因此同一科目的存款或放款如活存、行存、貼現等，凡利率相同者，僅須根據總分類帳該科目每日餘額，求出當月份的總積數乘以規定利率，即爲當月應付或應收的利息。若同一科目的存、放款利率並非一律，爲避免月算時逐戶計算應收、應付利息的繁重手續起見，可設置利率別利息積數表，將同一科目的存款或放款中利率相同各戶，合併計算逐日餘額，填入積數表各該利率欄內，俟月底再將當月各利率別逐日餘額相加（休假日以前一日餘額爲準），所得總和即爲該月總積數，乘以所屬的利率，乃是當月應提的應收或應付利息。

二、利息積數表的填製

關於利息積數表的填製，有應加說明的幾點，特分述於下：

1. 本表對存款與放款均可適用。

2. 本表係將每一存款、放款科目或應付利息子目（複利計算部分）按利率別歸類計列。但如某一科目或子目的利率種類不多，亦可將數科目或子目併列一張，並將本表最上一欄的科目或子目欄加長延線分割。

3. 每日各利率別積數之和，應與當日各該存款放款科目或應付利息子目總數相符。如遇休假日，即以前一日餘額爲本日的餘額填入。

4. 總積數計出後，如需加計調整積數額或發生其他調整項目，應另行計算，下文再加說明。

利息積數表的格式如下：

分行　利息積數表

單位: 元　　　　　　　　　中華民國　年　月份

日　期＼利率＼科目或子目	%	%	%	%	%	合　計
1						
10						
上旬合計						
11						
20						
中旬合計						
21						
31						
下旬合計						
總　積　數						

三、定期性存款應付利息的調整事項

關於利息積數表的實際運用，因存款的利率有日息、月息之分，處理的手續也略有不同。按日計息，不受中途解約及月份大小的影響，自可按上述辦法處理。按月息計算部分，往往由於中途解約而使實付利率與提存利率不符，加以月份大小、複利計算，及超前落後積數等種種因素的影響，除逐月按每一利率求出積數外，尚須對此等因素所發生的積數或利息差額，予以調整。茲分別說明於下:

㈠單利的定期存款及存本取息儲蓄存款。

1.因月份大小的調整積數。

⑴一、三、五、七、八、十、十二等七個月份，因各月總日數為三十一天，故應以月終前一日即三十號的餘額為準，再用一乘，即得調整

積數，然後由各該利率別當月份總積數中扣減。

　　(2)二月份平年總日數爲二十八天，潤年爲二十九天，應以月終前一日即平年爲二十七號，潤年爲二十八號的餘額爲準，乘二（平年）或乘一（潤年）即得調整積數，然後加入各該利率別當月份總積數內。

　　(3)四、六、九、十一等四個月，每月均爲三十天，不必調整積數。

　　2.超前落後積數的調整。

　　如存款的記帳日期與起息日期不一致，而發生超前或落後情形時，應計出超前或落後的積數，塡入利息積數表各利率欄內，應加者用黑字書寫，應減者用紅字書寫，於月底分別加計，由總積數項下調整。

　　3.中途解約少付利息的調整。

　　凡存款因中途解約，以致實際支付的利率及天數與利息積數表提存的利率及天數不符，而發生利息差額的情形，於付息時應分別另行記錄，俟月終再予總計。該項應調節的利息差額，並須就積數表計出的應付利息項下，予以調整。

　　4.月中如有因提存的應付利息小於實付利息數，而對不敷額逕以借「利息支出」科目出帳部分，於月終按積數表計出當月份應付利息數後，應先予扣減，再依餘額提存應付利息。

　　㈡複利計算的零存整付、整存零付及整存整付等儲蓄存款。

　　此等存款的積數或利息除因月份大小、超前落後、中途解約少付利息或逕以利息支出科目出帳的減除等因素而須調整外，更應考慮下列各點：

　　1.複利利息的計算應根據應付利息科目下零存整付、整存零付及整存整付等三子目每日應付利息餘額，比照各該存款科目塡製利率別利息積數表，於各大月及二月終計出調整日數的積數，由總積數項下調整。

　　2.零存整付存戶當月中，如有提前繳款或逾期來行繳款而未超出三日的情形時，應根據零存整付帳免補繳利息欄的淨額（如超前積數大於

落後積數則爲正積數；否則爲負積數）按利率別逐戶分別總計，求出每一利率別應行調整的正負積數。

3.整存零付存戶如當月中有逾期來行取款的情形時，對逾期不計息的積數，應根據零存整付帳按利率別逐戶分別求出此項應行調整的負積數。

㈢計算公式：

1.單利存款：

$$\left(存款總積數+ \begin{matrix} -30日餘額\times1(大月) \\ 27日餘額\times2 \\ +28日餘額\times1 \end{matrix}\right\} (2月) \begin{matrix} +超前積數 \\ -落後積數 \end{matrix}\right)\times 年利率$$

$\div 360 -$中途解約調節息$-$以利息支出科目直接記帳總額

$=$應提存的應付利息

2.複利存款：

$$\left(存款積數表總積數+ \begin{matrix} -30日餘額\times1 \\ 27日餘額\times2 \\ +28日餘額\times1 \end{matrix} \begin{matrix} +超前積數 \\ -落後積數 \end{matrix}\right)$$

$$+\left(應付利息積數表總積數+ \begin{matrix} -30日餘額\times1 \\ 27日餘額\times2 \\ +28日餘額\times1 \end{matrix}\right.$$

$$\left. \begin{matrix} +免補繳利息積數 \\ -提前繳款積數 \\ -逾期提款積數 \end{matrix}\right)\times 年利率\div360-中途解約調節息$$

$-$以利息支出科目直接記帳總額$=$應提存的應付利息

四、放款應收利息的調整事項

放款雖係按日息計算，但如有不必提存的逾期放款利息及收入逾期放款、催收款項的利息及逾期違約金等，就必須加以調整。茲特分別說明於下：

㈠減項部分：

1.本月份不提存的逾期放款利息。

月終應將未轉入催收款項的逾期放款戶，逐戶計出本月份不予計提的未收利息總額。

2.沖回前月提存的逾期放款利息。

凡本月中新發生的逾期放款，所有未收利息除本月份數已包括於1.項外，到前月底止已計提的應收未收利息，如因收回無望而需於本月底沖回之數。

3.月中由於實收放款利息超過已提存的應收利息餘額，而將超過額逐行貸入「利息收入」科目部分，應於月終按積數表計出的應收利息項下，先予扣減，再對餘額提存應收利息。

㈡加項部分：

1.本月中收入逾期放款利息。

當月中如有收入前月底止未經計提應收利息的逾期放款或催收款項利息，應於收入時另行記錄，並於月終計出總數。

2.本月中收入逾期加息。

當月中如有收入逾期放款或催收款項的逾期加息（逾期違約金）時，應另行記錄，並於月終計出總數。

3.補提前月底未提存的逾期放款利息。

對以往月算未曾提存的逾期放款利息，如因事實需要經總行通知後本月月算可予補提。

㈢計算公式：

積數表總積數×日利率－（本月份不提存的逾期放款息＋沖回前月提存的逾期放款息）＋（本月中收入逾期放款息＋本月收入逾期加息＋補提前月底未提存的逾期放款息）－以利息收入科目直接記帳總額＝應提存的應收利息

五、超前落後積數的調整

　　凡存放款的收付、記帳日期有較起息日期超前或落後的情形，應計出應加或應減積數，而調整原計的積數，以便核實計算利息。所謂超前落後起息日期，乃是收付存款、放款或透支款項的記帳日期，或較起息日期超前，或較起息日期落後，茲分別就存欠餘額兩種情形，分別說明於下：

　　1.收款記帳日期在前，起息日期在後，如屬於存款餘額，就會影響存款積數的多計，應予減少。

　　2.收款記帳日期在前，起息日期在後，如屬於放款或透支餘額，就會影響放款或透支積數的少計，應予增加。

　　3.收款日期在後，起息日期在前，如屬於放款或透支餘額時，就會影響放款透支積數的多計，應予減少；如屬存款的餘額，勢將影響存款積數的少計，故應予增加。

　　4.付款記帳日期在前，起息日期在後，如屬於存款餘額，就會影響存款積數的少計，應予增加；如屬放款或透支的餘額，就會影響放款或透支積數的多計，故應予減少。

　　5.付款記帳日期在後，起息日期在前，如屬於存款餘額，就會影響存款積數的多計，應予減少；如屬放款或透支的餘額，勢將影響放款或透支積數的少計，故應予增加。

問 題

一、試說明月算的意義及目的。

二、試列舉月算應行調整的帳項及有關的調整分錄。

三、月算時各項存款的應付利息應如何求計?

四、月計表、損益月報, 與業務費用月報有何作用? 各報表係根據何項
帳冊編製?

五、試說明各科目平均餘額表的作用及編製方法。

六、月算時對存、放款的應付和應收利息, 應如何計提? 試分別說明之。

七、何謂利息積數表? 使用此表計提應收、應付利息時, 有何應加考慮
的調整事項?

八、試就存欠餘額的兩種情形下, 說明超前落後積數的調整方法。

習　題

一、某分行一月份月算應調整的事項如下：

　1.應收未收各項利息：

短期放款息	$200,000	中期擔保放款息	$350,000
中期放款息	250,000	進口押匯息	80,000
透支息	60,000	存放同業息	3,000
存款準備金息	20,000		

　2.應付未付各項利息：

活期存款息	$ 43,000	行員儲蓄存款息	$39,000
同業存款息	4,000	透支同業息	1,000
定期存款息	600,000		

　3.貼現預收利息中有$31,000已實現，應計入本月份。轉貼現預付利息中有$8,000應歸入本月份支出。

　4.本月份應計聯行利息收入$250,000，應計內部利息支出$400,000。

　5.應計公債及公司債利息$150,000。

　6.預付房租中$6,000應歸本月份負擔。

　7.預收倉租收入中，有$4,000應轉入本月份收入。

　8.本月份應提存的應付費用如下：

　(1)房屋稅$1,000。

　(2)營業稅按營業收入$1,000,000的5%計提。

　(3)福利費用按營業收入的0.15%計提。

根據上列調整事項，填製有關傳票。

二、1.某分行二月底月算後各損益類科目及子目的餘額如下：

利息收入	$600,000	利息支出	$550,000
存放銀行同業息	20,000	活期存款息	100,000
短期放款息	120,000	定期存款息	370,000
短期擔保放款息	380,000	行員儲蓄存款息	80,000
貼現息	80,000	內部利息支出	280,000
聯行利息收入	300,000	手續費支出	3,000
手續費收入	70,000	現金運送費	4,000
儲運收入(貸)	40,000	業務費用	86,000
雜項收入	5,000	雜項支出	2,000

2.三月份損益類科目及子目的變動數如下：

(1)月算提存應收未收利息：

存放銀行同業息	3,000	短期放款息	45,000
短期擔保放款息	180,000		

(2)月算提存應付未付利息：

活期存款息	49,000	定期存款息	200,000
行員儲蓄存款息	15,000		

(3)月中以利息收入科目收入的利息：

存放銀行同業息	5,000	短期放款息	35,000

(4)月中逕以利息支出科目付出的利息：

行員儲蓄存款息	21,000	雜項支出息	2,000

(5)月算貼現預收利息轉列利息收入科目$35,000。

(6)月算計出應收聯行利息收入$200,000，應付內部利息支出$150,000。

(7)月中收入手續費$30,000、匯費$12,000，支出匯費$1,000、手續費$2,000。

⑻有乙筆匯款$4,000已逾法定年限，經轉列爲收入。

⑼月中以現金支付薪金、文具、旅費等$21,000。

⑽儲運費用本月份借方變動數$2,000，儲運收入本月份貸方變動數$14,000。

⑾月算提存營業稅及福利費用各爲全月營業收入的5％及0.15％。

註：稅法規定銀行營業收入包括利息、手續費、匯費、儲運、證券、投資、兌換等收入，但不包括內部所計算的聯行及內部利息收入。

3.試根據上列資料編製三月份損益月報。

三、1.某分行八十四年（平年）二月底月算時，有下列各定期存款的利息應行提存，提存前應付利息科目定期存款息子目的餘額爲$5,000：

存　　戶	本　　金	期　　別	利　　率	存入日期	起息日
1.大華公司	$800,000	六個月期	年息8.64％	83.10.31	84.1.31
2.王炳坤	200,000	三個月期	年息6.48％	83.12.1	83.12.1
3.朱信民	500,000	一個月期	年息5.40％	84.2.28	84.2.28
4.劉一平	100,000	九個月期	年息9.00％	84.1.27	84.2.27
5.趙至誠	400,000	三個月期	年息6.48％	84.2.5	84.2.5

2.試計算以上五筆定期存款戶應付未付利息的細數及總數，並編製提存應付利息的傳票。

四、1.某分行四月底（星期六）支票存款科目的餘額爲$200,000,000。

2.二月中支票存款科目借貸方的變動數如下：

借方變動數　　　　　貸方變動數

5/4	50,000,000	
5/10	30,000,000	60,000,000
5/17	10,000,000	
5/25		80,000,000

3.根據上列兩項計算支票存款科目五月底餘額及五月份平均餘額。

五、1.某銀行中期擔保放款科目三月份的利息積數表如下：

利率別＼日期	10.80%	11.88%	13.32%	14.04%	合　計
1日	元 800,000	元 450,000	元 3,000,000	元 2,050,000	元 6,300,000
2日	780,000	510,000	2,750,000	2,050,000	6,090,000
〰	〰	〰	〰	〰	〰
29日	910,000	560,000	3,010,000	2,000,000	6,480,000
30日	910,000	580,000	3,210,000	2,000,000	6,700,000
31日	940,000	600,000	3,550,000	2,200,000	7,290,000
下旬合計	10,120,000	6,380,000	35,750,000	22,200,000	74,450,000
總積數	30,000,000	18,200,000	89,400,000	62,400,000	200,000,000

2.(1)本月中逕以利息收入科目收入的利息$13,000。

　(2)本月中收入逾期放款息$4,500，逾期加息$800。

　(3)本月份不提存的逾期放款息$3,000，應沖銷前月底提存的逾期
　　放款息$1,200。

　(4)二月份月算時，因計算錯誤，應收利息少提$3,000，將於本月
　　份提存時調整。

3.據上列兩項計算三月份中期擔保放款應提存的應收利息數額，並
　填製有關傳票。

第十四章　結算及決算

第一節　結算及決算的概說

一、結決算的意義

　　銀行為明瞭每月損益梗概，以供管理改進的參考，乃有月算的制度。可是月算只能瞭解當月份損益的概略情形，對於各項損益收支事項並不作精確的計算，有一部分帳項也非正式整理轉帳。因此銀行為明瞭每一分行及全體銀行一定營業期間確實的經營成果及期末應有的財務狀況起見，必須按期辦理結算及決算。

　　我國銀行業會計年度原是比照一般工商企業採行「曆年制」，自每年一月一日起至同年十二月三十一日為止；每年再分上、下兩期，上期以六月三十日為結算期，下期以十二月三十一日為結算期。但自六十一年一月一日起，所有國營及省營銀行為配合政府全面實施預算法，都改採「七月制」，每一會計年度係自每年七月一日起至次年六月三十日為止，以次年中華民國紀元年次為其年度名稱（例如六十七會計年度，係自六十六年七月一日起至六十七年六月三十日為止）。並以十二月三十一日為上期結算期，以次年六月三十日為下期結算期，如結算期為例假日仍以該日為結算期。下期結算日也為會計年度終了日，除辦理下期結算外，並應根據上下兩期結算數字辦理年度決算。總行於每期結算後，應根據本身及分行結算報表辦理全體結算，並根據上、下兩期結算數字編製年

度全體決算報告，及辦理全體決算盈餘分配事項。

　　銀行分上下兩期結算，旨在彙計上、下半年度內的損益及編製上、下期結算報告，以表明該期間內的營業成績及期末資產負債狀況，結算的淨損益待辦理年度決算時，再結轉總行統籌分配。

二、結決算應辦的事項

　　普通會計將一般企業辦理結算的程序，歸納爲調整、結帳和編表三部分，銀行辦理結算的程序也同樣分爲三部分，只是分上下兩期結算，並根據結算結果，再辦理年度總決算而已。至於結算與決算應辦的事項可歸納爲下列各項：

　　結算應辦的事項：

　　1.整理帳目。

　　2.資產估價調整。

　　3.結算利息。

　　4.結算損益。

　　5.結轉帳目。

　　6.編製結算報告。

　　年度決算應辦的事項：

　　1.編製決算報告。

　　2.辦理盈虧撥補。

　　結算的調整與月算調整稍有不同，分二點說明於下：

　　1.結算調整係在計算全期應有的精確數額，然後與月算調整計出的累計餘額比較，並將兩者差額轉正。

　　2.結算時所計算的利息，係就每一客戶精確計算，而月算往往僅就每一存、放款科目總體作概括的計算。

第二節　結算的調整

一、整理的事項

1.各資產科目應於結算期前，詳細檢查整理，尤應注意下列各點：

(1)各項放款、透支、貼現等如有逾期或呆滯情形，應儘量於結算前催理清償。

(2)各項預付、應收款如能確定轉帳科目，應儘量轉清，如能收回，應即歸收。

(3)買入匯款、出口押匯及應收代收款，如有超逾普通郵程所需時日而未轉帳的情形，應向代理行查詢並與有關人員接洽整理。

(4)確實無法清理的催收款項，應陳請轉銷，填製(借)備抵呆帳(貸)催收款項傳票，分別憑以記帳。如承受原有擔保品，應估計價值，經陳請總行核准後，填製（借）承受擔保品（貸）催收款項傳票，分別憑以記帳；如價值不敷償清原放款項時，對不足額應填製（借）備抵呆帳傳票，憑以清帳。

2.各負債科目，應於結算期前，詳細檢查內容，加以適當處理。

3.各種訂期交易或承兌保證等，如有到期尚未交割或到期尚未解除責任的情形，應於結算期前，從速催理了結。

4.聯行間往來，如有委託行委託書寄出已久，而尚未接到代理行報單，或接到報單而因故尚未轉帳，應於結算期前，從速查明轉帳。凡未達帳目，應由總行於結算時，填製未達清單予以整理。

5.其他應收、預收收益與應付、預付費用，應付、預付款等，應按實際情形覈實整理。

二、資產的估價與調整

1.各項放款、透支、貼現等債權的估價，應以其帳面價值減除備抵呆帳後的數額爲準。每屆結算時，應就該項資產期末餘額，依據所得稅法的規定計提呆帳準備(現行規定爲百分之一)。帳面原有的呆帳準備如低於該應提數額，則以（借）各項提存──提存呆帳準備（貸）備抵呆帳補提存；如已超過，則以（借）備抵呆帳（貸）雜項收入──收回呆帳及過期帳轉帳沖回。

　　註：目前本國銀行一般係按稅法規定計提百分之一的呆帳準備，但個別銀行如催收款項或逾期放款發生壞帳損失的可能性較大者，爲穩健起見，宜多提呆帳準備。

2.應收承兌票款、應收信用狀款項及應收保證款項等資產餘額，依據財政部74.10.7臺財稅第23039號函規定，計提保證責任準備的金額除依所得稅法提列百分之一外，提列的金額尚不得超過當期保證手續費收入的總額，提存時以（借）各項提存──提存保證責任準備（貸）保證責任準備轉帳，如須減提則以（借）保證責任準備（貸）雜項收入──收回呆帳及過期帳轉帳沖回。

3.買入票券及長期股權投資以成本與市價孰低爲標準。時價低於成本時，應酌提各項備抵損失，提存時應填製（借）買賣票券損失（貸）備抵買入票券跌價損失，及（借）長期股權投資損失（貸）備抵長期股權投資損失轉帳傳票，憑以記帳。

4.預付利息、預付費用的估價，應以有效期間未經過部分或未消耗部分的數額爲準，而轉入費用科目，以（借）利息支出或業務費用或管理費用（貸）預付利息或預付費用科目傳票轉帳。

5.房屋、交通以及其他設備等的估價，應以成本減除累計折舊後的數額爲準。除所得稅法規定購置或修繕固定資產，其耐用期間不及二年，

或其耐用年限超過二年，但其金額不超過新臺幣5萬元者，得以成本列為當年費用不必按年折舊外；其餘均應按所得稅法及所得稅法施行細則的規定，採用平均法，而以固定資產成本減除殘價後的餘額，按行政院所頒固定資產耐用年數表所規定的耐用年數，平均分攤計算每期折舊額，並填製（借）業務費用或管理費用——各項折舊（貸）累計折舊——房屋及建築、或交通及運輸設備或其他設備科目傳票轉帳。

　　6.開辦費、租賃權益及其他遞延費用的攤提，應依照所得稅法的規定每年至多不超過原額百分之二十的範圍內，並參酌租約有效期間，酌量計提，並填製（借）業務費用或管理費用——各項攤銷——攤銷開辦費或租賃權益（貸）開辦費或租賃權益科目傳票轉帳，直接自原科目的帳面餘額中減除。

　　7.銀行除折舊、呆帳的提存與各項遞延費用的攤銷外，尚可提存退休金準備、兌換準備及意外損失準備。意外損失準備目前因受稅法及主管當局的嚴格限制，大都不提存。退休金準備於每期結算時，按當期用人費用項下「薪金」及「工資」兩子目實支數的百分之四，填製（借）業務費用或管理費用或各項提存（貸）退休金準備科目傳票予以提存；實際支付員工退休金時，先（借）退休金準備付款，不足時再（借）業務費用或管理費用——職員或工員退休金。

　　8.各種外幣的估價，以規定的結帳價格為準，其中兌換差價準備，係結算時因外幣價格調整所發生的折合本位幣的差額，不屬實際損益部分。提存時（貸）兌換差價準備，耗少部分先以（借）兌換差價準備抵補，不足抵補時，再以（借）兌換損失轉帳。

　　9.其他資產的估價，均以成本為標準。

　　10.固定資產的帳面價值，由於市價的長期劇烈漲落，無法表現真實情況時，得經主管機關（財政部）核准，變更帳面價值。

三、利息的結算與調整

每屆結算時，凡應收、應付、預收、預付利息，其屬於六月或十二月份的部分，應按月算辦法先行轉帳，然後依照實際情形逐戶或逐筆算出各項確實總額與該科目月算累計餘額比較，如發生差額，應以結算計出的精確數額為準，分別轉正。茲再說明於下：

1.各項活期性存款如活存及活儲的利息，上期計算至十二月二十日止，下期計算至六月二十日止，每期結息計出後，應於結息日後的次日，將本期各戶利息逐戶轉入各該存戶存款帳內，並代扣利息所得稅；以（借）應付利息（十一月及五月底止已提存應付利息數）及利息支出（貸）其他應付款──代扣所得稅及（貸）各該存款科目等傳票轉帳。此項傳票不必逐戶填製，僅需將各戶利息填列利息記入表，再根據該表彙總填製傳票。及至每期結算時，對結息後至期末的應付利息，應根據總分類帳每日餘額求出積數後，乘以規定利率，對所計出的利息總數，再填製（借）利息支出（貸）應付利息傳票轉帳。

2.各項透支因係逐月計息轉入透支或支票存款帳內，故結算時僅須將十二月份或六月份（含十二月三十一日及六月三十日在內）利息計出，填製（借）支票存款或透支或擔保透支（貸）利息收入──透支息或擔保透支息傳票轉帳。

3.各項定期存款如定存及各種儲存，每期結算時應將應付未付利息逐戶算出，與該科目月算所計出的應付利息餘額核對，如有差額，應以逐戶計出的數額為準。結算數大於月算數的差額，應填製（借）利息支出（貸）應付利息傳票轉正；月算數大於結算數的差額，應填製（借）應付利息（貸）利息支出傳票轉正。

4.各項定期性放款，每期結算時，須將應收未收利息逐戶算出，與該科目月算計出的應收利息餘額核對，如有差額，應以結算逐戶計出的

數額爲準。對結算數大於月算數的差額，應塡製（借）應收利息（貸）利息收入傳票轉正；月算數大於結算數的差額，則塡製（借）利息收入（貸）應收利息傳票轉正。

　　註：上列3.4.兩項如月算未採利息積數表計提應計利息，由於十二月及六月月算逐筆計出的利息，即爲結算應計的應收或應付利息，故月算逐筆計出的數額可直接扣減帳面各該存、放科目應收、應付利息的餘額，而將差額分別以（借）應收利息（貸）利息收入及（借）利息支出（貸）應付利息等科目轉帳，不必再轉正月算數與結算數的差額。

　　5.貼現及轉貼現、借入款，本期各戶預收或預付利息，應逐筆算出，與「預收利息」或「預付利息」科目月算後的餘額相較，如有差額，應以結算計出的數額爲準。結算數大於月算時，應塡製（借）利息收入（貸）預收利息及（借）預付利息（貸）利息支出傳票轉正；月算數大於結算時，則應作相反的轉正分錄。在月算採逐筆計算法的情形下，應如上文附註說明，於月算計出應提額後，逐以（借）「預收利息」（貸）「利息收入」及（借）「利息支出」（貸）「預付利息」傳票轉帳，不必再作轉正分錄。

　　6.同業往來利息可比照一般活期性或定期性存款的計息要領辦理。

　　7.聯行及內部往來息，每期結算時，應根據月算辦法計出後，逐以「聯行往來」與「內部損益」，及「內部往來」與「內部損益」入帳，因月算數即係結算數，可免作差額轉正分錄。

　　8.公債及公司債等有價證券以及買入的短期票券，結算時應計出應領而未領利息與月算所計餘額比較，對結算數大於月算數，以（借）應收收益（貸）買賣票券利益轉正；如月算數大於結算數，則以（借）買賣票券利益（貸）應收收益轉正。

　　9.銀行直接投資的生產事業，其有關的投資損益，因被投資生產事

業本身損益須待年終決算後始能確定，銀行結算時難以預計，故如本年內無特殊明顯變化，可參酌以往各年損益情形估計股利數額，以（借）應收收益（貸）長期股權投資利益科目轉帳；惟一般銀行為穩健計，均不予估列入帳。

　　　註：一般銀行結算對放款、存款、貼現、轉貼現等項應收、應付、預收、預付利息的逐戶計算，均填製利息計算明細表，形式如下：

科　目_____　　　　　　　　中華民國　年　月　日

子目	帳號	戶名	金額	期間	存入或放出日期	起息日期 年 月 日			到期日期 年 月 日			日數	利率	利息金額	

「日數」在應收及應付利息，係從起息日至結算日為止；在預收及預付利息，則從結算日的次日（上期為一月一日，下期為七月一日）算至到期日為止。

第三節　帳目的結算

一、損益的結計

　　各帳目經上述調整及整理後，數額均已正確，應即結出各帳戶餘額加以結轉，結帳時所有損益類各帳戶轉入另設的「本期損益」科目。按此類虛帳戶，乃為業主權益增減因素的帳戶，逐期各自起訖，於結算日自須先予結束，同時彙計本期的淨利或淨損，以示銀行業主權益數增減

的最終結果。

結轉各損益帳戶時，應先結出各收入科目如利息收入、手續費收入、儲運收入、證券經紀收入、買賣票券利益、長期股權投資利益、兌換利益、雜項收入等總分類帳各帳戶的餘額，轉入本期損益帳戶的貸方，並將各收入科目帳上餘額予以結平，而在摘要欄內註明「轉本期損益」字樣；同時將各支出科目如利息支出、手續費支出、儲運費用、證券經紀支出、現金運送費、業務費用、管理費用、各項提存、呆帳、雜項支出等總分類帳的餘額結出，轉入「本期損益」帳戶的借方，並將各支出科目帳上餘額予以結平，而在摘要欄內註明「轉本期損益」字樣；至於內部損益及買賣票券損益、長期股權投資損益、兌換損益等損益共同科目，則應視總分類帳餘額的為借為貸，分別比照支出類科目或收入類科目處理。各損益科目餘額轉入「本期損益」帳戶時，摘要欄內應註明各結轉的損益類科目名稱，並結計本帳戶的借餘或貸餘，記入餘額欄，貸餘為本期的結算淨利，借餘為本期的結算淨損，不論淨利或淨損均應隨同一般資產、負債及業主權益等實帳戶，一併結轉下期。損益類帳戶的結轉，在銀行實務上均不另作結轉分錄，係將各損益類帳戶與本期損益帳戶相互直接結轉，詳見下文所示實例。

二、帳戶的結轉

1.總分類帳。

各損益類虛帳戶轉入「本期損益」帳戶後，所餘均為資產、負債及業主權益等實帳戶，此等實帳戶餘額應分別結轉次期各該帳戶新帳頁，並將舊帳頁予以結平，在舊帳摘要欄內註明「轉次期」字樣，在新帳首行摘要欄註明「承前期」字樣。惟權益類上期的「本期損益」科目，於結轉下期後應改為「上期損益」科目，決算時上、下兩期合計的年度「本期損益」科目，於結轉次期後，亦改列「上期損益」科目。

2.明細分類帳。

(1)各種分戶記載的明細分類帳，應將各分戶餘額分別結出，比照總分類帳方法轉入次期，並予結平。

(2)損益類各科目及子目明細分類帳的餘額，應結轉「本期損益」科目明細分類帳內，然後結平各有關帳戶，並於摘要欄註明「轉本期損益」字樣。在「本期損益」科目明細分類帳摘要欄，註明各損益科目或子目名稱。借或貸方的餘額與總分類帳「本期損益」帳戶的餘額相符。

(3)活存、行存及活期儲蓄等存摺存款，因變動頻繁，且存款明細帳的每筆金額餘額均與存摺核對相符，故期底結帳時，可僅於最末乙筆帳項借貸金額欄畫一道橫線，以代結帳手續。

(4)記入式明細分類帳因需逐筆銷帳，所以各餘額應逐筆轉入下期新帳。

(5)銀行明細分類帳普通係採活頁式，結帳時應將舊帳頁結清移出，另行裝訂成冊，而易新帳頁承轉。

3.備查簿結算時不必辦理結帳手續，如事實需要，可比照前兩項方式辦理。

4.以上各種帳簿的結轉，在銀行實務上係於帳簿上直接辦理，而不另作結轉分錄。

茲將結清後的損益類帳戶及本期、上期損益帳戶各列一式於下：

○○銀行總分類帳

第　頁
科目：利息收入

日 期			摘　要	借　方		貸　方		借或貸	餘　額	
年	月	日								
84	11	30	承前頁			380,000	00	貸	380,000	00
	12	24				15,000	00	貸	395,000	00
		27				30,000	00	貸	425,000	00

	28			27,000	00	貸	452,000	00
	30			34,000	00	貸	486,000	00
	31			112,000	00		598,000	00
		小　　　計		598,000	00			
12	31	轉本期損益	598,000	00				
		合　　　計	598,000	00	598,000	00		

○○銀行總分類帳

第　頁
科目：本期損益

日　期			摘　　要	借　　方		貸　　方		借或貸	餘　　額	
年	月	日								
84	12	31	利息收入			598,000	00			
			內部利息收入			602,000	00			
			匯費收入			80,000	00			
			利息支出	482,000	00					
			聯行利息支出	162,000	00					
			現金運送費	21,000	00					
			各項折舊	15,000	00					
			業務費用	326,000	00					
			雜項支出	4,000	00			貸	270,000	00
			小　　　計	1,010,000	00	1,280,000	00			
	12	31	轉次期	270,000	00					
			合　　　計	1,280,000	00	1,280,000	00			

○○銀行總分類帳

第　頁
科目：上期損益

日　期			摘　　要	借　　方		貸　　方		借或貸	餘　　額	
年	月	日								
85	1	1	承前期			270,000	00	貸	270,000	00

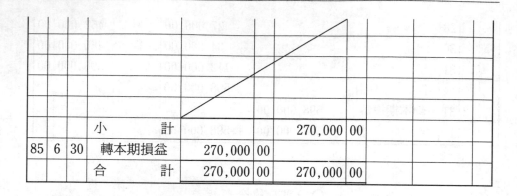

			小 計			270,000	00	
85	6	30	轉本期損益	270,000	00			
			合 計	270,000	00	270,000	00	

第四節　結算報表的編製

一、結算報告的種類

　　每期結算後，銀行總分行應根據有關帳冊編製結算報告。按照規定每期應編的結算報告計有下列各種：

　　1.業務報告。

　　2.資產負債表。

　　3.損益表。

　　4.明細表。

　　(1)損益科目明細表。

　　(2)費用明細表。

　　(3)固定資產建設改良擴充明細表。

　　(4)繳納各項稅捐明細表。

　　(5)逾期放款明細表。

　　(6)催收款項明細表。

　　(7)備抵呆帳明細表。

二、業務報告的編製

1.編製目的

就半年來經營成果及資產負債業主權益實況及其他要點等敍述之。

2.內　容

包括「業務經營成果」、「營業收支及盈虧情形」及「財務狀況之分析」等。

三、資產負債表的編製

資產負債表是一種靜態報告，用以表示結算日銀行資產、負債、業主權益實況，爲財務報告的一種。銀行資產負債表，係採職能性分類及流動性排列的方式，如將支票存款、公庫存款、本行支票、活期存款、定期存款、行員儲蓄存款等性質相同的科目，歸爲「存款」一類；將各項透支、放款，貼現及買入匯款等，歸爲「買匯貼現及放款」一類，如此分類排列結果，可使存款、放款、證券、投資、現金、存放同業、匯款以及其他資產、負債，均能有顯明的表示，閱讀者極易瞭解或查究全行或某一單位的財務狀況是否良好。至於所用格式通常採帳戶式，左列資產右列負債及業主權益，與總分類帳各帳戶餘額的借貸方向相同。茲將資產負債表的編製方法說明如下：

(一)分　行

1.本表應註明所示財務狀況的日期。

2.本表根據總分類帳內各資產、負債、業主權益科目結算日的餘額，依照規定次序及分類方法，填入表內各該科目餘額「小計欄」，各類合計數填入「合計欄」。

3.各資產抵銷科目如累計折舊、備抵損失及備抵呆帳等，應列於有

關的資產科目項下減除，用紅字或「－」符號表示。

4.「本期損益」數額應與同期損益表所示「純損」或「純益」相符。如爲虧損，應用紅字或「－」符號表示。

5.或有資產與或有負債等平衡項目的金額應相符,並分別計列於「實有資產」與「實有負債及業主權益」之下。

6.「資產」與「負債及業主權益」兩方各結計總數並應平衡。

(二)總　部

銀行部、儲蓄部或信託部應根據該部所屬分支行處各資產、負債、業主權益科目的彙總數額，依照規定次序及分類方法填入。俟將各損益科目彙總數軋抵的差額，列入「本期損益」科目後，各項資產、負債、業主權益數額，除內部間往來的聯行往來及內部往來科目，經彼此相互抵銷外，應與各該部總分行（處）自身所編資產負債表各該科目的合計數相符。

(三)總行全體

總行應根據銀行部、儲蓄部及信託部資產、負債、業主權益科目彙總數額，依照規定次序及分類方法填入本表。俟將各損益科目彙總數軋抵的差額列入「本期損益」科目後，各項資產、負債、業主權益數額，除內部撥充的資本金（如「儲蓄部基金」與「儲蓄部資本」）及內部往來經彼此相互抵銷外，應與各部所編資產負債表各該項目的合計數相符。

茲將資產負債表的格式，列示於下：(內容請參閱十三章月報資產負債表)

○○銀行

資產負債表

中華民國　年　月　日　　　　單位：

資　　　產		金　　　額		負債及業主權益		金　　　額	
名　　稱	符號	小計	合計	名　　稱	符號	小計	合計
總　　　計				總　　　計			

經副襄理　　　　　　　　會計　　　　　　　　覆核　　　　　　　製表

四、損益表的編製

損益表係一種動態報告，用以說明銀行每一會計期間收入與支出情形，並計算淨損益，以表示該結算期經營成績的良窳，而供改進營業方針的依據。由於本表乃表明資產負債表「本期損益」的來源與經過，故所列淨利或淨損應與資產負債表「本期損益」科目的數額相同。銀行的損益表，係從銀行業務立場按收支重要性的大小而分類排列，凡直接因金融業務而發生的收入或支出，列入金融業務收入或支出項下，並按存放款、匯兌、承兌、保證、證券投資、倉庫等業務的重要性，將利息收支、手續費收支等依序排列；至於非直接因營業而發生的收支，則列入營業外收支項下。銀行損益表的格式，一般係採用報告式，先列收入次列支出，其中並區分段落以計算營業損益、營業外損益及本期純損益。茲將此項報表的編製方法說明於下：

(一)分行處

1.本表應註明所屬會計期間的起訖日期。

2.根據總分類帳內各損益科目結算餘額，依照規定次序及分類方法

填入本表實際數「小計」欄，各類合計數填入「合計」欄。

　　3.內部損益係損益共同科目，如貸方的內部收入與借方的內部支出同時有金額，應同時列出，不得相互抵銷。

　　4.金融業務成本、其他營業費用、業務費用、管理費用四項的合計數為營業支出。營業損益加營業外損益為本期純損益，應與資產負債表「本期損益」的數額相符。

　　5.實際數及預算數的百分比，應以營業收入為基數即百分之一百，然後據以計算各項目各科目的百分率。損失用紅字或「－」符號表示，百分率求至小數第二位，以下四捨五入。如百分比未達到應計位數時，可填一「0」字，俾與漏填有別。「小計」欄金額與「合計」欄金額相同時，百分率填在「合計」欄而「小計」欄免填。

　　6.「比較增減數」欄的金額及百分率，均應以各該科目預算數為準，實際數未達預算數時，用紅字填列，超過時用黑字填列。

(二)總　部

　　銀行部、儲蓄部或信託部應根據所屬分支行處各損益科目的彙總數額，依照規定次序與分類填入本表，各項損益數額，除有關內部往來損益項目如聯行利息收入與聯行利息支出，必須彼此相互抵銷外，應與各總分處自身所編損益表各該項目合計數相符。

(三)總 行 全 體

　　總行應根據各部各損益科目彙總數額，依照規定次序及分類方法填入本表，各項損益數額，除內部往來損益項目如內部利息收入與內部利息支出必須彼此相互抵銷外，應與各部自身所編損益表各該項目的合計數相符。

　　損益表的格式，列示於下：(內容請參閱第十三章月報損益表部分)

○○銀行

損益表

中華民國 年 月 日至 月 日止 單位：

科　　目		結　算　數			預　算　數			比較增減數	
名　稱	符號	小計	合計	%	小計	合計	%	金　額	%

經副裏理　　　　　　會計　　　　　　覆核　　　　　　製表

五、明細表的編製

凡按各明細分類帳結算數額編製的報表屬之。茲將資產（負債）科目明細表、損益科目明細表、費用科目明細表等的格式列示如下：

(一)資產（負債）科目明細表

1.格　式

○○銀行

資產（負債）科目明細表

科目　　　　　　中華民國 年 月 日　　　　　單位：

摘　　要	金　　　　額			
	幣　名	原　幣	折　價	本位幣

經副裏理　　　　　　會計　　　　　　覆核　　　　　　製表

2.編製方法

(1)本表爲資產負債表的附表。

(2)本表根據各資產負債科目明細分類帳內各戶或各子目帳面餘額按各科目分頁塡寫。

(3)每一科目將子目或戶名塡記完畢，應加結合計數，總合計數應與資產負債表上各科目的數額相符。

(4)金額欄內「幣名」、「原幣」、「折價」等欄，爲預備有外幣記帳者，如無外幣授受則不必塡記。

(二)損益科目明細表

1.格　式

○○銀行

（損益科目）明細表

中華民國　年　月　日至　年　月　日止　　單位：

科目及子目		結算數	預算數	比較增減數		說　明
名　稱	符號			金　額	％	
總　　　計						

經副襄理　　　　　　會計　　　　　　覆核　　　　　　製表

2.編製方法

(1)本表爲損益表的附表。

(2)本表根據各損益科目明細分類帳內各子目餘額分別塡入，結出合

計數，並應與各該科目餘額相符。

　　(3)總行可根據總分行處損益科目明細表彙編之。

(三)費用科目明細表

1.格　式

○○銀行

$\binom{業務}{管理}$費用 $\Big)$明細表

中華民國　年　月　日至　年　月　日止　　單位：

| 子目及細目 | | 實支數 | 預算數 | 比較增減數 | | 說　明 |
名　稱	符號			金　額	％	
～～～	～～	～～～	～～～	～～～	～～	～～～
總　　　計						

經副襄理　　　　　　會計　　　　　　覆核　　　　　　製表

2.編製方法

　　(1)本表爲各項費用的內容分析，可作爲管理上的參考。

　　(2)本表應根據業務費用（管理費用）科目的子目及細目餘額，依照規定次序分類方法填入「實支數」欄。

　　(3)預算數係指法定預算本期分配數。

　　(4)比較增減數的金額及增減百分比填入「比較增減數」欄下「金額」及「％」兩小欄內，增減金額前用（＋）（－）符號表示，並將增減原因，在說明欄內摘要說明。

第五節　年度的決算

一、決算報告的種類

每屆會計年度終了，應根據上、下兩期結算表編製全年決算報告，計有下列各種：

(一)主要表

　1.資產負債表。

　2.損益表。

(二)附　表

　1.資產明細表。

　2.負債明細表。

　3.損益明細表。

　4.業務費用明細表。

　5.管理費用明細表。

(三)依公司法的規定應另加編財產目錄及盈虧撥補表

下期結算與年度決算辦理的日期均係每年六月三十日（在採用曆年制會計年度的銀行則爲十二月三十一日），各資產及負債科目在同一日的餘額自屬相同，故資產明細表及負債明細表的內容及金額與下期結算數亦屬相同。至於損益表、損益明細表及各項費用明細表，因係表示會計年度期間內的損益及營業情況，故決算時應根據當年度上下兩期結算各有關報表，合併編製；故決算資產負債表所列本期損益應包括上下兩期

的損益。全體決算表除包括上述各表外，依照公司法，應另編財產目錄及盈虧撥補表。

(四)銀行業會計制度的一致規定所規定的全年決算報告

(一)(二)及(三)係一般民營銀行的分行及總行年度決算所需編製的會計報告；在公營的銀行，各分行所應編製的決算報告如同上文(一)(二)，總行的全年決算報告，則尚需要依照銀行業會計制度一致規定的規定，加編若干明細表及參考表，特列述如下：

1.財務摘要。

2.業務報告。

3.損益表。

4.盈虧撥補表。

5.資金運用表。

6.資產負債表。

7.明細表。

(1)金融業務收入明細表。

(2)其他營業收入明細表。

(3)營業外收入明細表。

(4)金融業務成本明細表。

(5)其他營業成本明細表。

(6)業務費用明細表。

(7)管理費用明細表。

(8)營業外費用明細表。

(9)固定資產建設改良擴充明細表。

(10)固定資產報廢明細表。

(11)固定資產折舊明細表。

⑿固定資產變賣明細表。

⒀資金轉投資及其盈虧明細表。

⒁長期債務舉借與償還明細表。

⒂資本增減與股額明細表。

⒃逾期放款明細表。

⒄催收款項明細表。

⒅備抵呆帳明細表。

⒆國外借款及保證外幣借款明細表。

8.參考表。

⑴員工人數彙計表。

⑵用人費用彙計表。

⑶繳納各項稅捐彙計表。

⑷固定資產增減變動表。

⑸資本支出計畫預計與實際成本效益比較表。

⑹營運量值比較表。

二、各種決算報告的格式及編製方法

上文所列決算報告的種類繁多，茲僅就重要及總分行普通適用部分，分別說明其格式及編製方法，其餘部分從略。

㈠資產負債表

1.本年度下期結算所編資產負債表內各資產負債科目餘額，應依照規定次序及分類方法填入「本年度金額」欄。業主權益類的「本期損益」科目，應將上下期結算純益的合計數填入，亦即下期結算時資產負債表「上期損益」與「本期損益」兩科目的合計數。

2.上年度決算所編製資產負債表各資產負債及業主權益科目餘額填

入「上年度金額」欄，以本年度與上年度比較，將本年大於上年或本年小於上年的增減數分別用黑字或紅字填入「比較增減金額」欄。

　　3.決算資產負債表的格式，列示於下：

○○銀行資產負債表

單位：新臺幣　　　　　　中華民國　年　月　日　　　　　　　第　頁共　頁

資產	本年度決算金額	%	上年度決算金額	%	比較增減金額	%	負債及業主權益	本年度決算金額	%	上年度決算金額	%	比較增減金額	%

(二)損益表

　　1.本年度上、下兩期所編損益表內各項損益數額及兩期「純益」或「純損」數額，分別彙總後，依照規定次序及分類方法，填入本表「實際數」欄。

　　2.將本年度損益預算數，填入「預算數」欄，然後以實際與預算數逐項比較，將比較增減數填入「比較增減數」欄，實際數大於預算數用黑字，小於預算數用紅字。

　　3.決算損益表的格式，列示於下：

○○銀行

損益表

中華民國　　年度　　　　　　　　單位: 新臺幣元

上年度決算數	科　目			本年度決算數	本年度預算數	比較增減數	
	名稱	符號	檢查號碼			金額	%
	總　　　計						

(三)資產明細表

格式、內容與金額和下期結算表相同。

(四)負債明細表

格式、內容與金額和下期結算表相同。

(五)損益明細表

根據上下兩期損益明細表填製，格式與結算表同。

(六)業務、管理費用明細表

1.將上下兩期費用明細表所列各費用子目實支數分別彙總，再以彙總數依照規定次序及分類方法填入「實支數」欄。

2.本年度費用預算數填入「預算數」欄，實支數與預算數相較的增減數填入「比較增減數」欄，超過預算數用紅字，不足預算數用黑字，並將增減原因在「說明」欄內摘要註明。格式與結算表相同，不再列示。

㈦財產目錄

1.依照公司法及銀行法的規定，公司每營業年度終了時所造具的表冊中，應有財產目錄的編製。

2.本目錄由總行彙編，根據下期結算所編資產負債表各資產科目，依照規定次序填入，合計數應與資產負債表的總計數相符。

3.資產評價科目應比照資產負債表於有關科目下減除。

4.本目錄用以簡明表示全體各資產科目的內容，在摘要欄內應扼要說明要項。

茲將部分財產目錄的格式，列示於下：

科　目	摘　要	金　額	
庫存現金	庫存本位幣及輔幣	3,560,471	62
待交換票據	待交換的各種票據計421張	2,860,310	00
存放同業	存放中央銀行及其他同業的款項計8戶	353,617	20

㈧盈虧撥補表

1.本表用以表示銀行盈餘分配或虧損彌補的情形，由總行根據股東會通過的盈餘分配或虧損彌補議案編製。

2.本表分盈餘用及虧損用兩種，茲分別加以說明：

⑴盈餘所用盈虧撥補表，應先將本年度盈餘及上年度轉來的累積盈餘，按規定次序填入左方金額欄內。次將本年度盈餘分配項目及轉入次年度的未分配盈餘，按規定次序填入右方金額欄內，盈餘數與分配數應

相平衡。但以前年度如積有虧損而未從本年度盈餘中全部塡補時，所計差額應分別塡入左方「待塡補之虧損」與右方「尙未塡補之數」兩欄。

(2)虧損所用盈虧撥補表應先將本年度虧損及上年度轉來累積虧損，按規定次序塡入左方「虧損數」欄內。次將本年度虧損塡補項目及轉入次年度的累積虧損，按規定次序塡入右方金額欄內，虧損數與塡補數應相平衡。但以前年度如積有未分配盈餘而本年度未將全額塡補虧損時，應將餘額分別塡入左方「未分配盈餘」與右方「尙未撥用之數」兩欄。

茲將盈虧撥補表的兩種格式，分別列示於下：

1.盈餘用：

○○商業銀行

盈虧撥補表

中華民國　年度

摘　要	盈餘數		摘　要	分配數	
	小計	合計		小計	合計
盈　　餘		000 00	繳納所得稅		000 00
本年度盈餘	000 00		塡補歷年虧損		000 00
歷年積盈	000 00		本年度塡補數	000 00	
待塡補之虧損		000 00	尙未塡補之數	000 00	
			提存公積金		000 00
			法定公積	000 00	
			特別公積	000 00	
			資本公積	000 00	
			分配股利		000 00
			股　　息	000 00	
			股東紅利	000 00	
			董監事酬勞		000 00
			員工紅利		000 00
			未分配盈餘		000 00
合　　　　計		000 00	合　　　　計		000 00

2.虧損用：

○○商業銀行

盈虧撥補表

中華民國　年　月　日

摘　　要	虧損數		摘　　要	填補數	
	小計	合計		小計	合計
虧　　損 　本年度虧損 　歷年積虧 未分配盈餘			撥用未分配之盈餘 　填補本年度虧損數 　尚未撥用之數 撥用公積 　法定公積 　特別公積 　資本公積 折減資本 股東出資填補		
合　　　計			合　　　計		

三、分行損益的結轉

　　有分支行處的銀行，在實施獨立會計制度的情形下，每期當可自行結出淨損益，分行處每期結出的淨損益，本應於次期期初填製報單劃轉總行處，但在目前一般銀行實務上，為簡便計，並不逐期劃轉，而是等待年度決算後再將分行處上下兩期合計的決算盈餘或虧損，於次年開業時劃轉總行，以便辦理全行決算盈虧的撥補。

　　分行當每年下期結算日，於「本期損益」帳戶結出下期結算淨損益後，應再將「上期損益」帳戶的上期結算淨損益數結轉「本期損益」帳戶，彙總計出全年決算的盈虧數。次年開業時，即將上年底「本期損益」帳戶全年決算盈虧數，先結轉「上期損益」帳戶，再悉數劃轉總行帳。

如爲盈餘，應塡製（借）上期損益（貸）聯行往來科目傳票轉帳，並塡製劃收報單劃收總行帳；如爲虧損，應塡製（借）聯行往來（貸）上期損益科目傳票轉帳，並塡製劃付報單劃付總行帳。總行接提到分行劃收或劃付報單，應據以借記聯行往來貸記上期損益或借記上期損益貸記聯行往來，而將各分行處的上年盈餘虧損數，逐筆轉入「上期損益」帳戶。前述劃收及劃付報單，在設有儲蓄部或信託部的銀行，應將各該部盈虧數分開塡製，以便分別劃轉各該部總部帳。

四、盈虧的撥補

銀行爲股份有限公司組織，決算後所得的盈餘或虧損，應遵照公司法、銀行法、所得稅法及章程等規定，由董事會擬就盈餘分配或虧損彌補的議案，提請股東會通過。商業銀行如設有儲蓄部或信託部，除法令另有規定外，對各部全體決算盈虧，得合併撥補。茲將銀行辦理盈餘分配的程序分述於下：

1.繳納營利事業所得稅

銀行爲營利事業，每年決算所獲盈餘，自當照所得稅法的規定計繳營利事業所得稅。此項稅款照規定應作爲盈餘的分配，而不能列作費用先行扣除。銀行轉投資於國內未享受免稅優待的股份有限公司，對於分配股利，百分之八十部分可免繳營利事業所得稅；銀行經營國際金融業務分行的所得可免稅；而出售土地的交易淨所得，因已繳納土地增值稅，亦可免稅(可全數提列資本公積)，另投資短期票券的利息所得，於按規定稅率扣繳稅款後，亦可免再併計營利事業所得總額。因此銀行常有免稅額超過決算盈餘所得額，而可免繳營利事業所得稅情形。

2.塡補歷年虧損

銀行如有以往年度的虧損尙未彌補，照公司法及銀行法的規定應先予塡補，否則不得分派股利。

3.提存公積

公積可分爲盈餘公積及資本公積兩種，盈餘公積在銀行會計科目中又有法定公積與特別公積兩項，銀行法第五十條規定：「銀行於完納一切稅捐後分派盈餘時，應先提百分之三十爲法定盈餘公積；法定盈餘公積未達資本總額前，其最高現金盈餘分配，不得超過資本總額之百分之十五。法定盈餘公積已達其資本總額時，得不受前項規定的限制。除法定盈餘公積外，銀行得於章程規定或經股東會決議，另提特別盈餘公積。」

公司法規定，下列各項應累積爲資本公積：

(1)超過票面金額發行股票所得的溢額。

(2)每一營業年度，自資產的估價增值，扣除估價減值的溢額。

(3)處分資產的溢價收入。

(4)自因合併而消滅的公司所承受的資產價額，減除自該公司所承擔的債務額及向該公司股東給付額的餘額。

(5)受贈與的所得。

以上五項，(4)(5)兩項可以受贈公積列帳，在我國銀行界極少發生；(1)(2)兩項發生時，不必經盈餘分配程序可直接轉列收入公積及土地重估準備；第(3)項則應先將溢價收入貸記「財產交易利益」科目，視爲營業外收入，俟分配決算盈餘時，先扣除營業外支出項下「財產交易損失」科目的數額，再以扣除所得稅後淨額提列爲收入公積。

4.分配股息紅利

盈餘減除上述項目後，如尚有餘額，即可充派股息紅利之用，股息應按股票面額及所定年利率核計給付；紅利則按股東已繳股款比例分配。

5.提存董監事酬勞及員工紅利

銀行爲鼓勵員工忠於職守，共謀業務發展，常於盈利中酌提若干作爲董監事酬勞及員工紅利；但在公營及半公營的銀行，此項酬勞及紅利

往往受到主管當局的限制。

6.未分配盈餘

盈餘經上述各項分配後，如有餘額，即屬未分配盈餘，應轉「累積盈餘」帳，留待下年度分配時再為處理。

銀行決算如發生虧損，應予塡補，塡補的順序如下：

1.撥用以前年度未分配的盈餘。

2.撥用公積，先撥用原為塡補虧損所提的特別公積，不足額再撥用法定公積。

3.前兩項塡補後，如仍有不足，可經股東會議決折減資本抵充。

4.如股東不願折減資本時，可由股東另行出資塡補虧損。

銀行決算盈餘的分配或虧損的彌補，按上述盈虧撥補順序先擬具議案，經股東會通過後，再編具盈虧撥補表。盈餘分配案一經股東會通過，即應編製下列傳票記帳：

轉帳支出傳票	轉帳收入傳票
（借）上期損益 　　　累積盈餘（歷年積盈）	（貸）應付所得稅 　　　累積虧損（歷年積虧） 　　　法定公積 　　　特別公積 　　　收入公積 　　　應付股息紅利 　　　其他應付款——應付董監事酬勞 　　　其他應付款——應付員工紅利 　　　累積盈餘（未分配盈餘）

正式支付所得稅、股利、董監事酬勞及員工紅利時，應塡製（借）應付所得稅、應付股息紅利及其他應付款科目傳票付款，並代扣繳盈餘及薪資所得稅。銀行年度決算如屬虧損，待塡補方案經股東會通過後，應編製如下的傳票以憑轉帳：

轉帳支出傳票	轉帳收入傳票
（借）累積虧損（待塡補虧損）	（貸）上期損益
或法定公積	累積虧損（歷年積虧）
特別公積	
資本	
其他應收款（股東正式繳款時再（貸）其他應收款）	

五、決算報告的呈報與公告

銀行於年度總決算後，應遵照公司法的規定造具營業報告書、資產負債表、財產目錄、損益表、盈虧撥補表等表冊，經董事會審查及監察人查核後，提交股東會承認，並呈報主管當局核備。

又銀行法第四十九條規定：「銀行每屆營業年度終了，應將營業報告書、資產負債表、財產目錄、損益表、盈餘分配之決議，於股東會承認後十五日內，分別報請中央主管機關及中央銀行備查，並將資產負債表於其所在地之日報公告之。」銀行每年將年度決算後的財務業務狀況及經營結果公告社會，使存戶及社會大眾對銀行業務內容及經營情況有所瞭解，而對銀行信譽可加以評估。

六、年度決算盈餘的修正

在半公營及公營的銀行，關於年度決算盈餘，除應經上級主管機關查帳認定外，並須由審計部派員查核審定。根據我國現行法律規定，審計部對於各機關編送的決算，有最終審定權，故半公營及公營銀行年度決算的盈餘數，營利事業所得稅的計繳，以及盈餘的分配等，自當依照審計部審定的數目爲準。

　　凡年度決算經審計機關審定後，盈餘如有修正，對核增核減之數應由總行以「上年度損益整理」科目處理。對方科目則視屬於盈餘的增加或屬於盈餘的減少，而有不同，茲分述於下：

　　1. *盈餘增加*

　　　借：其他應收款（剔除的不當開支）

　　　　　房屋基地（費用支出轉列資本支出）

　　　　　房屋及建築（費用支出轉列資本支出）

　　　　貸：上年度損益整理

　　2. *盈餘減少*

　　　借：上年度損益整理

　　　　貸：收入公積（處分資產溢價收入）

　　　　　　房屋基地（帳面溢計數）

　　　　　　房屋及建築（帳面溢計數）

　　　　　　長期股權投資（帳面溢計數）

　　　　　　其他應付款（短計應付費用）

　　註：事實上銀行盈餘被修正核減的情形較少見。

　　盈餘修正數確定後，應根據最終審定盈餘數另擬具修正後盈虧撥補表，辦理追加或追減分配，轉帳結清「上年度損益整理」科目。

　　遭審計機關剔除應收回的費用開支，以後經申訴理由又獲准在當年度出帳時，應作下列分錄轉銷：

　　　借：雜項支出——過期帳支出

　　　　貸：其他應收款

七、銀行法對銀行分配盈餘的限制

　　為健全銀行財務基礎，銀行法規定在下列情形下，應限制銀行盈餘的分配：

1. 自有資本與風險性資產的比率未達規定標準者

銀行法第四十四條規定：為健全銀行財務基礎，非經中央主管機關的核准，銀行自有資本與風險性資產的比率，不得低於百分之八。凡實際比率低於規定標準之銀行，中央主管機關得限制其分配盈餘；其辦法由中央主管機關定之。

財政部補充規定，未達第四十四條規定的比率者，依下列規定限制其盈餘分配：

(1)比率在百分之六以上未達百分之八者，以現金或其他財產分配盈餘的比率，不得超過當期稅後淨利之百分之二十。

(2)比率低於百分之六者，盈餘不得以現金或其他財產分配。

2. 法定盈餘公積未達資本總額者

銀行法第五十條規定：銀行於完納一切稅捐後分派盈餘時，應先提百分之三十為法定盈餘公積；法定盈餘公積未達資本總額前，其最高現金盈餘分配，不得超過資本總額的百分之十五。法定盈餘公積已達其資本總額時，得不受前項規定的限制。

3. 主要資產與主要負債、主要負債與淨值的比率未達規定標準者

銀行法第三十六條規定：中央主管機關於必要時，經洽商中央銀行後，得就銀行主要資產與主要負債的比率，主要負債與淨值的比率，規定其標準。凡實際比率未符規定標準的銀行，中央主管機關除依規定處罰外，並得限制其分配盈餘。

第六節　證券管理委員會的特別規定

一、銀行統一會計制度與證管會規定上的主要差異

目前國（公）營的銀行，會計報告除必須由上級主管機關查帳認定

外，並須由審計部作最終審定。因此國（公）營的銀行目前的會計作業主要係依據「財政部所屬行局會計制度的一致規定」並參酌稅法、公司法及相關法令及實務處理。而民營銀行皆屬公開發行公司，其會計報告主要係依據一般公認會計原則及證管會八十年五月七日訂定發布的「證券發行人財務報告編製準則」，因此兩者所各自編製的財務報表即可能產生若干差異。

為說明上述差異，特依相關法規規定與依一般公認會計原則規定會計處理方式的主要差異，彙總說明如下：

會計事項	依「財政部所屬行局會計制度的一致規定」會計處理方式。	依一般公認會計原則，證券發行人財務報告編製準則的會計處理方式。
一、會計報告	「資金運用表」為必備的年度主要會計報告，該報表功能與「現金流量表」相似。	「現金流量表」為主要的財務報表，並依營業活動、投資活動及理財活動三者分別報導其現金流量。
二、備抵呆帳	依買匯、貼現、放款、催收款等的風險性資產，並參酌稅法限額（現行為百分之一），提列備抵呆帳。	「證券發行人財務報告編製準則」第八條第一項規定，按照無法收現的金額評估可能損失，並提列適當的備抵呆帳。
三、長期股權投資	1.長期股權投資究應採成本法或權益法並無明確規範，而實務上採用成本法處理。當年度決算時根據企業的財務狀況、經營成績，如有可信的事實足以證明投資損失的存在時，得預計投資損失。 2.「財政部所屬行局會計制度的一致規定」第二百零三條對於被投資公司以其公積或盈餘轉增資取得股票股利或無償配股	1.長期股權投資的會計處理應依財務會計準則公報第一號及第五號規定辦理。長期股權投資中對被投資公司有重大影響力者，應採權益法評價（通常佔普通股股權百分之二十以上，應視為具有重大影響力）；反之，若對被投資公司無重大影響力者，應採成本法或成本與市價孰低法評價。 2.財務會計準則公報第五號規定，被投資公司發放股票股利時（盈餘及資本公積轉增資）不作任何分錄，僅應於除權日

	時，其會計處理為： (1)資本公積轉增資配股時： （借）長期股權投資（貸）收入公積傳票憑以記帳。 (2)盈餘轉增資配股時： （借）長期股權投資（貸）長期股權投資利益傳票,憑以記帳。	註記增加的股數。
四、 固定資產	土地重估增值係以扣除增值稅後的淨額記入「土地」及「土地重估增值準備」科目。	依「證券發行人財務報告編製準則」第八條規定，固定資產經過重估後，在資產負債表上應將取得成本與重估增值分別列示。土地因重估增值所提列的土地增值稅準備，應列為長期負債。
五、 租賃權益	將租賃資產的改良物列於無形資產項下的「租賃權益」科目，於租賃期間分期攤銷。	依「證券發行人財務報告編製準則」第八條規定，租賃權益改良應列於固定資產項下，按其估計耐用年限或租賃期間較短者，以合理有系統的方法提列折舊。
六、 權益調整 ——兌換差價準備	對於外幣交易事項，因交易日與結清日分屬不同期間時，以外幣為基準的資產或負債，於資產負債日按該日外幣結帳匯率重新換算後金額，與發生日的原帳載金額或與上期資產負債表日的帳款金額間的未實現兌換利益，係列入兌換差價準備項下。	依「財務會計準則公報第十四號」規定，交易發生日與結清日分屬不同會計期間時，以外幣為基準的資產或負債，於資產負債表日按該日即期匯率重新換算後的金額，與發生日的原帳載金額或與上期資產負債表日的帳載金額間的兌換差額屬兌換損益，通常應列為當期損益。

二、公開發行公司年報應行記載事項準則

　　證券管理委員會於民國七十七年六月依據證券交易法第三十六條第三項的規定，曾訂定「公開發行公司年報應行記載事項準則」以供公開發行公司一致適用，最近一次於民國八十一年三月修正實施。由於銀行資本額較大，且股票大多已上市或上櫃，自應遵照上項證管會的一致規

定編製年報，茲特將上項規定主要內容分述於下：

㈠年報編製的基本原則如下：

1.年報所載事項應具有時效性，並不得有虛偽或隱匿情事。

2.年報宜力求翔實明確，文字敍述應簡明易懂，善用統計圖表、流程圖或其他圖表，必要時得以中、外文對照方式刊載或另行刊印外文版本。

㈡年報編製內容應包括致股東報告書、公司概況、營運概況、營業計畫及財務資料。

㈢致股東報告書應包含前一年度營業報告及本年度營業計畫概要。

前一年度營業報告應就上年度營業計畫實施成果、預算執行情形、財務收支及獲利能力分析、研究發展狀況等予檢討，作成報告。

本年度營業計畫概要應說明公司當年度的經營方針、營業目標及重要的產銷政策。

㈣公司概況應記載下列事項：

1.公司簡介。

2.公司組織：

(1)組織系統圖。

(2)董事、監察人及主要經理人的姓名、主要經（學）歷、選（就）任日期、任期及本人、配偶與未成年子女持有股份。

3.公司債及特別股之發行情形。

㈤營運概況應記載下列事項：

1.業務內容：

(1)業務範圍：列明公司所營業務的主要內容及其營業比重，並依主要產品，至少列明最近三年度生產量值及銷售量值；服務業應列明營業收入總額。

(2)主要產品的用途。

2.市場分析：分析公司主要原料的供應狀況、主要商品、服務的銷售、提供地區及市場未來的供需狀況、營業目標及發展遠景的有利與不利因素。

3.最近三年度從業員工人數、平均服務年資、平均年齡及學歷分布比率。

4.環保支出情形：最近二年度因污染環境所受損失及處分的總額，並說明未來因應對策及可能的支出。

5.勞資協議情形：列明最近二年度因勞資糾紛所遭受的損失，並揭露目前及未來可能發生的估計金額與因應措施。

6.與轉投資事業相互投資情形：列明相互投資金額及持股比例。

7.重要契約：列示現仍有效存續及最近一年度到期的供銷契約、技術合作契約、工程契約及其他足以影響股東權益的重要契約的當事人及主要內容。

8.前各次現金增資或募集公司債計畫尚未完成者的執行情形；列示截至年報刊印日前一會計年度終了的預定進度及實際執行情形達成的百分比；若有落後，應說明原因；變更計畫者，應說明已否報備、變更內容及執行情形。

9.訴訟或非訟事件：列明公司及公司董事、監察人、總經理、持股比例達百分之十以上的大股東，目前尚在繫屬中的重大訴訟、非訟或行政爭訟事件，其結果可能對股東權益或證券價格有重大影響者，應揭露其系爭事實、標的金額及截至目前的處理情形。

㈥營業計畫應記載下列事項：

1.本年度產銷計畫；年報刊印日已逾會計年度終了後四個月者，應加註截至第一季止，公司實際的產銷狀況及已達成預算的百分比。

2.本年度擬擴充業務或廠房設備的計畫內容、資金來源、運用概算及可能產生的效益。

3.研究與發展：列明最近三年度研究發展支出及其成果，並略述未來研究發展計畫。

㈦財務資料應記載下列事項：

1.最近五年度簡明資產負債表及損益表，並應註明會計師姓名及其查核意見。

2.最近五年度財務分析：包括財務結構、償債能力、經營能力、獲利能力及現金流量。

3.最近三年度每股淨值、盈餘、股利及市價。

4.最近年度財務報告的監察人審查報告。

5.最近年度財務報表，含會計師查核報告、兩年對照的資產負債表、損益表、股東權益變動表、現金流量表及附註或附表。

6.最近年度經會計師查核簽證的母子公司合併財務報表。

7.財務狀況及經營結果的檢討與分析。

三、編製現金流量表的準則

「現金流量表」係提供企業在特定期間有關現金收支資訊的彙總報告，證管會為使公開發行公司編製時能一致適用，特於民國七十八年十二月公布編製準則乙種，特予敘述於下：

㈠現金流量表為企業主要財務報表之一，企業於提出資產負債表、損益表及業主權益變動表時，應同時提出同期的現金流量表。

㈡現金流量表應按現金及約當現金（以下稱現金）基礎編製。

　　註：企業通常將閒置現金用於短期且具高度流動性的投資，此種投資的變現功能與現金無異，故編製現金流量表宜以現金及約當現金（或現金等值）為基礎。約當現金係指同時具備下列條件的短期且具高度流動性的投資：

　　　　⑴隨時可轉換成定額現金者。

(2)即將到期且利率變動對其價值的影響甚少者。

常見的約當現金通常包括自投資日起三個月內到期或清償的國庫券、商業本票及銀行承兌匯票等。

㈢現金流量表應報導企業在特定期間的營業、投資及理財活動所產生的現金流入與流出，其格式應按(1)營業活動、(2)投資活動及(3)理財活動劃分，並應分別報導此三種活動的淨現金流量及其合計數。

㈣現金流量表應說明企業在特定期間內現金的變動情形。現金流量表中所列示的期初、期末現金餘額，應與資產負債表中的現金餘額相符。

㈤投資及理財活動影響企業財務狀況而不直接影響現金流量者，應於現金流量表中作補充揭露。投資及理財活動同時影響現金及非現金項目者，應於現金流量表中列報影響現金的部分，並對交易的全貌作補充揭露。

㈥企業應就直接法或間接法擇一報導營業活動的現金流量。

以直接法報導營業活動的現金流量時，至少應分別列示下列現金收支項目：

1.銷貨的收現。

2.利息收入及股利收入的收現。

3.其他營業收益的收現。

4.進貨的付現。

5.薪資的付現。

6.利息費用的付現。

7.所得稅費用的付現。

8.其他營業費用的付現。

企業視實際需要，得就上述項目作更詳細的分類。

以間接法報導營業活動的現金流量時，應於現金流量表中補充揭露利息費用及所得稅費用的付現金額。

㈦報導營業活動的現金流量時，應揭露自「本期損益」調整當期不影響現金的損益項目、與損益有關的流動資產及流動負債項目的變動金額、資產處分及債務清償的損益項目，以求算當期由營業產生的淨現金流入或流出。

採直接法時，該項揭露應以附表為之；採間接法時，該項揭露得直接列於現金流量表中或以附表表示。

㈧企業活動所產生的現金流入與流出應於現金流量表中分開列示。

㈨企業有外幣交易或國外營運機構者，應將外幣現金流量按其現金收支時的匯率換算成本國貨幣，以編列現金流量表。如按全年加權平均匯率與按現金收支時的匯率換算，其結果的差額不大時，得按全年加權平均匯率換算。資產負債表日外幣現金餘額應按該日的匯率換算，其與以外幣收支當時之匯率換算結果的差額，應以「匯率影響數」在現金流量表中單獨列示。

四、財務報表釋例（依據證管會編製年報的規定）

最近年度財務報表

1.資產負債表

商業銀行股份有限公司
資產負債表
民國八十四年及八十三年十二月三十一日

單位：新台幣仟元

資　　　　　　　　産	84.12.31 金　額	%	83.12.31 金　額	%
現金及約當現金(附註四及十六)	$ 9,213,454	10.40	9,666,208	13.55
存放央行(附註四)	3,255,085	3.67	2,797,294	3.93
短期投資(附註五及十六)	1,877,353	2.12	473,451	0.66
應收款項(附註六及十七)	3,167,290	3.58	1,096,461	1.54
預付款項及其他流動資產(附註十四及十六)	148,312	0.17	142,837	0.20
買匯、貼現及放款淨額(附註七及十五)	65,507,219	73.96	53,413,956	74.90
長期股權投資(附註八)	65,800	0.07	800	—
固定資產(附註九及十六)				
成　本：				
土　　地	2,209,263	2.49	2,209,263	3.10
房屋及建築	290,230	0.33	290,230	0.41
交通及運輸設備	34,218	0.04	27,285	0.04
什項設備	277,581	0.31	230,709	0.32
租賃權益改良	207,165	0.23	153,453	0.21
	3,018,457	3.40	2,910,940	4.08
減：累計折舊	(285,833)	(0.32)	(187,910)	(0.26)
未完工程	110,912	0.13	20,543	0.03
預付設備款	140	—	910	—
	2,843,676	3.21	2,744,483	3.85
其他資產(附註七、十四、十五及十六)	2,497,957	2.82	977,275	1.37
資產總計	$ 88,576,146	100.00	71,312,765	100.00
負債及股東權益				
同業存款及同業拆放	$ 2,243,379	2.53	542,397	0.76
存款(附註十及十五)	66,392,047	74.95	52,891,976	74.17
應付所得稅(附註十四)	52,215	0.06	41,875	0.06
應付款項(附註十一及十七)	4,940,464	5.58	3,172,063	4.45
預收款項	8,461	0.01	1,952	—
其他負債(附註六及十二)	129,711	0.15	83,835	0.12
負債合計	73,766,277	83.28	56,734,098	79.56
股東權益(附註十三)：				
股本—普通股，每股面額10元；84年及83年				
核定及發行股數均為1,350,000,000股	13,500,000	15.24	13,500,000	18.93
保留盈餘：				
法定盈餘公積	582,789	0.66	406,016	0.57
未分配盈餘	727,080	0.82	672,651	0.94
股東權益合計	14,809,869	16.72	14,578,667	20.44
承諾及或有負債(附註十六)				
負債及股東權益總計	$ 88,576,146	100.00	71,312,765	100.00

2.損益表

商業銀行股份有限公司

損　益　表

民國八十四年及八十三年一月一日至十二月三十一日

單位：新台幣仟元

	84年度		83年度	
	金　額	%	金　額	%
收入：				
利息收入（附註十五）	$ 6,089,562	90.92	4,379,353	90.73
手續費收入	84,881	1.27	43,215	0.90
買賣票券利益	456,414	6.81	398,622	8.26
兌換利益	61,215	0.91	4,783	0.09
其他收入	5,607	0.09	802	0.02
	6,697,679	100.00	4,826,775	100.00
成本及費用：				
利息支出（附註十五）	4,251,241	63.47	2,797,826	57.97
手續費支出	13,291	0.20	8,407	0.17
買賣票券損失	119,495	1.78	96,513	2.00
兌換損失	17,322	0.26	788	0.02
各項提存	256,549	3.83	247,659	5.13
業務費用（附註十五）	814,958	12.17	591,034	12.24
管理費用（附註十二及十五）	410,373	6.13	377,128	7.81
其他支出	59	—	18	—
	5,883,288	87.84	4,119,373	85.34
列計非常利益及所得稅前利益	814,391	12.16	707,402	14.66
所得稅費用（附註十四）	136,941	2.04	138,405	2.87
列計非常利益前利益	677,450	10.12	568,997	11.79
非常利益─營業虧損抵減之所得稅利益（附註十四）	—	—	20,248	0.42
本期純益	$ 677,450	10.12	589,245	12.21
普通股每股盈餘	$ 0.50		0.44	

3.股東權益變動表

商業銀行股份有限公司

股東權益變動表

民國八十四年及八十三年一月一日至十二月三十一日

單位：新台幣仟元

| | 股 本 | 保留盈餘 | | |
	普 通 股	法定盈餘公積	未分配盈餘	合 計
八十三年一月一日期初餘額	$ 13,500,000	253,036	542,080	14,295,116
盈餘指撥及分配(附註十三)：				
法定盈餘公積	—	152,980	(152,980)	—
現金股利	—	—	(270,000)	(270,000)
董監事酬勞	—	—	(17,847)	(17,847)
員工紅利	—	—	(17,847)	(17,847)
八十三年度純益	—	—	589,245	589,245
八十三年十二月三十一日餘額	13,500,000	406,016	672,651	14,578,667
盈餘指撥及分配(附註十三)：				
法定盈餘公積	—	176,773	(176,773)	—
現金股利	—	—	(405,000)	(405,000)
董監事酬勞	—	—	(20,624)	(20,624)
員工紅利	—	—	(20,624)	(20,624)
八十四年度純益	—	—	677,450	677,450
八十四年十二月三十一日餘額	$ 13,500,000	582,789	727,080	14,809,869

4.現金流量表

商業銀行股份有限公司
現金流量表
民國八十四年及八十三年一月一日至十二月三十一日

單位：新台幣仟元

	84年度	83年度
營業活動之現金流量		
本期純益	$ 677,450	589,246
調整項目：		
折舊及攤銷	106,987	87,792
提列備抵呆帳	233,711	236,233
提列備抵短期投資跌價損失準備	46,104	615
提列保證責任準備	22,839	11,426
提列退休金準備	16,244	14,373
處分固定資產損失	40	17
出售承受擔保品利益淨額	（487）	—
應收款項增加	（202,617）	（143,711）
預付款項及其他流動資產減少（增加）	16,084	（71,372）
其他資產增加	（166）	
遞延所得稅資產增加	（21,558）	—
應付所得稅增加	10,340	41,875
應付款項增加（減少）	（101,848）	1,339,302
預收款項增加	6,509	319
匯出匯款增加	11,098	488
營業活動之淨現金流入	820,730	2,106,603
投資活動之現金流量		
存放央行增加	（457,791）	（1,079,590）
短期投資減少（增加）	（1,450,006）	1,221,391
買匯、貼現及放款增加	（11,838,605）	（21,417,751）
應收承兌票款增加	（1,869,826）	（563,221）
長期股權投資增加	（65,000）	（800）
購置固定資產	（197,169）	（220,754）
出售固定資產價款	1	54
存出保證金增加	（2,965）	（117,483）
遞延費用增加	（26,968）	（25,882）
催收款項增加	（1,895,136）	（566,060）
承受擔保品增加	（90,769）	（21,583）
投資活動之淨現金流出	（17,894,234）	（22,791,679）
理財活動之現金流量		
同業存款及同業拆放增加	1,700,982	539,215
存款增加	13,500,071	22,288,658
應付承兌匯票增加	1,870,249	563,221
存入保證金增加（減少）	（4,304）	16,653
發放員工紅利	（20,624）	（17,848）
發放董監事酬勞	（20,624）	（17,848）
發放現金股利	（405,000）	（270,000）
理財活動之淨現金流入	16,620,750	23,102,051
現金及約當現金淨增加（減少）數	（452,754）	2,416,975
期初現金及約當現金餘額	9,666,208	7,249,233
期末現金及約當現金餘額	$ 9,213,454	9,666,208
現金流量資訊之補充揭露		
本期支付所得稅	$ 147,882	76,281
本期支付利息	$ 3,989,857	2,521,438

問　題

一、試說明結算與決算的期間及應辦事項。

二、結算調整與月算的調整是否相同？

三、試說明銀行各種資產的估價標準並列示有關的調整分錄。

四、試說明各種活期性存款於每期結息時計付利息及結算時提存應付利息的有關會計記錄。

五、試舉例說明「本期損益」科目及損益類帳戶的結帳方法。

六、銀行業的資產負債表及損益表係採何種分類排列方式？其編製目的為何？

七、試述分行決算盈虧結轉總行的程序。

八、試分別說明分配盈餘及塡補虧損的程序。

九、依所得稅法的規定，期末應如何計提固定資產的累計折舊及各種放款的備抵呆帳？

十、年度決算盈餘經審計機關審定而有增減時，應如何處理？

二、會計制度的一致規定與一般公認會計原則，在下列會計事項的處理方法有何差異？

　　1.備抵呆帳的計提。

　　2.長期股權投資損益的列帳。

　　3.外幣交易的兌換損益的認列。

三、依據證管會的規定公開發行公司的年報中，應包含那些最近年度財務報表？

習 題

一、試根據第二章習題各科目的餘額編製資產負債表及損益表（日期假
　　定為八十五年六月三十日）。

二、某銀行八十五年度決算盈餘為1,500,000元

　　㈠其盈餘及分配內容如下：

　　1.本年度盈餘1,500,000元，其中包括：

　　　(1)分離課稅之所得

　　　　分離課稅的短期票券利息所得計50,000,000元（已扣繳
　　　　10,000,000元）。

　　　(2)免課所得稅的所得

　　　　a. 投資於其他企業收益80%部份免稅計25,000,000元。

　　　　b. 國際金融業務分行的所得免稅計35,000,000元。

　　　　c. 出售土地的交易淨所得免稅計40,000,000元（可全數提列資本
　　　　　公積）。

　　2.本年度營利事業所得稅稅率25%（累進差額10,000元）。

　　3.法定公積提列30%。

　　4.特別公積提列60,000,000元，以供將來增資之用。

　　5.股息每股0.60元（本行資本5,000,000,000元，每股10元）。

　　6.紅利每股0.9元。

　　7.提撥董監事酬勞3,000,000元。

　　8.提撥員工紅利7,000,000元。

　　9.分配前累積盈餘11,000,000元。

　　㈡所得稅計算公式：

1. $\left[\left(\begin{array}{c}\text{本年度}\\\text{盈餘}\end{array}-\begin{array}{c}\text{分離}\\\text{課稅所得}\end{array}-\begin{array}{c}\text{免稅}\\\text{所得}\end{array}\right)\times\begin{array}{c}\text{所得}\\\text{稅率}\end{array}25\%-\begin{array}{c}\text{累進}\\\text{差額}\end{array}\$10,000\right]$

　＝應納稅額

2. 應納稅額＋分離課稅額＝營利事業所得稅額

(三)試編製盈餘分配表，並塡製盈餘分配有關傳票。

三、(一)某銀行八十五年六月份月算後總分類帳各科目的餘額如下：

庫 存 現 金	1,850,000	存放銀行同業	9,040,000	應 收 利 息	600,000
利 息 收 入	15,000,000	存 放 央 行	20,000,000	應 付 利 息	1,100,000
銀行同業透支	400,000	銀行同業存款	5,000,000	其 他 應 付 款	400,000
手 續 費 支 出	280,000	透 支 銀 行 同 業	100,000	其 他 應 收 款	200,000
預 付 利 息	50,000	其 他 預 收 款	350,000	預 收 利 息	160,000
定 期 存 款	60,000,000	其 他 預 付 款	260,000	透　　　　支	15,000,000
預 付 費 用	210,000	擔 保 透 支	14,600,000	短 期 放 款	13,000,000
中 期 放 款	50,000,000	行 員 儲 蓄 存 款	6,000,000	央行貼現轉融資	5,000,000
貼　　　　現	20,000,000	資　　　　本	30,000,000	短 期 擔 保 放 款	60,000,000
兌 換 利 益	500,000	房 屋 基 地	10,000,000	銀 行 同 業 拆 放	8,000,000
買 入 匯 款	400,000	房 屋 及 建 築	5,000,000	出 口 押 匯	5,600,000
進 口 押 匯	8,000,000	待 交 換 票 據	430,000	匯 出 匯 款	7,000,000
預 收 收 益	10,000	交 通 及 運 輸 設 備	2,000,000	買 入 有 價 證 券	28,000,000
支 票 存 款	35,500,000	其 他 設 備	500,000	長 期 股 權 投 資	6,000,000
累 計 折 舊:		應 解 匯 款	600,000	存 入 保 證 金	100,000
一房屋及建築	1,200,000	應 收 保 證 款 項	1,000,000	買 賣 票 券 利 益	2,000,000
一交通運輸設備	900,000	退 休 金 準 備	180,000	央行放款轉融資	3,200,000
一 其 他 設 備	300,000	活 期 存 款	52,000,000	手 續 費 收 入	2,800,000
備 抵 呆 帳	4,040,000	公 庫 存 款	4,000,000	利 息 支 出	8,550,000
法 定 公 積	24,000,000	催 收 款 項	800,000	各 項 提 存	500,000
收 入 公 積	13,000,000	儲 運 費 用	70,000	財 產 交 易 利 益	30,000
應 付 代 收 款	250,000	長期股權投資利	320,000	雜 項 支 出	320,000
上期損益（貸）	4,500,000	益		保 證 款 項	1,000,000
累積盈餘（貸）	50,000	雜 項 收 入	150,000	受 託 代 放 款	3,800,000
開 辦 費	500,000	應 收 代 收 款	300,000		
現 金 運 送 費	80,000	受 託 代 收 款	300,000		
業 務 費 用	5,500,000	應 收 代 放 款	3,800,000		

(二)結算有下列各事項：

1.其他預付款科目中，有$200,000原係暫付投資臺豐企業公司的股款，結算時已領到該公司股票。

2.其他預收款科目中，有$350,000應轉列長期股權投資利益科目。

3.經逐筆精確計算結果，應收利息應為$640,000，應付利息應為$1,030,000，預收利息應為$150,000，預付利息仍為$50,000。

4.預付費用科目中，有$10,000應轉列業務費用科目。

5.本期房屋及建築應提折舊$300,000，交通及運輸設備應提折舊$250,000，其他設備應提折舊$50,000。

6.催收款項中，有$200,000因收回無望，經董事會核准予以轉銷。

7.按期末信用放款(短放、透支、中放、貼現、催收款項)，擔保放款（擔透、短擔放)，及買匯、押匯等餘額的1%提存備抵呆帳。

8.開辦費本期應攤銷十分之一。

9.按本期已付薪資總額$3,000,000提存退休金準備4%。

10.營業稅及福利費用應補提$20,600，地價稅應補提$30,000。

11.匯出匯款中，有$10,000已逾法定年限，可轉列雜項收入。

㈢根據上項資料

1.作成調整分錄。

2.編製八十五年度上期結算後資產負債表及損益表。

第十五章　外匯會計

第一節　外匯業務簡介

一、國際貿易與銀行外匯業務的關係

　　國際間的一切經濟交易，無論是因貿易行為所作商品勞務的交換；或因金融因素所作的長短期貸款及投資，均會發生支付和清算的問題，而作為支付工具的貨幣則因各國幣值不同，單位互異，彼此不能直接移入國內使用，而必須將不同貨幣予以兌換，因此產生所謂的國際匯兌。上述問題需透過外匯銀行的信用中介和調解，由銀行將國際貿易各當事人間的債權債務關係，轉變為銀行間的債權債務關係，並由外匯銀行利用各種工具達到清算的目的。例如：進出口廠商透過銀行所開發的信用狀，可得資金融通的便利；此外對國外的保證業務也需依賴外匯銀行居間參與，以促使國際貿易能順利進行。凡此種種，銀行在國際貿易間所提供的服務，構成銀行的外匯業務。

二、外匯業務的種類

(一)出口押匯

　　此種業務係出口商將商品賣給國外進口商，當貨物裝運出口後，根據信用狀所載條款，備妥全部貨運單據，持向外匯指定銀行，洽辦讓購

外匯（押匯）而取得貨款，押匯銀行即依信用狀指示，將有關單據寄送開狀行或其指定的銀行收取貨款。

(二)出口託收

此種業務係出口商非依信用狀裝運貨物出口，而係將匯票連同貨運單據等文件，向銀行申請代收貨款。俟國外代收行收妥貨款，存入該銀行在國外存款行的帳戶，始將該筆貨款結付與出口商。

(三)進口押匯

此種業務係銀行應國內進口商的申請，開出信用狀，開狀銀行憑受益人經押匯銀行轉送的押匯單據先行墊付貨款或承諾付款，進口商於結清墊款本息或辦理約定手續後即可領取單據提領貨物。

(四)進口託收

此種業務係進口商以託收方式進口貨物，通知國外發貨人將貨運單據及匯票等文件交由託收銀行送交進口地的受託銀行委託收取貨款。

(五)匯出匯款

此種業務係銀行應顧客的請求，將款項以電報、書函或簽發匯票方式，通知國外聯行或通匯同業解付予指定的收款人。

(六)匯入匯款

此種業務係國外同業或聯行，以電報、書函或簽發匯票，通知國內銀行解款與指定的收款人。

㈦光票買入

此種業務係指由國外銀行付款的票據，經本國銀行先行墊款並委託國外通匯銀行代收入帳。所謂光票，係指未附任何單據文件的票據。

㈧光票託收

此種業務係國外付款的票據，先經由本國銀行委託國外通匯銀行代收，俟款項收妥後始撥付予客戶。

㈨外匯存款

此種業務係憑客戶的匯入匯款通知書、外幣現鈔、外幣貸款、外幣票據、新臺幣結購外匯及存入文件辦理的存款。分爲活期及定期存款兩種。

㈩外幣貸款

爲外匯授信業務，涵蓋極廣，除前述的進出口押匯業務外，其他尙包含如：生產企業進口機器外幣貸款、6億美元外幣貸款、中長期外幣融資等。

(十一)外幣保證

係銀行依客戶的申請向國外第三者開發保證函或擔保信用狀，保證如客戶未能依約履行其債務時，銀行負有無條件淸償的義務。

(十二)外幣現鈔售兌及代售旅行支票

客戶以新臺幣向銀行結購外幣現鈔及旅行支票或以外幣現鈔或旅行支票結售予銀行兌取新臺幣。

⒀遠期外匯買賣

係進出口廠商，爲避免未來外匯匯率波動的風險，而事先與其往來的外匯指定銀行訂立契約，約定對契約金額於未來一定期日（或一定期間）交割時，按約定的匯率買賣。

⒁衍生性金融商品

係由傳統現貨市場的金融投資商品如利率、匯率、債券、股票、外匯等商品所衍生出來的新型金融工具，包括遠期外匯、期貨、選擇權以及利率或外匯互換交易等。這些金融產品可以提供現貨市場參與者一種規避價格變動風險的工具。

第二節　外匯的匯價

一、外匯的意義

「外匯」一詞可作兩種解釋，一是指可用來從事國際貿易的外幣資金，這種外幣資金包括以國外爲付款地的貨幣、票據或債權；一是指清償或了結國際間債權債務的方法，即國外匯兌的簡稱。綜合言之，外匯乃爲國際間收支及清理債權債務的工具。

國際間的借貸收支，通常必須透過兩國經營國外匯兌的銀行爲仲介，以便清算與計算國際貿易順差或逆差的結果。

二、外匯的價格

外匯業務必涉及外國貨幣，外國貨幣的價值與本國貨幣不同，單位亦不一致，由於兩者相互間價格的確定及折算，就產生了外匯匯價的問

題。匯價又稱匯率，係指兩種貨幣價值的比率，通常有兩種表示方式：一為一定數額的本國貨幣折合若干外國貨幣，例如：新臺幣一元折合美金三分六厘，即 NT$ 1＝USD 0.036，此種表示方式又稱為「間接報價」；另一種匯率表示方式則為一定數額的外國貨幣折合若干本國貨幣，例如：一美元折合二七‧五〇新臺幣，即 USD 1＝NT$ 27.50，此種報價方式又稱為「直接報價」。目前國際間對匯率的表示方式，除英鎊、澳幣、紐幣等大英國協國家採間接報價外，其餘各主要貨幣皆採直接報價方式，而目前我國各銀行的掛牌亦採直接報價方式，即每一元外國貨幣折合若干新臺幣。

匯價依不同功用及性質可分為：

(一)銀行買匯（Bid rate）及銀行賣匯（Offer rate）

此即所謂雙向報價。銀行買匯對報價銀行而言，表示報價銀行願意以此價格買入外匯的匯率；而銀行賣匯則表示報價銀行願意以此賣出外匯的價格，例如：甲銀行八月十二日美金對新臺幣的掛牌為27.50—27.60，表示甲銀行願意以27.50買入美元賣出新臺幣，願意以27.60賣出美元買入新臺幣。一般而言，無論銀行與銀行間或銀行與客戶間的交易，均採雙向報價方式進行交易。

(二)即期匯率（Spot rate）及遠期匯率（Forward rate）

即期匯率為即期外匯交易所適用的匯率。依銀行間的規定，即期外匯交易的交割日定為交易後第二個營業日，例如：甲銀行與乙銀行於一九九六年八月十二日成交一筆美元對新臺幣的即期外匯交易，其第二個營業日為八月十四日，假設當天臺灣及紐約均非假日，則此筆即期外匯交易的交割日即為八月十四日，而這種以即期日（Spot date）交割的外匯交易稱為即期外匯交易。

相對於即期匯率的爲遠期匯率，遠期匯率爲遠期外匯交易所適用的匯率，遠期外匯交易爲交割日爲兩個營業日以上的外匯交易，期間通常可分爲一週、一個月、二個月、三個月、六個月、九個月及一年，但一般而言甚少超過六個月。目前市場競爭激烈，客戶在與銀行訂約時，也可於一定期間內任選一天爲交割日，例如：31至60天任選其中一日爲交割日。

遠期匯率的計算爲即期匯率加計換匯點數(Swap point)，換匯點數乃是將兩種幣別的利率差距以匯率的方式表示出來，由於換匯點數的計算方式較爲複雜，此處目前暫不討論。

(三)法定匯率及市場匯率

法定匯率即是官價，在外匯管制的國家，外匯匯率由政府訂定，而市場對外匯的買賣即根據此一政府所訂定的匯率做交易；市場匯率爲市場上實際的交易價格，匯率的高低完全依據市場的供需來決定。

(四)結帳匯率（Booking rate）與實際匯率

結帳匯率爲銀行於決算時，藉以將外幣資產及負債折算成本位幣所用的匯率；而市場上實際買賣的價格，則稱爲實際匯率。

三、交叉匯率的計算

交叉匯率係透過某一幣別對其他兩種幣別的匯率，去計算出這兩種幣別之間的匯率。換言之，即根據已知的甲乙兩國及乙丙兩國間的匯率，計算出甲丙兩國間的匯率。茲舉例說明如下：

例一 已知美元對新臺幣匯率爲27.50，而港幣對新臺幣匯率爲3.56，求美元對港幣匯率。

USD 1＝NTD 27.50

HKD 1＝NTD 3.56

USD 1＝HKD X

$$\frac{\text{USD}}{\text{HKD}} = X = \frac{27.50}{3.56} = 7.7247$$

故 USD 1＝HKD 7.7247

反之，若欲知道港幣對美元匯率，則爲上述 X 之倒數，即

$$\frac{1}{X} = \frac{\text{HKD}}{\text{USD}} = \frac{1}{7.7247} = 0.1295$$

故 HKD 1＝USD 0.1295

例二 已知美元對新臺幣匯率爲27.50，而英鎊對新臺幣匯率爲42.68，求英鎊對美元匯率。

USD 1＝NTD 27.50

GBP 1＝NTD 42.68

GBP 1＝USD Y

$$\frac{\text{GBP}}{\text{USD}} = Y = \frac{42.68}{27.50} = 1.5520$$

故 GBP 1＝USD 1.5520

反之，若欲知道美元對英鎊匯率，則爲上述 Y 之倒數，即

$$\frac{1}{Y} = \frac{\text{USD}}{\text{GBP}} = \frac{1}{1.5520} = 0.6443$$

故 USD 1＝GBP 0.6443

四、銀行匯率掛牌的決定

交叉匯率的計算方法在外匯業務上應用甚廣，尤其在採取自由匯率政策的國家，實爲決定本國貨幣與美元以外的第三種貨幣間匯價的重要方法；而我國各外匯指定銀行目前在計算雜幣(指美元以外的其他外幣)與新臺幣間的交叉匯率，亦多以此方法爲計算的依據。茲舉例說明銀行

掛牌的計算方法。

例 馬克對新臺幣（DEM/NTD）買賣匯價的決定。

步驟一：決定 USD/NTD 中價為27.49。

步驟二：決定 USD/DEM 匯率，假設取掛牌當時即期市場 USD/DEM 的中價1.4752。

步驟三：利用前述交叉匯率計算方法計算出 DEM/NTD 匯率為 18.63，則此18.63即為 DEM/NTD 的中價。

步驟四：再根據各銀行所訂定馬克買賣匯價的差點（Spread）由中價予以減加即可計算出買賣馬克的掛牌匯率。茲舉某銀行外匯匯率掛牌如下：

幣　　　別	中　價	買　匯	賣　匯
澳　　幣(AUD)	21.38	21.28	21.48
加　　幣(CAD)	20.06	19.98	20.14
瑞士法郎(CHF)	22.88	22.79	22.97
馬　　克(DEM)	18.63	18.52	18.74
法國法郎(FRF)	5.45	5.41	5.49
英　　鎊(GBP)	42.66	42.41	42.91
港　　幣(HKD)	3.55	3.52	3.58
日　　幣(JPY)	0.2544	0.2519	0.2569
星　　幣(SGD)	19.43	19.35	19.51
美　　金(USD)	27.49	27.44	27.54

五、銀行的外匯部位

銀行外匯部位係指銀行承擔匯率變動風險的外匯買賣餘額。外匯部位的產生係因外匯買賣而來。在營業時間中，任何一筆牽涉到外匯買賣

的交易均會影響銀行的外匯部位。

　　一般而言,銀行的外匯部位可分爲兩種: 一爲自有資金的外匯部位;另一則爲交易員的外匯部位。前者係指銀行爲營運的需要而以本國貨幣購進的外幣營運資金所產生的部位, 目的是爲因應一般外匯業務營運週轉及投資之用, 各銀行通常都會定期重估 (Revalue) 其價值, 但由於是長期持有, 因此匯率變動的風險較不被計較; 後者則是因日常外匯業務對外匯買賣而產生的部位, 由於外匯市場爲一24小時的市場, 各主要幣別匯率隨時變動, 銀行爲避免因匯率變動而產生損失, 乃由交易員負責管理, 隨時注意匯率的動向並控制部位。

　　外匯部位可能爲買超 (Long position) 或賣超 (Short position),買超係指銀行買匯餘額大於賣匯餘額, 而賣超則恰好相反。銀行掛牌的幣別有很多種, 各幣別均有其部位, 而銀行爲控制其整體的匯率風險,通常亦會將各幣別的部位折算成美金, 以控制其總外匯交易部位。茲簡單介紹銀行各項外匯業務對其部位的影響。

六、影響買匯的業務

　　1.匯入匯款。

　　2.光票買入。

　　3.光票託收款項收妥撥付。

　　4.客戶結售外匯存款。

　　5.外幣現鈔買入。

　　6.出口押匯款項撥付。

　　7.出口託收款項收妥撥付。

　　8.進口保證金未用餘額退還。

　　以上各項業務均會使銀行買超部位增加。

七、影響賣匯的業務

1. 匯出匯款。
2. 客戶結購外匯存入外匯存款。
3. 客戶結購旅行支票。
4. 客戶結購外幣現鈔。
5. 繳納進口保證金。
6. 還款贖單。
7. 償還外幣貸款。
8. 進口託收承兌交單到期還款。

以上各項業務均會使銀行賣超部位增加。

各外匯指定銀行對於上述外匯的買入及賣出，務須妥為管理及運用，以免因匯率變動而使銀行造成損失。

第三節　外幣的記帳方法

一、外幣交易的入帳

銀行辦理外匯業務，大部分為外幣交易，或同時涉及外幣與本國貨幣的交易。可是外幣與本國貨幣及外幣與外幣之間，單位既不相同，價值亦非一致，記帳時，應如何將幣值不同各種外幣與本國貨幣，同時表現於帳冊，並使借貸雙方仍可保持平衡，而據以編製的各種表報及計算的損益，又能適當地表示外匯業務的交易實況，和結算時的財務狀況與經營結果，實屬值得研究的問題。一般對於外匯業務的記帳方法，有本位幣記帳及原幣記帳兩種，本位幣記帳法又因其折價標準的不同，復有時價法及定價法之分，茲於下文中分別加以說明。

二、本位幣記帳的方法

「本位幣記帳法」，係以本國貨幣爲記帳單位，各種外國貨幣均按照一定的折價標準，折合爲本國貨幣再行入帳。此法又因折價標準的不同，再分爲時價法及定價法兩種。茲特分述於下：

「時價法」又稱時值匯率法，乃是在外幣交易事項發生後，將各種外幣按照交易發生當時外幣與國幣的匯率折合爲國幣，直接登帳，而不用兌換科目爲橋樑。至結算或月算時，再按照結算或月算當時外幣與國幣的匯率，將各該外幣資產負債的餘額另行折成國幣，以與帳上原有的國幣餘額比較，所得借貸差額，即可據以計算兌換損益。此法將各種外幣債權債務帳戶視爲商品帳戶，各帳戶的餘額則視爲期末存貨，按時價（結算時的匯率）估計盤存價值，至於所使用的明細分類帳，應將各種外幣資產負債的原幣金額及折合國幣金額分欄記載，俾能查考各種外幣餘額，由於各次外幣交易的折算率不一定相同，所以帳面上原幣欄與國幣欄的餘額，也不能保持適當的比率。

「定價法」又稱固定匯率法，每逢外幣交易事項發生後，將各種外幣，一律按固定的匯率折合國幣，以與另設的兌換科目外幣戶轉帳；至於按照當時匯率折算而實際收付的國幣數額，則以兌換科目國幣戶入帳。結算或月算時，再將原按固定匯率折算國幣的各種外幣資產負債及兌換科目外幣戶的各種原幣餘額，按照結算或月算當時的匯率，折合國幣，以與各該資產負債及兌換科目國幣戶的國幣餘額相比較，所得差額即爲兌換損益。此法與前法均係將外幣折成國幣入帳，不同之處，乃本法係按固定的匯率折算，不因匯率的變動而改訂，只須以固定折算率與帳上餘額相除，即可申算外幣的原有數額，而明細帳上外幣與國幣的餘額始終保持一定比率關係。此外還須設置兌換科目作爲轉帳的橋樑，兌換科目又分爲外幣戶及國幣戶，凡按照固定匯率將外幣折合爲國幣的數額記

入外幣戶，凡按照當時匯率折算而實際收付的國幣數額，記入國幣戶；兌換科目國幣戶明細帳不必分幣別，只將原幣金額與折合國幣金額分欄記載，以查考外幣餘額而已，至於兌換科目外幣戶，必須按每一外幣別分設明細帳，俾能瞭解各種外幣的存缺情形。至於按定價法記帳的各種外幣資產負債明細帳，也與時價法相同，應在帳面分設原幣欄、折價欄及國幣欄，以便查考資產負債的外幣數額。時價法及定價法外幣資產負債明細分類帳的格式如下：

本帳頁次：

戶名： 幣名： 本戶頁次：

年		摘　要	原　　幣				折　價	國　　幣			
月	日		借　方	貸　方	借或貸	餘　額		借　方	貸　方	借或貸	餘　額

　　茲爲便於學者瞭解起見，特再舉例說明：

　　設某銀行受客戶委託，將美金 1 萬元匯到紐約，匯款時的美金時價爲美金一元合臺幣二八・七，規定的記帳匯率則爲 1:28。按時價法及定價法將應作分錄列示於下：

1. 時價法

(1)匯出時：

借：庫存現金　　　　　　　　　　　　　　NT\$287,000.00

貸：匯出匯款$\left(\begin{array}{c}\text{US\$10,000.00}\\ @\ \text{NT\$28.70}\end{array}\right)$　　　NT\$287,000.00

(2)解訖時：

借：匯出匯款$\left(\begin{array}{c}\text{US\$10,000.00}\\ @\ \text{NT\$28.70}\end{array}\right)$　　　NT\$287,000.00

貸：存放同業

$$——國外\binom{US\$10,000.00}{@\ NT\$28.70}\qquad NT\$287,000.00$$

2.定價法

(1)匯出時：

借：庫存現金　　　　　　　　　　　NT$287,000.00

　　貸：兌換（臺幣戶）　　　　　　　NT$287,000.00

借：兌換（美金戶）　　　　　　　　NT$280,000.00

$$貸：匯出匯款\binom{US\$10,000.00}{@\ NT\$28.00}\qquad NT\$280,000.00$$

(2)解訖時：

$$借：匯出匯款\binom{US\$10,000.00}{@\ NT\$28.00}\qquad NT\$280,000.00$$

　　貸：存放同業

$$——國外\binom{US\$10,000.00}{@\ NT\$28.00}\qquad NT\$280,000.00$$

　　茲再設該行買入美金匯票 1 萬元,經寄美國紐約花旗銀行委託代收,當時美匯時價為美金一元合臺幣二九‧四元。

1.時價法

(1)買入時：

$$借：買入匯款\binom{US\$10,000.00}{@\ NT\$29.40}\qquad NT\$294,000.00$$

　　貸：庫存現金　　　　　　　　　　NT$294,000.00

(2)收妥時：

$$借：存放同業——國外\binom{US\$10,000.00}{@\ NT\$29.40}\qquad NT\$294,000.00$$

$$貸：買入匯款\binom{US\$10,000.00}{@\ NT\$29.40}\qquad NT\$294,000.00$$

2.定價法

(1)買入時：

借：兌換（臺幣戶）　　　　　　　　　　　　NT$294,000.00

　　貸：庫存現金　　　　　　　　　　　　　　NT$294,000.00

借：買入匯款$\left(\begin{array}{c}\text{US\$10,000.00}\\ @\ \text{NT\$28.00}\end{array}\right)$　　NT$280,000.00

　　貸：兌換（美金戶）　　　　　　　　　　　NT$280,000.00

(2)收妥時：

借：存放同業——國外$\left(\begin{array}{c}\text{US\$10,000.00}\\ @\ \text{NT\$28.00}\end{array}\right)$　NT$280,000.00

　　貸：買入匯款$\left(\begin{array}{c}\text{US\$10,000.00}\\ @\ \text{NT\$28.00}\end{array}\right)$　　NT$280,000.00

三、原幣記帳的方法

「原幣記帳法」又稱多位法，就是外幣交易發生時，直接以各該原幣登帳，而不按任何匯率折成國幣記載；不過在外幣與國幣之間，另以兌換科目的原幣戶與兌換科目的國幣戶爲橋樑，分別與原幣科目和實際收付的現金或相當科目對轉。各種外幣資產負債及兌換科目，均按各種幣別設置帳簿記錄，結算時再按規定的折算率將各種外幣資產負債及兌換科目折成國幣，以與國幣部分資產負債合併編製結算報表。並計算兌換損益。茲按上列實例再按本法作成分錄如下：

1. 匯出匯款

(1)匯出時：

借：庫存現金（臺幣帳）　　NT$287,000.00

　　貸：兌換（臺幣帳）　　　　　NT$287,000.00

借：兌換（美金帳）　　　　US$10,000.00

　　貸：匯出匯款（美金帳）　　　US$10,000.00

(2)解訖時：

　　借：匯出匯款（美金帳）　　　　　　　US$10,000.00

　　　　貸：存放同業——國外（美金帳）　　US$10,000.00

2.買入匯款

(1)買入時：

　　借：買入匯款（美金帳）　　　　　　　US$10,000.00

　　　　貸：兌換（美金帳）　　　　　　　US$10,000.00

　　借：兌換（臺幣帳）　　　　　　　　　NT$294,000.00

　　　　貸：庫存現金（臺幣帳）　　　　　NT$294,000.00

(2)收妥時：

　　借：存放同業——國外（美金帳）　　　US$10,000.00

　　　　貸：買入匯款（美金帳）　　　　　US$10,000.00

四、三種記帳法的比較

以上三種記帳方法，在應用上均互有利弊，茲分述於下：

1.時價法

就帳務處理而言，本法最爲簡單，所有外幣交易，只要按時價折合國幣直接記帳，既毋須兌換科目作轉帳的橋樑，也不必爲各種外幣單獨設置帳簿。但不設兌換科目，對於各種外幣頭寸的存欠情形，平時難以查點；又因無各種外幣帳簿，而外幣折價復按時價經常變動，對於各種外幣資產負債的實況，更難一目了然。

2.定價法

本法將有關外幣的交易，均透過兌換科目各外幣戶加以記載，因此對外幣的收支及存欠情形較易查明，而外幣資產負債均係按固定匯率折成國幣，只要將帳上國幣餘額除以固定匯率即可得悉原幣數額。在採用單一匯率制而匯率又不常變動的國家，此法最爲適宜。但缺點爲未能分

別表現每種外幣的資產負債金額，而作爲折算根據的固定匯率，與實際匯率也往往不能一致，如遇匯率變動頻繁，且變動的幅度較大時，折算的結果，勢將發生嚴重差異。

3.原幣法

本法按每一外幣分別設帳記錄，並分設各種幣別兌換科目爲轉帳橋樑，處理上雖較繁瑣；但直接以原幣記帳，對於每種外幣的存欠情形，隨時可自帳面查悉，調度外匯頭寸極爲靈便，且各種外幣資產負債的原幣餘額，分別表現於各該原幣帳簿，亦能一目了然。

以上三種方法，因原幣法可隨時查考各種原幣數額，最能表現外匯業務實況，故爲目前一般辦理外匯業務的銀行所採用。採用原幣記帳法，各種外幣有其獨立的日計表，依各種外幣幣別設置總分類帳及明細分類帳。損益類別則一律折算爲新臺幣表示，即外幣交易過程中所產生的損益均需透過「兌換」轉爲新臺幣。因採用原幣記帳法，於交易牽涉不同貨幣時使用「兌換」科目作爲橋樑，使各幣別的帳目得以平衡。且透過「兌換」帳的彙總記帳可據以了解全行外匯買賣的狀況；即在外幣「兌換」帳面如爲貸餘表示買超（Over-bought position），借餘則表示爲賣超（Over-sold position）。

五、兌換的損益

上述兌換科目乃係經營外匯業務銀行,爲記載外幣交易特設的科目，在採用定價法及原幣記帳法的情形下，所有外幣交易，同時用外幣與國幣分別列帳並能保持借貸平衡，故全部外匯交易均能匯總於兌換帳內。應用定價法記帳時，總帳上應設國幣戶及外幣戶兩種兌換科目，並於外幣戶之下，再按各種貨幣分戶設置明細帳予以登記；但在應用原幣記帳法記帳時，因係按各種外幣分設總帳，故每一種外幣別的總帳上，均設有各該幣的兌換科目。由於兌換科目係一種資產負債共同科目，無論定

價法的明細帳或原幣記帳法總帳的各外幣帳戶如有貸餘，即是表示該外幣的餘存數，俗稱多頭；反之，各該幣戶的借餘，即是表示該外幣的不足數，俗稱空頭。經營外匯業務的銀行應經常注意各外幣兌換帳的餘缺，以免遇外幣匯率的急劇變動而遭受損失。兌換帳的格式如下：

貨幣別

年		摘要	兌（借）出			兌（貸）入			借或貸	餘　　額		
月	日		原幣	行市	成本	原幣	行市	成本		原幣	行市	成本

外幣交易不論是應用何法記帳，每屆結算或月算時，均應按規定的折價(定價或時價)，將帳上各外幣資產負債及兌換科目的原幣餘額，再折成國幣，以與各該科目帳上國幣餘額相較。此時如係外幣資產或兌換科目原幣帳的餘額為「多」，而其折價大於各該資產或兌換科目國幣帳的餘額時，即為兌換利益，應以（借）適當資產或兌換（國幣）及（貸）兌換損益科目轉帳（如係應用原幣記帳法，外幣資產帳原幣餘額不必折算國幣）；反之，其折價小於該科目國幣帳餘額時，為「兌換損失」，應以（借）兌換損益及（貸）適當資產或兌換（國幣）科目轉帳。又若外幣負債或兌換科目原幣帳的餘額為「缺」，而其折價大於各該負債或兌換科目國幣帳的餘額時，為兌換損失，應以（借）兌換損益及（貸）適當負債或兌換（國幣）科目轉帳（如係應用原幣記帳法，則外幣負債帳原幣餘額不必折算國幣）；反之，其折價小於國幣帳的餘額時，為「兌換利益」，應以（借）適當負債或兌換（國幣）及（貸）兌換損益科目轉帳。兌換餘額一經轉入兌換損益，該帳戶即可結平。兌換損益的計算實例，將於後文再加說明。

六、國外同業的往來

經營外匯業務的銀行，須在通商各國重要城市設置國外分行，或約定代理銀行，相互簽訂通匯合約，並在代理銀行開設存款帳戶存儲外匯資金，俾便隨時支應。凡向國外同業開立存款戶以備往來時，應於「存放銀行同業」科目之下增設「存放國外同業」戶或逕設「存放國外同業」科目處理；反之如國外同業向本行開立存款戶以備往來時於「銀行同業存款」科目之下增設「國外同業存款」戶或逕設「國外同業存款」科目處理。彼此往來已久或信用卓著的銀行，並可向對方訂立透支契約，以備存款不足時可以透支，凡本行於約定限度內，向國外同業透用款項時，應（貸）透支銀行同業（國外）科目；反之，如國外同業於約定限度內，向本行透用款項時，則（借）銀行同業透支（國外）科目。

銀行經營國外匯兌業務，舉凡進出口押匯、買入匯款、代收款項、及匯款等，均係委託國外同業代為收付，故各種外匯交易最後轉帳時，均係在「存放國外同業」帳戶內增減，是以「存放國外同業」帳戶，乃形成為主要的外幣交易集中帳戶。

綜上所述，可知外匯業務在會計處理上有如下的特點：

1.因涉及的貨幣種類除本國貨幣外，尚包括不同幣制的他國貨幣，而發生記帳方法的問題。

2.須透過「兌換」科目聯繫溝通各種不同的貨幣，而發生匯價折算與計算兌換損益的問題。

第四節　信用狀簡介

依據國際貿易的習慣，付款方式有多種，例如：信用狀、託收、記帳、分期付款等等。在實務上，信用狀是採用較為普遍的買賣貨款清償

工具；惟近年來隨著外匯管制的放寬，使用匯款方式付款已有越來越多的趨勢。

一、信用狀的意義

所謂信用狀，依照銀行法第十六條的說明，「謂銀行受客戶的委任，通知並授權指定受益人，在其履行約定條件後，得依照一定款式開發一定金額以內匯票或其他憑證，由該行或其指定的代理銀行負責承兌或付款的文書」。

由於信用狀各有關當事人居住於不同法律或商業習慣地域，為免於各當事人，對於各自權利義務或信用狀文字有所爭執，國際商會特於一九三三年創定信用狀統一慣例（Uniform customs and practice for documentary credits），規範信用狀定義、處理方式及各當事人義務與責任。事後曾多次修訂，目前所適用通行者為一九九三年通過的修訂版，由國際商會以第500號出版物公布（簡稱 UCP500）。信用狀統一慣例因普遍為世界大多數國家所接受，已成為銀行簽發信用狀及辦理進出口押匯所遵循的準則。

信用狀統一慣例第二條說明信用狀的意義如下：開狀銀行為其本身或循客戶的請求，並依其指示所為的任何安排，不論其名稱或描述為何，在符合信用狀條款的情形下，憑所規定的單據：(1)對受益人或其指定人為付款，或對受益人所簽發的匯票為承兌並與付款，或(2)授權另一銀行為上項付款或對上項匯票為承兌並與付款，或(3)授權另一銀行為讓購。

二、信用狀的關係人

信用狀的各關係人，分別說明如下：

1.開狀申請人（Applicant）

為請求銀行開發信用狀者，於國際貿易中通常為進口商（Importer）

或買方（Buyer）。

2.開狀銀行（Issuing bank）

應申請人請求開發信用狀的銀行。

3.通知銀行（Advising bank）

受開狀銀行委託，將信用狀轉交受益人的銀行。

4.受益人（Beneficiary）

信用狀中規定的特定對象，可於履行信用狀的各項約定後，執規定的單據憑證向銀行押匯以取得款項者，於國際貿易中，通常為出口商（Exporter）或賣方（Seller）。

5.押匯銀行（Negotiating bank）

受理受益人押匯的申請，依信用狀的規定，支付押匯款項的銀行。

6.付款銀行（Paying bank）

信用狀規定擔當付款的銀行，除開狀銀行本身外，可能是通知銀行，也可能是開狀行的代理銀行。

三、信用狀的種類

信用狀的種類繁多，茲就常見並對銀行押匯業務有關者分述如下：

㈠即期與遠期信用狀（Sight and Usance L/C）

前者為信用狀規定受益人簽發即期匯票或不須匯票僅憑單據即可押匯的信用狀。後者為信用狀規定受益人簽發遠期匯票或於出口商提示單據後經過一定期日始予付款的信用狀。

㈡可撤銷與不可撤銷信用狀（Revocable and Irrevocable L/C）

前者指開狀行可隨時修改或撤銷已開發的信用狀，而無須預先通知

受益人。後者指非經信用狀各當事人同意，開狀行不得片面取消或修改的信用狀。

(三)未限制與限制押匯銀行信用狀 (Non-restricted and Restricted L/C)

前者指信用狀未指定押匯銀行，出口商可自行選定銀行辦理押匯。後者指信用狀上規定須向指定銀行辦理押匯，若由其他銀行押匯，則應再轉送信用狀指定銀行辦理轉押匯。

(四)可轉讓與不可轉讓信用狀 (Transferable and Non-transferable L/C)

前者指信用狀受益人可將信用狀全部或一部分金額轉讓給第三人的信用狀。後者指信用狀未表明可轉讓的信用狀。

(五)保兌與無保兌信用狀 (Confirmed and Un-confirmed L/C)

前者指信用狀經開狀行以外的銀行保證兌付受益人依信用狀規定押匯的款項，後者指未經開狀行以外的銀行保兌的信用狀。

(六)轉開國內信用狀 (Local L/C)

出口商收到國外開來的原始信用狀，以此為依據並充作擔保品之一，向銀行申請轉開以國內供應廠商為受益人的信用狀。

(七)擔保信用狀 (Standby L/C)

不以清償商品交易貨款為目的，而以貸款融資或保證債務為目的所開發的信用狀。

四、信用狀的功用

銀行簽發信用狀，得以銀行的信用代替買方的信用，故信用狀乃為國際貿易中資金融通方面普遍被應用的工具，同時也解決進口及出口商相互間的信用問題，而有以下的優點：

(一)對進口商的優點

1.進口商透過銀行開發信用狀，可於貨物到達時才付款。如訂有遠期信用狀借款契約，進口商更可先行提貨，俟匯票到期時才付款，而獲得更長的融通。

2.信用狀上可規定各種條件，約束出口商履行交貨的責任，同時銀行辦理押匯時，必詳細審視有關的單據，使進口的貨物無論內容及品質各方面均可得到較大的保障。

(二)對出口商之優點

1.信用狀保證，只要受益人（出口商）提示完全符合信用狀條款的單據，即可獲得開狀銀行的付款。

2.出口商提示單據要求押匯，可獲資金的融通。

3.可憑信用狀於裝貨前申請信用狀貸款，預先取得資金。

五、信用狀作業流程圖

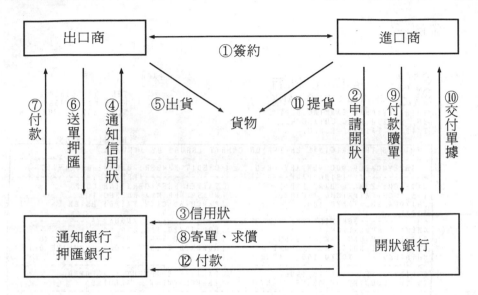

六、信用狀開發的方式與範例

1.航郵（Airmail）：請參閱範例一。

2.簡電（Brief cable）：

簡電信用狀開發後，開狀銀行須立即將郵寄證實書（Mail confirmation）寄送通知銀行。

3.全電（Full cable）：又分(1) SWIFT 請參閱範例二。

　　　　　　　　　　　　　(2) TELEX。

七、信用狀的內容

範例一：

① 商業銀行
CHUNG SHING BANK
INTERNATIONAL BANKING DEPT.
3F, NO 230 SUNG CHIANG RD,
TAIPEI, TAIWAN, R.O.C.

PAGE   1 OF   1
TEL: 02-5616601
FAX: 02-5114389
TLX: 26052 CHUNSHIN

② DATE: JAN 05,199_

```
          THIS IS THE ORIGINAL LETTER OF CREDIT ISSUED BY AIRMAIL.
--------------------------------------------------------------------------
③    IRREVOCABLE DOCUMENTARY CREDIT  ④ CREDIT NUMBER: 6NGAH2-00001-010
-------------ADVISING BANK----------+-----------APPLICANT------------
⑤ DAI-ICHI KANGYO BANK LTD.,        ⑥ TAIPEI REFRIGERATION CORP.
  1-5, UCHISAIWAICHO 1-CHOME,        | NO.59, WEN HWA RD.SEC 1
  CHIYODA-KU, TOKYO,100,             | PANCHIAO CITY, TAIPEI HSIEN
  JAPAN                              | TAIWAN R.O.C.
-------------BENEFICIARY------------+-----------AMOUNT--------------
⑦ SEIKA CORPORATION                 ⑧ FOR JPY20,138,000.00
  NISHI-SHINJUKU TAKAGI BLDG.,       | JAPANESE YEN TWENTY MILLION ONE
  20-3 NISHI SHINJUKU 1-CHOME,       | HUNDRED THIRTY-EIGHT THOUSAND ONLY
  SHINJUKU-KU, TOKYO 160, JAPAN      |
-----------------------------------+-----------------------------------
⑪ EXPIRY DATE : MAR 10,1996         ⑨ PARTIAL SHIPMENT : ALLOWED
  IN THE COUNTRY OF BENEFICIARY     ⑩ TRANSHIPMENT : ALLOWED
--------------------------------------------------------------------------
   DEAR SIRS,
       WE HEREBY ISSUE THIS IRREVOCABLE DOCUMENTARY CREDIT WHICH IS
⑫ AVAILABLE WITH ANY BANK BY NEGOTIATION OF BENEFICIARY'S DRAFT(S)
⑬ AT SIGHT FOR FULL INVOICE VALUE DRAWN ON CHUNG SHING BANK AGAINST
   THE FOLLOWING CONDITIONS AND DOCUMENTS:  ⑭
⑮ DESPATCH/SHIPMENT FROM NAGOYA TO KEELUNG
⑯ LATEST SHIPPING DATE : MAR 05,1996
⑰ COVERING
   364 SETS OF RECIPROCATING REFREIGERANT COMPRESSOR
⑱ CFR KEELUNG
⑲ DOCUMENTS REQUIRED
   (1) +SIGNED COMMERCIAL INVOICE IN SEXTUPLICATE INDICATING IMPORT
       PERMIT NO. IP-00001.
   (2) +2/3 SET OF ''CLEAN ON BOARD'' OCEAN BILL OF LADING MADE
       OUT TO THE ORDER OF CHUNG SHING BANK NOTIFYING APPLICANT MARKED
       ''FREIGHT PREPAID''.
   (3) +PACKING LIST IN QUADRUPLICATE.
   (4) +BENEFICIARY'S CERTIFICATE STATING THAT ONE ORIGINAL B/L AND ONE
       SET OF NON-NEGOTIABLE DOCUMENTS HAVE BEEN SENT DIRECTLY TO THE
       APPLICANT BY REGISTERED AIRMAIL AFTER SHIPMENT.
   (5) +INSPECTION CERTIFICATE IN 2 COPIES.
⑳ ADDITIONAL CONDITIONS
   (6) +ALL DOCUMENTS INCLUDING DRAFT(S) MUST BEAR THIS CREDIT NUMBER.
   (7) +ALL BANKING CHARGES, INCLUDING REIMBURSEMENT COMMISSIONS,
       ARE FOR BENEFICIARY'S ACCOUNT..
   (8) +DRAFT(S) AND DOCUMENTS MUST BE PRESENTED FOR NEGOTIATION WITHIN
       10 DAYS AFTER THE DATE OF SHIPMENT, BUT NOT LATER THAN
       THE VALIDITY OF THIS CREDIT.
   (9) +TO ADVISING BANK ONLY: PLEASE ADD YOUR CONFIRMATION TO THIS
       CREDIT, CONFIRMATION CHARGE IS FOR APPLICANT'S ACCOUNT.
   (10) +SHIPMENT MUST BE EFFECTED BY CONTAINER.
```

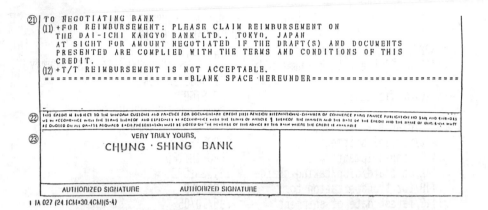

```
21  TO NEGOTIATING BANK
11  +FOR REIMBURSEMENT: PLEASE CLAIM REIMBURSEMENT ON
    THE DAI-ICHI KANGYO BANK LTD., TOKYO, JAPAN
    AT SIGHT FOR AMOUNT NEGOTIATED IF THE DRAFT(S) AND DOCUMENTS
    PRESENTED ARE COMPLIED WITH THE TERMS AND CONDITIONS OF THIS
    CREDIT.
12  +T/T REIMBURSEMENT IS NOT ACCEPTABLE.
    =====================BLANK SPACE HEREUNDER=====================
```

```
22  THIS CREDIT IS SUBJECT TO THE UNIFORM CUSTOMS AND PRACTICE FOR DOCUMENTARY CREDIT (1983 REVISION INTERNATIONAL CHAMBER OF COMMERCE PARIS FRANCE PUBLICATION NO 400) AND SHOULD BE CONSTRUED IN ACCORDANCE WITH THE TERMS THEREOF AND ESPECIALLY WITH THE TERMS OF ARTICLE 5 THEREOF THE ISSUER AND THE DATE OF THE CREDIT AND THE NAME OF OUR BANK MUST BE QUOTED ON ALL DRAFTS REQUIRED EACH PRESENTATION MUST BE NOTED ON THE REVERSE OF THIS ADVICE BY THE BANK WHERE THE CREDIT IS AVAILABLE

23  VERY TRULY YOURS,
    CHUNG · SHING BANK

    AUTHORIZED SIGNATURE        AUTHORIZED SIGNATURE
```

I JA 027 (24.1CM×30.4CM)(5-A)

範例二：

```
= SENT ===== issue of a documentary credit FM700 ================ E-COPY 0002 =

    ORIGINATOR   CSBKTWTPA×××          SW19960905FMRIBM01470500
    SESS   0713                        DATE SENT 05-SEP-96 18:26
    SEQU 017020                        DATE ACKD 05-SEP-96 18:42
    ------------------------------------------------------------------------
    DESTINATION  OUBKSGSG                TO SWIFT
                 OVERSEAS UNION BANK LIMITED
                 SINGAPORE


    --------------------------------- NORMAL -----------------------------------

    :27 /sequence of total           :1 / 1
    :40A/form of documentary credit  :IRREVOCABLE
    :20 /documentary credit number   :6NGAH2-00 -019
    :31C/date of issue               :96/09/05
    :31D/date and place of expiry    :96/10/15 IN THE COUNTRY OF BENEFICIARY
    :50 /applicant                   :       ENTERPRISE CO., LTD.
                                     NO.  . YUNG CHI ROAD, TAIPEI.
                                     TAIWAN
    :59 /beneficiary                 :/318598-201-USD
                                             OIL PTE LTD.
                                     NO. TUAS AVENUE 9
```

```
                                    JURONG INDUSTRIAL ESTATE
                                    SINGAPORE 639171
    :32B/currency code amount       :USD 11,991.20
    :41D/available with/by-name,addr :ANY BANK IN BENEFICIARY'S COUNTRY
                                     BY NEGOTIATION
    :42C/drafts at                  :AT SIGHT
                                     FOR FULL INVOICE VALUE
    :42D/drawee - name and addr     :CHUNG SHING BANK
    :43P/partial shipments          :PROHIBITED
    :43T/transshipment              :PROHIBITED
    :44A/on board/disp/taking charge :SINGAPORE
    :44B/for transportation to      :KEELUNG
    :44C/latest date of shipment    :96/10/05
    :45A/descr goods and/or services :LUBRICATING OILS
        FOB SINGAPORE
    :46A/documents required         :
        +SIGNED COMMERCIAL INVOICE IN SEXTUPLICATE .
        +FULL SET OF "CLEAN ON BOARD" OCEAN BILL OF LADING MADE
        OUT TO THE ORDER OF CHUNG SHING BANK NOTIFYING APPLICANT MARKED
        "FREIGHT COLLECT".
        +PACKING LIST IN QUADRUPLICATE.
    :47A/additional conditions      :
        +ALL DOCUMENTS INCLUDING DRAFT(S) MUST BEAR THIS CREDIT NUMBER.
    :71B/charges                    :+ALL BANKING CHARGES OUTSIDE
                                     TAIWAN, INCLUDING REIMBURSEMENT
                                     FEES ARE FOR BENEFICIARY'S
                                     ACCOUNT.
    :48 /period for presentation    :WITHIN 10 DAYS AFTER
                                     SHIPMENT BUT NOT LATER THAN
                                     THE VALIDITY OF THIS CREDIT

= = = = = = = = = = = = = = = = = = C001/00027420/05-SEP-96/18:26:57 = P 1/2 =

    :49 /confirmation instructions   :WITHOUT
    :78 /instructions to pay/acc/neg bk:
        +UPON RECEIPT OF DOCUMENTS ALONG WITH DRAFT(S) STRICTLY COMPLYING
        WITH TERMS OF THIS CREDIT WE WILL REMIT THE PROCEEDS TO YOU AS
        INSTRUCTED.
        +IF DISCREPANT DOCUMENTS PRESENTED, WE WILL DEDUCT USD50.00 FROM
        NEGOTIATING AMOUNT AS DISCREPANCY FEE.
        +DRAFT(S) AND DOCUMENTS NEGOTIATED UNDER THIS CREDIT MUST BE
        SENT TO US BY REGISTERED AIRMAIL, MAILING ADDRESS AS FOLLOW :
        CHUNG SHING BANK, INTERNATIONAL BANKING DEPT.
        3F, NO. 230 SUNG CHIANG RD. TAIPEI, TAIWAN, R.O.C.
```

```
----------------------------------------------------------------
:MAC /Message Authentication Code:A4E1D350
:CHK /Checksum Result             :EE0AA76B38E0

----------------------------- ACKNOWLEDGEMENT -----------------------------

:177 /date and time               :960905 18:42
:451 /acceptance/rejection        :accepted

-------------- PRINT REQUEST FROM AOTH ON 05-SEP-96 AT 18:26:57 --------------

Entry   :  MFSERV Date:960905 Time:18:21:30
Fix     :      CP Date:960905 Time:18:24:56
Verify  :      CP Date:960905 Time:18:24:01
Approve :      JD Date:960905 Time:18:26:48

==================================== C001/00027420/05-SEP-96/18:26:57 = P 2/2 =
```

以範例一為說明如下：

1.開狀銀行 (Issuing bank)：CHUNG SHING BANK

2.開狀日期 (Date of issue)：JAN. 5, 1996

3.信用狀種類 (Form of documentary credit)：IRREVOCABLE DOCUMENTARY CREDIT

4.信用狀號碼 (Credit number)：6NGAH2-00001-010

5.通知銀行 (Advising bank)：DAI-ICHI KANGYO BANK LTD., TOKYO, JAPAN

6.開狀申請人 (Applicant)：TAIPEI REFRIGERATION CORP.

7.受益人 (Beneficiary)：SEIKA CORPORATION

8.信用狀金額 (Credit amount)：JPY20,138,000.00

9.分批裝運的規定 (Partial shipment)：ALLOWED

10.轉運的規定 (Transhipment)：ALLOWED

11.信用狀到期日及地點 (Date and place of expiry)：MAR. 10,

1996 IN THE COUNTRY OF BENEFICIARY

12.以……方式獲得融資 (Available with/by)：ANY BANK BY NEGOTIATION

13.匯票 (Draft)：AT SIGHT FOR FULL INVOICE VALUE

14.付款人 (Drawee)：CHUNG SHING BANK

15.貨物裝運起訖地點 (Shipment from)：NAGOYA (TO): KEELUNG

16.最晚裝運日 (Latest shipping date)：MAR. 5, 1996

17.所應裝運的貨物 (Covering)：364 SETS OF RECIPROCAT-ING REFREIGERANT COMPRESSOR

18.貿易條件 (Trade term)：CFR KEELUNG

19.應具備的單據(Documents required)：請參閱範例一之(1)、(2)、(3)、(4)、(5)

20.特別條款 (Additional conditions)：請參閱範例一之(6)、(7)、(8)、(9)、(10)

21.對押匯銀行的規定 (To negotiating bank)：請參閱範例一之(11)、(12)

22.適用的統一慣例 (Apply to UCP)

23.授權簽章 (Authorized signature)

八、SWIFT 簡介

環球銀行財務通訊系統，全名 Society for Worldwide Interbank Financial Telecommunication, 簡稱 SWIFT。係由先進國家若干銀行捐資，於一九七三年依據比利時國內法申請立案的非營利性財團法人組織。總部設在布魯塞爾，並於布魯塞爾、阿姆斯特丹及紐約分別設立轉換中心，連接世界各參加國所設立的集線中心，再由集線中心（例如：

我國的中華電信公司）與各使用銀行連接。其成立宗旨是傳送各參加國間的國際金融業務資訊，並致力研究、使用、創設及管理必需的電信工具。

　　SWIFT 在一九七七年開始作業，目前全世界各地銀行大部分均已加入 SWIFT 系統，我國亦於一九八三年加入此一系統。該通訊系統將電腦與電訊技術結合，建立了一套全球性通用的電訊網路，透過國際數據傳輸電路，使各銀行得以終端機收發格式標準化的電文，且因 SWIFT 通訊網路自成一嚴密封閉系統，他人不易干擾或介入，傳送電訊時均以亂碼傳送，別人不易解碼，金融機構透過 SWIFT 從事資金調撥、清算，收發信用狀，交易的確認、通知、對帳及傳遞訊息等作業，安全性、精密度高，且傳遞容量大，可提高外匯業務處理效率，並降低通訊成本。

　　SWIFT 電文共分十類，每類各有不同之型態，第0類係系統電文，與外匯業務較無關係，第1類係顧客匯款與支票(Customer transfer and cheques)，第2類係金融機構匯款 (Financial institution transfer)，第3類係外匯拋補的確認 (Foreign exchange confirmation)，第4類係託收與光票代收 (Collections and cash letter)，第5類係證券交易 (Securities)，第6類係貴金屬與聯合貸款 (Precious metals and syndications)，第7類係跟單信用狀 (Documentary credits)，第8類係旅行支票 (Traveler cheques)，第9類係現金管理與顧客狀況 (Cash management and customer status)，其中常用者如：會計對帳單，第10類為共同類組如：查詢、答覆等。

第五節　出口業務與會計處理

一、出口業務的種類

(一)信用狀通知

信用狀通知係指國外同業於開發、通知或保兌信用狀後，委任通知銀行通知受益人。對通知銀行而言，除非加以保兌，信用狀通知並非授信行為，通知銀行無信用的風險，但其作業若有疏失，例如：不當的延擱、錯誤的通知或押碼、有權人簽字的誤辨等而導致受益人遭受損失時，仍有被索賠的可能。

(二)出口押匯

1.意　義

出口商將貨物裝運出口後，根據信用狀所載的條款，備妥全部信用狀規定單據，持向外匯銀行辦理押匯而取得貨款，押匯銀行即依信用狀指示將單據寄至開狀行或其指定行收取貨款。

2.出口押匯的申請

辦理出口押匯／貼現所需文件：出口押匯申請書、信用狀正本及信用狀規定的匯票和各項單據。國內銀行辦理出口押匯／貼現（出口商提示的信用狀為買方遠期信用狀請求押匯稱出口貼現）是授信行為。出口商初次辦理出口押匯，需先填具質權總設定書，確定出口商日後辦理押匯時所負的責任，此項總設定書持續有效，日後出口商繼續辦理押匯，即無須再行簽具。若銀行未能自開狀行或指定銀行收回該款，出口商應歸還銀行所墊付款項，係有追索權的墊款。

3.審核單據的原則

銀行辦理出口押匯後，將來能否獲得國外開狀銀行付款，端視單據是否齊全且無瑕疵，故審核單據時不得不謹慎，以免遭受國外銀行拒付。審單的要點為：

(1)信用狀規定的條款應優先審查並適用。

(2)除信用狀規定外，應符合信用狀統一慣例。

(3)各單據所載事項，相互間有無矛盾。

4.押匯款撥付的原則

經審核完成的案件，由押匯銀行扣除各項費用後核准撥貸。對單據有瑕疵案件，不宜保結付款時，則電詢開狀行（Cable nego.）詢問是否逕行押匯，或改以託收處理或請出口商修改信用狀內容。付款時，須編製傳票即結匯證實書；銀行實務中，出口結匯證實書，一聯交出口商簽收，一聯為匯銀留底，一聯作為申報央行「出口及匯入匯款交易日報表」的附件。

5.銷　帳

當押匯銀行接到國外存匯銀行的進帳通知書或對帳單時，即辦理銷帳。若國外入帳金額有扣除費用時，其與出口押匯／貼現帳的差額，由銀行向客戶（出口商）補收，若有遲延進帳時，並向客戶補收遲延進帳日數的利息。

6.轉押匯

本國銀行同業間，為便利出口商辦理押匯起見，對於有指定押匯行的信用狀，允許信用狀的押匯行自行選擇押匯行，通稱第一押匯行；第一押匯行審核單據後，將有關單據送至信用狀指定的押匯行，轉寄開狀行及辦理押匯款的求償。指定押匯行可獲得押匯金額萬分之八手續費收入及全部郵電費收入。

(三)信用狀的保兌

信用狀的保兌係指銀行循開狀銀行的請求或授權，在原信用狀上，或另以書面方式加註條款，向受益人承諾，如其已履行信用狀的條款，並提出符合信用狀規定的匯票及／或單據，保兌銀行將依信用狀條件予以付款、承兌後付款或讓購。依信用狀統一慣例第九條的規定，保兌銀行的責任乃於開狀銀行責任之外，個別或共同履行該信用狀的義務，與開狀銀行負相同的責任。

(四)信用狀的轉讓

信用狀的轉讓係指第一受益人欲將信用狀的全部或部分轉讓予一個或以上的第二受益人使用。根據信用狀統一慣例第四十八條，信用狀的轉讓有下列的規定：

1.信用狀必須為可轉讓者，且係不可撤銷者。

2.可轉讓信用狀的各部分，得分別轉讓，但信用狀必須註明可分批裝運。轉讓的金額可較少，期限較短，保險金額較高，且轉讓內容不得與原信用狀內容相牴觸。

3.第一受益人得要求將信用狀轉讓予同一國內或不同國境的受讓人。

4.可轉讓信用狀只得轉讓一次，第二受益人不得再轉讓信用狀。但第二受益人可轉還第一受益人。

(五)出口託收

出口託收可分為付款交單 (D/P) 及承兌交單 (D/A)，付款交單指匯票付款人需先付清匯票票款後始可取得貨運單據。承兌交單指匯票付款人僅須於銀行提示匯票時在匯票上簽章承諾到期付款即可取得貨運單

據。出口託收的程序爲出口商檢具出口託收申請書、匯票及貨運單據交與銀行，銀行受理後即查核申請書內容有無不詳或不明，單據內容與份數是否與託收申請書上所載相符，如有遺漏則通知出口商，文件審核無誤，國內受託銀行則繕打出口託收委託書，連同正本單據郵寄國外代收銀行。

(六)轉開國內信用狀

出口商爲了不讓供應商獲知對外交易內容，或本身非貨品供應商卻不便以轉讓方式轉由供應商直接出口的情況下，常憑國外銀行開來的信用狀向通知銀行或往來銀行申請另開一信用狀給供應商，此另開的信用狀稱爲國內信用狀（Local L/C or back to back L/C），而原信用狀稱爲母信用狀（Original L/C or master L/C）。此外，不能轉讓的信用狀欲轉讓時，受益人可請求轉開國內信用狀以達到轉讓的目的。

二、出口業務的會計分錄

(一)出口押匯

1.辦理押匯的分錄

(1)墊付新臺幣時：

借：出口押匯／貼現　　　　　　　　　　　　　　（外幣）
　　貸：兌換　　　　　　　　　　　　　　　　　　（外幣）
　　　　其他應付款——代理商佣金（同日匯出）　　（外幣）
　　　　其他應付款——國外扣抵佣金　　　　　　　（外幣）
　　　　其他應付款——備付國外費用　　　　　　　（外幣）
借：兌換　　　　　　　　　　　　　　　　　　　　（新臺幣）
　　貸：聯行往來／新臺幣存款科目　　　　　　　　（新臺幣）

手續費收入——出口押匯費 　　　　　　　　　　　　（新臺幣）

手續費收入——匯費 　　　　　　　　　　　　　　　（新臺幣）

利息收入——出口押匯費（含轉押匯息、瑕疵息）

　　　　　　　　　　　　　　　　　　　　　　　　（新臺幣）

預收利息——貼現息（遠期信用狀賣方負擔利息時）

　　　　　　　　　　　　　　　　　　　　　　　　（新臺幣）

其他應付款——郵電費 　　　　　　　　　　　　　　（新臺幣）

其他應付款——應付轉押匯費（轉押匯時）　　（新臺幣）

(2)存入外匯存款時：

　借：出口押匯／貼現 　　　　　　　　　　　　　　（外幣）

　　貸：外匯活期存款 　　　　　　　　　　　　　　（外幣）

　　兌換（應收各項費用折換） 　　　　　　　　　　（外幣）

　　其他應付款——代理商佣金 　　　　　　　　　　（外幣）

　　其他應付款——國外扣抵佣金 　　　　　　　　　（外幣）

　　其他應付款——備付國外費用 　　　　　　　　　（外幣）

應收各項費用折換外幣由押匯款扣除：

　借：兌換 　　　　　　　　　　　　　　　　　　　（新臺幣）

　　貸：手續費收入——出口押匯費 　　　　　　　　（新臺幣）

　　手續費收入——匯費 　　　　　　　　　　　　　（新臺幣）

　　利息收入——出口押匯息（含轉押息、瑕疵息）

　　　　　　　　　　　　　　　　　　　　　　　　（新臺幣）

　　預收利息——貼現息（遠期信用狀賣方負擔利息）

　　　　　　　　　　　　　　　　　　　　　　　　（新臺幣）

　　其他應付款——郵電費 　　　　　　　　　　　　（新臺幣）

　　其他應付款——應付轉押匯費 　　　　　　　　　（新臺幣）

2.接到國外存匯銀行進帳通知書時

(1)全額進帳：

　　借：存放國外同業　　　　　　　　　　　　　　　　　（外幣）

　　　　貸：出口押匯／貼現　　　　　　　　　　　　　　　（外幣）

(2)扣除費用後淨額進帳：

　　借：存放國外同業　　　　　　　　　　　　　　　　　（外幣）

　　　　其他應付款──國外扣抵佣金　　　　　　　　　　（外幣）

　　　　其他應付款──備付國外費用　　　　　　　　　　（外幣）

　　　　兌換（若有短進帳時，折換爲新臺幣向客戶補收）（外幣）

　　　　貸：出口押匯／貼現　　　　　　　　　　　　　　（外幣）

　　借：聯行往來／新臺幣存款科目／庫存現金　　　　　（新臺幣）

　　　　貸：兌換　　　　　　　　　　　　　　　　　　　（新臺幣）

(3)買方遠期信用狀到期時，押匯金額連同利息同進帳的會計分錄：

　　借：存放國外同業　　　　　　　　　　　　　　　　　（外幣）

　　　　其他應付款──國外扣抵佣金　　　　　　　　　　（外幣）

　　　　其他應付款──備付國外費用　　　　　　　　　　（外幣）

　　　　其他應付款──代理商佣金　　　　　　　　　　　（外幣）

　　　　貸：貼現　　　　　　　　　　　　　　　　　　　（外幣）

　　　　　　兌換（買方遠期信用狀利息）　　　　　　　　（外幣）

　　借：兌換　　　　　　　　　　　　　　　　　　　　　（新臺幣）

　　　　貸：利息收入──貼現息（利息屬銀行者）　　　　（新臺幣）

　　　　　　聯行往來／存款科目（利息屬客戶者）　　　　（新臺幣）

㈡出口託收

1.接受出口廠商委託時

　　借：應收代收款──出口託收　　　　　　　　　　　　（外幣）

　　　　貸：受託代收款──出口託收　　　　　　　　　　（外幣）

2.進　帳

(1)客戶要求折換新臺幣：

借：受託代收款──出口託收　　　　　　　　　　　　（外幣）

　　貸：應收代收款──出口託收　　　　　　　　　　　（外幣）

借：存放國外同業　　　　　　　　　　　　　　　　　（外幣）

　　貸：兌換　　　　　　　　　　　　　　　　　　　　（外幣）

　　　　其他應付款──代理商佣金　　　　　　　　　　（外幣）

借：兌換　　　　　　　　　　　　　　　　　　　　　（新臺幣）

　　貸：聯行往來／新臺幣存款科目　　　　　　　　　　（新臺幣）

　　　　手續費收入──受託手續費　　　　　　　　　　（新臺幣）

　　　　手續費收入──匯費　　　　　　　　　　　　　（新臺幣）

　　　　其他應付款──郵電費　　　　　　　　　　　　（新臺幣）

　　　　其他應付款──代扣保險費　　　　　　　　　　（新臺幣）

(2)客戶要求存入外匯存款：

借：受託代收款──出口託收　　　　　　　　　　　　（外幣）

　　貸：應收代收款──出口託收　　　　　　　　　　　（外幣）

借：存放國外同業　　　　　　　　　　　　　　　　　（外幣）

　　貸：外匯活期存款　　　　　　　　　　　　　　　　（外幣）

　　　　兌換　　　　　　　　　　　　　　　　　　　　（外幣）

　　　　其他應付款──代理商佣金　　　　　　　　　　（外幣）

借：兌換　　　　　　　　　　　　　　　　　　　　　（新臺幣）

　　貸：手續費收入──受託手續費　　　　　　　　　　（新臺幣）

　　　　手續費收入──匯費　　　　　　　　　　　　　（新臺幣）

　　　　其他應付款──郵電費　　　　　　　　　　　　（新臺幣）

　　　　其他應付款──代扣保險費　　　　　　　　　　（新臺幣）

3.付款人拒絕承兌或付款，託收單據被退回時的分錄

借：受託代收款——出口託收　　　　　　　　（外幣）

貸：應收代收款——出口託收　　　　　　　　（外幣）

借：聯行往來／新臺幣存款科目　　　　　　　（新臺幣）

貸：手續費收入——受託手續費　　　　　　　（新臺幣）

其他應付款——郵電費　　　　　　　　　（新臺幣）

第六節　進口業務與會計處理

一、進口業務的種類

(一)信用狀業務

1.信用狀的開發

進口商欲開發信用狀時，應先向往來銀行申請建立授信額度，進而委託銀行開發信用狀。開發信用狀時應先填具開發信用狀申請書，對於信用狀所應包括的條件及其具體內容應於申請書上作明確的指示，俾銀行憑以照辦。

2.信用狀的修改

信用狀的交易，或因開狀申請人誤填申請書的內容，導致信用狀內容與買賣雙方原約定事項不符，或因出口商未能在信用狀的最後裝運期限內出貨，經雙方同意延長信用狀的最後裝運期及有效期限等種種不可預測的原因，而須修改信用狀時，信用狀申請人應填具信用狀修改申請書，請開狀銀行向受益人發出修改書；惟此修改須經所有關係人全體(即開狀銀行、申請人、受益人及保兌銀行等) 的同意始生效力。

3.副提單背書與擔保提貨

如進口貨物已到埠，但正式的押匯文件尚未到達，進口商欲先行提

貨，可執提單正本或船務公司的擔保提貨書向原開狀銀行申請辦理副提單背書或擔保提貨。辦理此項業務，即期信用狀應先還款，遠期信用狀則應先辦妥原授信核准條件約定的手續；且隨後正式押匯文件到達後，不得以單據有瑕疵而要求拒付。

4.進口押匯單據到達的處理

信用狀項下的伴書、匯票及貨運單據由國外押匯行寄達開狀行，則開狀行將有關貨物到達的金額、船名、裝船日期及提單號碼與押匯單據上的瑕疵繕打於領取進口單據到達通知書，請進口商於七日內，對通知書內所列的瑕疵表示是否同意接受，並來行辦理贖單手續。

5.進口押匯款的核付

到單時，除賣方遠期信用狀，應於國外到期日始起帳、付款外，其餘若已辦過擔保提貨或副提單背書者，逕予起帳、付款；未辦過擔保提貨或副提單背書者，俟客戶同意接受單據並辦妥贖單手續後予以起帳、付款。

付款的方式：

(1)押匯行依信用狀的求償指示，向補償銀行求償押匯款，即予以起帳。

(2)若信用狀未規定補償銀行或貨運單據具有瑕疵，押匯銀行未依求償指示求償時，應徵求客戶同意後予以起帳，並依伴書指示以電報或SWIFT 付款或授權求償。

6.進口還款

客戶還款的原因有下列四種：

(1)客戶或因匯率變動，或因有閒置資金等原因，提前自動還款。

(2)即期信用狀項下單據業已到達，必須還款方能贖單提貨。

(3)即期信用狀項下欲辦理副提單背書或擔保提貨，方能提貨。

(4)遠期信用狀項下融資到期還款。

7.信用狀未用餘額的註銷與保證金退匯的處理

信用狀金額每因特殊原因而未能用罄時，其未用餘額，應俟信用狀有效期限超過後，憑客戶的申請辦理。若存入保證金尚有未用餘額時，另按退匯當日買匯匯率折計新臺幣或存入其在開狀銀行的外匯存款帳戶中，辦理註銷退匯手續。

(二)進口託收

國外出口商於貨物裝運後，開發以國內進口商為付款人的匯票，並檢具有關出口單據如提單、商業發票、包裝單等，委託其往來銀行（託收銀行）轉由國外受託銀行向國內進口商收取票款的方式，即所謂進口託收。

進口託收的種類可分：

1.承兌交單（D/A）

以此方式進口時,貨運單據的交付是以客戶來本行辦理承兌為要件，進口商只需在遠期匯票上承兌後，即可領取貨運單據，辦理提貨，俟匯票到期日始結付貨款。

2.付款交單（D/P）

以此方式進口時，進口商需結付票款後，始能領取貨運單據，辦理提貨。

二、進口業務的會計分錄

(一)信用狀業務

1.信用狀的開發

(1)客戶繳納保證金：

a.以新臺幣結匯時：

借：聯行往來／新臺幣存款科目／庫存現金 　　　　(新臺幣)

　　貸：兌換 　　　　　　　　　　　　　　　　　　(新臺幣)

借：兌換 　　　　　　　　　　　　　　　　　　　　(外幣)

　　貸：存入保證金 　　　　　　　　　　　　　　　　(外幣)

b. 以外匯存款支付時：

借：外匯活期存款 　　　　　　　　　　　　　　　　　(外幣)

　　貸：存入保證金 　　　　　　　　　　　　　　　　(外幣)

(2)各項費用：

借：聯行往來／新臺幣存款／庫存現金 　　　　　　(新臺幣)

　　貸：手續費收入——信用狀開狀費 　　　　　　　(新臺幣)

　　　　其他應付款——郵電費 　　　　　　　　　　(新臺幣)

(3)開發即期信用狀時：

借：應收信用狀款——即期信用狀 　　　　　　　　　(外幣)

　　貸：信用狀款項——即期信用狀 　　　　　　　　(外幣)

(4)開發遠期信用狀時：

借：應收信用狀款——遠期信用狀 　　　　　　　　　(外幣)

　　貸：信用狀款項——遠期信用狀 　　　　　　　　(外幣)

2.信用狀的修改

(1)增加金額時，同開狀的會計分錄。

(2)減少金額時：

借：信用狀款項——即／遠期信用狀 　　　　　　　　(外幣)

　　貸：應收信用狀款——即／遠期信用狀 　　　　　(外幣)

(3)修改內容時：

借：聯行往來／存款科目／庫存現金 　　　　　　　(新臺幣)

　　貸：手續費收入——信用狀修改費 　　　　　　　(新臺幣)

　　　　其他應付款——郵電費 　　　　　　　　　　(新臺幣)

3.單據到達

(1)即期信用狀：

　　a.金額結匯或已提前還款：

　　借：信用狀款項——即期信用狀　　　　　　　　　　　　（外幣）

　　　　貸：應收信用狀款——即期信用狀　　　　　　　　　（外幣）

　　借：存入保證金　　　　　　　　　　　　　　　　　　　（外幣）

　　　　貸：存放國外同業　　　　　　　　　　　　　　　　（外幣）

　　b.非全額結匯或未提前還款：

　　借：信用狀款項——即期信用狀　　　　　　　　　　　　（外幣）

　　　　貸：應收信用狀款——即期信用狀　　　　　　　　　（外幣）

　　借：進口押匯　　　　　　　　　　　　　　　　　　　　（外幣）

　　　　存入保證金　　　　　　　　　　　　　　　　　　　（外幣）

　　　　貸：存放國外同業　　　　　　　　　　　　　　　　（外幣）

(2)遠期信用狀：

　　a.買方負擔利息遠期信用狀：

　　借：信用狀款項——遠期信用狀　　　　　　　　　　　　（外幣）

　　　　貸：應收信用狀款——遠期信用狀　　　　　　　　　（外幣）

　　借：短期放款——進口短放　　　　　　　　　　　　　　（外幣）

　　　　存入保證金　　　　　　　　　　　　　　　　　　　（外幣）

　　　　貸：存放國外同業　　　　　　　　　　　　　　　　（外幣）

　　b.賣方負擔利息遠期信用狀：

　　借：信用狀款項——遠期信用狀　　　　　　　　　　　　（外幣）

　　　　貸：應收信用狀款——遠期信用狀　　　　　　　　　（外幣）

　　借：應收承兌票款　　　　　　　　　　　　　　　　　　（外幣）

　　　　存入保證金　　　　　　　　　　　　　　　　　　　（外幣）

　　　　貸：承兌匯票　　　　　　　　　　　　　　　　　　（外幣）

(3)賣方遠期信用狀到期付款國外押匯銀行時：

借：短期放款——進口短放　　　　　　　　　　　　　　（外幣）

　　貸：應收承兌票款　　　　　　　　　　　　　　　　（外幣）

借：承兌票款　　　　　　　　　　　　　　　　　　　　（外幣）

　　貸：存放國外同業　　　　　　　　　　　　　　　　（外幣）

(4)保兌費、國外費用由申請人（進口商）負擔時：

借：兌換　　　　　　　　　　　　　　　　　　　　　　（外幣）

　　貸：存放國外同業　　　　　　　　　　　　　　　　（外幣）

借：其他應收款——進出口墊付款　　　　　　　　　　（新臺幣）

　　貸：兌換　　　　　　　　　　　　　　　　　　　（新臺幣）

借：聯行往來／新臺幣存款科目　　　　　　　　　　　（新臺幣）

　　貸：其他應收款——進出口墊付款　　　　　　　　（新臺幣）

(5)雜項手續費由受益人（出口商）負擔時：

借：存放國外同業　　　　　　　　　　　　　　　　　　（外幣）

　　貸：手續費收入——雜項手續費　　　　　　　　　　（外幣）

4.還　款

(1)即期信用狀：

a.單據未到達，客戶提前還款：

借：兌換／外匯活期存款　　　　　　　　　　　　　　　（外幣）

　　貸：存入保證金　　　　　　　　　　　　　　　　　（外幣）

借：聯行往來／新臺幣存款科目／庫存現金　　　　　　（新臺幣）

　　貸：兌換　　　　　　　　　　　　　　　　　　　（新臺幣）

　　　　利息收入——進口押匯息　　　　　　　　　　（新臺幣）

b.單據已到達，贖單還款：

借：兌換／外匯活期存款　　　　　　　　　　　　　　　（外幣）

　　貸：進口押匯　　　　　　　　　　　　　　　　　　（外幣）

借：聯行往來／新臺幣存款科目／庫存現金　　　　　（新臺幣）

　　貸：兌換　　　　　　　　　　　　　　　　　　（新臺幣）

　　　　應收利息——進口押匯息　　　　　　　　　（新臺幣）

(2)遠期信用狀：

　　a.單據未到達，客戶提前還款：

　　借：兌換／外匯活期存款　　　　　　　　　　　（外幣）

　　　　貸：存入保證金　　　　　　　　　　　　　（外幣）

　　借：聯行往來／新臺幣存款科目／庫存現金　　　（新臺幣）

　　　　貸：兌換　　　　　　　　　　　　　　　　（新臺幣）

　　　　　　利息收入——短期放款息　　　　　　　（新臺幣）

　　b.買方負擔利息或買、賣方各負擔部分利息，到期還款：

　　借：兌換／外匯活期存款　　　　　　　　　　　（外幣）

　　　　貸：短期放款——進口短放　　　　　　　　（外幣）

　　借：聯行往來／新臺幣存款科目／庫存現金　　　（新臺幣）

　　　　貸：兌換　　　　　　　　　　　　　　　　（新臺幣）

　　　　　　應收利息——短期放款息　　　　　　　（新臺幣）

　　c.賣方負擔利息，到期還款：

　　借：兌換／外匯活期存款　　　　　　　　　　　（外幣）

　　　　貸：短期放款——進口短放　　　　　　　　（外幣）

　　借：聯行往來／新臺幣存款科目／庫存現金　　　（新臺幣）

　　　　貸：兌換　　　　　　　　　　　　　　　　（新臺幣）

註：客戶如以外匯活期存款還款，則不起兌換帳。

5.信用狀及保證金未用餘額的處理

　　借：信用狀款項——即／遠期信用狀　　　　　　（外幣）

　　　　貸：應收信用狀款——即／遠期信用狀　　　（外幣）

　　借：存入保證金　　　　　　　　　　　　　　　（外幣）

貸：兌換／外匯活期存款 　　　　　　　　　　　　(外幣)

借：兌換 　　　　　　　　　　　　　　　　　　　(新臺幣)

貸：聯行往來／新臺幣存款科目／庫存現金 　　　(新臺幣)

(二)進口託收

1.接獲國外寄達 D/A、D/P 案件時

借：應收代收款 　　　　　　　　　　　　　　　　(外幣)

貸：受託代收款 　　　　　　　　　　　　　　　(外幣)

2.D/A 承兌時

借：聯行往來／存款科目 　　　　　　　　　　　　(新臺幣)

貸：手續費收入──託收手續費 　　　　　　　　　(新臺幣)

其他應付款──郵電費 　　　　　　　　　　(新臺幣)

3.D/A 結匯時

借：受託代收款 　　　　　　　　　　　　　　　　(外幣)

貸：應收代收款 　　　　　　　　　　　　　　　(外幣)

借：聯行往來／存款科目 　　　　　　　　　　　　(新臺幣)

貸：兌換 　　　　　　　　　　　　　　　　　　(新臺幣)

借：兌換 　　　　　　　　　　　　　　　　　　　(外幣)

貸：存放國外同業 (可含國外銀行費用) 　　　　(外幣)

或

借：受託代收款 　　　　　　　　　　　　　　　　(外幣)

貸：應收代收款 　　　　　　　　　　　　　　　(外幣)

借：外匯活期存款 　　　　　　　　　　　　　　　(外幣)

貸：存放國外同業 (可含國外銀行費用) 　　　　(外幣)

4.D/P 結匯時

借：受託代收款 　　　　　　　　　　　　　　　　(外幣)

　　　　　　貸：應收代收款　　　　　　　　　　　　　（外幣）

　　　借：聯行往來／存款科目　　　　　　　　　　（新臺幣）

　　　　　　貸：手續費收入——託收手續費　　　　　（新臺幣）

　　　　　　　　其他應付款——郵電費　　　　　　　（新臺幣）

　　　　　　　　兌換　　　　　　　　　　　　　　　（新臺幣）

　　　借：兌換　　　　　　　　　　　　　　　　　　（外幣）

　　　　　　貸：存放國外同業（可含國外銀行費用）　（外幣）

或

　　　借：受託代收款　　　　　　　　　　　　　　　（外幣）

　　　　　　貸：應收代收款　　　　　　　　　　　　（外幣）

　　　借：聯行往來／存款科目　　　　　　　　　　（新臺幣）

　　　　　　貸：手續費收入——託收手續費　　　　　（新臺幣）

　　　　　　　　其他應付款——郵電費　　　　　　　（新臺幣）

　　　借：外匯活期存款　　　　　　　　　　　　　　（外幣）

　　　　　　貸：存放國外同業（可含國外銀行費用）　（外幣）

第七節　國外匯兌業務及會計處理

一、國外匯兌業務的種類

(一)匯入匯款

　　國外匯入匯款係指中華民國境外的銀行，將款項匯入中央銀行指定辦理外匯業務的銀行，並在中華民國境內交付受款人的款項。其種類有下列三種：

　　1.電匯（Telegraphic Transfer，簡稱 T/T）

國外匯款行以加押電報或 SWIFT 通知國內解款行，並經核符後，據以塹發匯入匯款通知書，通知受款人洽領款項。

2.信匯（Mail Transfer，簡稱 M/T）

國外匯款行簽發付款委託書，郵寄國內解款行，經解款行核驗匯款行有權簽章人員的簽字無誤後，據以簽發匯入匯款通知書，通知受款人洽領款項。

3.票匯（Demand Draft，簡稱 D/D）

國外匯款行簽發以國內銀行為付款行的匯票，交匯款人逕寄受款人，同時匯款行簽發票匯委託書，郵寄付款行，受款人憑票向付款行提示，經付款行核驗匯款行有權簽章人員的簽字及受款人背書無誤後憑以付款。

(二)匯出匯款

匯出匯款係民間匯款人，經由中央銀行指定辦理外匯業務的銀行，委託中華民國境外的銀行在中華民國境外交付的款項。其匯出方式有下列三項：

1.電　匯

國內匯款行以加押電報或 SWIFT 通知國外解款行經核符後，通知受款人洽領款項。

2.信　匯

國內匯款行簽發付款委託書，郵寄國外解款行，經解款行核驗有權簽章人員的簽字無誤後，通知受款人洽領款項。

3.票　匯

國內匯款行簽發以國外通匯銀行為付款行的匯票，交匯款人逕寄受款人，同時簽發票匯委託書，郵寄國外，受款人憑票向付款行提示領款。

(三)外匯存款

1.外匯存款的開戶

年滿二十歲的自然人憑身分證，外國人憑外僑居留證，公司行號憑負責人身分證、營利事業登記證、經濟部公司執照及印鑑等辦理。

2.外匯存款種類

外匯存款對顧客具擴增投資理財的管道，增加財務調度的便利。對銀行可穩定資金來源有效降低資金成本。其種類可分為：

(1)活期存款：憑存摺或憑約定隨時存入或提領，但不得開立支票。

(2)定期存款：存入時發給存單，到期憑存單一次給付本息。

(3)同業存款：國內外同業存入的外匯屬之，通常憑約定隨時存入或提領。

3.外匯存款的存入及提領

(1)外匯存款的存入款項得為：國外匯入匯款、外幣貸款、外幣票據、外幣現鈔、出口押匯、貼現款項或新臺幣結購外匯存入等，惟以新臺幣結購外匯存入者，應注意依中央銀行所定「外匯收支或交易申報」規定辦理。

(2)外匯存款的提領款項得為：匯出匯款、旅行支票、償還外幣貸款、匯票、外幣現鈔、兌換為其他幣別的外匯、轉匯他行或結售為新臺幣，惟結售為新臺幣者，應注意依中央銀行所定「外匯收支或交易申報」規定辦理。

4.外匯活期存款的計息方式

(1)外匯活期存款，每年六月二十日及十二月二十日各結息一次。

(2)若未屆結息期前，存戶中途解約時，期間發生的利息應予照付。

5.利息所得稅的扣繳

支付外匯存款利息時，先扣繳外匯存款利息所得稅（本國個人利息

所得超過新臺幣6,000元，應扣百分之十，外國人居留滿一百八十三天以下扣百分之二十，一百八十三天以上扣百分之十)，以稅後淨額利息給付存款戶。

6.外匯定期存款逾期時的處理

(1)未滿一個月，逾期提領時，自到期日起至提領日止不計利息，逾期續存時亦同。

(2)一個月期以上者：

a.逾期提領時，自到期日起到提領日的利息，按提領日外匯活期存款利率給付。

b.逾期續存時，存款人於逾期十日內辦理續存者得以原到期日為起息日，其到期未領利息得併入本金續存或轉存。新存單利率以到期日利率為新存款的利率。

(四)光票的買入與託收

1.所謂光票係指凡無跟單憑以付款的票據。

2.銀行買入國外付款的光票，並委託其國外分行或代理行代收入帳以增加其存款者統稱為買入光票。因係先付後收，故亦為銀行授信業務的一種。如為代客向國外收取光票款項，俟收妥後撥付客戶者，稱為光票託收。可被買入或託收的票據種類有：銀行票據、國庫支票及郵政匯票、私人支票、旅行支票等。

3.票據的審核要項：

(1)日期：未到期票據或發票日距提示日超過六個月以上或票面規定有效期限外均不得受理。

(2)幣別和金額：未註明幣別的票據，一般以付款地的通貨為幣別。若大小寫金額不符則以大寫金額為正確票款。

(3)受款人和背書人：確實核對受款人證件，並請受款人於票據背面

背書。

(五)買賣外幣現鈔及旅行支票

申請人以新臺幣向銀行結購外幣現鈔及旅行支票或以外幣現鈔或旅行支票售予銀行兌取新臺幣。

1.買賣外幣現鈔程序

(1)結購：

申請人如欲購買外幣現鈔，應依照中央銀行頒訂的「外匯收支或交易申報辦法」及其相關規定，填寫「外匯收支或交易申報書」或「切結書」，銀行按當日牌告該幣別現鈔賣出匯率折收新臺幣以兌付外幣現鈔，如申請人以外匯存款、國外匯入匯款、旅行支票等原幣結購時，銀行將以該幣別牌告即期賣出匯率與外幣現鈔賣出匯率的差額，加收匯差。

(2)結售：

申請人如欲出售其所執有的外幣現鈔，應依照中央銀行頒訂的「外匯收支或交易申報辦法」及其相關規定，填寫「外匯收支或交易申報書」或「切結書」，銀行按當日牌告該幣別現鈔買入匯率折付新臺幣以收受該外幣現鈔，申請人如欲存入外匯存款、國外匯出匯款等，銀行將以該幣別牌告即期買入匯率與外幣現鈔買入匯率的差額，加收匯差。

(3)銀行對於發現客戶持兌的外幣係偽造鈔券時，將依中央銀行「發現偽造外國幣券處理辦法」的相關規定處理。

2.買賣旅行支票

(1)銀行代售發行銀行（如：花旗、運通銀行）的旅行支票，係按當日掛牌該幣別即期賣出匯率，向客戶計收新臺幣；反之，客戶結售旅行支票時，係按當日掛牌該幣別即期買入匯率兌付新臺幣予客戶。

(2)旅行支票售出後，申請人若因遺失或被竊前來要求止付時，應出示旅行支票購買契約書，並將止付情形通知旅行支票的發行銀行。

(3)已售出而未使用的旅行支票，客戶申請退款時，銀行一般依買入光票辦理。

二、國外匯兌業務的會計分錄

(一)匯入匯款

1.接到國外同業匯款委託時

借：存放國外同業——○○銀行　　　　　　　　　　　　　(外幣)

貸：應解匯款　　　　　　　　　　　　　　　　　　　(外幣)

2.收款人領取新臺幣款項時

借：應解匯款　　　　　　　　　　　　　　　　　　　(外幣)

貸：兌換　　　　　　　　　　　　　　　　　　　　(外幣)

借：兌換　　　　　　　　　　　　　　　　　　　　(新臺幣)

貸：聯行往來／新臺幣存款科目／庫存現金　　　　(新臺幣)

手續費收入——匯費　　　　　　　　　　　　(新臺幣)

3.如該筆匯入匯款轉存於外匯存款時

(1)手續費由客戶直接繳付時：

借：應解匯款　　　　　　　　　　　　　　　　　　　(外幣)

貸：外匯存款科目　　　　　　　　　　　　　　　(外幣)

借：聯行往來／新臺幣存款科目／庫存現金　　　　(新臺幣)

貸：手續費收入——匯費　　　　　　　　　　　(新臺幣)

(2)手續費由撥付款項扣取時：

借：應解匯款　　　　　　　　　　　　　　　　　　　(外幣)

貸：外匯活（定）期存款　　　　　　　　　　　　(外幣)

兌換　　　　　　　　　　　　　　　　　　　(外幣)

借：兌換　　　　　　　　　　　　　　　　　　　　(新臺幣)

貸：手續費收入——匯費　　　　　　　　　　（新臺幣）

4. 收款人拒收，要求退回時

借：應解匯款　　　　　　　　　　　　　　　（外幣）

貸：存放國外同業——○○銀行　　　　　　　（外幣）

(二)匯出匯款

1. 以新臺幣結匯匯出

(1)電匯時：

借：聯行往來／新臺幣存款科目／庫存現金　　（新臺幣）

貸：手續費收入——匯費　　　　　　　　　　（新臺幣）

其他應付款——郵電費　　　　　　　　（新臺幣）

兌換　　　　　　　　　　　　　　　　（新臺幣）

借：兌換　　　　　　　　　　　　　　　　　（外幣）

貸：匯出匯款——電匯　　　　　　　　　　　（外幣）

借：匯出匯款——電匯　　　　　　　　　　　（外幣）

貸：存放國外同業——○○銀行　　　　　　　（外幣）

(2)信匯及票匯時：

a. 匯出時：

借：聯行往來／新臺幣存款科目／庫存現金　　（新臺幣）

貸：手續費收入——匯費　　　　　　　　　　（新臺幣）

其他應付款——郵電費　　　　　　　　（新臺幣）

兌換　　　　　　　　　　　　　　　　（新臺幣）

借：兌換　　　　　　　　　　　　　　　　　（外幣）

貸：匯出匯款　　　　　　　　　　　　　　　（外幣）

b. 收到國外同業解訖匯款報單時：

借：匯出匯款　　　　　　　　　　　　　　　（外幣）

        貸：存放國外同業 (外幣)

2.以外匯存款申請匯出時

(1)電匯時：

  a. 收取手續費、匯費：

  借：聯行往來／新臺幣存款科目／庫存現金 (新臺幣)

     貸：手續費收入——匯費 (新臺幣)

         其他應付款——郵電費 (新臺幣)

  b. 匯出時：

  借：外匯存款科目 (外幣)

     貸：匯出匯款——電匯 (外幣)

  借：匯出匯款——電匯 (外幣)

     貸：存放國外同業 (外幣)

(2)信匯及票匯：

  a. 匯出時：

  借：聯行往來／新臺幣存款科目／庫存現金 (新臺幣)

     貸：手續費收入——匯費 (新臺幣)

         其他應付款——郵電費 (新臺幣)

  借：外匯存款科目 (外幣)

     貸：匯出匯款 (外幣)

  b. 收到國外同業解訖匯款報單時：

  借：匯出匯款 (外幣)

     貸：存放國外同業 (外幣)

3.退匯時

(1)電匯時：

  借：存放國外同業 (外幣)

     貸：兌換／外匯存款科目 (外幣)

　　借：兌換　　　　　　　　　　　　　　　（新臺幣）

　　　　貸：聯行往來／新臺幣存款科目／庫存現金　　（新臺幣）

⑵信匯或票匯時：

　　借：匯出匯款　　　　　　　　　　　　　（外幣）

　　　　貸：兌換／外匯存款科目　　　　　　（外幣）

　　借：兌換　　　　　　　　　　　　　　　（新臺幣）

　　　　貸：聯行往來／新臺幣存款科目／庫存現金　　（新臺幣）

㈢外匯存款

1.存　入

⑴以新臺幣結購外幣存入：

　　借：聯行往來／新臺幣存款科目／庫存現金　　（新臺幣）

　　　　貸：兌換　　　　　　　　　　　　　（新臺幣）

　　借：兌換　　　　　　　　　　　　　　　（外幣）

　　　　貸：外匯存款科目（活期或定期）　　（外幣）

⑵以外幣存入：

　　借：應解匯款／出口押匯款／庫存外幣／其他相關科目　（外幣）

　　　　貸：外匯存款科目　　　　　　　　　（外幣）

2.提　領

⑴提領並結售為新臺幣：

　　借：外匯存款科目　　　　　　　　　　　（外幣）

　　　　貸：兌換　　　　　　　　　　　　　（外幣）

　　借：兌換　　　　　　　　　　　　　　　（新臺幣）

　　　　貸：現金（新臺幣）／聯行往來／其他相關科目　（新臺幣）

⑵提領外幣：

　　借：外匯存款科目　　　　　　　　　　　（外幣）

貸：匯出匯款／短期放款／庫存外幣／其他相關科目

(外幣)

3. 結　清

(1)先將利息折換為外幣存入外匯活期存款：

　借：應付利息　　　　　　　　　　　　　　　　　　　　(外幣)

　　　貸：外匯活期存款　　　　　　　　　　　　　　　　　(外幣)

　　　　　兌換　　　　　　　　　　　　　　　　　　　　　(外幣)

　借：兌換　　　　　　　　　　　　　　　　　　　　　　　(新臺幣)

　　　貸：其他應付款——代扣利息所得稅　　　　　　　　　(新臺幣)

(2)再辦理提領結清。提領結清時，依照客戶需要（結售為新臺幣或提領外幣），比照提領之(1)或(2)之帳務處理方式。

(四)買入光票

1.買入光票折付新臺幣時

　借：買入匯款　　　　　　　　　　　　　　　　　　　　　(外幣)

　　　貸：兌換　　　　　　　　　　　　　　　　　　　　　(外幣)

　借：兌換　　　　　　　　　　　　　　　　　　　　　　　(新臺幣)

　　　貸：手續費收入——匯費　　　　　　　　　　　　　　(新臺幣)

　　　　　其他應付款——郵電費　　　　　　　　　　　　　(新臺幣)

　　　　　利息收入——買入匯款息　　　　　　　　　　　　(新臺幣)

　　　　　聯行往來／新臺幣存款科目／庫存現金　　　　　　(新臺幣)

2.買入光票存入外匯存款時

　借：買入匯款　　　　　　　　　　　　　　　　　　　　　(外幣)

　　　貸：外匯存款科目　　　　　　　　　　　　　　　　　(外幣)

另依規定收取的手續費、郵電費及利息等新臺幣費用：

　借：聯行往來／新臺幣存款科目／庫存現金　　　　　　　　(新臺幣)

　　　　貸：手續費收入──匯費　　　　　　　　　　（新臺幣）

　　　　　　其他應付款──郵電費　　　　　　　　　（新臺幣）

　　　　　　利息收入──買入匯款息　　　　　　　　（新臺幣）

　　3.接到國外入帳通知書時

　　　　借：存放國外同業　　　　　　　　　　　　　（外幣）

　　　　貸：買入匯款　　　　　　　　　　　　　　　（外幣）

㈤光票託收

　　1.光票以託收方式處理時

　　　　借：應收代收款──國外票據託收　　　　　　（外幣）

　　　　　　貸：受託代收款──國外票據託收　　　　（外幣）

　　2.國外銀行通知收妥票款折付新臺幣時

　　　　借：受託代收款──國外票據託收　　　　　　（外幣）

　　　　　　貸：應收代收款──國外票據託收　　　　（外幣）

　　　　借：存放國外同業　　　　　　　　　　　　　（外幣）

　　　　　　貸：兌換　　　　　　　　　　　　　　　（外幣）

　　　　借：兌換　　　　　　　　　　　　　　　　　（新臺幣）

　　　　　　貸：手續費收入──匯費　　　　　　　　（新臺幣）

　　　　　　　　其他應付款──郵電費　　　　　　　（新臺幣）

　　　　　　　　聯行往來／新臺幣存款科目／庫存現金　（新臺幣）

　　3.收妥款項存入外匯存款時

　　　　借：受託代收款──國外票據託收　　　　　　（外幣）

　　　　　　貸：應收代收款──國外票據託收　　　　（外幣）

　　　　借：存放國外同業　　　　　　　　　　　　　（外幣）

　　　　　　貸：外匯存款科目　　　　　　　　　　　（外幣）

　　另依規定收取的手續費、郵電費等新臺幣費用：

借：聯行往來／新臺幣存款科目／庫存現金　　　　　（新臺幣）

　　貸：手續費收入　　　　　　　　　　　　　　　　（新臺幣）

　　　　其他應付款　　　　　　　　　　　　　　　　（新臺幣）

4.光票託收遭退票時

國外代收銀行向本行收取費用，應向客戶收取。

借：兌換——損益關係戶　　　　　　　　　　　　　（外幣）

　　貸：存放國外同業　　　　　　　　　　　　　　　（外幣）

借：聯行往來／新臺幣存款科目／庫存現金　　　　　（新臺幣）

　　貸：兌換——損益關係戶　　　　　　　　　　　　（新臺幣）

託收光票遭退票帳務沖轉：

借：受託代收款——國外票據託收　　　　　　　　　（外幣）

　　貸：應收代收款——國外票據託收　　　　　　　　（外幣）

(六)外幣現鈔兌售

1.客戶結購外幣現鈔

借：庫存現金／新臺幣存款科目　　　　　　　　　　（新臺幣）

　　貸：兌換　　　　　　　　　　　　　　　　　　　（新臺幣）

借：兌換　　　　　　　　　　　　　　　　　　　　（外幣）

　　貸：庫存外幣　　　　　　　　　　　　　　　　　（外幣）

2.客戶結售外幣現鈔

借：庫存外幣　　　　　　　　　　　　　　　　　　（外幣）

　　貸：兌換　　　　　　　　　　　　　　　　　　　（外幣）

借：兌換　　　　　　　　　　　　　　　　　　　　（新臺幣）

　　貸：庫存現金／新臺幣存款科目　　　　　　　　　（新臺幣）

㈦代售旅行支票

1.發行銀行寄售旅行支票時

借：代售旅行支票　　　　　　　　　　　　　　　　　（外幣）

　　貸：受託代售旅行支票　　　　　　　　　　　　　　（外幣）

2.客戶結購旅行支票時

借：受託代售旅行支票　　　　　　　　　　　　　　　　（外幣）

　　貸：代售旅行支票　　　　　　　　　　　　　　　　（外幣）

借：庫存現金／新臺幣存款科目　　　　　　　　　　　　（新臺幣）

　　貸：兌換　　　　　　　　　　　　　　　　　　　　（新臺幣）

　　　　手續費收入　　　　　　　　　　　　　　　　　（新臺幣）

借：兌換　　　　　　　　　　　　　　　　　　　　　　（外幣）

　　貸：其他應付款——代售旅行支票　　　　　　　　　（外幣）

3.與發行銀行清算時

借：其他應付款——代售旅行支票　　　　　　　　　　　（外幣）

　　貸：存放銀行同業　　　　　　　　　　　　　　　　（外幣）

第八節　遠期外匯業務與會計處理

一、遠期外匯業務

㈠意　義

　　遠期外匯係指約定在將來的一定時間或一定期間能支付的外匯而言。在匯率浮動情況下，屆時經兌換後所能獲取或所應支付的本國貨幣無法確定，進而影響利潤或成本的計算，限制了貿易的開拓。因此，出

口商為了保障其利潤,需要賣出遠期外匯(預售);進口商為了固定成本,需要買進遠期外匯(預購),進、出口商以運用買賣遠期外匯達到規避匯率風險。

(二)契約類別

1.固定到期日

契約簽訂選擇固定到期日者例如: 7天、30天、60天、90天、120天、180天及360天等。

2.任選到期日

除固定到期日以外簽訂的遠期外匯買賣契約者均為任選到期日契約。

(三)訂約所適用的匯率

1.固定到期日

以各銀行所公告各相當檔期的匯率為訂約匯率。

2.任選到期日

(1)牌告匯率為貼水時,客戶預購時,依前一檔期賣出匯率計算;預售時以後一檔期買入匯率計算。

(2)牌告匯率為升水時,客戶預購時,依後一檔期賣出匯率計算;預售時以前一檔期買入匯率計算。

(四)銀行受理客戶申請遠期外匯買賣程序

1.初次辦理應徵提文件為: 營利事業登記證影本、公司執照影本及公司印鑑登記卡。

2.遠期外匯買賣的匯率於訂約時,應由客戶與訂約銀行先行議訂。

3.申請人應先向銀行依固定到期日或任選到期日填具「預售／預購

遠期外匯申請書及契約書」。

4.遠期外匯訂約時，廠商應提出足以證明交易的文件，如：輸入許可證、出口信用狀、D/A、D/P 等。

5.指定銀行於訂約時，可視情形向客戶收取履約保證金，按牌告或議訂的匯率折算新臺幣計收，除現金外亦得以可靠的擔保品如新臺幣定期存單等代之。

6.對有違約記錄的申請人，如曾有違約記錄達兩次以上者，應停止其買賣遠期外匯的權利。

7.遠期外匯買賣的申請，以貨價扣除先行結匯部分，實際可結購或結售淨額爲準。

8.因契約書不得轉讓或抵押，故訂約後，其結匯及交割應在訂約銀行辦理，並由訂約銀行於契約書內登記交割記錄。

(五)交　割

1.契約所定的到期日如適逢銀行休假日，未對外營業時，得順延至次一營業日辦理交割。

2.申請人交割總金額小於契約總金額，其不足金額爲契約總金額百分之五以內，且不超過等値（含）美金1,000元者，視爲全部交割完畢。

(六)違　約

1.客戶違約時，銀行除得沒收其所繳存的保證金外，倘有發生匯率差價損失，亦得向客戶補收。

2.匯率價差的計算公式：

(1)客戶訂約預售遠期外匯者爲：

　　　（註銷契約日即期賣出匯率－原訂約匯率）×結清契約金額

(2)客戶訂約預購遠期外匯者爲：

(原訂約匯率－註銷契約日即期買入匯率)×結清契約金額

(七)展　期

1.如訂約人因商務上的原因無法辦理交割，得備文向原訂約的銀行申請展期。

2.訂約人辦理展期時，應提供具體的證明文件。

3.辦理展期時，約定交割日的即期匯率與原訂約匯率有匯差時，申請人應補足差額，並重新議訂到期日及匯率。

二、遠期外匯的會計分錄

(一)客戶向銀行辦理遠期外匯買賣

1.銀行賣出案件（即客戶預購案件）

例一　二月十四日客戶來行辦理預購遠期外匯¥25,000,000.00,匯率@0.2204，TWD 5,510,000.00，期別十五天，二月二十八日到期。

(1)二月十四日訂約時：

借：應收出售遠匯款		TWD 5,510,000.00
貸：兌換──遠期戶		TWD 5,510,000.00
借：兌換──遠期戶		¥25,000,000.00
貸：應付遠匯款──外幣（遠期）		¥25,000,000.00

(2)二月二十八日交割時：

借：聯行往來		TWD 5,510,000.00
貸：應收出售遠匯款		TWD 5,510,000.00
借：兌換──遠期戶		TWD 5,510,000.00
貸：兌換──營業戶		TWD 5,510,000.00
借：應付遠匯款──外幣（遠期）		¥25,000,000.00

　　　　貸：進口押匯　　　　　　　　　　　　　￥25,000,000.00

　　借：兌換——營業戶　　　　　　　　　　　￥25,000,000.00

　　　　貸：兌換——遠期戶　　　　　　　　　￥25,000,000.00

(3)客戶預購遠期外匯違約或在寬容額內不再交割：

做前述(1)訂約時的對沖分錄。

2.銀行買入案件（即客戶預售案件）

例二　二月十四日客戶來行辦理預售遠期外匯￥25,000,000.00,匯率@0.2204，TWD 5,510,000.00，期別十五天，二月二十八日到期。

分錄如下：

(1)二月十四日訂約時：

　　借：應收遠匯款——外幣（遠期）　　　　￥25,000,000.00

　　　　貸：兌換——遠期戶　　　　　　　　　￥25,000,000.00

　　借：兌換——遠期戶　　　　　　　　　　TWD5,510,000.00

　　　　貸：應付購入遠匯款　　　　　　　　　TWD5,510,000.00

(2)二月二十八日到期交割時：

　　借：出口押匯　　　　　　　　　　　　　￥25,000,000.00

　　　　貸：應收遠匯款——外幣（遠期）　　　￥25,000,000.00

　　借：兌換——遠期戶　　　　　　　　　　￥25,000,000.00

　　　　貸：兌換——營業戶　　　　　　　　　￥25,000,000.00

　　借：應付購入遠匯款　　　　　　　　　　TWD 5,510,000.00

　　　　貸：聯行往來　　　　　　　　　　　　TWD 5,510,000.00

　　借：兌換——營業戶　　　　　　　　　　TWD 5,510,000.00

　　　　貸：兌換——遠期戶　　　　　　　　　TWD 5,510,000.00

(3)客戶預售遠期外匯違約或在寬容額內不再交割：

做前述(1)訂約時的對沖分錄。

(二)銀行向外匯市場辦理新臺幣對外遠期外匯買賣

1.銀行預售案件（賣給同業）

(1)訂約時：

　借：兌換——遠期戶　　　　　　　　　　　　　　（外幣）

　　　貸：應付遠匯款——外幣（遠期）　　　　　　（外幣）

　借：應收出售遠匯款　　　　　　　　　　　　　　（新臺幣）

　　　貸：兌換——遠期戶　　　　　　　　　　　　（新臺幣）

(2)交割時：

　借：應付遠匯款——外幣（遠期）　　　　　　　　（外幣）

　　　貸：存放銀行同業或其他相當科目　　　　　　（外幣）

　借：存放銀行同業或其他相當科目　　　　　　　　（新臺幣）

　　　貸：應收出售遠匯款　　　　　　　　　　　　（新臺幣）

2.銀行預購案件（向同業買入）

(1)訂約時：

　借：應收遠匯款——外幣（遠期）　　　　　　　　（外幣）

　　　貸：兌換——遠期戶　　　　　　　　　　　　（外幣）

　借：兌換——遠期戶　　　　　　　　　　　　　　（新臺幣）

　　　貸：應付購入遠匯款　　　　　　　　　　　　（新臺幣）

(2)交割時：

　借：存放銀行同業或其他相當科目　　　　　　　　（外幣）

　　　貸：應收遠匯款——外幣（遠期）　　　　　　（外幣）

　借：應付購入遠匯款　　　　　　　　　　　　　　（新臺幣）

　　　貸：存放銀行同業或其他相當科目　　　　　　（新臺幣）

第九節　外匯交易與會計處理

　　銀行辦理外匯交易業務係根據央行對外匯指定銀行買賣外匯的規定辦理。銀行在其日常營業中與顧客產生的任何一筆外匯業務，只要牽涉到兌換科目者，都會影響其部位（Position），部位的產生，即產生匯率風險，而外匯交易員的職責即在管理銀行的部位，避免銀行暴露於匯率風險當中，並根據國內外金融情勢，預測匯率的短、中、長期走勢，適時對銀行的部位進行拋補，以獲取最大利潤。

一、外匯交易相關事項

㈠外匯部位（Position）

　　又稱外匯頭寸。係指銀行持有買賣外匯的餘額，又可分為買超（Long position）及賣超（Short position），前者為銀行買入外匯大於賣出外匯，而後者恰好相反，為賣出外匯大於買入外匯。

㈡訂約日

　　為訂定外匯交易的日期。

㈢交割日

　　買賣雙方約定將互相交付予對方特定幣別及金額的日期。

㈣即期外匯交易及遠期外匯交易

1.即期外匯交易（Spot transaction）

　　從事外匯交易買入或賣出一外幣時，若其交割日為交易日後第二個

營業日者，即爲即期外匯交易。

　　2.遠期外匯交易（Forward transaction）

　　從事外匯交易買入或賣出一外幣時，雙方得約定交割日爲未來某一特定日，如一個禮拜、一個月、二個月或長至六個月者，即爲遠期外匯交易。

　　從事外匯交易時，因臺幣與外幣間利率成本的差異，而使遠期匯價不同於即期匯價，若遠期匯價高於即期匯價時，稱之爲溢價(Premium)，若遠期匯價低於即期匯價時，稱之爲折價（Discount）。

㈤匯率的訂定

　　自七十九年十二月二十九日起，外匯交易依央行七十九年十二月二十七日⑺⑼臺央外字第（肆）02578號函規定：「適用每筆交易（非現鈔）金額在一萬美元以下的匯率由各指定銀行自行訂定，並應於每營業日上午九時三十分前於營業場所掛牌公告，十時以前以電話或電傳方式，彙報央行交易科，前述匯率的買賣差價不得大於新臺幣一角整。」外匯交易員參考前日收盤價及當日開盤價訂定每日美元對新臺幣買賣匯率，以及依國際匯市行情訂定其他雜幣對新臺幣買賣匯率。在每營業日營業時間內如遇國內及國際外匯市場匯率大幅變動時，應隨時依市場情況重訂匯率，並編製外匯匯率表影印分送國外部各科及透過傳眞機傳送最新匯率資訊給各營業單位，作爲承作業務的參考。

㈥交易方式

　　1.直接透過電話、電報或路透社的交易系統，向與本行簽訂有外匯交易額度的國內外銀行詢價，如接受價位即成交。

　　2.透過國內外的經紀商撮和。

二、外匯交易的會計處理

(一)即期外匯交易的會計分錄如下

1.國內市場的美元交易的交易分錄

(1)買入:

借: 應收遠匯款——外幣 (即期)　　　　　　　　(外幣 USD)

　　貸: 兌換——營業戶　　　　　　　　　　　　(外幣 USD)

借: 兌換——營業戶 (USD)　　　　　　　　　　(新臺幣)

　　貸: 應付購入遠匯款　　　　　　　　　　　　(新臺幣)

(2)賣出美元:

借: 兌換——營業戶　　　　　　　　　　　　　　(外幣 USD)

　　貸: 應付遠匯款——外幣 (即期)　　　　　　　(外幣 USD)

借: 應收出售遠匯款　　　　　　　　　　　　　　(新臺幣)

　　貸: 兌換——營業戶 (USD)　　　　　　　　　(新臺幣)

2.國內市場的外幣交易的交割分錄

(1)買入到期交割:

借: 存放國外同業　　　　　　　　　　　　　　　(外幣 USD)

　　貸: 應收遠匯款——外幣 (即期)　　　　　　　(外幣 USD)

借: 應付購入遠匯款　　　　　　　　　　　　　　(新臺幣)

　　貸: 聯行往來　　　　　　　　　　　　　　　(新臺幣)

國外部以借方聯行往來報單,請營業部開立央行支票,送央行清算。

(2)賣出到期交割:

借: 聯行往來　　　　　　　　　　　　　　　　　(新臺幣)

　　貸: 應收出售遠匯款　　　　　　　　　　　　(新臺幣)

借: 應付遠匯款——外幣 (即期)　　　　　　　　(外幣 USD)

貸: 存放國外同業 (外幣 USD)

3.國外市場美元與其他外幣的交易（以買 DEM, 賣 USD 爲例）

借: 應收遠匯款——外幣（即期） (外幣 DEM)

貸: 兌換——營業戶 (外幣 DEM)

借: 兌換——營業戶 (外幣 USD)

貸: 應付遠匯款——外幣（即期） (外幣 USD)

借: 兌換——營業戶 DEM (新臺幣)

貸: 兌換——營業戶 USD (新臺幣)

4.國外市場美元與其他外幣交易到期交割（以買 DEM, 賣 USD 爲例）

借: 存放國外同業 (外幣 DEM)

貸: 應收遠匯款——外幣（即期） (外幣 DEM)

借: 應付遠匯款——外幣（即期） (外幣 USD)

貸: 存放國外同業 (外幣 USD)

(二)遠期外匯交易

銀行買賣遠期外匯除買賣外匯間相互沖抵外，爲避免匯率風險，均相對的向外匯市場拋售或購補，其有關訂約時分錄如下:

1.新臺幣兌美元遠期外匯買賣

(1)購補遠期外匯:

借: 應收遠匯款——外幣（遠期） (外幣 USD)

貸: 兌換——遠期戶 (外幣 USD)

借: 兌換——遠期戶 USD (新臺幣)

貸: 應付購入遠匯款 (新臺幣)

(2)拋售遠期外匯:

借: 兌換——遠期戶 (外幣 USD)

　　　　貸: 應付遠匯款——外幣 (遠期)　　　　　　(外幣 USD)

　　借: 應收出售遠匯款　　　　　　　　　　　　(新臺幣)

　　　　貸: 兌換——遠期戶 USD　　　　　　　　(新臺幣)

2.美元兌其他外幣的遠期外匯買賣 (以買 DEM, 賣 USD 爲例)

　　借: 應收遠匯款——外幣 (遠期)　　　　　　(外幣 DEM)

　　　　貸: 兌換——遠期戶　　　　　　　　　　(外幣 DEM)

　　借: 兌換——遠期戶　　　　　　　　　　　　(外幣 USD)

　　　　貸: 應付遠匯款——外幣 (遠期)　　　　　(外幣 USD)

　　借: 兌換——遠期戶 DEM　　　　　　　　　　(新臺幣)

　　　　貸: 兌換——遠期戶 USD　　　　　　　　(新臺幣)

向外匯市場拋補遠期外匯, 辦理交割手續, 在契約規定的交割期限內, 應向外匯市場的交易銀行辦理交割, 交割時之分錄如下:

1.新臺幣兌美元的遠期外匯買賣交割

(1)購補遠期外匯:

　　借: 存放國外同業　　　　　　　　　　　　　(外幣 USD)

　　　　貸: 應收遠匯款——外幣 (遠期)　　　　　(外幣 USD)

　　借: 兌換——遠期戶　　　　　　　　　　　　(外幣 USD)

　　　　貸: 兌換——營業戶　　　　　　　　　　(外幣 USD)

　　借: 應付購入遠匯款　　　　　　　　　　　　(新臺幣)

　　　　貸: 聯行往來　　　　　　　　　　　　　(新臺幣)

　　借: 兌換——營業戶 USD　　　　　　　　　　(新臺幣)

　　　　貸: 兌換——遠期戶 USD　　　　　　　　(新臺幣)

(2)拋售遠期外匯:

　　借: 應付遠匯款——外幣 (遠期)　　　　　　(外幣 USD)

　　　　貸: 存放國外同業　　　　　　　　　　　(外幣 USD)

　　借: 兌換——營業戶　　　　　　　　　　　　(外幣 USD)

　　　　　貸：兌換──遠期戶　　　　　　　　　　　（外幣 USD）

　　　借：聯行往來　　　　　　　　　　　　　　　（新臺幣）

　　　　　貸：應收出售遠匯款　　　　　　　　　　（新臺幣）

　　　借：兌換──遠期戶 USD　　　　　　　　　　（新臺幣）

　　　　　貸：兌換──營業戶 USD　　　　　　　　（新臺幣）

2. *美元對其他外幣之遠期外匯買賣交割*（以買 DEM, 賣 USD 為例）

　　　借：存放國外同業　　　　　　　　　　　　　（外幣 DEM）

　　　　　貸：應收遠匯款──外幣（遠期）　　　　（外幣 DEM）

　　　借：兌換──遠期戶　　　　　　　　　　　　（外幣 DEM）

　　　　　貸：兌換──營業戶　　　　　　　　　　（外幣 DEM）

　　　借：應付遠匯款──外幣（遠期）　　　　　　（外幣 USD）

　　　　　貸：存放國外同業　　　　　　　　　　　（外幣 USD）

　　　借：兌換──營業戶　　　　　　　　　　　　（外幣 USD）

　　　　　貸：兌換──遠期戶　　　　　　　　　　（外幣 USD）

　　　借：兌換──遠期戶 USD　　　　　　　　　　（新臺幣）

　　　　　貸：兌換──營業戶 USD　　　　　　　　（新臺幣）

　　　借：兌換──營業戶 DEM　　　　　　　　　　（新臺幣）

　　　　　貸：兌換──遠期戶 DEM　　　　　　　　（新臺幣）

第十節　國際貨幣市場交易與會計處理

　　各銀行的外匯貨幣市場交易員根據其國外部進口、出口、匯兌三科及各外匯指定單位每日各幣別資金進出狀況，再根據各存放同業帳戶前日餘額，計算出當日各存放同業帳戶的資金狀況，若有多餘資金，則將多餘資金拆出；反之，若該幣別的資金短少，則向同業借入所需的資金。交易方式則可透過國內外與銀行簽有貨幣市場交易額度的同業或透過經

紀商撮合來完成交易。

一、國際貨幣市場交易的相關事項

(一)交易型態

1.一般資金拆借

(1)隔夜拆放。

此種資金拆放期間僅有一天，依起息日的不同又可分爲：O/N
——當天存入，次一營業日到期；T/N(Tomorrow/Next)——明日起
息，次一營業日到期；S/N(Spot/Next)——交易日後第二個營業日起
息，隔日到期。

(2)期間超過一日的拆借。

此種拆借期間通常分爲一、二、三週及一、二、三、四、五、六、
九個月及一年期，但若有特殊情形，亦可與交易對手個別議定到期日。
起息日通常爲訂約日後兩個營業日 (Spot date)，然而若有需要，亦可
約定當日或明日起息。到期日若爲月底，且月底又爲假日時，則到期日
將提前一日，即以不跨月爲原則。

2.換匯交易 (Swap)

(1)定義：由兩筆外匯交易所組成，即買入即期賣出遠期，或賣出即
期買入遠期。此處買入或賣出遠期的匯率即由換匯匯率計算而得。

(2)換匯交易本質上屬於資金調度的操作，其操作時機有以下三種：

　　a.調整外匯資金：實務上，一些流通性較低的貨幣，如：瑞典幣、
荷蘭幣等，或是外匯管制較嚴格的國家，如新加坡，這些幣別利用資金
拆借方式取得資金較爲不易，則可利用換匯交易的方式轉成美金來統籌
運用。

　　b.當兩種幣別間兌換的成本與利率水準的差異有所不同時，則可

以從事套利行為。

    c.調整遠期外匯交易到期日的缺口，以規避利率風險。

(二)報價方式

    一般均採雙向報價（Two-way quotation）方式，同時報出願意收存的利率（Bid rate）及願意拆出的利率（Offer rate），國際貨幣市場交易的利率報價，習慣上以1/2、1/4、1/8、1/16、1/32等分數型態表示。而市場上一般常以新加坡銀行間拆款利率（Singapore Inter-Bank Offer Rate, SIBOR）或倫敦銀行間拆款利率（London Inter-Bank Offer Rate, LIBOR）為市場利率的指標。

(三)計息方式

    同業間拆放的利息，於拆放到期日時與本金一併償還。計息時，英鎊、比利時法郎、港幣、星幣、南非幣以365天為基礎，其餘幣別皆以360天為基礎。

二、國際貨幣市場交易的會計處理

(一)資金存出

存出時：

  借：拆放國際金融業務分行

    貸：存放國外同業

到期時：

  借：存放國外同業

    貸：拆放國際金融業務分行

        利息收入——拆放同業息

(二)資金借入

借入時：
　　借：存放國外同業
　　　　貸：國際金融業務分行拆放

到期時：
　　借：利息支出──同業拆放息
　　　　國際金融業務分行拆放
　　　　貸：存放國外同業

(三)月底預估利息帳務處理

1. 資金存出
　　借：應收利息──拆放同業息
　　　　貸：利息收入──拆放同業息

2. 資金借入
　　借：利息支出──同業拆放息
　　　　貸：應付利息──同業拆放息

第十一節　國外部的月算及結決算

一、月　算

　　國外部月算時應調整的帳目，除「兌換損益」的計算及轉帳爲外匯業務特有的調整事項外，其餘均與本書第十三章第二節所述相同。茲就兌換損益的計算方法說明如下：

　　兌換損益計算表係估算銀行於一定期間內買賣外匯所發生的兌換損

兌換損益計算表
年　月

單位：元

幣別	外幣餘額(1)	借或貸	本月底匯率(A)	折成新臺幣餘額(2)	兌換帳面餘額(3)	帳面差價(2)－(3)=(4)	上月底匯率(B)	兌換差價準備(A)－(B)=(C)	(1)×(C)=(R)	兌換損益(4)－(R)
USD(美元)	96,380,568	CR	27.44	2,644,682,786	2,631,315,638	13,367,148	27.42	0.02	1,927,611	11,439,537
HKD(港幣)	703,987	CR	3.53	2,485,074	2,331,426	153,648	3.53	0	0	153,648
GBP(英鎊)	354,354	DR	45.93	16,275,479	16,230,521	44,958	45.83	0.1	35,435	9,523
DEM(馬克)	749,049	DR	18.85	14,119,574	13,250,164	869,410	18.18	0.67	501,863	367,547
AUD(澳幣)	56,231	CR	22.19	1,247,766	1,643,211	(395,445)	22.08	0.11	6,185	-401,630
SGD(新加坡幣)	7,632,299	CR	19.53	149,058,799	148,842,620	216,179	19.49	0.04	305,292	-89,113
CHF(瑞士法郎)	2,221,492	DR	22.15	49,206,048	45,131,250	4,074,798	21.9	0.25	555,373	3,519,425
CAD(加拿大幣)	1,696,901	DR	20.53	34,837,378	34,251,633	585,745	20.41	0.12	203,628	382,117

FRF（法郎）	549,350	DR	5.44	2,988,464	2,792,321	196,143	5.36	0.08	43,948	152,195
ITL（義大利里拉）	2,125,839	DR	0.0178	37,840	49,381	(11,541)	0.0176	0.0002	425	−11,966
BEF（比利時法郎）	4,237,520	DR	0.89	3,771,393	3,554,249	217,144	0.87	0.02	84,750	132,394
NLG（荷蘭幣）	332,520	DR	16.91	5,622,913	5,143,962	478,951	16.22	0.69	229,439	249,512
JPY（日幣）	142,960,831	DR	0.241	34,453,560	33,925,638	527,922	0.2402	0.0008	114,369	413,553
合計				2,636,161,776	2,629,803,776	6,358,000			469,858	5,888,142

益，於月底辦理時編製。兌換損益計算表的編製說明如下：

(1)外幣餘額：表示銀行月底的各外幣餘額。CR 表示正數，DR 表示負數。

(A)本月底匯率：指中央銀行公告的月底結帳匯率。

(2)折成新臺幣餘額：(1)×(A)

(3)帳面餘額：指每日依銀行實際買賣外匯「收」「付」的新臺幣記帳所累積的月底帳面餘額。

(4)帳面差價：(2)−(3)。如為正數表示盈餘。

(B)上月底匯率：表示上月份中央銀行公告的結帳匯率。

(C)等於(A)−(B)，即本月底匯率與上月底匯率差價。

(R)兌換差價準備：為了避免帳面差價(4)係因當月的匯率大於上月的匯率而產生的虛盈餘（未實現盈餘），故待提列「兌換差價準備」使估算出的兌換差價扣除該準備後能得到一個較為準確的盈餘數字。但為了保守估計，銀行僅計外幣為貸餘且本月底匯率較上月為大的差價準備。

當月底結計兌換利益時：

借：	兌換	NT	
	貸：兌換利益		NT
	兌換差價準備		NT

當月底結計兌換損失時：

借：	兌換差價準備	NT	
	兌換損失	NT	
	貸：兌換		NT

二、結算及決算

國外部的結算及決算，基本上與本書第十四章所述相同，但有下列各點應予特別說明：

(一)兌換損益的調整

月算時兌換損益原已按結帳匯率計出損益數額調整轉帳，結算時仍應按當時規定的結帳匯率，重新將原幣餘額折算臺幣數值，與帳上臺幣餘額核對，並將差額與月算累計的兌換損益科目餘額，一併予以轉正。

(二)外幣的估價

結算時必須規定劃一的結帳匯率，作爲外幣資產負債估價的標準。銀行業統一會計制度的規定：各種外幣的估價，以官價或規定的結帳匯率爲準，無官價或規定的結帳匯率者，以時價爲準。因外幣結帳匯率所發生折合本位幣的差額，並非實際損益，故對升多部份通常轉列「兌換準備」，耗少部分應先以「兌換準備」抵補，抵補不足，再以「兌換損益」轉帳。

(三)合併結、決算表

結、決算時應將各外幣帳所有原幣資產負債科目，按規定的結帳匯率折成臺幣，俾與臺幣帳同一資產負債科目合併編製結算及決算報表，以表現完整的財務狀況。

問　題

一、試列舉銀行的外匯業務並說明之。

二、何謂外匯？外匯匯價有那幾種？

三、何謂銀行的外匯部位？何種外匯業務會增加銀行買超或賣超部位？
　　請個別列舉之。

四、何謂原幣記帳法？採用原幣記帳法如何顯示外匯買賣的狀況？

五、「存放銀行同業」帳戶為何是外幣交易集中記載的主要帳戶？

六、試說明信用狀的意義及功用？

七、請列舉信用狀的基本內容和關係人？

八、試說明信用狀作業的流程。

九、信用狀的種類有那些？請逐一說明之。

十、信用狀開發的方式有那幾種？

土、何謂副提單背書與擔保提貨？

土、進口押匯款核付的方式有那幾種？

圭、何謂出口押匯？試說明出口押匯審核單據的原則與要點。

苪、試說明轉開國內信用狀的目的。

玄、何謂 D／A 與 D／P？

共、國際間匯款之方式有那幾種？

七、試列舉外匯存款存入的來源及提領的用途？

六、何謂光票買入與光票託收？

九、何謂遠期外匯？廠商為何要買賣遠期外匯？

干、中央銀行對於各銀行匯率的訂定有何規範？外匯交易員對於匯率的
　　掛牌有何準則？

三、試說明國際貨幣市場交易的報價方式。

習　題

一、某銀行有關外匯業務的交易事項如下：

1. 華全貿易公司擬向美國進貨，申請開發即期信用狀，開狀金額為 USD 10,000，匯率1:27.50，保證金10%，手續費0.25%，郵電費新臺幣1,000元，由該戶簽發支票付訖。

2. 接獲前項信用狀項下押匯單據 USD 9,000，並知悉已自該行存匯行 CITIBANK NEW YORK，取得款項。

3. 華全貿易公司來行辦理贖單，償還墊款，由該戶簽發支票付清。

4. 前項信用狀期限屆滿，未用餘額由本行註銷，剩餘保證金以新臺幣退還華全貿易公司，款項經轉入該戶支票存款帳戶內，匯率為 1:27.40。

5. 大昌機械公司以運往美國的貨運單據及匯票等來行申請辦理出口押匯 USD 20,000，匯率1:27.40，經扣除手續費1‰，郵電費新臺幣1,000，餘款轉入該戶支票存款帳戶內，本行隨後將匯票及有關單據郵寄國外開狀行。(假設利率8%，即期信用狀押匯利息以十二天計收)

6. 接獲該行存匯行──BANK OF CALIFORNIA, NEW YORK 報單通知，前項押匯款業已收妥。

7. 華全貿易公司申請開發匯票，金額 USD 1,000，匯率按1:27.50計算，付款行為 BANK OF AMERICA, NEW YORK，手續費5‰，郵電費新臺幣60元，全數由該公司簽發支票付訖。該行簽發 BANK OF AMERICA, NEW YORK 付款匯票乙紙交付該公司。

8. 接獲 BANK OF AMERICA, NEW YORK 付款報單，知悉前

項匯票業已付訖。

9. 大昌機械公司以 CHASE MANHATTAN BANK, NEW YORK 付款的美金支票 USD 800委託該行代收。

10. 接獲 CHASE MANHATTAN BANK, NEW YORK 報單通知，前項託收票款已如數收妥，當按匯率1:27.40折算，票款於扣收1‰代收手續費及郵電費新臺幣60元後，悉數付予現金。

㈠請依原幣記帳法作成以上各交易的借貸分錄。

㈡設上月底匯率為27.42，本月底匯率為27.44，試編製兌換損益計算表，並作成調整分錄。

二、已知美元對新臺幣的匯率為27.50，且美元對日圓匯率為124.65，澳幣對美元匯率為0.7743，求日圓對新臺幣及澳幣對新臺幣的匯率？

三、下列各項銀行與客戶間之交易，對銀行的部位影響為何？

1. 客戶結購美金1,000,000匯出。

2. 客戶申請開狀澳幣1,000,000，但並未結購一成保證金。

3. 客戶將外匯存款日幣10,000,000提出兌成新臺幣。

4. 客戶將出口押匯款英鎊100,000存入外匯存款。

5. 客戶以原幣償還信用狀款項美金500,000。

6. 客戶以新臺幣償還外幣貸款美金300,000。

7. 客戶結購美金200,000存入外匯存款。

8. 客戶將國外匯入匯款日幣5,000,000存入外匯存款。

第十六章 信託及其他業務

第一節 信託業務概説

一、信託的性質

「信託」乃是當事人的一方，爲自己或第三者的利益，移轉財產權於他方，而他方允爲依照一定目的，代爲管理、使用或處分其財產之謂。

就信託的發展歷程觀察，早期的信託都是以爲他人的利益爲主要目的，而委託他人管理或運用自己的財產，學理上稱爲「他益信託」或「消極的信託」。其後因經濟發展及社會繁榮，私人財富逐漸累積，財產的運用方式趨於多樣化，「信託」亦逐漸改以增加自己財產爲目的，學理上稱爲「自益信託」；又因此種信託的主要目的在於投資，具有積極性，故又稱爲「積極的信託」。現時各國所通行者，係以「自益信託」佔絕對多數。

目前我國信託業者所用「信託投資」一詞，主要是指爲自己的利益並以投資爲目的的信託而言。其實「信託」與「信託投資」兩詞並無區別，僅後者特別強調信託的主要目的在於投資而已。

二、信託的關係人

就信託的關係而言，交付財產委託他人管理或處分其財產的一方稱爲「委託人」或「信託人」；承受的一方（目前大都爲信託公司）稱爲「被委託人」或「受託人」；享受由管理所生利益的一方稱爲「受益人」。受

託人由委託人收受的財產稱為「信託財產」，而受益人享受利益的權利稱為「受益權」。如此已將財產的所有權、處分管理權及受益權予以分離；而財產所有人之所以將財物或款項交由信託公司代為管理運用，乃信賴其對財產能為最善良的管理，並可因而獲得更多的運用利益。

如上所述，信託的關係人有委託人、受託人、受益人三者，與銀行存款的僅有存戶與銀行兩者間的關係，本質上是有差別的。雖然信託也有將自己的財產委託受託人管理運用，並由自己享受所生的利益，亦即委託人與受益人可為同一人，但在法律上乃屬「委託人兼受益人」身份，應視為具有委託人與受益人雙重人格。

三、信託投資公司的意義及其業務範圍

照美日等國的經濟發展史實以觀，活用信託制度，乃吸收大眾游資及長期安定儲蓄資金，導向重要經濟產部門的最佳途徑；信託金融的專門性機能，為長期金融機能與財務管理機能，為構成現代金融體制的三大主流之一，在工業先進國家的長期資金市場及資本市場，實具有舉足輕重的地位。

銀行法第一百條第一項規定：「本法稱信託投資公司，謂以受託人的地位，按照特定目的收受、經理及運用信託資金與經營信託財產，或以投資中間人的地位，從事與資本市場有關特定目的投資的金融機構。」分析信託投資公司。

依照銀行法第一百零一條的規定，信託投資公司可經營下列業務：

1.辦理中、長期放款。

2.投資公司債、短期票券、公司債券、金融債券及上市股票。

3.保證發行公司債券。

4.辦理國內外保證業務。

5.承銷及自營買賣或代客買賣有價證券。

6.收受、經理及運用各種信託資金。

7.募集共同信託基金。

8.受託經管各種財產。

9.擔任債券發行受託人。

10.擔任債券或股票發行簽證人。

11.代理證券發行、登記、過戶及股息紅利之發放事項。

12.受託執行遺囑及管理遺產。

13.擔任公司重整監督人。

14.提供證券發行、募集之顧問服務，及辦理與前列各款業務有關的代理服務事項。

15.經中央主管機關核准辦理的其他有關業務。

經中央主管機關核准，得以非信託資金辦理對生產事業直接投資或投資住宅建築及企業建築。

四、信託業務的性質

信託業務乃係依他人旨意並爲他人利益著想，而僅收取手續費的一種服務業務，與銀行一般業務之爲謀求銀行本身利益的情形，顯然不同。此外，信託業務與代理業務亦有不同，前者係基於信託關係，必須由委託人將財產權在名義上移轉與受託人，由受託人依照一定目的，從事財產的管理、使用或處分；而後者僅由代理人遵照委任人的意志，代行管理或處分的各種事務，所代理財產的產權，仍歸委任人所有，而不移轉與代理人。

五、銀行信託部的業務

信託業務及一般銀行業務在我國採取兼營主義，即信託投資公司可以兼營一般銀行的放款、保證等業務，銀行亦可兼營信託業務；但兼營

的業務範圍，有受限制。純粹的信託業務，如管理財產、信託投資等，因需要具有專門學識經驗的專業人才來經營，銀行信託部大都不經營；至於信託資金以及中長期放款，則屬基本業務。銀行辦理各項信託業務，除應遵循銀行法的有關規定外，對「信託投資公司管理規則」亦應遵照辦理。

目前銀行信託部所辦理的業務項目，係各銀行事先向財政部申請，財政部於銀行法第一百零一條的規定範圍內，個別予以核定，並具體載明於營業執照，其項目大體如次：

1. 辦理中、長期放款。
2. 代客買賣有價證券。
3. 收受經理及運用各種信託資金（但以非保本保息者爲限）。
4. 受託經管各種財產。
5. 擔任債券或股票發行簽證人。
6. 擔任債券發行受託人。
7. 代理證券發行、登記、過戶及股息紅利之發放事項。
8. 提供證券發行、募集之顧問服務。
9. 辦理短期票券經紀、自營、簽證及承銷業務。
10. 辦理保管業務。
11. 代售金塊、金幣、銀幣。
12. 辦理與前列各款業務有關之代理服務事項。

六、信託部的組織

銀行兼營信託業務時，依銀行法的規定必須呈請財政部核准，另撥資本經營。信託部的資本、會計及業務，必須與銀行本部分開處理；不過信託部在法律上雖係一獨立部分，但在組織上，因其資本全係由銀行本部所撥付，本身亦無股東存在，實與其他各部一樣，同屬銀行的部門。

註： 目前各銀行亦都依照銀行法第二十八條的規定，另撥資本附設儲蓄部，以經營儲蓄銀行的業務（例如收受各項活、定期儲蓄存款及辦理各項中、長期放款等）；且爲便於經營各項儲蓄銀行業務，並於各地分行附設儲蓄部代理處。儲蓄部的資本、會計及業務，亦必須與銀行本部分開處理。

七、信託會計的特點

信託部所經營的業務項目，有些部分係運用信託部本身的資金，稱之爲「自有資金」部分，有些則信託部以受託人的身分承受信託資金，依受託目的從事運用，稱之爲「信託資金」部分，因此在帳務處理上就區分爲「自有資金帳」與「信託資金帳」兩大部分，此爲信託會計的特有現象。茲依有關法規綜列信託會計的特性如下：

1.信託部的資本、營業及會計，依銀行法第二十八條規定應獨立之。

2.每一信託戶及每種信託資金應設立專帳；自有財產與受託財產，分別記帳，不得流用。（銀行法第一百十一條）

3.信託部應以現金或中央銀行認可的有價證券繳存中央銀行，作爲信託資金準備。繳存比率由央行依各種信託資金契約總值之百分之十五至二十範圍內定之；惟繳存總額不得少於實收資本總額之百分之二十。（銀行法第一百零三條）

4.每一信託戶的會計應予獨立，但由公司確定用途的信託資金，其各信託戶得視爲同種信託而合併爲獨立的會計。（信託投資公司管理規則第十三條）

5.銀行法第一百十四條規定，信託投資公司應依照信託契約的約定及中央主管機關的規定，分別向每一信託人及中央主管機關作定期會計報告。

6.保本保息準備。由銀行代爲確定用途的信託資金，得於該項信託

資金每年收益項下，提列保本保息準備。本項準備應於每年會計年度終了時，確實評審，經依規定十足撥補信託資金的本金損失及保證收益後，如有剩餘，作為本行的收益，如發生不足，由自有資金予以補足。

7.信託收益。信託資金運用所產生的收入，扣除各項手續費、稅捐及提存等支出後的利益，尚未分配給委託人者，稱信託收益。

信託收益依規定計付信託收益分配金及提列保本保息準備後，如有剩餘，除確定用途的信託資金，得以手續費收入科目列為自有資金的收益外，指定用途的信託資金，經按信託契約所訂比率，就超額收益，加收信託手續費，其餘則悉數以紅利性質分配予各信託人。

第二節　信託部一般業務的會計分錄

一、承銷有價證券業務

(一)承銷新上市公司股票

1.依承銷契約應以開始承銷日，以所訂每股承銷價及受配承銷股數，核計總價，並作如下分錄

借：承銷有價證券──承銷○○公司股票

貸：受託承銷有價證券──承銷○○公司股票

2.收到認購人交來承銷處理費用時

借：庫存現金或其他相當科目

貸：其他預收款──承銷○○公司股票處理費

3.支付各項處理費用

借：其他預收款──承銷○○公司股票處理費

貸：庫存現金或其他相當科目

4.支付費用後若有剩餘，悉數轉入手續費收入科目

　　借：其他預收款——承銷○○公司股票處理費

　　　　貸：手續費收入——有價證券承銷費

5.如申購處理費，不敷支出時，以手續費支出科目列帳

　　借：手續費支出——雜項手續費

　　　　貸：庫存現金或其他相當科目

6.收到發行公司依承銷契約，撥承銷報酬時

　　借：庫存現金或其他相當科目

　　　　貸：手續費收入——有價證券承銷費

7.承銷完成作沖轉分錄

　　借：受託承銷有價證券——承銷○○公司股票

　　　　貸：承銷有價證券——承銷○○公司股票

8.包銷時，未售出剩餘股票，由本行承購時

　　借：買入有價證券

　　　　貸：庫存現金或其他相當科目

(二)承銷公司債

1.依承銷契約，發行公司送來債票，核計其數量及總價後，作如下分錄

　　借：承銷有價證券——承銷○○公司公司債

　　　　貸：受託承銷有價證券——承銷○○公司公司債

2.售出時

　　借：庫存現金或其他相當科目

　　　　貸：其他應付款——承銷○○公司公司債款

3.每日按售出公司債款彙總一筆，作下列分錄

　　借：受託承銷有價證券——承銷○○公司公司債

貸：承銷有價證券——承銷○○公司公司債

4.撥交分行銷售時，核計分銷數量及金額

借：受託承銷有價證券——承銷○○公司公司債

貸：承銷有價證券——承銷○○公司公司債

5.營業單位銷售公司債的會計分錄

(1)受配時：

借：承銷有價證券——承銷○○公司公司債

貸：受託承銷有價證券——承銷○○公司公司債

(2)銷售時：

借：庫存現金或其他相當科目

貸：其他應付款——承銷○○公司公司債款

(3)當日彙總一筆作沖轉分錄：

借：受託承銷有價證券——承銷○○公司公司債

貸：承銷有價證券——承銷○○公司公司債

(4)銷售截止日後，將銷售款悉數轉回信託部：

借：其他應付款——承銷○○公司公司債款

貸：聯行往來——總行信託部

(5)未售公司債券繳回：

借：受託承銷有價證券——承銷○○公司公司債

貸：承銷有價證券——承銷○○公司公司債

6.收到營業單位撥來代售款

借：聯行往來——營業單位

貸：其他應付款——承銷○○公司公司債款

7.收到營業單位繳回未售公司債

借：承銷有價證券——承銷○○公司公司債

貸：受託承銷有價證券——承銷○○公司公司債

8.銷售期滿，將售出公司債券款，悉數轉交給發行公司

借：其他應付款——承銷○○公司公司債款

貸：庫存現金或其他相當科目

9.未售出公司債券退回發行公司

借：受託承銷有價證券——承銷○○公司公司債

貸：承銷有價證券——承銷○○公司公司債

10.包銷時，未售出公司債券，依約由本行承購

借：買入有價證券

貸：其他應付款——承銷○○公司公司債款

二、債券或股票發行的簽證業務

收到債券或股票發行的簽證手續費時：

借：庫存現金或其他相當科目

貸：手續費收入——有價證券簽證費

三、擔任債券發行受託人的業務

1.公司債募集完畢發行公司交付手續費時

借：庫存現金或其他相當科目

貸：預收收益——受託手續費

2.每月底及期底按期間比例分攤轉入收益

借：預收收益——受託手續費

貸：手續費收入——受託手續費

四、中長期放款業務

比照銀行中、長期放款業務的會計處理方式辦理。

五、保證發行公司債

　　1.保證時

　　　借：應收保證款項──○○公司債

　　　　　貸：保證款項──○○公司債

　　2.收取保證手續費

　　　借：庫存現金或其他相當科目

　　　　　貸：手續費收入──保證手續費

　　3.解除保證責任時

　　　借：保證款項──○○公司債

　　　　　貸：應收保證款項──○○公司債

六、證券經紀業務（代客買賣上市、上櫃公司股票、基金受益憑證及公司債等）

(一)受託買賣證券（現金交易）

		（證券經紀商）信託部	存款營業單位（銀行部）
買進	成交日	借：託辦往來──一般交易 　　貸：其他應付款 　　　　──代購證券價款 　　證券經紀收入 　　　　──代購證券手續費	
	交割日	借：聯行往來──存款單位 　　貸：託辦往來──一般交易 借：其他應付款──代購證券價款 　　貸：聯行往來 　　　　──存款營業單位	借：活期儲蓄存款或活期存款 　　貸：聯行往來──信託部 借：聯行往來──信託部 　　貸：存放銀行同業 　　　　──世華銀行

| 賣出 | 成交日 | 借：其他應收款——代售證券價款
貸：託辦往來——一般交易
　　其他應付款
　　　　——應付代扣稅款
　　　　（證券交易稅）
　　證券經紀收入
　　　　——代售證券手續費 | |
| | 交割日 | 借：聯行往來——存款營業單位
貸：其他應收款
　　　　——代售證券款
借：託辦往來——一般交易
貸：聯行往來
　　　　——存款營業單位
借：其他應付款
　　　　——應付代扣稅款（交易稅）
貸：聯行往來
　　　　——存款營業單位 | 借：存放銀行同業——世華銀行
　　貸：聯行往來——信託部
借：聯行往來——信託部
　　貸：活期儲蓄存款或活期存款
借：聯行往來——信託部
　　貸：應付代收款——代收稅款 |

註：代購證券價款及代售證券價款亦可改以「應付帳款」及「應收帳款」科目整理。

(二)受託融資買賣證券（信用交易）

		信託部（證券經紀商）	銀行部（存款營業單位）
買	成交日	借：託辦往來——融資交易 　　貸：其他應付款 　　　　——融資買進自備款 　　　　　（亦可改用應付帳款） 　　　　託辦往來 　　　　——復華公司（融資款） 　　　　證券經紀收入 　　　　——代購證券手續費	
進	交割日	借：託辦往來 　　——復華公司（融資款） 　　其他應付款 　　——融資買進自備款 　　聯行往來 　　——銀行部（購券手續費） 　　貸：託辦往來——融資交易	借：活期儲蓄存款或活期存款（自備款＋手續費） 　　貸：存放銀行同業 　　　　——世華銀行（自備款部分） 　　　　聯行往來 　　　　——信託部（手續費部分）
賣	成交日	借：託辦往來 　　——復華公司（融資款） 　　託辦往來 　　——融資利息及違約金 　　其他應收款 　　——應退款（由復華退回之自備款±買券盈虧） 　　貸：託辦往來——融資交易 　　　　其他應付款——應付代扣稅款（交易稅） 　　　　證券經紀收入 　　　　——代售證券手續費	

出	交割日	借：託辦往來——融資交易 　其他應付款 　　　——應付代扣稅款（交易稅） 　聯行往來——銀行部(手續費) 貸：託辦往來——復華公司 　託辦往來 　　　——融資利息及違約金 　其他應收款——應退款	借：存放銀行同業 　　　——世華銀行（復華應退款） 貸：聯行往來 　　　——信託部(手續費) 　活期儲蓄存款或活期存款 　應付代收款——代收稅款

(三)受託融券買賣證券（信用交易）

		信託部（證券經紀商）	銀行部（存款營業單位）
賣	成交日	借：其他應收款 　　　——代融券賣出證券價款 　　　（亦可改用應收帳款） 貸：託辦往來——融券交易 　其他應付款 　　　——應付代扣稅款 　　　（交易稅） 　證券經紀收入 　　　——代售證券手續費	

出	交割日	借：託辦往來——融券交易 　　其他應付款 　　　　——應付代扣稅款（交易 　　　　　稅） 　　聯行往來——銀行部(手續費) 　貸：其他應收款 　　　　——代融券賣出證券 　　　　　價款	借：活期儲蓄存款或活期存款 　　　　——應繳融券保證金稅款 　　　　　及手續費) 　貸：存放銀行同業 　　　　——世華銀行 借：存放銀行同業——世華銀行 　貸：應付代收款——代扣稅款 　　聯行往來 　　　　——信託部(手續費)
買 進	成交日	借：託辦往來——融券交易 　貸：其他應付款 　　　　——代融券買進證券 　　　　　價款 　　證券經紀收入 　　　　——代購證券手續費	
	交割日	借：其他應付款 　　　　——代融券買進證券價款 　　聯行往來——銀行部(手續費) 　貸：託辦往來——融券交易	借：存放銀行同業——世華銀行 　貸：活期儲蓄存款或活期存款 　　　（復華公司應退保證金及 　　　交易差額) 　　聯行往來 　　　　——信託部(手續費)

(四)錯帳的帳務處理

1.執行受託買賣，因交易頻繁，致發生多買、多賣、少買、少賣等買賣錯誤的情形。本項錯帳收支，依財政部規定，應在證券交易手續費收入之百分之二內，提存備抵錯誤損失準備。其分錄如下：

借：各項提存

貸：意外損失準備

2.發生差損時，暫列帳於其他應收款科目；若發生差益時，則暫列帳於其他應付款科目。

3.彙計全期實際發生錯帳的差損、差益總數，再與提存的備抵錯誤損失準備，作以下沖銷分錄：

借：其他應付款──錯帳

　　意外損失準備

　　貸：其他應收款──錯帳

㈤託辦往來明細帳應按每一往來客戶分戶設帳，格式如下：

代客買賣證券往來分戶帳

帳號：＿＿＿＿　戶名：＿＿＿＿　地址：＿＿＿＿＿＿＿＿　電話：＿＿＿＿

年		摘要（交易之證券名稱、數量、單價）	交易細數		借方	貸方	借或貸	餘額
月	日		價款	佣金				

七、受託保管有價證券

1.受託時，登載於保管有價證券明細分類卡，並收取手續費

借：保管有價證券

　　貸：應付保管有價證券

借：庫存現金或其他相當科目

　　貸：手續費收入──保管手續費

2.提回時

借：應付保管有價證券

　　貸：保管有價證券

3.保管有價證券與應付保管有價證券係爲對轉科目，故兩者可併用同一帳頁，格式如下：

保 管 有 價 證 券
應付保管有價證券 明細帳

證券.
名稱._____   每股.
面額._____   第　頁

交割		帳號	戶名	股數	摘要	證券面值			備註
月	日					收存	付出	結存	

第三節　信託資金的處理

一、信託資金的性質及種類

　　所謂「信託資金」乃銀行以受託人地位，收受信託款項，依照信託契約約定的條件，爲信託人指定的受益人的利益而經營的資金（銀行法第十條）。信託資金大體可分爲兩類，一是由信託人指定用途者；一是由公司代爲確定用途者。目前信託公司實際收受的信託資金，名目雖多，大體仍不出上述兩類範疇。

二、自有資金帳的處理

1.收受信託資金及扣取手續費

　　借：庫存現金或其他相當科目

　　　　貸：聯行往來（轉撥至銀行部或儲蓄部的信託存款專戶）

　　　　　手續費收入——信託報酬收入

　　借：信託資產

　　　　貸：信託負債——○○ A/C

2. 提存信託資金的應收手續費

　　借：應收收益——信託手續費

　　　　貸：手續費收入——信託報酬收入

3. 保本保息準備從信託資金帳轉來時

　　借：存放銀行同業或其他相當科目

　　　　貸：保本保息準備

4. 依信託契約分配收益時

　　借：庫存現金或其他相當科目

　　　　貸：應收收益——信託手續費

　　　　　　手續費收入——信託報酬收入

　　　　　　其他應付款——代扣所得稅

　　　　　　聯行往來——信託戶的存款行

5. 信託到期解約時，轉入信託戶帳，並沖轉信託資產、信託負債記錄

　　借：庫存現金或其他相當科目

　　　　貸：聯行往來——信託戶的存款行

　　借：信託負債——○○ A/C

　　　　貸：信託資產

三、信託資金帳的處理

　㈠運用信託資金，對外投資或貸放等業務，其所得的債券、股票、放款收入暨買賣債券、股票、短期票券等收益，均應列於信託資金帳各有關收入項下。其隨業務所產生的各種手續費用、稅捐、提存等及買賣債

券、股票等投資損失，則應列於信託資金帳各相關支出項下。

㈡依照信託契約所訂標準，支付給信託部（自有資金）的手續費用，於信託資金帳的未分攤手續費支出項下列帳。

㈢分配與信託人的保證利息部分，若由未分配收益扣除未分攤費用後，發生不足情形，則依約定以自有資金撥款補足。本項保證利息，月算如須先提存，則貸記於「應付收益分配金」項下。

㈣信託資金的一般交易事項會計分錄。

　1.收受信託資金

　　借：信託資產──庫存現金或其他相當科目

　　　貸：信託負債──信託資金

　2.信託資金未運用前暫存於銀行存款專戶

　　借：信託資產──存放行庫

　　　貸：信託資產──庫存現金或其他相當科目

　3.信託資金運用於放款

　　借：信託資產──中期放款或其他相當科目

　　　貸：信託資產──存放行庫

　4.信託資金運用於購買政府公債或有價證券

　　借：信託資產──政府公債或有價證券

　　　貸：信託資產──存放行庫

　5.提存各項收益或放款利息

　　借：信託資產──應收公債利息或應收放款利息等

　　　貸：信託負債

　　　　　　──未分配公債息收入或未分配放款利息收入等

　6.收到放款利息

　　借：信託資產──庫存現金或其他相當科目

　　　貸：信託資產──應收放款利息

　　　　　　信託負債——未分配放款利息收入

7. **收到公債息**

　　借：信託資產——庫存現金或其他相當科目

　　　　貸：信託資產——應收公債利息

　　　　　　信託負債——未分配公債息收入

8. **收回中、長期放款**

　　借：信託資產——庫存現金或其他相當科目

　　　　貸：信託資產——中期放款或長期放款

　　　　　　信託負債——未分配放款利息收入

9. **出售持有的公債或有價證券**

　　借：信託資產——庫存現金或其他相當科目

　　　　貸：信託資產——政府公債或有價證券

　　　　　　信託負債——未分配證券買賣利益

10. **支付各項費用**

　　借：信託資產——未分攤手續費支出或其他相當科目

　　　　貸：信託資產——庫存現金或存放行庫

11. **提存保本保息準備**

　　借：信託資產——未分攤各項提存

　　　　貸：信託負債——應付保本保息準備

12. **保本保息準備轉撥信託部（自有資金帳）**

　　借：信託負債——應付保本保息準備

　　　　貸：信託資產——庫存現金

13. **依信託契約撥付信託手續費**

　　借：信託資產——未分攤手續費支出

　　　　貸：信託資產——庫存現金或存放行庫

14. **分配客戶信託收益**

借：信託負債——未分配放款利息收入、有價證券收益等收入

貸：信託資產——未分攤手續費支出、各項提存等支出

信託負債——信託資金

15.*信託户領取信託資金*

借：信託負債——信託資金

貸：信託資產——庫存現金或存放行庫

第四節　信託財產的處理

一、信託契約

信託乃信託人須將財產移轉予受託人，委任其管理運用，在法律上必須訂定委託人與受託人之間財產的信託，以及因信託所生利益的處理契約；依銀行法第一百零四條規定：信託契約應載明下列事項：

1. 資金營運之方式及範圍。
2. 財產管理之方法。
3. 收益之分配。
4. 信託投資公司之責任。
5. 會計報告之送達。
6. 各項費用收付之標準及其計算之方法。
7. 其他有關協議事項。

二、信託財產的管理

信託投資公司對於信託財產，應遵照信託契約的內容處理，盡善良管理人的注意，如有違反法令或信託契約，或因其他可歸責於公司的事由，致信託人受有損害者，其應負責的董事及主管人員應與公司連帶負

損害賠償之責。至於運用方式，有投資於生產事業或有價證券，有運用於信託放款或購置固定資產，藉獲投資利益而分配與信託人或受益人。

三、信託財產的處理手續

1.信託人來行委託財產信託時，應請填寫「信託財產委託書」，連同印鑑卡二份，經主管人員核准後由信託人將信託財產移交本行接管，如需辦理過戶的不動產或動產，俟辦妥手續後發給「信託憑證」交與信託人收執，並編製傳票憑以記帳。

2.受託經管財產後，應依照約定方式運用，如有獲得利益，應編製傳票憑以記帳，因經管運用而由本行代付費用時，均由信託人負擔。

3.根據信託契約支付款項與受益人時，應取得收據，編製傳票，憑以記帳。

4.有關信託財產業務所發生的財產（例如現金、房地產、有價證券等）以「信託財產」科目整理，信託部對信託人應負的負債，則以「信託負債」科目整理；有關信託業務所發生的各項費用及收入，則於「信託負債」科目之下分別設置子目處理（費用記該科目借方；收入記該科目貸方）。

四、信託財產的會計分錄

(一)收到信託財產時

1.收到現金時
　　借：信託資產——○○戶現金
　　　　貸：信託負債——○○戶
2.收到現金以外財產時
　　借：信託資產——○○戶房地產

　　　　　信託資產——○○戶有價證券
　　　　貸：信託負債——○○戶

㈡收到收益時

1.出售財產收到現金時
　　借：信託資產——○○戶現金
　　　　貸：信託資產——○○戶有價證券

2.投資利益收到現金時
　　借：信託資產——○○戶現金
　　　　貸：信託負債——○○戶收益

㈢購入財產或支付費用時

1.購入財產支付現金時
　　借：信託資產——○○戶房地產
　　　　貸：信託資產——○○戶現金

2.支付費用時
　　借：信託負債——○○戶費用
　　　　貸：信託資產——○○戶現金

3.扣收信託手續費
⑴借：信託負債——○○戶手續費
　　　貸：信託資產——○○戶現金
⑵借：庫存現金
　　　貸：手續費收入——信託費收入

㈣發給受益人款項或信託人領回信託款項

　　借：信託負債——○○戶

　　貸：信託資產──○○戶現金

　　　　信託資產──○○戶有價證券

　　　　信託資產──○○戶房地產

第五節　短期票券業務

一、銀行資金的投放

　　銀行對外投資是運用資金的重要途徑之一，經營是否得當，不但影響銀行的收益，並且關係銀行資金的安危，因此運用各種投資方法時必須特別愼重，以期收到預期的效果。

　　銀行投資的基本原則，約有五項，一應力求投出的資金安全穩定；二應力求收益的優厚；三應力求投資物價值的穩定和處分的便易；四應力求投資種類和對象的分散；五應力求對國家政策的配合而有利於社會生產事業。例如房地產投資，資金雖很安妥，收益也很豐厚，但一旦需要資金，變現困難；且從事房地產投資，極易助長投機，影響生產，自非負有融通工商業資金，促進生產之責的銀行所應爲。

　　銀行對外投資，原係剩餘資金的短期運用，爲保持資金的流動性，自以從事流動性較大、時期較短的有價證券買賣爲佳；至於將資金直接投入企業的長期股權投資，除爲配合國家經濟政策或因業務上需要必須予以扶助指導的事業而外，較少辦理。本節先就買賣短期票券的短期投資略加說明，至於對企業的長期股權投資，當留待第七節再行討論。

二、我國貨幣市場發展概況

　　貨幣市場的主要功能在於匯集並運用資金作爲儲蓄者與投資者間的媒介，使擁有短期剩餘資金的供給者與缺乏短期資金的需求者藉貨幣市

場的交易溝通得以互為調劑，以期合理而有效率地運用短期資金，配合經濟發展的需要，並便利工商企業短期資金的調度。

國內貨幣市場自民國六十五年中興票券設立後正式成立，其後國際、中華票券陸續加入，多年來在三家票券公司經營下，貨幣市場發展已甚具規模。目前廠商能便捷的利用發行票券籌措短期資金，銀行亦可藉票券買賣來調節準備部位，央行更透過票券公司公開市場操作以實施其貨幣政策，貨幣市場在三家票券公司努力經營下，已發揮相當的功效。

近年來，由於貨幣市場業務之蓬勃發展，企業利用貨幣市場籌措資金的比重不斷提高，預期未來中小企業亦會逐漸投入貨幣市場。以資金供給面觀之，傳統的存款工具逐漸無法滿足企業的理財需求，而且法人主導投資的時代已屆，國內外各類型基金發行熱絡，將會導引龐大的資金進出貨幣市場，故未來國內貨幣市場對於促進整體經濟發展將扮演重要角色且榮景可期。

但隨著政府金融國際化、自由化政策的推動，近二十年來貨幣市場卻始終維持三家票券公司經營的局面，多年來貨幣市場專業性機構太少，市場成為寡佔的問題，始終為大眾所爭議，更為主管當局所重視。因此財政部於八十一年五月首先開放銀行承作第一階段票券自營、經紀業務，在銀行參與第一階段經營後，整體票券次級市場的規模隨之擴大，貨幣市場呈現蓬勃發展局面，在市場規模持續擴大下，貨幣市場仍井然有序的運作著。因此主管當局復於八十三年八月二十四日宣佈開放票券公司設立及准許銀行於宣佈日起一年後得經營票券簽證、承銷第二階段業務。

截至八十五年底，貨幣市場已有大中、大眾、宏福、萬通、萬泰、聯邦、玉山等七家新票券金融公司陸續加入，使得國內貨幣市場發展更具規模，金融體系也更為完備，預期在政府亞太金融中心的規劃下，各項金融商品將更為多樣化，臺灣金融市場的質與量將漸與先進國家看齊，提供國人更多元且完整的融資與理財環境。

三、票券商業務範圍

依財政部公布「票券商管理辦法」的規定，票券商經營的業務範圍如下：

1. 短期票券的經紀及自營業務。

2. 擔任本票的簽證人。

3. 擔任本票的承銷人。

4. 擔任本票或匯票的保證人或背書人。

5. 擔任金融機構同業拆款經紀人。

6. 有關企業財務的諮詢服務工作。

7. 政府債券的經紀及自營業務。

8. 經財政部核准辦理的其他有關業務。

四、短期票券的定義

依據「票券商管理辦法」第二條規定，本辦法所稱短期票券，係指期限在一年期以內的下列票券：

1. 國庫券。

2. 可轉讓的銀行定期存單。

3. 本票或匯票。

4. 其他經財政部核准的短期債務憑證。

前項所稱本票或匯票，係指依法登記的公司與政府事業機構所發行的下列票據：

1. 基於交易行為所產生的本票、銀行承兌匯票及商業承兌匯票，經受款人背書者。

2. 為籌集資金而發行的下列本票：

(1)經金融機構保證發行的本票。

(2)經證券交易所審定列爲第一類上市股票的發行公司，財務結構健全，並取得銀行授予信用額度的承諾所發行的本票。

(3)政府事業機構所發行的本票。

(4)股份有限公司組織、財務結構健全的證券金融事業，所發行的本票。

五、銀行經營短期票券業務的目的

銀行獲財政部核准承作第一階段票券自營、經紀業務，如能再順利獲准承作票券簽證、承銷第二階段業務，即可經營完整的短期票券業務。

銀行經營短期票券業務，一可爲調節流動資產準備的地位，以消減剩餘與不足的差額；二可在有效運用營運資金，藉買進或賣出短期票券，減少或彌補銀行存款的正或負超額準備，以提高銀行資金的營運收益；三可使客戶充分利用銀行核准的商業本票保證及商業匯票承兌額度，便利資金的調度；四可使銀行賺取票券的保證、承兌、簽證、承銷等手續費收入，以擴大利基。

六、短期票券的種類

(一)國庫券 (Treasury Bill, 簡稱 T.B.)

1.國庫券係由代表國庫的中央政府爲調節國庫收支及穩定金融所公開發行的一種短期債務憑證，也是金融當局執行貨幣政策的主要手段，其發行期間不超過三百六十四天，可視爲短期的政府公債，因爲是以國家財政收入爲擔保，因此國庫券是最安全的信用工具。

2.依我國國庫券發行條例的規定，國庫券因發行方式的不同而區別爲甲、乙兩種。

(1)甲種國庫券 (簡稱 T.B.1)：按照面額發行，並於票面訂明利率，

到期連同應付利息一次清償，逾期未領停止計息。

(2)乙種國庫券（簡稱 T.B.2）：以貼現方式（即先行預扣發行期間的利息）發行，而且採取公開標售的途徑，由超過所定最低售價者，按超過多寡依次得標，到期照面額清償。

3.國庫券償還期限，每期不得超過三百六十四天。其未償還的總餘額，不得超過當年度中央政府總預算歲出總額百分之五十。但其中用於調節國庫收支者，不得超過百分之十。

4.甲種及乙種國庫券的面額分為新臺幣1萬元、5萬元、10萬元、50萬元、1百萬元及1千萬元六種。

(二)商業本票（Commercial Paper，簡稱 C.P.）

本票是指發票人簽發一定的金額，並承諾於指定到期日，由自己無條件支付票載金額予受款人或持票人的票據。商業本票是由依法登記的公司，為融通合法交易行為或籌措短期資金，而簽發承諾於指定到期日無條件支付票載金額的票據。

依據財政部「票券商管理辦法」的規定，商業本票可分為下列兩種：

1.交易性商業本票（又稱第一類商業本票，簡稱 C.P.1）

(1)買入依據：由合法交易行為產生，為真實具自償性的票據。

(2)買入與還本方式：按貼現（預扣利息）方式發行，到期按面額兌償。

(3)記名與否：一般都採記名方式，轉讓時必須背書。

(4)買入期限：以不超過一百八十天為原則。

(5)買入限額：依實際交易需要而定，沒有固定的面額。

2.融資性商業本票（又稱第二類商業本票，簡稱 C.P.2）

(1)發行依據：工商企業為籌集短期資金，經金融機構保證或依規定無須金融機構保證而發行的本票。

(2)發行與還本方式：按貼現方式發行，到期按面額兌償。

(3)記名與否：一般都不記名，通常也不再背書。

(4)發行期限：視客戶需要訂定天期，以不超過一年爲限。

(5)發行限額：主要由保證機構按照各主管機關規定限制，核定額度來決定。

(三)承兌匯票

匯票就是發票人簽發一定金額，委託付款人於指定到期日，無條件支付與受款人或持票人的票據。如果匯票的持票人於到期日前，向付款人爲承兌的提示，付款人於匯票正面記載承兌字樣，就成爲承兌匯票。承兌匯票可分爲兩種：

1.商業承兌匯票（Trade Acceptance, 簡稱 T.A.）

商業承兌匯票係指依法登記的公司，因出售商品或提供勞務而簽發一定金額的匯票，以其相對人（即買方）爲付款人並經其承諾者。

(1)產生方式：基於合法的商品或勞務交易行爲，由賣方簽發匯票，以買方爲付款人，經買方承兌而產生。

(2)發行與還本方式：按貼現方式發行，到期按面額兌償。

(3)發行期限：以不超過一百八十天爲原則。

(4)發行限額：受實際商品或勞務交易量限制。

2.銀行承兌匯票（Banker's Acceptance, 簡稱 B.A.）

銀行承兌匯票係指匯票由出售商品或提供勞務的一方或其相對人委託銀行爲付款人而經銀行承兌者，銀行承兌匯票可分成二類：

(1)買方委託承兌：

　　a.依法登記的工商企業，在商品交易或勞務提供中爲交易之相對人(買方)，爲信用交易的需要，請求銀行擔任該客票的付款人而予以承兌。

　　b.買方爲購買商品或授信擔保的需要，委託銀行開發遠期信用狀，信用狀的受益人，依信用狀的指示履行信用狀的約定條件後，開發信用狀所指定金額的匯票，請求銀行承兌。

　　(2)賣方委託承兌：

　　依法登記的工商企業，合法商品交易的賣方或勞務的提供者所開出的銀行承兌匯票，發行期限最長以不超過一百八十天爲原則，如賣方提供予銀行作爲還款財源的客票，其期間短於一百八十天時，匯票的到期日以客票最長到期日爲限，其發行限額受實際商品或勞務交易量限制，同時也受承兌金融機構對買方或賣方核定的授信額度大小限制。

(四)銀行可轉讓定期存單 (Negotiable Certificate of Deposit, 簡稱 NCD)

　　銀行可轉讓定期存單係由銀行發行並附有利息條件的定期存款，不得中途提取或解約，但可自由流通轉讓。

　　1.發行依據：財政部頒佈的「銀行業發行可轉讓定期存單應注意事項」。

　　2.面額：以新臺幣10萬元爲單位，按10萬元的倍數發行。

　　3.期限：最短爲一個月，最長不得超過三百六十五天。

　　4.還本附息方式：照面額發行，到期本息一次淸償。如果逾期提取，除了到期日適逢銀行休假日，另付休假日利息外，自逾期日起停止計息。

　　5.利率：可轉讓銀行定期存單的利率，不受銀行業最高存款利率限制。

　　6.利息所得：由扣繳義務人於給付時，依法按扣繳率百分之二十扣繳利息所得。因爲採取分離課稅的方式，不再併入計算綜合所得總額或營利事業所得額。

　　7.可轉讓定期存單不得中途提取或請求變更契約內容。

8.可轉讓定期存單分爲記名式與無記名式兩種，由客戶選擇，並均得背書轉讓流通。

9.遺失處理：可轉讓定期存單因遺失、被盜或滅失等情事，除應即向發行的金融機構辦理掛失止付手續外，並應依法向法院申請公示催告程序。若未於止付後五個營業日內，提出已爲申請公示催告的證明書，其止付應爲無效。等到除權判決後，憑除權判決書請原簽發單位補發存單。

10.可轉讓定期存單可持向金融機構申請質借，或充作其他擔保。

七、票券的簽證、承銷業務

貨幣市場的初級市場，係指簽證、承銷工商企業、政府機構等所發行的短期票券及買入銀行的可轉讓定期存單或承兌匯票。依票券商管理辦法「簽證」係指票券公司接受本票發行人的委託，對於其發行的本票應記載事項加以審核並予簽章證明；「承銷」則係指票券公司接受發行人的委託，包銷或代銷本票。

(一)發行貼現利率的訂定

初級市場對外報價利率主要爲商業本票及銀行承兌匯票貼現利率，一般天期級距分爲1-10天、11-30天、31-60天、61-90天、91-180天、181-270天及271-360天，銀行承兌匯票則爲180天以內。

由利率小組每日根據票券部門營運策略、利率預期、資金狀況等市場因素，訂定次日商業本票及銀行承兌匯票各天期的首次買入利率。

(二)承銷及首次發行票券承作要點

1.商業本票

(1)發行要件：

　　a.金融機構保證的商業本票：

　　　(a)票券公司提供空白商業本票、簽證承銷委託書。

　　　(b)首次發行公司，應檢送經濟部執照、營利事業登記證及公司印鑑證明影本各壹份留存。

　　　(c)發行公司應於發行前將商業本票及簽證承銷委託書送請保證的金融機構，簽蓋保證印鑑並由票券公司派員至保證機構取回。

　　b.無金融機構保證的商業本票：

　　　(a)發行公司應填具商業本票簽證承銷委託書，另提供公開說明書連同簽妥的商業本票送交票券公司。

　　　(b)第一類股票上市公司另應檢附銀行授予信用額度的承諾函，至於政府事業機構及證券金融事業則免提供。

　(2)審核要點：

　　a.商業本票要件：

　　　(a)商業本票的要件應符合票據法有關規定。

　　　(b)擔當付款銀行應以發行公司有支票存款帳戶者為限。

　　　(c)發行公司印鑑或簽章應與簽證承銷委託書及留存擔當付款銀行支存印鑑相符。

　　　(d)保證機構保證印鑑或簽章應與其留存票券公司有權簽章人印鑑相符。

　　　(e)商業本票的發票日應早於承銷日或同於承銷日。

　　b.簽證承銷委託書：

　　　(a)發行公司名稱、地址、發行金額、發行期限、擔當付款銀行應詳細填寫，擔當付款銀行留存印鑑，應與付款金融機構及商業本票上的記載相符。

　　　(b)承銷價款撥付方式應與交易員填寫之買入交易記錄及成交單相符。

(c)發行公司應在委託書簽蓋經濟部登記印鑑或簽蓋留存票券公司的印鑑。

(d)委託書的簽發日應早或同於商業本票的承銷日。

c.銀行授予信用額度承諾函應符合下列規定：

(a)承諾函應以一定方式書寫。

(b)承諾函應註明一定的金額。

(c)承諾函應明確記載以信用額度給予發行公司。

(d)承諾函應明確記載信用額度用以償還有關商業本票的發行，且該額度可隨時動用。

d.其他注意事項：

(a)撥款應於商業本票取到並核對無誤後方能撥付，本票記載事項如有任何瑕疵，應於價款撥付前，即時通知經辦員連絡客戶更正。

(b)撥款應憑委託書及買入成交單所指示的方式撥付，委託書如與成交單記載不符，經辦員應洽發行公司再確認。

(c)商業本票的價款應以發票人爲撥付對象，否則應由發票人在委託書註明並經主管核准後方能付款。

(3)作業處理程序：

a.經辦員於發行前一日，與發行公司洽定發行面額、期間、保證機構、承銷利率等各項交易條件後，即填製買入票券記錄單送交電腦操作員，憑以列印首次買入成交單，再向發行公司報價。

b.經辦員於確認保證銀行完成保證手續的同時，應分派交割人員自保證機構取回商業本票及有關資料。

c.買入成交單經主管簽章後，由出納於次日開具付款支票，撥付款項。

d.商業本票核對無誤後，於本票背面蓋妥承銷單價，經主管審核後送由出納簽收保管。買入成交單、買入交易記錄單、簽證承銷委託書，

由經辦員整理歸檔，買進成交單郵寄發行公司。

(4)價格的計算：

　　a.貼現值：

承銷商業本票，係按實際承銷天數以貼現法先算出每萬元單價，小數點取至第二位、第三位四捨五入。

$$每萬元單價＝10,000×(1－貼現率×天數/365)$$

$$貼現值＝每萬元單價×(面額÷10,000)$$

　　b.手續費：

　　(a)保證手續費＝面額×保證手續費率×天數/365

　　(b)簽證手續費＝面額×簽證手續費率×天數/365

　　(c)承銷手續費＝面額×承銷手續費率×天數/365

各項手續費費率，視市場狀況由有關部門簽准後施行。

　　c.舉例說明：

甲公司發行一筆一百八十天期由其他金融機構保證的商業本票，面額500萬元，假設貼現率7.5%，簽證費0.03%，及承銷費0.25%，其計算方式如下：

$$每萬元單價：\$10,000×(1－7.5\%×180/365)＝\$9,630.14$$

$$貼現值：\$9,630.14×500＝\$4,815,070$$

$$承銷費：\$5,000,000×0.25\%×180/365＝\$6,164$$

$$簽證費：\$5,000,000×0.03\%×180/365＝\$740$$

$$應付甲公司承銷價款：\$4,815,070－\$6,164－\$740$$
$$＝\$4,808,166$$

2.銀行承兌匯票

(1)買入要件：

　　a.經辦員須於成交撥款前一營業日與客戶洽定買入匯票的面額、期限、承兌銀行、利率及撥款方式，即填製買入交易記錄單，交與電腦

操作員操作。

　　b.客戶須於撥款前一營業日簽妥匯票，附委託書送交承兌銀行簽章承兌，並於營業時間終了前由票券公司派員取回匯票及委託書。

　(2)審核要點：

　　a.匯票的形式及要件應符合票據法的規定。

　　b.承兌日應在發票日之後或同一日，承兌期限應與到期日相符合。

　　c.承兌銀行印鑑應與其留存票券公司有權簽章人員簽樣相符。

　　d.發票人以公司法人為限。

　　e.匯票記載受款人者，應由受款人背書，背書轉讓的匯票應符合票據法有關背書轉讓規定。

　(3)價格計算：

　　a.貼現值：計算方式同商業本票。

　　b.舉例說明。

乙公司發行九十天期銀行承兌匯票面額5千萬元，假設貼現率6.8%。

　　　每萬元單價＝$10,000×(1-6.8%×90/365)=$9,832.33

　　　應付該公司價款為$9,832.33×5,000=$49,161,650

3.國庫券

(1)標售方式：

以投標的最高出價者（最低實際貼現率）得標，再依價格高低順序分配，直至標售數額全部售完為止。

(2)投標程序：

　　a.將擬投標的金額、期限、利率等填入中央銀行印製的投標單內，於投標當日指定時間前送中央銀行業務局調撥科。

　　b.中央銀行開標後次日報紙發佈開標結果，同時以書面通知各投標單位得標或落標。得標者於發行日向中央銀行業務局以央支繳足全部價款，並領取所購國庫券收據。

　　c.國庫券價格計算及會計處理方式：

　　我國國庫券計價基礎，係採實際貼現法（即銀行放款率）的計算方式以求得國庫券的利率，其計算公式如下：

　　　　每萬元單價＝10,000/（1＋貼現率×天數/365）

　　　　貼現值（發行價格）＝每萬元單價×面額/10,000

　　　　貼現率＝（面額－貼現值）/貼現值×365天數

　　舉例說明：九十一天期國庫券得標利率為年利率5.5%，面額1億元的發行價格按下列方式求得：

　　　　每萬元單價＝$10,000/（1＋5.5%×91/365）＝$9,864.73

　　　　發行價格＝$9,864.73×10,000＝$98,647,300

4.銀行可轉讓定期存單

(1)買入程序：

　　a.直接向發行銀行買入：

　　　(a)交易員與發行銀行洽定存單發行期限及利率，並填製買入交易記錄單，交電腦操作員輸入電腦列印買入成交單。

　　　(b)作業科經辦員依據買入成交單及買入票券記錄單製作有關憑證，由出納開具付款支票交作業科主管核章。

　　　(c)作業科依買入交易記錄單上的交割指示款，分派交割人員持付款支票及買入成交單前往發行銀行辦理交割。

　　　(d)作業科核對存單期限、面額及發行銀行印鑑，並經主管核章後交出納簽收保管。

　　b.由一般客戶買入：

　　　(a)交易員與客戶洽定買入利率，並填製買入交易記錄單，交電腦操作員輸入電腦，列印買入成交單。

　　　(b)作業科經辦員依據買入成交單製作有關憑證並依付款方式由出納開具付款支票，交主管核章。

(c)出售存單客戶應於賣出當日付款前將存單送交票券公司，由作業科派員至存單發行銀行照會，並核對其有權簽章人員印鑑是否正確。

(d)存單經照會無誤，交出納入庫，買入成交單交客戶簽收，並按客戶指定方式付款。

(e)記名式存單的過戶手續依銀行規定辦理。

(2)可轉讓定期存單計價：

a.發售當日買入：按發行銀行所訂票載利率買入，則所應支付的價款即為存單面額。

b.中途買入：買入非當日發行的存單，按存單利率加息計算到期稅後本利和，再以實際貼現方式，按實際買入天數計算貼現值。貼現值計算公式如下：

到期稅後本利和淨額×1/(1+利率×0.8%×天數/365)

c.舉例說明：存單面額5千萬元,票面利率年率7.5%，發票日八十三年十月八日，到期日八十四年四月八日。八十三年十二月二十日票券公司貼現買入，利率7%（實際貼現率）。

本利和：$50,000,000+〔($50,000,000×7.5%×180/360)×0.8〕=$51,500,000

貼現值（買入價格）：

$51,500,000×1/(1+7%×0.8×109/365)

=$50,652,917

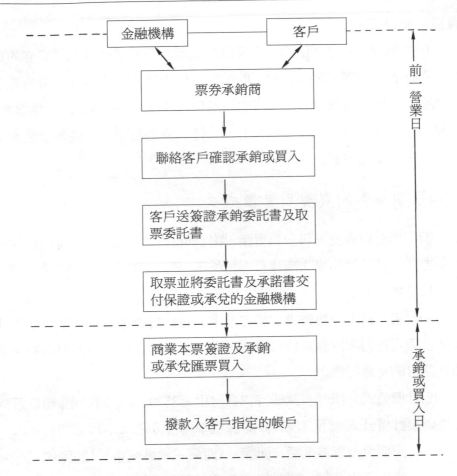

簽證、承銷業務作業流程圖

八、票券的經紀、自營業務

(一)買賣短期票券的訂價

　　為因應每日票券買賣業務的需要，票券部門依據其買賣票券業務授權辦法的規定，及當日市場情況，擬定當日買賣票券的中心利率，作為

買賣票券的依據。

　　根據票券商管理辦法第三十三條的規定，票券商經營短期票券的買賣應對顧客同時提出買入、賣出的價格，但除已作承諾者外，得隨時予以調整，是謂雙向報價。此項報價係以實際收益率"Y" YIELD 為標準，主要仍以符合市場行情，報出具有競爭性的價格為要，並隨融資性商業本票參考利率而波動。

(二)短期票券的買賣與計價方式

　　短期票券買賣交易可分為賣斷、附買回條件、買斷、附賣回條件等四種方式，其計價與操作應注意事項如下：

1.賣斷交易

　　⑴定義：票券商將票券依雙方議定的條件售予客戶，按票券距到期天數及議定的利率計算，收取價款、交付票券，並由客戶持有票券至票載到期日的交易行為。

　　⑵計價公式：依財政部69.7.3臺財稅第35291號函的規定,短期票券交易賣出計價公式如下（現行分離課稅率為百分之二十）：

　　　　　　到期稅後實得金額＝面額－（面額－承銷價格）×20％

　　　　　　賣出應收金額＝到期稅後實得金額/1＋議定利率×（1－分離課稅稅率）×（距到期天數/365）

　　⑶實例：

　　例一　假設票券面額1,000,000元距到期一百八十天，年收益率6.8％票券，承銷價格9,655元，分離課稅稅率20％。

　　　　　　到期稅後金額＝1,000,000－（1,000,000－965,500）×20％

　　　　　　　　　　　　＝993,100（元）

　　　　　　賣出應收金額＝993,100/1＋（6.8％×80％×180/365）

　　　　　　　　　　　　＝967,154（元）

非免稅單位分離課稅稅款＝$(993,100-967,154) \times 20\% / 1 - 20\%) = 6,486$ （元）

免稅單位前手稅＝（應收金額－承銷價格）×分離課稅稅率／
（1－分離課稅稅率）

本例爲$(967,154-965,500) \times 20\% / (1-20\%) = 413$ （元）

2.附買回條件交易

(1)附買回係售予客戶票券，約定於某一特定時日由票券商依照約定價格買回該票券的交易行爲，簡稱 R.P.(Repurchase agreement)。通常係因票券的到期日與投資客戶的資金運用到期日未能配合而與客戶約定於某確定日以約定價格由票券商買回，亦爲票券商短期資金調度的主要方法。

(2)計價公式：

附買回條件交易係於賣出票券的同時約定到期買回的價格，買賣兩筆交易一次成交，其計價公式爲：

賣出時應收金額可依據承作當日的帳面成本（爲便利操作，可按當日帳面成本做爲應收金額）或依賣斷方式計算價款。

到期買回應付金額＝原成交價格(賣出應收金額)×(1＋議定利率)×(1－分離課稅稅率)×(持有天數/365)

分離課稅稅款＝(到期買回應付金額－賣出應收金額)×〔分離課稅稅率/(1－分離課稅稅率)〕

(3)實例：

例二　（同例一）假設買賣雙方約定附買回天期爲六十天，利率6.5%，發行當日成交，發行當日的帳面成本爲965,500元。

賣出應收金額＝965,500 （元）

到期買回應付金額＝$965,500 \times [1 + (6.5\% \times 80\% \times 60/$

$$365)\,]=973,753\ (元)$$
$$分離課稅稅款=(973,753-965,500)\times20\%/(1-20\%)$$
$$=2,063\ (元)$$

例三 （同例二）買賣雙方原約定附買回天期爲六十天，客戶持有三十天後，因故中途解約，則解約日距原 R.P.到期日爲三十天，利率參酌解約日的三十天期買入利率設爲6.7%。

$$買入應付金額=973,753/\,[1+(6.7\%\times80\%\times30/365)\,]$$
$$=969,482\ (元)$$
$$分離課稅稅款=(969,482-965,500)\times20\%/(1-20\%)$$
$$=995\ (元)$$

免稅單位承作附買回交易，仍應依規定採分離課稅，但可由其憑買進成交單向所屬稅捐機關申請退稅。

3.買斷交易

(1)票券持有者，依議定的利率將票券售予票券商，由票券商按票券距到期天數及議定的利率計算支付價款，收取票券的交易行爲。

(2)計價公式：

$$買入應付金額=到期稅後金額/1+(議定利率\times(1-分$$
$$離課稅稅率)\times距到期天數/365)$$

(3)實例：

例四 面額1,000,000元的票券，發行一百八十天期，每萬元承銷價格9,655元，某人持有三十天後售予票券商，票券商依當時一百五十天掛牌買進利率7.4%買入。

$$到期稅後金額=1,000,000-(1,000,000-100\times9,655)\times$$
$$20\%=993,100\ (元)$$
$$買入應付金額=993,100/1+(7.4\%\times80\%\times150/365)$$
$$=969,513\ (元)$$

4.附賣回條件交易

(1)定義：客戶因臨時性資金需求，可將其持有較長期間的票券賣給票券商，取得資金，並約定於某一特定期限後，再由票券商依約定利率將票券賣還客戶的交易行為，一般通稱 R.S.（Reverse repurchase agreement）交易。

(2)計價公式：

買入應付金額：按買斷計價公式計算。

$$賣回票券應收金額 = 買入應付金額 \times [1 + (議定利率 \times (1 - 分離課稅稅率) \times 持有天數/365)]$$

(3)實例：

例五 （同例四）客戶持有三十天後因臨時性資金需求將票券賣出，約定五天後由票券商以6.5%之利率賣還客戶。

$$買入應付金額 = 969,513 （元）$$
$$到期賣回應收金額 = 969,513 \times [1 + (6.5\% \times 80\% \times 5/365)]$$
$$= 970,204 （元）$$

5.可轉讓銀行定期存單的買賣

(1)計價公式：

a.首次買入：

(a)如票券商於可轉讓銀行定期存單發行當天照票載利率購入，則應付金額為面額。

(b)中途買入的處理：

可轉讓銀行定期存單中途買賣價格的計算係以到期本利和為到期值，因可轉讓銀行定期存單係本金與利息一起買賣，如貼現金額大於面額，則需扣繳利息所得稅款，其應付金額計算如後，倘貼現金額小於面額，則貼現金額即為應付金額。計價公式：

$$貼現金額 = 到期本利和 \times (1 - 貼現率 \times 距到期天數/365)$$

應付金額＝貼現金額－〔(貼現金額－面額)×分離課稅稅率〕

可轉讓銀行定期存單到期逢星期例假日，應注意計算加計利息，另中途買入 NCD 的利率除貼現率外尚可用收益率計價。

例六 票券商於八十四年六月二十五日買入八十四年一月五日發行的半年期 CD1,000,000元，票載利率爲年息8％，假設當天可轉讓銀行定期存單的十天掛牌利率爲 $D=7\%$，則應付金額計算如下：

到期本利和＝1,000,000×(1＋8％×6/12)＝1,040,000（元）

貼現金額＝1,040,000×(1－7％×10/365)＝1,038,005（元）

應付金額＝1,038,005－〔(1,038,005－1,000,000)×20％〕

＝1,030,404（元）

b.次級市場買賣：

可轉讓銀行定期存單的買賣方式大抵與商業本票無異，唯其到期稅後實得金額與應收金額的計算公式如下：

到期本利和＝面額×(1＋票載利率×月數/12)

到期稅後實得金額＝到期本利和－(到期本利和－面額)×分離課稅稅率

應收金額＝到期稅後實得金額/〔1＋議定利率×(1－分離課稅率×距到期天數/365〕

注意事項：

可轉讓銀行定期存單到期日若逢假日時應加計利息，其計算方式如下：

加計利息＝面額×票載利率×加計天數/365

此時到期本利和的計算應修正爲：

到期本利和＝面額×票載利率×(月數/12＋加計天數/365)

6.國庫券的買賣

(1)標購日期：

乙種國庫券的標售通常在每週一標售，週四為發行日，因為發行技術的考慮，故其天期均是一週「七」的倍數，目前國庫券依其發行天期的不同分為九十一天期、一百八十二天期、二百七十三天期及三百六十四天期等四種。自民國八十年起，乙種國庫券的招標公告已修改為發行日當天，且中央銀行得視金融情況機動發行，此外現今乙種國庫券的投標日與發行日為同一天，即發行日上午投標，得標者當日下午立需辦理繳款手續。

(2)標購方式：

乙種國庫券面額分為新臺幣10萬元、50萬元、1百萬元、5百萬元及1千萬元等五種，採貼現方式公開標售，並以每萬元單價為標售基準，其計價公式如下：

$$每萬元單價＝10,000/(1＋Y×天期/365)（尾數計至分）$$

例七　央行於八十四年八月三十日發行211次九十一天期及162次一百八十二天期國庫券各3億元，投資人擬對九十一天期以 $Y＝6.70\%$，一百八十二天期以7.00%投標。

$$九十一天期國庫券每萬元單價＝10,000/(1＋6.70\%×91/365)＝9,835.70（元）$$

$$一百八十二天期國庫券每萬元單價＝10,000/(1＋7\%×182/365)＝9,662.73（元）$$

票券商如擬標購國庫券時，由交易部在投標前一營業日或當日早上十時以前視當時市場利率水準及參酌前次得標利率，填投標請示單，俟核准後填具央行規定的投標單並密封於投標專用信封內，在規定時間(上午十時三十分)內送達央行辦理投標。

(3)開標及決標：

乙種國庫券的標售，以超過核定最低售價（底標）者，按超過的多寡依次得標，是謂競標；投標單價以每萬元為單位，尾數計算至分為止。

國庫券的開標及決標由中央銀行會同財政部辦理，並邀請審計部派員監標。至於申購非競標方式的國庫券，申購人只需填具申購數量，其單價則以競標的加權平均利率爲準。

(4)交割方式：

票券商在標得乙種國庫券後，憑央行得標通知書，於發行日開具買進成交單與全部價款支票送交央行業務局調撥科後洽領標購的國庫券。由於國庫券係由政府發行，債信高，又能充當質押品，頗受銀行及民間機構歡迎，賣出時不論賣斷或附買回條件比其他種類的短期票券可以較低的市場利率成交。

7.一年內到期的債券買賣業務

債券係指政府、銀行及公民營企業爲籌集中、長期資金所發行的債務憑證。目前債券可分爲政府債券、金融債券、公司債券等三大類；依發行出售、計息方式又可分爲依面額發行、折價發行、溢價發行。

(1)債券計價的主要考慮因素：a.還本付息方式，b.票載利率，c.貨幣市場利率，d.債券存續期（Duration）。

(2)交易方式：

a. 買斷：

買進價格（應付金額）＝債券到期本息/（1＋買進利率×距到期天數/365）

b. 賣斷：

賣出價格（應收金額）＝債券到期本息/（1＋賣出利率×距到期天數/365）

c. 附買（賣）回條件交易：

到期買進(賣出)價格＝賣出（買進）×（1＋議定市場利率×附買（賣）回天數/365）

d. 應收（付）利息：

債券面額×票載利率×距上次付息日天數/365

e.成交價格＝應收（付）金額－應收（付）利息

九、分離課稅

㈠有關短期票券交易計價方式及稅負的説明

短期票券交易商成立初期，政府爲求順利拓展貨幣市場業務，於六十六年一月修正所得稅法，其中第十四條第一項及第二十四條第二項有關短期票券利息所得規定爲:「短期票券到期兌償金額超過首次發行價格部分爲利息所得，其依同法第八十八條規定扣繳稅款外，不須併入其他所得綜合申報」，此即所謂分離課稅。

短期票券的稅負既採取分離課稅，且於到期時一次扣繳，其計價公式設計如下：

應收（付）金額＝到期稅後實得金額/（1＋成交利率×（1－分離課稅稅率）×距到期日天數/365）

此一計價公式將稅負因素完全摒除於交易計價之外，亦即短期票券於初級市場發行後，所有次級市場買賣的應收（付）價款均以到期稅後實得金額（非面額）按稅後利率反求現值而得。因該一公式分子分母均以稅後爲基礎，故所求出的應收（付）價款亦完全與稅負分離。茲舉例說明如下：

例　票券商於二月十四日首次買入遠東紡織的銀行承兌匯票，面額5百萬元，到期日五月一日，天數七十六天，貼現率6.8%（年率）。

1.首次買入價格的計算

$10,000×(1-6.8\%×76/365)＝9,858.41$（元）

……每萬元買入價格

$9,858.41×500＝4,929,205$（元）……票券商買入成本

2.全部利息及稅負的計算

(1)按上述票券商首次買入成本4,929,205元與面額5,000,000元的差即爲全段發行期間之利息。

$$5,000,000-4,929,205=70,795 \text{ (元)} \cdots\cdots\text{利息}$$

(2)按目前20%的稅率計算，上述利息應扣繳的稅款爲：

$$70,795\times20\%=14,159 \text{ (元)} \cdots\cdots\text{票券到期應扣繳的全段稅款}$$

3.稅後淨利及到期稅後實得金額的計算

(1)利息－應扣繳稅款＝稅後淨利

(2)面額－應扣繳稅款＝到期稅後實得金額

$$70,795-14,159=56,636 \text{ (元)} \cdots\cdots\text{稅後淨利}$$

$$5,000,000-14,159=4,985,841 \text{ (元)} \cdots\cdots\text{到期稅後實得金額}$$

4.次級市場交易

(1)依前述修定後的計價公式，票券於次級市場買賣移轉時，將全部稅負留於票券上而以稅後的基礎計算應收（付）金額。

應收(付)金額＝到期稅後實得金額/(1＋成交利率 Y×(1－所得稅率)×距到期日天數/365)

則票券商於二月十九日將上述賣斷予交通銀行天數七十一天，利率 $Y=6.8756\%$，應（收）付金額之計算如下：

$$4,985,841/(1+6.8756\%\times(1-20\%)\times71/365)$$

$$=4,933,059 \text{ (元)}$$

即票券商於二月十九日獲得4,933,059元的售票收入，此金額爲交通銀行取得該票券的成本。交銀於五月一日票券到期時可獲得的票款爲到期稅後實得金額4,985,841元。

(2)票券商所獲得的淨利＝票券商售予交銀之所得－票券商首次買入成本即

$$3,854=4,933,059-4,929,205$$

交銀所獲得的淨利＝交銀於票券到期所獲的到期稅後實得金額－交銀取得該票券成本

$$52,782＝4,985,841－4,933,059$$

(3)票券商於2/14-2/19持有期間應分攤的稅負

$$3,854/4＝963 （元） ……(a)$$

交通銀行於2/19-5/1持有期間應分攤的稅負

$$52,782/4＝13,195 （元） ……(b)$$

註： 1.利息$\times$20/100＝稅，利息$\times$80/100＝稅後淨利

稅＝稅後淨利/4

2.(a)＋(b)＝(2)的全段稅款

(二)免稅單位買賣短期票券的計價與應注意事項

凡合於所得稅法第四條第十三款規定的機關或團體稱之為免稅單位。免稅單位買賣短期票券的計價公式與一般客戶並無差異，賣斷時其計價公式如下：

$$應收（付）金額＝到期稅後實得金額/ （1＋成交利率 （Y）\times80/$$
$$100\times距到期日天數/365)$$

但須注意下述情況：

1.倘上式所得金額高於票券的原始發行成本，則有前手稅款，其計算方式如下：

$$前手稅款＝（應收（付）金額－發行成本）\times分離課稅率/ （1－$$
$$分離課稅稅率)$$

票券到期時，此一免稅單位可獲得的金額為面額減前手稅款。

2.上式所得金額等於票券的原始發行成本時，則無前手稅款。票券到期時，免稅單位可獲得的金額為票券的面額。

3.上式所得金額低於票券的原始發行成本時（即票券商虧損賣出），

計價公式應修正如下：

　　　　應收（付）金額＝面額/(1＋成交利率（Y）×距到期日天數/
　　　　　　　　365)

　　此時前手稅款爲零。票券到期時免稅單位可獲得的金額爲票券面額。

十、票券的經紀業務

　　1.票券商依據「票券商管理辦法」第七條的規定，得擔任短期票券及金融機構同業拆款經紀人，惟「經紀」業務的實務處理並無明文規定。一般經紀交易係買賣雙方自行交割，惟交易標的須由票券商驗對，藉以認定其交易，票款則由買賣雙方自行收付。

　　2.經紀業務所應採取的作業及計價方式：

　　(1)作業方式：交易員以電話或臨櫃交易仲介票券買賣雙方達成交易後，應即依洽妥的條件製作買進及賣出成交單各乙份，並加蓋「經紀」戳記，俟客戶將成交的票券交票券商指定人員驗對無誤，並繳交手續費後即將成交單交付客戶，由買賣雙方自行交割。

　　(2)手續費：票券商辦理經紀業務僅收手續費。

十一、票券買賣業務流程

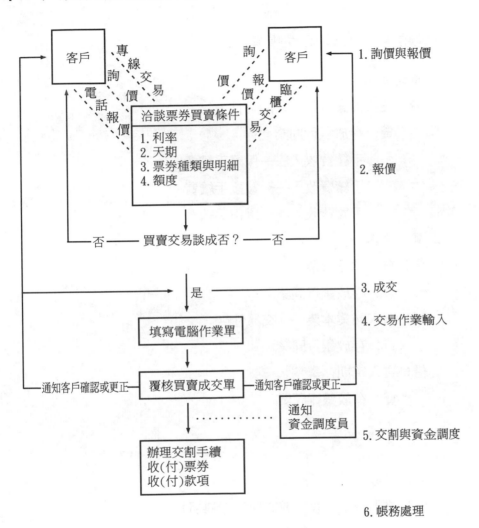

票券買賣交易流程圖

十二、票券業務的會計分錄

(一)承銷買入或初級市場買入

1. 承銷買入

借：買入商業本票──融資性
　　貸：存放銀行同業
　　　　手續費收入──保證手續費
　　　　手續費收入──簽證手續費
　　　　手續費收入──承銷手續費

2. 買入票券

借：買入承兌匯票
　　貸：存放銀行同業

借：買入商業本票──交易性
　　貸：存放銀行同業

借：買入定期存單
　　貸：存放銀行同業

(二)次級市場買賣

1. 買斷交易

借：買入商業本票（或其他票券科目）
　　貸：存放銀行同業

2. 附賣回條件交易

(1) R.S.買進時：

借：買入商業本票（或其他票券科目）
　　貸：存放銀行同業

借：期收款項

　　貸：賣出期證券

(2) R.S.屆期履約或中途解約：

　借：存放銀行同業

　　貸：買入商業本票（或其他票券科目）

　　　　買賣票券利益──買入商業本票（或其他票券科目）

　借：賣出期證券

　　貸：期收款項

3. 賣　斷

(1)出售票券產生利益：

　借：存放銀行同業

　　貸：買入商業本票（或其他票券科目）

　　　　買賣票券利益

(2)出售票券產生損失：

　借：存放銀行同業

　　　買賣票券損失

　　貸：買入商業本票（或其他票券科目）

4. 附買回條件（R.P.）交易

(1) R.P.賣出時：

　a.以成本作價：承作 R.P.交易時，依市場慣例多以成本作價。

　借：存放銀行同業

　　貸：買入商業本票（或其他票券科目）

　借：買入期證券

　　貸：期付款項

　b.不以成本作價，即有損失或利益產生：

　借：存放銀行同業

買賣票券損失

　　貸：買入商業本票（或其他票券科目）

　　　　買賣票券利益

借：買入期證券

　　貸：期付款項

(2) R.P.屆期履約或中途解約：

借：買入商業本票（或其他票券科目）

　　貸：存放銀行同業

借：期付款項

　　貸：買入期證券

㈢買賣一年內到期各種債券

1.買入時

借：應收利息

　　買入有價證券

　　貸：存放銀行同業

2.賣出時

借：存放銀行同業

　　買賣票券損失

　　貸：買入有價證券

　　　　應收利息

　　　　買賣票券利益

3.領息時

借：存放銀行同業

　　貸：應收利息

　　　　買賣票券利益

4.還本領息時

　　借：存放銀行同業

　　　　貸：應收利息

　　　　　　買賣票券利益

　　　　　　買入有價證券

㈣買入一年期以上債券

　　會計處理程序比照上述方式處理，但「買入債券」、「債券利益」、「債券損失」等科目改為「債券投資」、「債券投資利益」、「債券投資損失」科目。

㈤提存備抵票券損失及呆滯票券處理程序

　　1.決算時應就買入票券各科目中免金融機構保證部分的餘額按規定比率提存損失準備。

　　　　借：票券損失

　　　　　　貸：備抵呆帳——買入票券

　　已提存備抵損失餘額如超過本期可提餘額時，其超過部分計

　　　　借：備抵呆帳——買入票券

　　　　　　貸：過期帳收入（收回呆帳）

　　2.呆滯票券

　　　　借：應收帳款

　　　　　　貸：買入票券各科目

　　3.發生呆帳時

　　　　借：備抵呆帳

　　　　　　貸：應收帳款

　　4.呆帳收回時

借：銀行存款

貸：過期帳收入（收回呆帳）

第六節　信用卡業務

一、信用卡的起源及功能

大約在一九四〇年代的美國，有一些銀行開始讓經常往來的客戶，憑著彼此授信用憑證到由銀行所簽定的特約商店中消費，這便是信用卡的前身。一九五一年富蘭克林國家銀行發行第一張眞正的信用卡。一直到一九六〇年代，許多美國銀行組成一個名爲「跨行銀行卡協會（Interbank Card Association）」的組織，共同建立授權及清算網路，讓每一家銀行發行的信用卡都可以到彼此的特約商店中消費，這正是國人熟知的萬事達卡國際組織（Master Card International）的前身（目前最大的信用卡國際組織爲威士卡）。

從第一張信用卡發行到現在，已經有五十多年的歷史，其功能從單一的刷卡消費，到今天預借現金、循環信用、電話通訊等，信用卡本身對持卡人提供相當的附加價值，例如以信用卡購買機票可享有旅遊平安保險，或與聯合團體合作提供持卡人消費優惠等服務。

以萬事達卡爲例，目前該卡提供給持卡人的基本服務就包括了二十四小時華語服務熱線、緊急預借現金、旅遊諮詢、電話功能及全球資訊網等。此外，依各家發卡銀行促銷手法的不同，更有所謂的免費道路救援、掛失免風險、現金紅利回饋、信用額度彈性調高，購物最低價格保證以及七日購物猶豫期保障等優點。

各發卡銀行爲了有效降低推廣費用並增加持卡人使用率，多透過與企業或團體合作發行認同卡或聯名卡，足以吸引目標特定的族群成爲持

卡人。發行聯名卡的產業包括百貨、航空、汽車及保險業等，認同團體
則有宗教、公益及學校團體等。

二、信用卡帳單的處理

(一)帳單彙總

信用卡中心每月定期依各特約商店請款的簽帳單逐筆累計，經歸戶
後彙總持卡人簽帳消費資料，連同其他應收款項印製信用卡的「繳款通
知書」寄交持卡人，以憑繳款。

(二)帳單內容

銀行對信用卡持卡人，依不同卡類，其當月應繳款悉列於各自帳單
上。帳單內容包括每筆消費日期、請款日期、費用類別、特約商店名稱、
外幣金額、臺幣金額、正（附）卡卡號、交易地區代碼等項目。

(三)繳　款

信用卡持卡人於收到銀行寄發的「繳款通知書」，應於繳款期限前依
銀行規定繳款方式繳款：

1.自動扣繳

信用卡申請人於填寫信用卡申請書同時辦理，或日後填寫異動申請
書變更繳款方式，授權銀行逕自正卡持卡人指定的存款帳戶內自動轉帳
繳付。

2.現金繳納

持卡人持「繳款通知書」所附送款單至銀行各營業單位或指定的銀
行同業，繳交信用卡款項。至銀行各營業單位繳納時，營業單位依所填
金額收取後，應於送款單（共四聯）各聯加蓋收款日戳及經辦人私章，

第四聯交予繳費人收查，其餘各聯由營業單位的信用卡經辦人員，以行內連線系統的信用卡銷帳作業部分加以銷帳，並留有作爲聯行往來彙總傳票附件。

3.支票轉存

持卡人繳交本埠即期支票及送款單至營業單位辦理交換轉存。(支票上應開具到期日前爲繳款期限，抬頭爲○○商業銀行股份有限公司的禁止背書轉讓支票，並註明持卡人身分證字號或信用卡卡號。)營業單位應於送款單各聯加蓋收款日戳及「票據繳納兌現後生效」章後，收執聯交予繳款人，票據連同其餘三聯以人工方式處理或保管，俟實際交換入帳後，再以連線系統作信用卡銷帳作業。

4.郵政劃撥

信用卡持卡人可以郵政劃撥方式繳納當月應繳金額，繳款人應塡寫正卡人身分證號碼及姓名以利入帳。

(四)疑義帳單處理

若持卡人對「繳款通知書」登載的消費有疑義，其事由涉及簽帳單者，持卡人應塡具「信用卡調閱帳單申請書」並交付相關證明文件後，交由信用卡中心辦理調閱簽帳單等事宜。

三、帳務處理

(一)信用卡業務的帳務清算處理，包括特約商店請款及持卡人消費帳單繳款銷帳，其作業依金融資訊服務中心（除該中心外尚有聯合信用卡中心）及銀行有關規定辦理。

(二)帳務清算流程。

1.特約商店請款

特約商店於持卡簽帳後應依收單銀行規定，檢具必備文件，向收單

銀行請領帳款。

2.金融資訊服務中心彙整

金融資訊服務中心收到收單銀行的請款資料後，再彙整製作持卡人消費資料、報表，交付銀行信用卡中心。

3.銀行信用卡中心清算款

金融資訊服務中心每日透過銀行清算代表行向銀行信用卡中心清算當日款項，由銀行清算代表行送發聯行往來交易予銀行信用卡中心。銀行信用卡中心並核對該筆清算款項與金資中心交付的清算報表是否一致。

4.簽帳款銷帳

持卡人依照規定繳交應繳款項後，各分行則於繳款當日於行內電腦系統內自行鍵入銷帳沖銷代墊款。

(三)帳款媒體製作。

信用卡中心以各持卡人的結帳日，作為清算持卡人簽帳款的截止日期，經過各項彙總及調整、過帳於結帳日將調整後的持卡人消費帳款及年費、掛失手續費等費用，印製繳款通知書，通知持卡人繳款。

1.帳務調整：包括年費、掛失手續費等費用及扣款作業的帳務調整。

(1)年費調整：年費應依銀行規定收取，特殊客戶減免優待者依實際收取的年費呈核後作調整。

(2)掛失費調整：持卡人辦理掛失手續，依銀行規定收取手續費NT$1,000，其目的旨在風險的分擔，但因特殊原因無法收取者，述明事由，呈核後作調整。

(3)錯帳查閱手續費調整：依銀行規定錯帳查閱簽帳單，國內簽帳單每筆計收 NT$50，國外簽帳單每筆計收 NT$100，惟錯帳責任非歸屬持卡人而無法收取者，應作調整。

(4)退貨調整：信用卡中心於金融資訊服務中心每日清算系統中查得

持卡人簽帳的退貨後，其退貨金額於當期代墊款中扣除或存入「其他預收款」帳戶以抵付下期應繳款項。

2.其他預收款沖銷：對於持卡人溢繳的款項，應存入持卡人「其他預收款」帳上，沖抵後續發生的各項費用及消費款。

3.爭議款轉列：對於正進行調閱簽帳單或沖正作業的應收款項，由於其錯誤原因的歸屬尚未明確，應將應收款轉入「爭議款」。

㈣銷帳作業。

1.信用卡中心或營業單位於收到持卡人繳交的款項後，銷帳登錄人員應於終端機畫面逐筆登錄送款單的銷號聯，登錄項目如下：

⑴正卡持卡人身分證字號。

⑵交易金額。

⑶繳款種類（a.臨櫃繳款，b.他行代收，c.支票繳款）。

⑷持卡人向繳款單位繳款的真正日期（如支票兌現日、同業收款日……）。

2.帳款沖銷的順序如下：

⑴年費。

⑵雜項。

⑶應收利息——信用卡息。

⑷消費款——預借現金。

⑸消費款——購貨交易。

㈤銀行信用卡各項費用計算說明。

1.年　費

金卡正卡2,000元，附卡1,000元

普卡正卡1,000元，附卡500元。

2.掛失費

每卡新臺幣1,000元。

3.緊急替代卡手續費

金卡免付費

普通卡為新臺幣5,000元整。

4.調閱簽帳單手續費

持卡人申請調閱的簽帳單如經查核並無錯誤，調閱簽帳單費用應由持卡人負擔：國內消費簽帳單：每筆新臺幣50元

國外消費簽帳單：每筆新臺幣100元。

5.循環利息

⑴持卡人按時於信用卡繳款通知書上指定繳款日（前）繳清信用卡應繳總額者，免付任何利息。

⑵持卡人未於前述指定繳款日結清總額者，利息計算方式如下：

以每筆簽帳的實際墊款日為起息日，以簽帳款每日結算餘額為本金，按日利率萬分之五逐日計息，至款項結清之日止。

例 小莉刷卡消費，銀行信用卡中心分別於三月十日及三月十八日入帳3,000元及7,000元，三月二十五日結帳日後，收到帳單顯示應繳總金額為10,000元而最低應繳金額1,000元，四月十五日繳款截止日小莉使用循環信用繳入最低應繳金額1,000元，則到四月二十五日下月結帳日為止，應付上月的循環信用利息為：

$$[\$3,000 \times 36天(3/10\text{-}4/15) + \$7,000 \times 28天(3/18\text{-}4/15) +$$
$$(\$10,000 - \$1,000) \times 11天(4/15\text{-}4/25)] \times 0.0005 = 202元$$

㈥郵購作業。

銀行信用卡中心信用卡郵購帳單、帳務相關流程如下：

1.接受持卡人的訂購單經授權後輸入電腦。

2.每日依持卡人訂購單，傳眞或郵寄給廠商後將訂購單歸檔。

3.收到廠商送來的請款明細表，將相關資料輸入電腦向客戶請款，並與訂購單一起歸檔。

4.核對請款資料無誤後，依合約規定將款項撥付廠商。

四、會計處理

㈠收單銀行向金融資訊服務中心請款，銀行信用卡中心便藉由每日清算系統查得金融資訊服務中心的彙總資料後先行墊款。

1.國外清算部分

當日：借：其他應收款──國際卡待沖轉帳款 ｝信用卡中心
　　　　貸：聯行往來──清算代表行

　　　　借：聯行往來──信用卡中心 ｝清算代表行
　　　　　貸：其他預付款──跨行清算基金

註：(1)所請帳款為淨額包括：消費款－手續費收入＋手續費支出。

(2)款項匯入金資在央行帳戶。

隔日：借：其他應收款──國際卡信用消費墊款

　　　　其他應收款──國際卡提現墊款

　　　　手續費支出──國際卡雜項（支付彰化銀行代理金資清算的手續費）

　　　　貸：其他應收款──國際卡待沖轉帳款（國外清算款）

　　　　　手續費收入──國際卡手續費收入（收單行回饋予發卡銀行約1.4%-1.6%）

　　　　　手續費收入──國際卡雜項（國際卡外幣清算匯兌差異，匯差約1%）

　　　　　其他應付款──國際卡其他（國內消費款）

註：(1)金資中心隔日批次作業產生的帳款明細，含 a.國外及國內消費款，b.手續費收入，c.手續費支出。

(2)國外消費款必須每日清算；但國內消費款大約每5-7日清算乙次，故先掛其他應付款。

2.國內清算部分

於聯合信用卡處理中心指定付款日付款時：

借：其他應付款——國際卡其他（國內消費款）

　　貸：聯行往來——清算代表行

借：聯行往來——信用卡中心

　　貸：其他預付款——跨行清算基金

註：款項匯入聯合信用卡處理中心設於世華銀行的活儲帳戶。

㈡持卡人持送款單至營業單位繳款（若以支票繳款，俟支票兌現後始入帳）。

1.營業單位

借：現金

　　貸：臨時存欠

借：臨時存欠

　　貸：聯行往來（由營業單位自行透過連線系統逕行銷帳，系統自行發送至信用卡中心）

2.信用卡中心

借：聯行往來

　　貸：其他預收款——國際卡待沖轉帳款

㈢自動轉帳繳付信用卡消費款。

1.營業單位

借：各項存款

　　貸：聯行往來

2.信用卡中心

借：聯行往來

　　貸：其他預收款——國際卡待沖轉帳款

㈣持卡人至其他銀行同業繳款，同業解繳予銀行信用卡中心。

1.營業單位

　借：存放銀行同業

　　貸：聯行往來

2.信用卡中心

　借：聯行往來

　　貸：其他預收款——國際卡同業代收款

㈤信用卡中心於每營業日依資訊室轉檔完成後所列的科目、金額銷帳。

　借：其他預收款——國際卡待沖轉帳款

　　　其他預收款——國際卡同業代收款

　　貸：手續費收入——國際卡年費

　　　　利息收入——國際卡利息收入

　　　　手續費收入——國際卡違約金

　　　　手續費收入——國際卡掛失費

　　　　　　　　　　國際卡預借現金手續費

　　　　其他應收款——國際卡信用消費墊款

　　　　其他應收款——國際卡提現墊款

　　　　其他預收款——國際卡預繳款（客戶繳交款項超過消費

　　　　　款暫掛帳）

㈥持卡人持卡簽帳購物發生退貨情事。

　借：聯行往來——清算代表行

　　貸：其他應收款——國際卡信用消費墊款

㈦持卡人對簽帳單有爭議時，應將該筆消費款轉列爭議款，並進行簽帳單的調閱。

　借：其他應收款——國際卡爭議款

　　貸：其他應收款——國際卡信用消費墊款（或國際卡提現墊款）

㈧俟簽帳單調回後。

1.實爲客户所消費簽發

借：其他應收款——國際卡信用消費墊款（或國際卡提現墊款）

貸：其他應收款——國際卡爭議款

2.對收單進行沖正

信用卡中心委由金融資訊服務中心代向收單銀行提出沖正要求，金融資訊服務中心於下期請款時予以調整：依威士國際信用卡組織規定，同筆簽帳消費款的扣款作業，經發卡行與收單銀行兩次沖正及駁回後，仍未能解決則交付國際信用卡組織仲裁。

借：聯行往來——清算代表行

貸：其他應收款——國際卡爭議款

3.沖正若遭對方收單銀行駁回，而再次提示

借：其他應收款——國際卡爭議款

貸：聯行往來——清算代表行

㈨每月彰化銀行將上月代理金資清算的透支息明細表寄給信用卡中心，如產生透支息，經核對無誤後，匯款給彰化銀行。

借：利息支出——雜項支出息

貸：聯行往來——清算代表行

㈩每月其他銀行同業將上月代收本行持卡人國際卡臨櫃繳款筆數合計，向本中心請領代收手續費（每筆5元）。

借：手續費支出——國際卡雜項（同業代收信用卡手續費）

貸：聯行往來——清算代表行

㈩一每季列印信用卡新增戶加保意外保險報表，經保險公司核對無誤後，寄回請款單向信用卡中心請款。

借：手續費支出——國際卡保險費

貸：聯行往來——清算代表行

㈡每月底列印信用卡現金紅利回饋計算表，按表列金額先行提存，俟日後紅利回饋時，逐行撥發。

借：手續費支出——信用卡紅利回饋金

貸：其他應付款——其他（信用卡紅利回饋金提存）

第七節　長期股權投資

一、長期股權投資的性質

銀行除買賣有價證券及短期票券的短期投資外，有時也投資各種生產、製造、服務等企業而從事長期投資。銀行長期投資的目的，或因該企業與銀行業務關係密切，藉投資以資聯繫；或因該企業營利能力高超，藉投資以獲取厚利；或爲配合國家經濟政策，藉投資以示扶助與倡導。此種投資於取得企業的股份後，不論股票是否上市，均以長期持有爲目的，與短期買賣的股票，性質迥異。按短期投資僅佔有公司的股份，實際上不參與公司的行政；而長期投資企業，銀行如握有公司大宗股權，通常要出席股東大會，並爭取選任爲董事或監察人，所以相互間保持著密切的關係。

二、長期股權投資的認定標準

㈠依據「證券發行人財務報告編製準則」第八條第二款第二目規定，投資其他企業的股票，具有下列情形之一者，應列爲長期股權投資：

1. 所持股票未在公開市場交易或無明確市價者。

2. 意圖控制被投資公司或與其建立密切業務關係者。

3. 有積極意圖及能力長期持有被投資公司股權者。

另財團法人中華民國會計研究發展基金會八十二年九月二十五日(82)

基秘字第206號函釋，所謂「積極意圖」宜以充分與適切的證據，如公司董事會決議、與其他關係人合併持有同一被投資公司表決權達重大影響力、投資公司擔任被投資公司董事或監察人、期後事項等佐證之。

㈡銀行購買上市公司股票經公司董事會決議擬長期持有一年以上者，如該銀行屬股票公開發行公司，確有「積極意圖」（如經董事會決議或有其他適當證據佐證）且有能力（如符合銀行法相關規定）長期持有一年以上者，自應依前揭規定列為長期股權投資。

三、銀行從事投資業務的限制

銀行法和銀行的主管機關，認為銀行責任在調劑金融，融通有無，應以辦理存款、放款、匯兌為主要業務；且銀行資金的提供多來自客戶存款，為保障銀行本身安全及維護存戶權益，以及保持資金一定的流動性，對於銀行從事各項企業長期投資，便須有所限制。因此除了銀行法第七十四條有「商業銀行不得投資於其他企業及非自用的不動產，但為配合政府經濟發展計畫，經中央主管機關核准者，不在此限」的規定外，財政部並於八十五年三月二十二日，以臺財融第85505042號函訂定商業銀行轉投資總額及對個別轉投資企業的持股規定如下，但行政院核定的經建計畫重大投資案，得不在此限。

1.商業銀行原則上不得投資於其他企業。本規定所稱的轉投資，係指商業銀行依銀行法第七十四條但書規定經財政部核准對其他企業的投資。

2.轉投資的總額不得超過銀行實收資本總額的百分之四十，其中轉投資非金融相關事業的總額不得超過銀行實收資本總額的百分之十。計算前項實收資本總額應扣除累積虧損。

3.商業銀行轉投資金融相關事業，其屬同一類別者，以一家為限。持股比率由銀行於轉投資總額限制範圍內自行決定。轉投資金融相關事

業以外的其他事業者，對於每一事業的投資金額不得超過該被投資事業實收資本總額或已發行股份總數的百分之五。

4.金融相關事業，指信用卡、票券、期貨、證券、融資性租賃事業及其他經財政部認定的金融相關事業。

5.本規定發文前，轉投資總額及對非金融相關事業轉投資金額超過本規定限額者，在符合上述規定限額前，其轉投資總額及佔銀行實收資本總額比率及對各該事業轉投資比率，不得高於本規定發文日的水準；如有繼續作轉投資的需要者，須在現行水準下自行調整或增資。

除上述銀行法第七十四條對銀行從事轉投資企業有所限制外，銀行法第八十三條亦有：「儲蓄銀行投資有價證券，應予適當之限制；其投資種類及限額，由中央主管機關定之」之限制規定。財政部並於八十四年八月十二日以臺財融第84728692號函訂定下列規定：

銀行法第八十三條有關儲蓄銀行投資有價證券的種類及限額規定如次：

㈠投資種類。

1.公債。

2.短期票券。

3.金融債券及公營事業發行的公司債券。

4.公開上市公司的股票、新股權利證書、債券換股權利證書及公司債券。但經臺灣證券交易所股份有限公司依據該公司營業細則第四十九條規定報請證券主管機關核准變更原有交易方法者除外。

5.經證券主管機關核准發行的證券投資信託基金受益憑證。

6.中央銀行可轉讓定期存單及中央銀行儲蓄券。

7.經財政部核准的其他有價證券。

㈡投資限額。

1.儲蓄銀行投資於上市公司之股票、新股權利證書、債券換股權利

證書、公司債券（公營事業發行者除外）及經證券主管機關核准發行的
證券投資信託基金受益憑證的總餘額不得超過該銀行（如係銀行附設的
儲蓄部，指所屬銀行，以下同）淨值百分之十五；該銀行投資於各種有
價證券的總餘額，除公債、國庫券、中央銀行可轉讓定期存單及中央銀
行儲蓄券外，不得超過該銀行所收存款總餘額及金融債券發售額之和的
百分之二十五。

　　2.儲蓄銀行投資於每一公司的股票、新股權利證書及債券換股權利
證書之總餘額，不得超過該公司已發行股份總數百分之五。

　　3.儲蓄銀行不得投資於其負責人擔任董事、監察人或經理人的公司
所發行的股票、新股權利證書、債券換股權利證書、公司債券及短期票
券。但下列情形不在此限：

　　(1)經其他銀行保證的公司債券。

　　(2)經其他銀行保證或承兌的短期票券商，且經其他票券有承銷或買
賣者。

　　(3)銀行發行的可轉讓定期存單。

　　(4)銀行因投資關係經本部核准派任其負責人擔任董事、監察人或經
理人的公司所發行的股票、新股權利證書及債券換股權利證書。

　㈢銀行投資外國有價證券應依財政部有關規定辦理，並計入上述投資
有價證券的限額內。

　㈣銀行辦理投資有價證券業務須經財政部核准，並於營業執照中載明
投資有價證券業務，始得辦理。新設商業銀行並應依據商業銀行設立標
準第二十二條規定辦理。

　㈤本規定發布前，銀行投資有價證券的種類及限額不符前列規定者，
應於一個月內將調整計畫報財政部核備，但調整期限最長不得超過三年。

　　財政部依照銀行法第七十四條規定核准商業銀行投資其他企業的股
票，不計入上述投資有價證券的限額內。

四、長期股權投資的會計處理

(一)投 資 時

根據核定投資文件及有關憑證，按實付股款數額編製（借）長期股權投資傳票，憑以記帳，如有佣金及過戶等費用的支付，應作爲投資的一部分，併入長期股權投資科目。

(二)分 派 股 利 時

1.接到被投資企業分配現金股利的通知時，按應收現金股利編製（借）應收收益、（貸）長期股權投資利益傳票，憑以記帳。

2.收到現金股利時，編製（貸）應收收益傳票，另根據被投資企業依法扣繳股利所得稅的扣繳憑單，編製（借）其他預付款（或預付稅款）傳票，憑以記帳，俟實際計繳營利事業所得稅時辦理調整，並以扣繳憑單抵繳應納所得稅。

(三)增 資 時

1.現金增資，其處理方法與投資時相同。

2.以被投資公司股東權益部分的公積或當期盈餘轉列增資，取得股票股利或無償配股時：

因股票股利在會計學上不認爲是一種收益，故收到股票股利時不入帳，僅作備忘記錄，註明股數增加及每股帳面價值減少即可。例如投資某公司股票100,000股，每股成本20元，共計2,000,000元，茲收到該公司發放股票股利每千股分配二百五十股，即25,000股，則股數增加爲125,000股，每股成本減爲16元。

註：營利事業取得被投資公司盈餘及資本公積轉增資配發的股票及

現金增資發行的股票，其取得日期應依下列規定認定：

(1)因盈餘或資本公積轉增資而取得者，以除權基準日爲準。

(2)因現金增資而取得者，以股款繳納截止日爲準。

(四)減資時

1.如被投資公司發還部分股款時，應編製（貸）長期股權投資傳票，憑以記帳。

2.如因經營虧損或其他原因折減資本時，按其減少的價值編製(借)長期股權投資損失、（貸）長期股權投資傳票，憑以記帳。

(五)轉讓或結束

銀行不擬繼續投資而將股權出售，或被投資企業清算結束，經依規定辦妥手續後，編製（借）庫存現金、（貸）長期股權投資傳票，其投資收回與原投資額的差額，另編製（借）長期股權投資損失或（貸）長期股權投資利益傳票，憑以記帳。轉讓時所支付的各項費用，應於售價內扣除，以其淨額作爲投資收回額。

(六)分錄方法

1.投資時

　借：長期股權投資

　　　貸：庫存現金

2.分派股利時

(1)接到通知時：

　借：應收收益

　　　貸：長期股權投資利益

(2)收到股利時：

　　　　a.借：臨時存欠

　　　　　　其他預付款（或預付稅款）

　　　　　　貸：應收收益

　　　　b.借：庫存現金

　　　　　　貸：臨時存欠

3.增資時

(1)現金增資時：

　　借：長期股權投資

　　　　貸：庫存現金

(2)以被投資公司當期淨利、營業公積或資本公積轉增資配股時，僅作備忘記錄，註明股數增加及每股帳面價值減少。

4.減資時

(1)被投資公司發還股款時：

　　借：庫存現金

　　　　貸：長期股權投資

(2)折減資本時：

　　借：長期股權投資損失

　　　　貸：長期股權投資

5.轉讓或結束時

(1)收回額大於原投資額：

　　借：庫存現金

　　　　貸：長期股權投資

　　　　　　長期股權投資利益

(2)收回額小於原投資額：

　　　a.借：臨時存欠

　　　　　　長期股權投資損失

　　　　　貸: 長期股權投資

　　b.借: 庫存現金

　　　　　貸: 臨時存欠

　㈦企業投資帳採用特種帳式, 按股票種類分戶, 根據傳票登記, 內容如下

○○銀行企業投資帳

股票 種類 _____　事業 _____　業務 性質 ___　資本 總額 ___　股票單 價每股 ___　保管 處所 ___
名稱 _____　名稱 ___

年		傳票號數	摘要	買 入				賣 出						餘 額			投資損益		備註
月	日			面額	價格	佣金	價額(借)	面額	成本		收入			面額	均價	價額	損失	利益	
									均價	價額(貸)	價格	佣金	價額						

五、長期股權投資的評價方法

投資股權大小	對被投資公司的影響力	會計處理方法	一般方法
未達20%	無影響力	成本法: 非上市上櫃公司 成本與市價孰低法: 上市上櫃公司	一般方法
20%-50%	有重大影響力	權益法	一般方法
超過50%	有控制能力	權益法	合併報表

　　例　1.甲公司於民國八十四年五月一日購入下列公司股票作為長期投資。

　　　　　A 公司普通股1,000,000股，每股40　　計 40,000,000

　　　　　B 公司普通股5,000,000股，每股60　　計300,000,000

　　　　　　　　　　　　　　　　　　　　　　　　$ 340,000,000

　　　分錄：借：長期股權投資——股票　　　$340,000,000

　　　　　　　貸：現金或相關科目　　　　　　　　$340,000,000

　　2.八十四年八月三十日收到 A 公司現金股利1,000,000元，B
公司股票股利5,000,000元。

　　⑴收到現金股利1,000,000元：

　　　借：現金或相關科目　　　　　　　$1,000,000

　　　　　貸：長期股權投資利益　　　　　　$1,000,000

　　⑵收到股票股利5,000,000元：

　　不作分錄，僅記載增加股數及持股成本降至54.55元。

　　3.期末 A 公司與 B 公司的總成本與市價比較如下：

股票名稱	成　　本	市　　價	未實現損益
A 公司	$ 40,000,000	$ 40,300,000	$　　300,000
B 公司	300,000,000	298,000,000	(2,000,000)
合　計	$340,000,000	$338,300,000	$(1,700,000)

　　　分錄：借：長期股權跌價損失　　$1,700,000

　　　　　　　貸：備抵跌價損失　　　　　$1,700,000

第八節　倉庫及保管業務

一、銀行兼辦倉庫業務的目的

依照民法的規定，動產「質押權」必須將擔保品移轉佔有，否則債權就會失去安全的保障。銀行辦理放款業務，對借款人所提供的動產擔保品，雖可由借款人負擔倉租而儲存任何一所倉庫，但在佔有的本質上，仍欠安全。是以現代一般銀行，莫不於重要市區，自建堅固適用的倉庫，兼營倉庫的業務，如寄託物的保管、倉房的租賃及其他附屬業務等等，如此不僅可放置借款人所繳存的擔保品，以期直接佔有，安全控制，復可同時收存他人寄存的物品，以博取倉租及手續費，實屬一舉兩得。

二、倉庫業務的會計處理

銀行兼營倉庫業務後，對於所引起有關資產、負債及損益的增減事項，可用兩種方法處理；一是倉庫部分所發生的交易事項，平時獨立記錄，只透過「倉庫往來」與「本行往來」科目與統轄的銀行或分行處聯繫，俟結算編製報表時，再將倉庫部分的資產負債及淨損益併入統轄行結算表內，而統轄行「倉庫往來」科目與庫方的「本行往來」科目經對銷後，已無餘額存在。另一種方法是倉庫部分所發生的交易事項，全部歸統轄行設「儲運收入」及「儲運費用」科目處理，凡倉庫業務的各項收入如倉租、手續費等，應貸記「儲運收入」科目；而管理員工薪資、倉房修繕費用，以及其他費用等，應借記「儲運費用」科目。每逢結算，再將儲運收入與儲運費用餘額與其他各項損益一併轉入本期損益科目。目前一般銀行因兼營的倉庫業務規模不大，以採用第二法的居多。

茲將兩者的內容，用普通分錄方式表示於下：

第一種方法: 庫方獨立記帳。

庫　方　　　　　　統轄行

1.寄託人繳存保證金時

借: 庫存現金

　　貸: 存入保證金

2.向寄託人收取倉租、手續費時

借: 庫存現金

　　貸: 租金收入

　　　　手續費收入

3.支付員工薪餉、修繕費或其他費用時

借: 業務費用

　　貸: 庫存現金

4.將現金移存統轄行時

借: 本行往來　　　　　　借: 庫存現金

　　貸: 庫存現金　　　　　　貸: 倉庫往來

5.統轄行轉撥代支的費用時

借: 業務費用　　　　　　借: 倉庫往來

　　貸: 本行往來　　　　　　貸: 庫存現金

6.每逢結算將倉庫淨利劃歸統轄行時

借: 本期損益　　　　　　借: 倉庫往來

　　貸: 本行往來　　　　　　貸: 倉庫損益

(如發生倉庫損失，借貸科目相反)

第二種方法: 歸統轄行記帳。

1.收入保證金時

借: 庫存現金

　　貸: 存入保證金

2.向寄託人收取倉租或手續費時

　　借：庫存現金

　　　　貸：儲運收入

3.代支倉庫各種費用時

　　借：儲運費用

　　　　貸：庫存現金

三、倉庫業務的輔助記錄

　　倉庫寄託物品通常應用三種輔助記錄，茲將各項內容及記載方法分別說明於下：

㈠進倉日記簿與出倉日記簿

　　本簿根據進倉申請書或出倉申請書登記，以明瞭貨物進出的情形。茲將進倉日記簿列示於下，至於出倉日記簿的格式，和進倉日記簿大致相同，不再另列。

進倉日記簿

中華民國　　年　　月　　日

進倉申請書 號 數	倉單號數	寄託戶名	寄託物名 稱	進　倉　件　數				合計件數
				A倉	B倉	C倉	D倉	

㈡寄託物分戶帳

　　本帳以每一號倉單分立一戶，關於進倉、過戶、出倉、結存等記錄，

均可與倉單套寫。格式與倉單大致相同，不再列示。不過倉單背面末行是「本倉簽證欄」，在寄託物分戶帳背面末行則改爲「倉租」欄，並再分爲三小欄，第一欄爲「起訖日期」記載寄託物保管起訖時間；第二小欄爲「金額」，記載應收倉租的金額；第三小欄爲「收訖日期」，記載倉租收到的日期。

(三)寄託物結餘表

本表根據寄託物分戶帳編製而成，用以表示每日寄託物的數量，格式如下：

寄託物結餘表

中華民國　　年　　月　　日

倉單號數	寄託人戶名	結 存 件 數				合計件數
		A倉	B倉	C倉	D倉	

四、保管業務的性質

保管業務爲銀行接受顧客委託，代爲保管有價證券、票據或重要契據，如契約、憑證、簿據、印章、單據等，或貴重物品如珍貴飾物及古玩等，而收取保管費或其他酬金的業務，也爲銀行附屬業務的一種。保管業務因保管方式的不同，可分爲代客保管與出租保管箱兩種，茲分別說明於下：

(一)代客保管

保管品由經辦員編列號碼、裝箱、標籤、存放保管庫內保管。又有露封保管和原封保管之分，前者指有規定面額可供核點的有價證券、票據而言；後者指不能確計其價值或不易核點的契據或物品而言。

(二)出租保管箱

保管箱備有共同的外衛鑰匙，及各箱特製的專用鑰匙，兩種同時併用，方可開啓。外衛鑰匙，由銀行存執（目前銀行保管箱已採電腦化，外衛鑰匙已由租用人持用的塑膠卡片及密碼取代），專用鑰匙經繳納保證金，由銀行掣給收據後，交與租用人妥爲收執。

五、代客保管業務的處理

1.顧客來行委託保管物品或有價證券時，應填具委託保管申請書，詳列保管品名稱、數量及保管時期等項，並簽具印鑑卡，經銀行審查認可後，憑以驗收保管品，並計收保管費。一面填製（貸）手續費收入科目保管費收入子目傳票收帳；一面開發保管證，及就證券面額或物品價額填製（借）保管有價證券（貸）應付保管有價證券科目或（借）保管品（貸）應付保管品科目轉帳傳票，做備忘記錄；如係有價證券或票據應另填具號碼單，統由有關人員簽章，再交顧客收執，保管品即裝箱標籤存庫。

2.保管品到期，顧客來行提取時，應填具提取保管品申請書，連同保管證均經加蓋原留印鑑一併繳驗，再將保管品點交顧客，保管證收回註銷；如僅提取一部分，應在保管證背面批註提取數量，經簽章後交還顧客存執。繼續保管部分，應請顧客辦理轉期手續，另訂保管期限，所繳保管費收帳，保管證加蓋「轉期」戳記繼續使用，不必換發。對顧客

提出的保管品，應就其面額或價額填製（借）應付保管有價證券（貸）保管有價證券科目或（借）應付保管品（貸）保管品轉帳傳票，以沖減保管時所做的備忘記錄。

3.保管的有價證券，在保管期間內，對證券的利息或股息，也可以由銀行代為收取，於扣除手續費後，就將餘額轉入顧客存款帳內，或暫貸記應付帳款或其他應付款科目，並通知顧客領取。

六、出租保管箱業務的處理

1.顧客來行租用保管箱時，經洽明保管箱種類及租用期限後，應請填具租箱申請書及印鑑卡，以憑計算租費及鑰匙保證金，並填製（貸）手續費收入──保管費收入及（貸）存入保證金科目傳票收帳，然後將保管箱的專用鑰匙連同出給的收據，一併交與顧客。

2.租用人來行請求開箱時，應填具開箱申請書，加蓋原留印鑑，經核對無誤後，即用外衛鑰匙和租用人使用的專用鑰匙開箱。

3.保管箱租期屆滿時，應即通知租用人開箱提取各物，並收回專用鑰匙。如須繼續租用，應辦妥續租手續，另訂租期並繳納租費，同時在租箱申請書內批註續租期限。

4.如租期屆滿經通知後，租用人既不退還保管箱，也不辦理續租手續，可登報公告期限催辦。如逾期仍不來行處理，待申請當地法院會同開箱，再經過相當期間，即予拍賣。得款除抵還應繳租費、利息及其他費用外，倘有餘款，即暫貸記應付帳款或其他應付款科目待領；如有不敷，再設法追償。

七、保管業務的輔助記錄

辦理保管業務，如係代客保管，應設保管品帳，以記錄保管品的存取，按委託保管人分戶登記。如係出租保管箱，應設保管箱分戶帳，以

記載保管箱租用起止期限及保證金的收入退還情形，按保管箱租用人分戶登記。保管品帳及保管箱分戶帳的格式列示如下：

○○銀行保管品帳

戶名 ＿＿＿＿＿＿＿　地址 ＿＿＿＿＿＿＿　收據號數 ＿＿＿＿＿＿＿

記帳			摘要	種類	收入		退還		餘額		手續費				
年	月	日			件數	金額	件數	金額	件數	金額	收到			收據號數	金額
											年	月	日		

○○銀行保管箱分戶帳

租用人 ＿＿＿＿＿＿＿　住址 ＿＿＿＿＿＿＿

記帳			保管箱		起期			到期			期限	租費		保　證　金					備考
年	月	日	種類	號數	年	月	日	年	月	日		收據號數	金額	日期	收據總數	收入	退還	餘額	

第九節　儲蓄信託部的會計處理要點

一、儲蓄信託部的會計科目

儲蓄部設置的會計科目，與一般銀行銀行部的科目大致相同，不過儲蓄部為配合業務需要，另設有專用的科目，如儲蓄部因辦理活期及定期儲蓄存款，而增設「活期儲蓄存款」，「零存整付」、「整存零付」、「整

存整付」及「存本取息」等儲蓄存款科目；並可辦理較長期的放款，而設置「長期放款」及「長期擔保放款」等科目；但儲蓄部不辦理一般銀行所經營的若干業務，所以不設置普通存款科目，以及其他如貼現、透支、進出口押匯、買入匯款、承兌匯票、旅行支票、匯出匯款、應收代收款等科目。

信託部因所辦業務不同，在會計科目方面亦和儲蓄部一樣，必須加以調整。凡專屬銀行業務的科目，如匯出匯款、進口押匯、出口押匯、買入匯款及透支、貼現等不必設置。但為配合辦理信託業務的需要，則應增設「信託資產」、「信託負債」、「證券經紀收入」、「證券經紀支出」、「託辦往來」、「意外損失準備」等專用科目，俾資應用。

二、儲蓄信託部的帳簿組織與會計報告

銀行法規定儲蓄部及信託部的會計必須獨立，因此儲蓄部及信託部亦應有完整的帳簿組織，以便對所發生的各種交易，作序時及分類的記錄。並設置完備的各種會計報告，以便按日、按月、按期及按年表現儲蓄部真實的業務、財務及損益狀況。但儲蓄部及信託部所用帳簿及會計報告的種類、格式及編製方法，與一般銀行相同，僅於帳簿及報表上標明「儲蓄部」及「信託部」字樣，以便識別。

三、儲蓄信託部的會計憑證

儲蓄部及信託部對每一交易所應取得的原始憑證，無論種類、形式、內容以及處理手續等，均與一般銀行無異。至於原始憑證的代替記帳憑證，及各種記帳憑證的格式、要件及填製方法等，儲蓄部及信託部和一般銀行也無不同之處。目前各行所設儲蓄部及信託部，每日發生的交易並不太多，因之部分記帳憑證用紙，仍沿用銀行部的用紙，但為便於識別起見，屬於儲蓄部及信託部所有的記帳憑證，一律在左上角處加蓋註

有「儲蓄部」及「信託部」字樣的戳記。

四、銀行部與儲蓄信託部的內部往來

同一銀行所屬總分支行，在組織上係屬同一系統，故相互間往來的交易，以「聯行往來」科目處理。但銀行另撥基金而附設的儲蓄部及信託部，因照銀行法規定，無論資本、營業或會計均須獨立，損益也要單獨計算，各該部與銀行本部或他部的往來，更應視同與其他銀行的往來。因此銀行業統一會計制度曾有規定，凡總分支行與本行內基金獨立的儲蓄、信託、保險等部及其分部，相互往來的款項，應以「內部往來」科目處理，以示與總分支行之間的「聯行往來」有別；不過就實際而言，此種往來的記帳處理，與聯行間往來的手續，並無任何不同。當儲蓄部及信託部以資金存放銀行部時，應借記內部往來——銀行部戶，在銀行部則貸記內部往來——儲蓄部或信託部戶；當儲蓄部或信託部向銀行部提用資金時，應貸記內部往來——銀行部戶，在銀行部則借記內部往來——儲蓄部或信託部戶。還有儲蓄部及信託部的損益，係屬單獨計算，各該部與其他部的往來，亦應相互計算內部往來利息，至於計算及轉帳的方法大致與聯行往來息相同，不再贅述。

五、內部往來有關事項的處理

(一)現金收付的處理

儲蓄部在各分行處均設有代理處，兼營儲蓄部業務，但代理處不另設出納，其各項現金收付，均由銀行部代理。於每日營業終了後，就當日代替儲蓄部代理處現金收付總數的差額，一筆以「內部往來」科目處理。如收付差額係借餘時，儲蓄部編製（借）內部往來科目的現金傳票；銀行部則編製（貸）內部往來科目的現金傳票處理。如屬貸餘時，銀行

部應編製（借）內部往來科目的現金傳票，儲蓄部則編製（貸）內部往來科目的現金傳票處理，故儲蓄部現金科目每日借貸金額相等，但無餘額。

(二)轉帳收付的處理

儲蓄部對銀行部的各項轉帳事項，於每日營業終了後，結出借方與貸方總數，分別以「內部往來」科目處理。借方總數，儲蓄部應編製(貸)內部往來科目轉帳傳票，銀行部則編製（借）內部往來科目轉帳傳票處理；貸方總數，儲蓄部應編製（借）內部往來科目轉帳傳票，銀行部則編製（貸）內部往來科目轉帳傳票處理。

(三)內部往來帳的處理

儲蓄部對銀行部間的往來，均當天相對列帳而無未達帳，因此，可根據「內部往來」科目日結單的「現金」及「轉帳」借貸方金額分別記入總分類帳；總分類帳的摘要欄現金部分填寫「現金收付差額」，轉帳部分填寫「轉帳收付各總額」。

註：目前各銀行信託部大都不在各分行處設置代理處，每日與各分行發生的資金、款項或損益的往來，均由信託部與各分行處雙方直接逐筆以「內部往來」科目處理。

(四)內部往來利息的處理

儲蓄部及信託部與銀行部間往來的利息，於每月計出後，儲蓄部及信託部如屬收入，應編製下列傳票轉帳：

借：內部往來
　　貸：內部損益──內部利息收入
銀行部則編製下列傳票轉帳：

借：內部損益——內部利息支出

貸：內部往來

儲蓄部及信託部如屬支出，應編製下列傳票轉帳：

借：內部損益——內部利息支出

貸：內部往來

銀行部則編製下列傳票轉帳：

借：內部往來

貸：內部損益——內部利息收入

六、儲蓄信託部的月算結算與決算

儲蓄部每屆月終，亦須辦理月算，月算應辦理的事項和調整、轉帳的方法，以及月算後月報表的編製，均與第十三章所述相同。但應付利息的提存方面，因零存整付、整存零付、及整存整付等儲蓄存款，係按月複利計算，而逐戶計算手續較爲繁雜。儲蓄部每年分上下兩期各辦理結算乙次，年度終了，並應根據上下兩期結算結果，辦理年度總決算。儲蓄部辦理結決算時，關於帳目的整理、資產的估價、利息的結算、損益的結計、帳戶的結帳，以及總決算報告的編製等，均與本書第十四章所述相同。不過儲蓄部的結算表和決算表，必須單獨編製，與銀行部分開。

信託部每屆月終亦應辦理月算，辦理程序與銀行部大體相同，只是銀行部的損益項目以存放款利息爲主要，關於應收、應付利息的計算及轉帳較爲繁複，而信託部的損益多屬信託費、手續費等收入，以及手續費、業務費用等支出，故月算時以此類收支項目的調整轉帳佔重要部分。

信託部每期及每年度均辦理結決算，一切應辦事項及辦理方法也與銀行部相同。但對保本保息的信託資金，須依約評估調整所提的保本保息準備。至於結決算報告的種類、格式及編製方法，與銀行部大體相同。

不過信託部對於各種信託投資及信託財產，往往約定於每屆結算或決算時，應提出信託報告；而根據明細帳爲每一委託人結算，編製各戶結決算報表，寄交各信託人，使其明瞭信託投資運用情形及信託財產現狀。此外，對於代理房地租及代理保險等，亦應分別爲各戶辦理結決算，編製結決算報表，詳列代收、代付的款項及應扣手續費等項，送委託人查核。

七、儲蓄信託部的基金

一家銀行資本列記總行帳，對儲蓄及信託等各部所另撥的基金，應以「儲蓄部基金」或「信託部基金」科目處理，在各該部帳內以「資本」科目處理，總行於彙編全體資產負債總表時再行沖銷。當撥付基金時，銀行部應借記儲蓄部基金或信託部基金科目並貸記內部往來科目，在儲蓄部或信託部則借記內部往來科目，貸記資本科目。

八、儲蓄信託部盈虧的撥補

儲蓄部各代理處應每期結算盈餘或虧損，俟年度決算時，再將上下兩期合計的年度決算盈餘或虧損，於年初開業日塡製報單，劃轉儲蓄部總部帳；儲蓄部總部再根據本身及各代理處劃轉的盈虧數，逐筆轉入「上期損益」科目，計出儲蓄部全體決算盈餘或虧損。至於儲蓄部的盈餘或虧損應如何分配或彌補，法律並無明文規定；按銀行法旣視儲蓄部爲一獨立部分，對所有盈虧，自可依法自行辦理撥補，但在組織上儲蓄部究屬銀行的一部分，旣未另有股東，實無從分配股息紅利。故目前一般銀行對儲蓄部所計決算盈餘，於計繳營利事業所得稅及提存百分之三十法定公積後，餘數均劃轉銀行部合併分配股息紅利。儲蓄部如發生決算虧損，也全數劃轉銀行部，由銀行部承擔。

信託部決算如有盈餘，應先計繳營利事業所得稅，再提百分之三十

的法定公積，其餘全數劃撥銀行本部，與其可分配盈餘合併分配股息紅利。如發生虧損，則全數劃撥銀行本部，與其決算盈餘沖抵，再一併辦理盈虧撥補事項。

　　茲將儲蓄部及信託部決算盈餘劃轉銀行部時的分錄列示如下：

　　借：上期損益

　　　　貸：法定公積

　　　　　　內部往來

問 題

一、請說明信託業務的性質，又其與代理業務有何不同？

二、目前銀行信託部一般可辦理那些業務？請列舉之。

三、請列述信託會計的特點。

四、請列述銀行信託部承銷新上市公司股票有關的會計分錄。

五、請列述銀行信託部受託買賣證券（現金交易）有關的會計分錄。

六、何謂信託資金？銀行信託部收受及支付信託戶信託資金時，自有資
　　金帳及信託資金帳應如何處理？請列述其相關的會計分錄。

七、依銀行法的規定，信託契約應載明那些事項？

八、銀行投資的基本原則爲何？請列述之。

九、何謂短期票券？銀行經營短期票券業務的目的爲何？

十、請詮釋下列名詞：

　　1. T.B.，T.B.1，T.B.2

　　2. C.P.，C.P.1，C.P.2

　　3. T.A.，B.A.

　　4. NCD

三、商業本票與國庫券貼現方法有何不同？

三、請解釋賣斷、買斷、附買回條件、附賣回條件等交易的意義，並列
　　述其計價公式。

三、請列述銀行可轉讓定期存單「中途買入」及由「次級市場」買入時
　　的計價公式，並請個別舉例說明之。

三、請說明國庫券的標購方式，並舉例說明其計價方式。

三、請說明短期票券的稅負方式，並請舉例說明之。

三、請列示銀行信用卡中心每日收到金融服務中心請款資料，辦理清算

　　時有關的會計分錄（請按國外清算及國內清算二部分分列）。

七、請說明銀行從事長期股權投資的目的及認定標準。

六、銀行從事企業轉投資有何種限制？請就現行有關規定說明之。

九、銀行從事有價證券投資有何種限制？請就現行有關規定說明之。

二十、請說明銀行從事長期股權1.投資時，2.分派股利時，3.增資時，4.
　　　期末評價時的會計處理方法。

二一、請說明銀行兼營倉庫業務的會計處理方法。

二二、銀行依銀行法的規定附設儲蓄部及信託部，其與銀行本部內部往來
　　　有關事項，應如何處理？

二三、銀行儲蓄部及信託部，其年度決算的盈虧應如何撥補？

習　題

一、證券經紀業務：

某銀行信託部受託買進（現金交易）證券 A 公司 20,000 股，每股單價爲 3,800 元，並於隔日受託以每股 40 元賣出，試列示相關的交易分錄。（受託買賣證券手續費率爲 1.425‰，證券交易稅率爲 3‰）

二、初級市場首次買入(一)：

某銀行買進由甲公司發行一筆一百八十天期由其他金融機構保證的商業本票，面額 1,000 萬元，假設貼現率 7.0%，簽證費 0.03%，及承銷費 0.25%，試列示相關的交易分錄。

三、初級市場首次買入(二)：

某銀行買入面額 7,000 萬元，八十五年五月二十日發行的商業本票（每萬元承銷價格爲$9,982.49），並持有至到期日八十五年五月三十日，試列示相關的交易分錄。

四、賣斷交易：

某銀行賣出可轉讓定期存單面額 1,000 萬元距到期日二百十一天，年收益率 8.032%，該存單到期稅後實得額爲 10,600,000 元，分離課稅稅率爲 20%，試作相關的交易分錄。

五、附買回條件交易：

某銀行以商業本票與客戶進行附買回交易，約定天期爲七天，利率 5.30%，交易當日帳面成本 7,459,380 元，試計算到期買回應付金額

及分離課稅款，並作相關的交易分錄。

六、附賣回條件交易：

同上例交易，若銀行 R.P.交易客戶亦爲銀行同業，試作相對一方的
附賣回條件交易（R.S.）。

七、長期股權投資：

某銀行於八十五年六月三十日購入甲公司普通股 4,000,000 股，佔甲
公司流通在外股數的 25%，每股價格爲 20 元，甲公司有關股東權益
的變動情形如下：

1. 八十五年八月一日：發放現金股利 800,000 元及股票股利
   1,600,000 元。
2. 八十五年十二月三十一日：八十五年度稅後純益 24,000,000 元。

試記錄相關的交易分錄。

八、信用卡帳務：

某甲刷卡消費，銀行信用卡中心於三月七日入帳 10,000 元，三月二
十五日結帳日後，收到帳單顯示應繳總金額爲 10,000 元，而最低應
繳金額爲 1,000 元，四月十三日繳款截止日前(繳款截止日爲四月十
五日)甲客戶使用循環信用（利率爲日息 5‰）向聯行繳入最低應
繳金額 1,000 元，試依上述交易情況，列示相關的交易分錄。

第十七章 銀行管理會計

第一節 銀行管理會計的意義及應用

一、管理會計的意義

管理會計爲現代會計技術的最高運用，歸集、分析、運用有關財務及成本資料，供各階層管理決策、計劃、控制、考核之用，以加強管理，增進經濟效益。

二、管理會計的應用

銀行管理會計的應用重點，包括下列各項：

1. 利潤策劃在管理上的應用。
2. 財務分析在管理上的應用。
3. 統計方法在管理上的應用。

管理會計所需的資料，除經由會計紀錄所產生者外，同時並應注重銀行內部及外部有關計量性及非計量性資料的搜集，必要時，亦得以統計及數理方法估計之。

第二節　利潤的策劃及管理

一、利潤的研究

　　為達成利潤策劃，及利成本的控制及政策的取決，必須運用會計及其他有關資料，對於預計的各項業務，作利潤研究 (Profit analysis)，就影響利潤的各種重要因素，予以連貫研究，整體考量。

二、成本的習性

　　為適應利潤研究的需要，對於成本資料需按其習性予以劃分為「固定成本」、「變動成本」及「半變動成本」三類，其性質說明於下：

　　1.固定成本：係指成本在特定範圍內不隨業務營運量的增減而變動者。如主管人員的用人費用，行舍及營業設備的租金、折舊及保險費等費用。

　　2.變動成本：係指成本在特定範圍內，將隨業務營運量而變動，通常應呈正比例增減者。例如使用資金的利息支出，辦理匯兌業務的郵電費，辦理服務性業務的手續費支出，以及營業性的稅捐。

　　3.半變動成本：凡成本在特定範圍內，其數額保持不變，惟超過此某一範圍，即隨業務營運量而變動，但不成正比例增減者屬之。例如一般行員的用人費用，水電費，辦公用品，現金運送費及油料費等。

三、成本固定與變動成份的測定

　　對於成本的固定成份及變動成份，應擇用下列方法測定之：

　　1.會計推算法

　　根據種種不同業務營運量下的成本資料，觀察其成本性質，消除偶

發性的因素，憑經驗及判斷，將其劃分為固定成本及變動成本。

2.高低點法

就各項業務營運量資料（通常為時間數列）中抽取其最高及最低兩點，對兩期成本加以分析，以決定其中固定及變動部分（例一）。

3.統計分析法

用統計學上觀察法或最小平方法，測定成本與營運量的相關程度，以確定固定成本及變動成本。

4.業務分析法

業務人員根據業務營運過程、作業狀況、耗用人工物品等情形，再參酌經驗，估計成本，並決定其固定及變動部分。

例一　利用高低點法以測定成本的固定成份及變動成份。

設甲銀行在某兩期間，最高存款平均營運量1千萬元時，其用人費用為5萬元，事務費用為8萬元，最低存款平均營運量5百萬元時，用人費用仍為5萬元，事務費用則減至5萬元。

根據上述資料測定各項費用的固定部分及變動部分如次：

	存款平均營運量	用人費用	事務費用
最高點	10,000,000	50,000	80,000
最低點	5,000,000	50,000	50,000
差　額	5,000,000	0	30,000

用人費用因兩期間之數額相同，故悉屬固定費用。

事務費用單位變動成本 $=\dfrac{30,000}{5,000,000}=0.006$（每元存款平均營運量）

事務費用固定部分 $=80,000-10,000,000\times0.006=20,000$

$\qquad\qquad$ 或　$50,000-5,000,000\times0.006=20,000$

甲銀行用人費用$50,000悉屬固定費用，事務費用固定部分計

$20,000，變動部分計每元存款平均營運量$0.006。

四、利潤策劃所能瞭解的經營上問題

總分行對各項業務的「成本」、「收入」、「營運量」及「利潤」四者的相互關係，應詳為研究，適時檢討，藉以瞭解下列經營上的問題，供管理決策的依據，期能減低成本，增進收益及利潤。

1.營運損益的兩平點所在。

2.收益變動對損益兩平點與利潤影響。

3.成本變動對損益兩平點與利潤的影響。

4.多種業務營運量組成比率變動，對損益兩平點與利潤的影響。

5.在各種不同營運量下，將各有若干利潤。

6.欲獲致某一水準的利潤，需有若干營運量。

7.營運收入減低或營運成本提高時，需增加多少營運量方足以彌補其損失。

8.何種業務的利潤最大或最小。

9.利率調整對利潤的影響，或需增加多少營運量方足以彌補其減少的利潤。

10.為調整待遇時應增加多少營運量，方能維持原有利潤於不減。

11.為增加人員或新設備，應增加若干營運量，方足以支應其新增加的費用。

上述所稱營運量，就營運資金業務而言，係指資金每日平均餘額，如存、放款每日平均餘額；就非營運資金的服務性業務而言，係指某一時間承作數或計價數量，如每月進口押匯承作額。所稱收益率，就運用資金的業務而言，係指運用資金收入與營運量的比率，如放款利息收入率；就無須運用資金的服務性業務而言，係指業務收入與營運量的比率，如保證手續費收入率。以上各項業務的營運量與其收益率的乘積，即為

該項業務的營業收入。

五、損益平衡點的意義

「損益平衡點」(Break-even point) 亦稱「損益兩平點」，乃營運收入與成本相等之點，即收支平衡，無盈亦無虧的所在。營運收入減除變動成本後的餘額稱爲「邊際收益」或「邊際利潤」(Marginal income)，可抵償固定成本並獲得盈餘，邊際收益對營運收入的比率稱爲「邊際收益率」(Marginal income ratio) 或稱「利量率」(Profit volume ratio)，可供管理當局瞭解營運收入的增減對盈餘的影響。營運收入超過損益平衡點的部分，稱爲安全餘額 (Margin of safety)，爲營運收入可以減縮的最大限度。

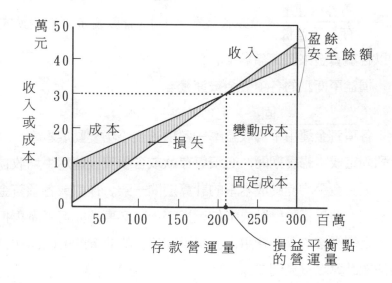

六、損益平衡點的計算公式

1.適用於無須運用資金的服務性業務一般公式：

$$損益平衡點＝\frac{固定成本}{1-\dfrac{變動成本}{營業收入}}＝\frac{固定成本}{1-變動成本率}＝\frac{固定成本}{利量率}$$

2.適用於運用資金業務的特別公式：

(1)以存款業務為中心：

損益平衡點的存款營運量＝

$$\frac{固\quad 定\quad 成\quad 本}{存款資金運用平均收益率-存款資金平均變動成本率}$$

$$＝\frac{固\quad 定\quad 成\quad 本}{\left(\dfrac{放款營運量}{存款營運量}\times\dfrac{放款平}{均利率}+\dfrac{存款準備金營運量}{存款營運量}\times\dfrac{存款準備}{金\ 利\ 率}\right.}$$

$$\overline{\left.+\dfrac{證券營運量}{存款營運量}\times 證券收益率+\cdots\right)-存款資金平均變動成本率}$$

(2)以各項資金來源總額為中心：

損益平衡點的各項資金營運量＝

$$\frac{固\quad 定\quad 成\quad 本}{各項資金運用平均收益率-各項資金平均變動成本率}$$

上列固定成本歸屬期間，必須與存款或各項資金運用平均收益率及存款或各項資金平均變動成本率的計算期間一致。存款或各項資金運用平均收益率，應以扣除變動成本如稅捐等後（必要時亦可考慮再扣除按營業收入定率提撥的福利費用，其提撥率為營業收入的0.05％-0.15％）的收益淨額計算之（見例二）。

各行局計算損益平衡點時，應視業務性質，分別按運用資金業務及無須運用資金業務為之。必要時按個別業務項目計算。至於營業外收入，如金額不大通常可不予考量。

七、損益平衡點的計算釋例

例二　以存款業務爲中心，計算損益平衡點。

設甲銀行每月固定成本爲新臺幣10萬元，其所吸收存款資金的88% 運用於放款，月息11.1‰，12%作爲存款準備金(其中6%月息3‰，6% 則無息)，存款平均變動成本率計月息6.5‰。所有利息收入均扣除5%營 業稅及4‰印花稅（本例不考慮提撥福利費用）。根據上述資料，計算甲 銀行損益平衡點的存款平均營運量如次：

損益平衡點的存款平均營運量

$$= \frac{\text{固} \quad \text{定} \quad \text{成} \quad \text{本}}{\text{存款資金運用平均收益率} - \text{存款資金平均變動成本率}}$$

$$= \frac{\text{固} \quad \text{定} \quad \text{成} \quad \text{本}}{\left(\dfrac{\text{放款營運量}}{\text{存款營運量}} \times \text{放款平均利率} + \dfrac{\text{存款準備金營運量}}{\text{存款營運量}}\right.}$$

$$\frac{}{\left. \times \text{存款準備金利率} + \cdots\right) - \text{存款資金平均變動成本率}}$$

$$= \frac{100{,}000}{(0.88 \times 11.1‰ \times 0.946 + 0.06 \times 3‰ \times 0.946 + 0.06 \times 0) - 6.5‰}$$

$$= \frac{100{,}000}{(9.241‰ + 0.17‰) - 6.5‰} = \frac{100{,}000}{9.411‰ - 6.5‰}$$

$$= \frac{100{,}000}{2.911‰} = 34{,}352{,}456$$

甲銀行必須吸收存款平均營運量$34,352,456始能達到收支兩平。

根據上述平衡點計算結果另繪製損益平衡圖如下：

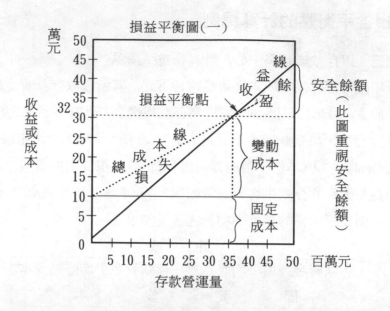

損益平衡圖(一)

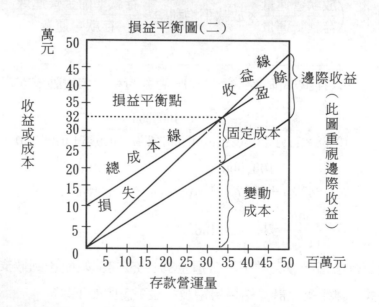

損益平衡圖(二)

八、成本、收益率、營運量及利潤間的相互關係

各項業務的成本、收益率、營運量及利潤四者間的主要相互關係，就損益平衡點計算公式，說明如下：

(一)固定成本的變動

1.固定成本增加時

損益平衡點增高，因而超過損益平衡點後所獲利潤，與所增固定成本同額的減少，而未達損益平衡點時發生的虧損，亦與所增固定成本同額的增加。

2.固定成本減少時

損益平衡點下降，因而超過損益平衡點後所獲利潤，與所減固定成本同額的增加，而未達損益平衡點時發生的虧損，亦與所減固定成本同額的減少。

(二)變動成本的變動

1.變動成本增加時

與收益率減低具有相同的結果，即利量率降低，收回固定成本的能力減弱，且損益平衡點上升，因而超過損益平衡點後所獲利潤較小，而未達損益平衡點時發生的虧損亦較大。

2.變動成本減少時

與收益率提高具有相同的結果，即利量率升高，固定成本收回能力增強，且損益平衡點降低，因而超過損益平衡點後所獲的利潤較大，而未達損益平衡點時發生的虧損亦較小。

(三)收益率的變動

1.收益率提高時

利量率升高，固定成本收回率加速，且損益平衡點下降，因而超過損益平衡點後所獲的利潤較大，而未達損益平衡點時發生的虧損亦較小。

2.收益率減低時

利量率下降，固定成本收回率趨緩，且損益平衡點上升，因而超過損益平衡點後所獲利潤較小，而未達損益平衡點時發生的虧損亦較大。

(四)關於利量率者

1.利量率甚高時

超過損益平衡點後的營運量稍微增減，利潤即大量升降，而未達損益平衡點時，營運量稍微增減，損失即大量降升。

2.利量率甚低時

如營運量起落不大，損益就無顯著的反應。

(五)關於安全餘額者

1.安全餘額甚多時

表示營業收入可以緊縮的限度較大，雖於營業逆轉時，仍有雄厚的抗拒力量，於營業收入下降至相當程度方發生虧損。

2.安全餘額甚少時

表示營業收入可以緊縮的限度較小，對於營業逆轉的抗拒能力甚爲薄弱，營業收入稍微降低，便將發生虧損。

九、增進利潤的方法

各銀行於求得損益平衡點後，應進而根據成本與利量率間的相互關

係，謀求增進利潤，其方法如下：

1.減低固定成本。

2.減低單位變動成本或資金變動成本率。

3.在不影響業務營運量的原則下，提高營業收益率。

4.在不減低收益率的原則下，增加業務營運量。

5.資金來源項目不止一種時，計劃以資金變動成本率較低的項目代替較高者。

6.資金運用項目不止一種時，計劃以資金運用收益率較高的項目代替較低者。

十、損益平衡點分析法的擴大應用

1.損益平衡分析法運用於所需營業收入或業務營運量的估計，其計算公式如下：

(1)欲達成一定盈餘所需營運量

$$= \frac{固定成本＋所需盈餘}{利量率或（資金運用平均收益率－資金平均變動成本率）}$$

（請參閱例三）

(2)計劃擴充業務，增加固定成本及盈餘，所需營業收入或營運量

$$= \frac{原有固定成本＋原有盈餘＋所增固定成本＋所增盈餘}{利量率或（資金運用平均收益率－資金平均變動成本率）}$$

（請參閱例四）

(3)營業收益率降低，變動成本率亦同時降低，所需營業收入或營運量

$$= \frac{固定成本＋盈餘}{1 - \dfrac{變動成本－變動成本減少數}{營業收入－營業收入減少數}} 或$$

$$\frac{固定成本＋盈餘}{(資金運用平均收益率－收益率減少數)－(資金平均變動成本率－變動成本率減少數)}$$ （請參閱例五）

(4)營業收益率提高，變動成本率亦同時提高，所需營業收入或營運量

$$=\frac{固定成本＋盈餘}{1-\dfrac{變動成本＋變動成本增加數}{營業收入＋營業收入增加數}}$$ 或

$$\frac{固定成本＋盈餘}{(資金運用平均收益率＋收益率增加數)－(資金平均變動成本率＋變動成本率增加數)}$$

(5)營業收益率與變動成本率，呈相反方向變動時，參照(3)、(4)兩公式計算之。

2.為彌補營業收益率減低所需增加的營運量，可以下列公式求得：（請參閱例六）

$$所需增加的營運量＝原有營運量×所需增加營運量百分比$$

$$＝原有資金營運量×\frac{邊際收益率減少數}{原有邊際收益率－邊際收益率減少數}$$ 或

$$原有資金營運量×所需增加營運量百分比$$

$$＝原有資金營運量×\frac{資金運用平均收益率減少數}{原有資金運用平均收益率－資金平均變動成本率－資金運用平均收益率減少數}$$

3.釋例：

例三 設甲銀行每月固定成本為20萬元，其資金運用平均收益率為

月息10‰，資金平均變動成本率為月息6‰，欲達成每月盈餘20萬元的目標，其所需營運量計算如下：

$$所需資金營運量 = \frac{固定成本 + 所需盈餘}{資金運用平均收益率 - 資金平均變動成本率}$$

$$= \frac{200,000 + 200,000}{10‰ - 6‰} = \frac{400,000}{4‰} = 100,000,000$$

甲銀行欲達成每月盈餘\$200,000的目標，其資金營運量必須達到\$100,000,000。

例四　設例三甲銀行計劃擴充業務，每月需增加固定成本10萬元，並擬增加盈餘10萬元，在資金運用平均收益率及平均變動成本率不變動的情況下，其所需資金營運量計算如下：

所需資金營運量

$$= \frac{原有固定成本 + 原有盈餘 + 所增固定成本 + 所增盈餘}{資金運用平均收益率 - 資金平均變動成本率}$$

$$= \frac{200,000 + 200,000 + 100,000 + 100,000}{10‰ - 6‰} = \frac{600,000}{4‰}$$

$$= 150,000,000$$

甲銀行資金營運量必須增達\$150,000,000始能達到增加盈餘\$100,000之目標。

例五　設例三甲銀行其資金運用平均收益率降低1‰，資金變動成本率亦同時減低2‰，在每月固定成本20萬元不變的情況下，欲維持每月盈餘20萬元的目標，其所需資金營運量計算如下：

所需資金營運量

$$= \frac{固定成本 + 盈餘}{(資金運用平均收益率 - 收益率減少數) - (資金平均變動成}$$

$$\overline{\text{本率} - \text{變動成本率減少數})}$$

$$= \frac{200,000 + 200,000}{(10\text{‰} - 1\text{‰}) - (6\text{‰} - 2\text{‰})} = \frac{400,000}{5\text{‰}} = 80,000,000$$

甲銀行資金營運量$80,000,000即可維持每月盈餘$200,000的目標。

例六　設甲銀行原有資金營運量為1億元，其資金運用平均收益率為月息10‰，資金平均變動成本率為月息6‰，當其他條件不變而其資金運用收益率減低月息1.5‰，為彌補收益率降低，所需增加的營運量，可計算如下：

所需增加的營運量

$$= \text{原有資金營運量} \times \frac{\text{資金運用平均收益率減少數}}{\text{原有資金運用平均收益率} - \text{資金平均變動}}$$

$$\overline{\text{成本率} - \text{資金運用平均收益率減少數}}$$

$$= 100,000,000 \times \frac{1.5\text{‰}}{10\text{‰} - 6\text{‰} - 1.5\text{‰}} = 100,000,000 \times \frac{1.5\text{‰}}{2.5\text{‰}}$$

$$= 100,000,000 \times 60\% = 60,000,000$$

甲銀行必須增加資金營運量60%，即6千萬元，始能彌補收益率減低1.5‰所受的損失。

十一、新設分行損益平衡點計算的釋例

茲為讓讀者進一步瞭解損益平衡點的計算，特舉某一新開辦分行為例，說明其計算程序於下：

1.基本公式

平衡點時的存款營運量

$$= \frac{固定成本}{存款資金平均收入率-存款資金平均變動成本率}$$

$$= \frac{固定成本}{\left[\left(\frac{放款營運量}{存款營運量}\times 放款平均利率\right)+\left(\frac{存款準備金營運量}{存款營運量}\right.\right.}$$

$$\overline{\times 準備金利率\right)+\left(\frac{聯行往來營運量}{存款營運量}\times 聯行往來平均利率\right)\right]}$$

$$\overline{-存款資金平均變動成本率}$$

2.固定成本的預估

(1)固定成本＝(A)$\frac{必要的}{業務費用}$＋(B)$\frac{各項應}{攤提的費用}$－(C)$\frac{服務性業務}{的收支差益}$－(D)

$\frac{非存款資金}{的營運收益}$±(E)營業外損益

註：(A)＋(B)爲固定成本的基準數，惟在一家分行除存款（資金來源）
　　　與放款、聯行往來（資金運用）外，尚可(1)經營外匯、承兌、
　　　保證、代理等業務產生手續費收入與支出；(2)辦理匯兌及代收
　　　款項等產生無息的資金來源，而可產生資金運用收入；(3)並可
　　　能會發生營業外收入與支出。上述(1)、(2)、(3)等三項的淨收益，
　　　於計算平衡點的存款營運量時，理應先收回部分固定成本。

(2)上述各項固定成本有關的數額預估如下（以半年六個月爲計算
期）：

(A)	(B)	(C)
(1)用人費用2,400千元	(1)各項折舊　　70千元	手續費收入200千元
(2)事務費用　500	(2)推銷租賃權益100	
(3)稅捐費用　40	(3)推銷開辦費　30	手續費支出　50
(4)其他費用　60		
合計　　3,000	合計　　　200	差益　　150

(D)	(E)	
運用收入200千元 資金成本　0	營業外收入　5千元 營業外支出15	
淨額　　200	損失　　　10	

註：稅捐費用不含存款資金運用收入應計的營業稅、印花稅、提撥福利金。

(3)根據(2)計出固定成本（半年）如下：

固定成本＝(A)3,000千元＋(B)200千元－(C)150千元－(D)200千元

＋(E)10千元＝2,860千元

3.存款資金平均收入率（稅後）的預估

(F)			
存款資金 運用項目	個　別　利　率	資金運用 結　構　比	平均利率 有效指數
準備金 放　款 聯行往來	年息1.44%（0.6×2.4%） 年息14.40（平均） 年息13.85	14.66% 35.00 50.34	年息　0.211% 5.04 6.972
存款資金的平均收入率（稅前）		100.00%	年息12.223%

減：變動費用率（營業稅5%、放款印花稅0.4%、提撥福利費用
0.15%）

(1)準備金息部分……0.211%×(5%＋0.15%)＝　　0.011%

(2)放款息部分……5.04%×(5%＋0.4%＋0.15%)＝0.280%

存款資金平均淨收入率（稅後）　　　　　　　年息11.932%

註: (1)準備金僅60%可按年息2.4%計息。

(2)準備金的結構比14.66%,係根據(G)各項存款結構比×各該項

存款法定存款準備率計出。

4.存款平均變動成本率的預估

(G)			
存款項目	個 別 利 率	存款結構比	平均利率有效指數
支存	年息 0 %	15%	年息0 %
活存	年息 1.9%(平均)	10	年息0.19
定存	年息11.5	16	年息1.84
行存	年息14.0	2	年息0.28
活儲	年息 7.8	25	年息1.95
定儲	年息12.5	32	年息4.00
存款的預估平均成本率		100%	年息8.26

5.新分行損益平衡點存款營運量的預估 (以半年計算)

$$\frac{(A)+(B)-(C)-(D)+(E)}{[(F)-(G)]\div 2}$$

$$=\frac{3,000千元+200千元-150千元-200千元+10千元}{(11.932\%-8.26\%)\div 2}$$

$$=\frac{2,860千元}{1.836\%}\cdots\cdots損益平衡點的平均存款營運量$$

第三節　經營的比較分析

一、利潤的差異分析

爲應經營管理及成本控制的需要, 對於各項業務應爲利潤差異的分

析，就預算目標與實際營運成果，或本期與上期營運成果詳爲比較，根據各項業務營運量，平均收入率及平均成本率的變化，探討營業收入及營業成本以及盈餘的增減變動以及差異原因，以供檢討改進及管理決策的參考。

利潤差異的分析，通常以營業毛利分析爲主，對個別業務營運地區或個別營運單位等獲利能力的強弱，加以探討。業務費用及管理費用等的變動，可就其內容與習性視實際需要，作適當的比較分析。

二、營運「量」「質」的變化對損益的影響

1.設八十五及八十四兩年度的存款資金及其營運收入與資金成本如下：

年度	存款資金營運量	營運收入	平均收入率	資金成本	平均成本率	營運毛利	毛利率
	百萬	百萬		百萬		百萬	
85	57,310	6,914	12.064%	4,264	7.440%	2,650	38.3%
84	54,822	5,187	9.462%	3,267	5.959%	1,920	37.0%
比較	2,488	1,727	2.602%	997	1.481%	730	1.3%
增減率	4.5%	33.3%		30.5%		38.0%	

2.根據上列資料，以一般通行的公式計算分析對損益的影響如下：

(1)營運收入方面：

　　a.（本年度營運量－上年度營運量）×上年度平均收入率

　　　＝營運量變動所影響的差異（57,310百萬－54,822百萬）×

　　　　9.462%＝236百萬（實多）

　　b.（本年度平均收入率－上年度平均收入率）×本年度營運量

　　　＝收入率變動所影響的差異（12.064%－9.462%）×57,310百

萬＝1,491百萬（實多）

(2)資金成本方面：

　a.（本年度資金量－上年度資金量）×上年度平均成本率

　　＝資金量變動所影響的差異（57,310百萬－54,822百萬）×

　　5.959％＝148百萬（實多）

　b.（本年度平均成本率－上年度平均成本率）×本年度資金量

　　＝成本率變動所影響的差異(7.440％－5.959％)×57,310百萬

　　＝849百萬（實多）

3.差異彙總：

(1)營運量增加所影響的差異：

　收入方面236百萬（實多）　　　　差異淨額　　88百萬（實多）
　成本方面148百萬（實多）

(2)收入率提高所影響的差異　　　　　　1,491（實多）

(3)成本率提高所影響的差異　　　　　　　849（實多）
　　差　異　總　額　　　　　　　　　730（實多）

　　4.綜上分析，可知由於存款資金營運量的增加2,488百萬，毛利增加88百萬；由於平均收入率提高2.602％，毛利增加1,491百萬；由於平均收入率提高1.481％，毛利減少849百萬。各項差異相互沖抵結果，毛利淨增加730百萬。

三、直接成本法

　　衡量各種業務的獲利能力，或分計多種業務或營運單位的獲利能力時，可按直接成本法，比較其邊際收益或邊際收益率，並排除攤入的固定成本，以顯示各業務或各部門利潤的貢獻，以瞭解其實際營運得失。

四、獲利實績指數

分計多種業務的獲利能力，除比較其邊際收益率的高低外，並應兼顧個別業務量佔總營運量的比率，而以獲利實績指數（Profit performqnceindes）比較之。

獲利實績指數＝某項業務邊際收益率×該項業務佔總營運量百分比

五、經營分析的釋例

個案研討實例

損益比較表

單位：百萬元

項　　目	85年度		84年度		85年度較84年度		
	金額	佔比	金額	佔比	增減額	增減率	佔比
營業收入	9,718	100　%	6,882	100　%	2,836	41.2%	0　%
金融業務收入	9,713	99.9	6,878	99.9	2,835	41.2	0
利息收入	8,494	87.4	6,038	87.7	2,456	40.7	(−) 0.3
手續費收入	290	3.0	271	3.9	19	7.0	(−) 0.9
儲運收入	8	0.1	7	0.1	1	14.3	0
證券經紀收入	5	0.1	17	0.3	(−) 12	(−)70.6	(−) 0.2
買賣票券收益	674	6.9	290	5.7	284	72.8	1.2
企業投資收益	105	1.0	105	1.5	0	0	(−) 0.5
兌換收益	137	1.4	50	0.7	87	174.0	0.7
其他營業收入	5	0.1	4	0.1	1	25.0	0
營業支出	5,962	61.3	4,328	63.0	1,634	37.8	(−) 1.7
金融業務成本	5,957	61.2	4,322	62.9	1,635	37.8	(−) 1.7
利息支出	5,942	61.1	4,305	63.6	1,637	38.0	(−) 1.5
手續費支出	11	0.1	11	0.2	0		(−) 0.1
儲運費用	1	0	1	0	0		0
證券經紀支出	3	0	5	0.1	(−) 2	(−)40.0	(−) 0.1
其他營業費用	5	0.1	6	0.1	(−) 1	(−) 6.7	0
營業毛利	3,756	38.7	2,554	37.0	1,202	47.1	1.7
業務及管理費用	1,698	17.5	1,356	19.7	342	25.2	(−) 2.2
營業利益	2,058	21.2	1,198	17.3	860	71.8	3.9
營業外收入	10	0.1	15	0.2	(−) 5	(−)33.3	(−) 0.1
營業外支出	18	0.2	12	0.2	6	50.0	0
營業外損(△)益	(△)	(△)			(−)	(−)	(−)
	8	0.1	3	0	11	366.6	0.1
呆帳及各項提存前利益	2,050	21.1	1,201	17.5	849	70.8	3.6
呆帳及各項提存	547	5.6	500	7.3	47	9.4	(−) 1.7
本　期　損　益	1,503	15.5	701	10.2	802	114.4	5.3

營業毛利分析表

項　目	業務收入			業務成本			營業毛利				%為結構比
	85年度	84年度	比較	85年度	84年度	比較	85年度	84年度	比較	增減率	
資金性業務	9,272	6,533	2,740	5,942	4,305	1,637	88.7% 3,331	87.3% 2,228	1.4% 1,103	49.5%	
服務性業務	445	349	96	20	23	(−) 3	11.3 425	12.7 326	(−) 1.4 99	30.4	
合　　　計	9,718	6,882	2,836	5,962	4,328	1,634	3,756	2,554	1,202	47.1	

資金性業務毛利分析表

項　　　目	85年度	84年度	比較	
			增減額	增減率
存 款 資 金	2,650	1,920	730	38.0%
借入款資金	26	6	20	333.3
外 幣 資 金	313	216	97	45.1
其 他 資 金	342	86	256	297.7
合　　　計	3,331	2,228	1,103	49.5

服務性業務毛利分析表

項　　　目	85年度	84年度	比較	
			增減額	增減率
外 匯 業 務	371	272	99	36.4%
匯兌、承兌保 證 業 務	44	37	7	18.9
倉 庫 業 務	8	7	1	14.3
證 券 經 紀業　　　務	2	112	(-) 10	(-)83.3
資 產 出 資業　　　務	0	(-) 2	2	
合　　　計	425	326	99	30.4

營業成本分析表

項　目	85年度 金額	佔比	84年度 金額	佔比	比較 增減額	增減率	佔比
利息支出	61.1% 5,942	77.6%	62.6% 4,305	75.7%	(−)1.5% 1,637	38.0	(−)1.9%
營業費用	17.5 1,698	22.1	19.7 1,356	23.9	(−)2.2 342	25.2	(−)1.8
用人費用	9.2 898	11.7	10.6 732	12.9	(−)1.4 166	22.7	(−)1.2
事務費用	1.2 115	1.5	1.4 98	1.7	0.2 17	17.3	0.2
固定資產使用費	1.0 170	2.2	2.2 152	2.6	(−)0.4 18	11.8	(−)0.4
稅捐費用	5.3 515	6.7	5.5 374	6.7	0.2 141	37.7	0
其他支出	0.2 20	0.3	0.4 23	0.4	(−)0.2 (−)3	13.0	(−)0.1
營業成本合計	78.8 7,660	100 ％	82.7 5,684	100 ％	(−)3.9 1,976	34.8	

註: 1.
　　　　　　　　　85年度　　　84年度　　　比較
　　營業收入　9,718百萬　6,882百萬　2,836百萬
　　員工人數　4,285名　　4,024名　　　261名
　　2.％爲各成本項目佔營業收入的比率。

主要資金平均利率表

項　　目	85年度	84年度	比較
放　款	14.04%	11.20%	2.84%
買入票券	12.07	9.07	3.00
總運用資金	10.59	8.05	2.54
存　款	7.49	6.01	1.48
借入款	12.43	9.16	3.27
總來源資金	6.47	5.19	1.28
總資金差益率	4.12	2.86	1.26
存放款差益率	6.55	5.19	1.36
存款資金收益率	4.52	3.40	1.12

存款平均利率變動的分析：

1. 由於利率調整提高關係　　（＋）1.69%

2. 由於存款結構轉佳關係　　（－）0.18

3. 由於複利利息增加關係　　（＋）0.06

4. 由於中途解約息增加關係（－）0.08

5. 由於錯誤調整及其他　　　（－）<u>0.01</u>

　　合　　　　　計　　　（＋）<u>1.48</u>

放款平均利率變動的分析（從略）。

結論：八十五年較八十四年盈餘增加的主要因素，分析於下：

1. 八十五年中曾兩次調高利率，利差因而擴大。

2. 舊利率轉換新利率的速度，放款較快而存款較慢。

3. 存放款營運量持續增加。

4. 存款準備率調低，資金運用比率提高。

5. 超額準備減少，資金充分有效運用。

6. 外匯業務量持續增加。

7. 短期票券靈活操作，資金獲益率提高。

8. 營業費用有效撙節。

9. 平均單位營業成本降低，獲利能力提高。

10. 無息資金增加。

六、銀行資金營運收益增減的主要因素

目前我國銀行營業盈餘的主要利基，仍係來自存款、放款、票券等主要資金的營運收益，經由非資金性業務所產生的手續費收入，其貢獻度仍不大。現特將影響銀行資金營運收益增減的主要因素，列述於下：

1. 存款及放款資金量的增減。

2. 存放款利率結構的變動優劣。

資金來源運用比較表

單位：百萬元

運用

運用資金	85年		84年		85年較84年		
					增減額		%
現金及存放央行	12.5%	8,003	13.5%	7,940	(-1.0%)	63	0.8
存拆放同業		7,150		8,129		-979	-12.0
買入票券	9.9	6,467	7.8	4,558	2.1	1,909	41.9
買匯		9,104		7,609		1,495	19.6
放款	90.0	59,156	91.4	53,658	-0.5	5,498	10.2
貼現及短期放款		51,878		47,467		4,411	9.3
中長期放款		7,278		6,191		1,087	17.6
基金及投資		637		524		113	21.6
固定資產(淨額)		1,296		908		388	42.7
其他資產		3,454		2,951		503	18.0
總運用		95,267		86,277		8,990	10.4

來源

來源資金	85年		84年		85年較84年		
					增減額		%
央行及同業銀行		7,548		8,662		-1,114	-12.9
一般存款	100%	65,092	100%	58,719		6,373	10.9
支票存款	20.3	13,220	17.3	10,151	3.0	3,069	30.2
活期存款	12.9	8,397	12.5	7,555	0.4	1,042	14.2
活期儲存	16.2	10,555	14.5	8,506	1.7	2,049	24.0
定期存款	18.4	11,989	24.0	14,094	-5.6	-2,105	14.9
定期儲存	32.2	20,931	31.7	18,613	0.5	2,318	12.5
央行及同業融資		12,662		11,309		1,353	12.0
各項準備		1,696		1,135		561	49.4
其他負債		4,909		4,256		653	15.3
資本		840		840		0	
公積及盈虧		2,520		1,356		1,164	85.8
總來源		95,267		86,277		8,990	10.4

註：各項運用資金與來源資金內的%為對一般存款的比率。

3.存放比率的升降。

4.超額準備金的多寡。

5.存放款利率的調整升降。

6.逾期放款息的發生或收入。

7.存款中途解約息及複利利息的多寡。

8.買入「短期票券」量的多寡以及收益率的高低。

9.日數的差異。

10.特殊收支的有無。

11.誤差及其他。

第四節　財務分析的應用

一、財務分析的應用

各銀行應運用財務分析方法，對於業務經營的成果，作各種測驗、分析及評核，以協助管理及營運。

對銀行業所做財務分析的方法，與分析一般企業的方法大致雷同，但所用的項目則大相逕庭。分析銀行財務時，所用資料數量及類型，顯著地限制分析的範圍與程度。分析的形態與細目，則由於分析者持有的資料，分析目的及運用表現方法的機智不同而變化極大。

二、財務分析方法的選擇

財務分析方法，視事實需要，就下列各項選擇應用：

1.動態分析，為同事異時的比較，以分析其動態之變化，其方法如下：

(1)增減變動法：以表現各項目在二個不同時期的增減變化。

(2)趨勢法：以表明各項目在一段長時期的變化趨勢。

(3)標準差異法：以表明一項目在各時期中與所選定的標準量值差異的變動。

2.靜態分析，為同時異事的比較，以瞭解靜態的情況，其方法如下：

(1)比率法：以表明此一項目與彼一項目間的關係。

(2)百分率法：以表明總數中各項目與總數間的關係。

三、財務分析比較方式的選擇

財務分析比較方式，得就下列各項選擇應用：

1.自行比較：就銀行本身財務狀況及經營績效加以比較。

(1)不同時間的比較。

(2)內部各單位或各業務項目間的比較。

(3)預算數與決算數的比較。

2.同業相互比較：就各該銀行的財務狀況及經營績效與同業加以比較。

四、財務分析的內容

財務分析的內容，應就健全性、收益性及效率性加以分析，並應作綜合的判斷，以免偏失。

1.健全性分析

測驗財務結構是否健全，一般分析的內容如次：

⑴分析資產、負債及業主權益各科目間的相互關係，可就組成百分比觀察之。

⑵就最近數年來資產、負債及業主權益各科目的消長情形，加以比較分析。

2.收益性分析

分析經營成績及獲利能力的高低，通常所應用的方法如次：

(1)以營業收入為總數，求損益各科目的組成百分比。

(2)就最近數年損益情形加以比較。

3.效率性分析

分析營運效率的高低，一般所應用的內容如次：

(1)分析資產、負債、損益及用人數等各項目間的相互關係。

(2)就最近數年來資產、負債、損益及用人數等各項目間相互關係，分析的結果加以比較觀察。

五、健全性分析的項目

健全性比率的分析項目如下：

1.流動比率

〔超額準備＋銀行互拆借差＋國庫券＋可轉讓定期存單（各銀行所持本身發行的存單除外）＋銀行承兌匯票＋經短期票券交易商或銀行保證的商業本票（本身保證的商業本票除外）＋公債＋其他經中央銀行核准的證券〕÷應提法定準備金的各項存款總餘額

用以測驗流動性支付能力。本比率愈高表示流動性支付能力愈強。

2.存款準備與存款的比率

$$\left(\frac{庫存現金＋存放央行＋繳存存款準備金}{存\quad款}\right)$$

用以衡量存款付現的能力。本比率愈高，表示存款付現能力愈強；可以瞭解放款的資金來源，以及存款資金的運用效率。

3.流動比率

$$\left(\frac{流動資產＋買匯貼現及放款的短期部分}{流動負債＋存款及匯款的短期部分}\right)$$

用以測驗流動性支付能力的強弱。

4.放款與存款的比率

$$\left(\frac{放款}{存款}\right)$$

用以觀察放款與存款間的相互關係。本比率如高於100%，則表示尚有部分放款資金係依存於自有資金或其他來源，如低於100%，則表示尚有部分存款資金供其他用途。

5.存款與同業融資的比率

$$\left(\frac{存\quad款}{透支同業＋同業拆放＋央行融資＋同業融資}\right)$$

用以表示存款與同業融資的比重。本比率愈高，表示外部資金來源的結構愈佳。

6.存款與自有資金的比率

$$\left(\frac{存\quad款}{業主權益＋營業及負債準備}\right)$$

用以測驗長期潛在支付存款之能力。本比率愈高表示長期支付存款能力愈弱。

7.存款與業主權益的比率

$$\left(\frac{存款}{業主權益}\right)$$

用以衡量業主權益是否適度。本比率過高，表示作為保障存款的股東權益過少。

8.業主權益與實有負債的比率

$$\left(\frac{業主權益}{負債總額－或有負債}\right)$$

即業主與債主間衡平權的分析，用以顯示長期潛在償債能力及資本

結構的強弱。本比率愈高，長期償債能力愈強，資本結構愈健全。

　　9.固定資產與業主權益的比率

$$\left(\frac{固定資產}{業主權益}\right)$$

用以測驗業主權益投入固定資產的程度。本比率低於100％，表示業主權益尚有餘額供營運週轉。

六、收益性分析的項目

收益性比率的分析項目如下：

1.淨利與業主權益的比率

$$\left(\frac{淨利}{業主權益}\right)$$

用以表示資本報酬率的高低。本比率愈高，表示資本獲利能力愈大。

2.淨利與營業收入的比率

$$\left(\frac{淨利}{營業收入}\right)$$

用以測驗經營效能的高低。本比率愈高，表示經營績效愈佳。

3.營業毛利與金融業務收入的比率

$$\left(\frac{金融業務收入－金融業務成本}{金融業務收入}\right)$$

用以測驗營運毛利率的大小。本比率愈大，表示營運效能愈佳。

4.營業支出與營業收入的比率

$$\left(\frac{營業支出}{營業收入}\right)$$

用以測驗經營總效能的優劣。本比率愈低，表示營運與管理效能愈佳。

5.營業利益與營業收入的比率

$$\left(\frac{\text{營業收入}-\text{營業支出}}{\text{營業收入}}\right)$$

用以測驗經營總效能的優劣。

6.業務費用與營業收入的比率

$$\left(\frac{\text{業務費用}}{\text{營業收入}}\right)$$

用以顯示配合營業所需業務費用比率的高低。本比率愈低，表示業務費用愈撙節。

7.管理費用與營業收入的比率

$$\left(\frac{\text{管理費用}}{\text{營業收入}}\right)$$

用以測驗管理上所需費用之比率。本比率愈低，表示管理績效愈佳。

8.營業費用與營業收入的比率

$$\left(\frac{\text{業務費用}+\text{管理費用}+\text{現金運送費}+\text{研究訓練費用}}{\text{營業收入}}\right)$$

用以測驗為配合營業所需各項費用比率的高低，以顯示費用的經濟與否。

9.資金收入與資金支出的比率

$$\left(\frac{\text{利息收入}\pm\text{長期股權投資損益}\pm\text{買賣票券損益}\pm\text{兌換損益}}{\text{利息支出}}\right)$$

用以衡量資金運用的成效。本比率愈高，表示資金運用效果愈佳。

10.資金收入與服務收入的比率

$$\left(\frac{\text{利息收入}\pm\text{買賣票券損益}\pm\text{長期股權投資損益}}{\text{手續費收入}+\text{其他服務收入(儲運、證券經紀等)}\pm\text{兌換損益}}\right)$$

用以測驗資金收入與服務收入間的比重，進而觀察資金業務與非資

金業務的變動情形。

11.資金性業務利益與服務性業務利益的比率

$$\frac{(利息收入＋買賣票券利益＋長期股權投資利益)－利息支出}{(手續費、儲運、證券經紀、兌換等收入－手續費、儲運、證券經紀等支出)}$$

用以測驗資金性業務利益與服務性業務利益間的比重，進而觀察兩項業務的變動情形。

12.資金收益率

$$\left(\frac{資金運用收入}{資金運用平均餘額}\right)$$

用以表示資金的獲利能力。本比率愈高，表示資金運用的獲利能力愈大。

13.資金成本率

$$\left(\frac{資金來源成本}{資金運用平均餘額}\right)$$

用以表示資金來源成本的高低。本比率愈低，表示資金來源成本愈低。

14.資金差益率

$$(資金收益率－資金成本率)$$

用以衡量資金營運業務收支差益率的大小。本比率愈大，表示資金營運業務獲利能力愈強。

15.存款資金平均成本率

$$\left(\frac{一般存款利息支出}{平均一般存款}\right)$$

用以衡量存款資金成本的高低。

16.存款資金平均收益率

$$\left(\frac{存款資金運用收入－存款資金成本}{平均一般存款}\right) 或$$

（存款資金平均收入率－存款資金平均成本率）

用以衡量存款資金獲利能力的強弱。

七、效率性分析的項目

效率性比率的分析項目如下：

1.營業收入與實有資產總額的比率

$$\left(\frac{營業收入}{實有資產總額}\right)$$

用以測驗資產的收入能力。本比率愈大，表示資產的運用效率愈佳。

2.營業淨利與實有資產總額的比率

$$\left(\frac{營業淨利}{實有資產總額}\right)$$

用以測驗資產的獲利能力。本比率愈高，表示資產的盈利能力愈強。

3.營業收入與用人數的分析

$$\left(\frac{營業收入}{用人數}\right)$$

用以測驗平均每人的營業收入額。其金額愈大，表示工作效率愈高。

4.用人費用與用人數的分析

$$\left(\frac{用人費用}{用人數}\right)$$

用以衡量平均負擔每人的用人費用，並分析其變動原因。

5.用人費用與費用總額的比率

$$\left(\frac{用人費用}{業務費用＋管理費用}\right)$$

用以測驗用人費用佔費用總額的比例，並分析其變動原因。

6. 淨利與用人數的分析

$$\left(\frac{淨利}{用人數}\right)$$

用以測驗平均每人的獲利額。其金額愈大，表示平均每人的獲利能力愈強。

7. 呆帳與放款比率

$$\left(\frac{實際發生呆帳}{放款總額}\right)$$

用以考核放款業務的營運績效。本比率愈低，表示放款效率愈佳。

8. 逾期放款與放款比率

$$\left(\frac{逾期放款＋催收款項}{放款總額＋催收款項}\right)$$

用以顯示逾期放款比率的高低，以考核放款業務的營運績效。

八、銀行業年報中的財務比率分析釋例（依證管會的規定）

分析項目		年　度		最近五年度財務分析		
		84年	83年	82年	81年	80年
財務結構（%）	負債佔資產比率	83.28	79.56	69.07	50.88	0.81
	存款佔淨值比率	463.44	366.52	214.10	95.80	—
	固定資產佔淨值比率	19.20	18.83	18.25	11.77	1.22
	長期資金佔固定資產比率	520.80	531.20	547.91	849.93	8,202.08
償債能力（%）	流動比率	353.15	440.82	875.05	894.79	12,116.10
	流動準備比率	9.21	8.40	23.68	43.59	—
	存放比率	103.00	103.42	106.96	128.52	—
	逾放比率	3.86	1.36	0.61	—	—

經營能力	利息支出佔年平均存款餘額比率	6.88	6.96	7.53	6.38	－
	利息收入佔年平均授信餘額比率	9.62	9.79	9.90	9.55	－
	固定資產週轉率（次）	2.35	1.76	1.23	0.99	5.63
	總資產週轉率（次）	0.08	0.07	0.07	0.06	0.07
	員工平均營業收入額（千元）	12,579	10,334	9,650	6,575	－
	員工平均獲利額（千元）	1,273	1,262	1,527	1,027	－
獲利能力	資產報酬率（％）	0.85	1.00	1.35	1.20	4.15
	股東權益報酬率（％）	4.61	4.08	3.56	1.84	4.14
	佔實收資本比率（％）　營業利益	5.99	5.23	4.52	2.79	6.02
	稅前純益	6.03	5.24	4.55	2.79	6.02
	純益率（％）	10.12	12.21	15.81	15.66	60.25
	每股盈餘（元）	0.50	0.44	0.38	0.19	0.43
現金流量（％）	現金流量比率（％）	1.11	3.72	2.14	8.89	554.86
	現金流量允當比率（％）	128.11	126.79	81.20	113.50	366.19
	現金再投資比率（％）	2.73	12.37	0.99	9.18	4.55
槓桿度	營運槓桿度（％）	150.74	153.37	151.93	222.70	117.89

註：財務槓桿度因行業特性不適用。

　　營運槓桿度：（營業收入淨額－變動營業成本及費用）÷營業利益

　　各項比率計算公式如下：

1.負債佔資產比率＝負債總額÷資產總額

2.存款佔淨值比率＝存款總額÷淨值總額

3.固定資產佔淨值比率＝固定資產總額÷淨值總額

4.長期資金佔固定資產比率＝（股東權益淨額＋長期負債）÷固定資
　　　　　　　　　　　　　　產淨額

5.流動比率＝流動資產÷流動負債

6.流動準備比率＝中央銀行規定流動資產÷應提流動準備的各項存
　　　　　　　　款

7.存放比率＝放款總額÷存款總額

8.逾放比率＝（逾期放款＋催收款）÷放款總額（放款＋催收款）

9.利息支出佔年度平均存款餘額比率＝利息支出總額÷年度平均存
款餘額

10.總資產週轉率＝營業收入總額÷平均總資產

11.員工平均營業收入額＝營業收入÷員工總人數

12.員工平均獲利額＝稅後純益÷員工總人數

13.資產報酬率＝稅後純益÷平均總資產

14.股東權益報酬率＝稅後純益÷平均股東權益

15.純益率＝稅後純益÷營業收入總額

16.每股盈餘＝稅後純益÷平均流通在外發行股數

第五節　經營績效的評估分析

一、績效評估的原則

經營績效的評估，若要求其有效性，當應遵照下列幾項原則：

1.須富有經濟性。

2.須富有意義。

3.須具有適切性。

4.須配合評估項目的特色。

5.須及時與適時。

6.須力求簡單。

7.須配合行動。

考核各業務單位營運績效時，應就下列各項分析之：

1.盈餘的多寡。

2.邊際收益的大小。

3.經營效能的高低。

4.決算數與預算數比較。

5.營運量的多少。

評核各業務項目營運績效時，應根據損益平衡分析、利潤差異分析、成本分析的結果，加以觀察。

二、獲利能力的評估

對銀行獲利能力的評估，一般可採用下列項目綜合評估分析：

1.純益率：$\dfrac{盈餘}{營業收入}$

2.毛利率：$\dfrac{毛利}{營業收入}$

3.資本報酬率：$\dfrac{盈餘}{平均資本淨值}$

4.資產報酬率：$\dfrac{盈餘（或營業淨利）}{平均實有資產}$

5.每員工平均盈餘：$\dfrac{盈餘}{平均員工數}$

6.每單位平均盈餘：$\dfrac{盈餘}{營業單位數}$

7.用人費率：$\dfrac{用人費用}{營業收入}$

8.費用比率：$\dfrac{總費用}{營業收入（或毛利）}$

9.每元用人費產生的盈餘：$\dfrac{盈餘}{用人費用}$

10.盈餘成長率：$\dfrac{本期盈餘－前期盈餘}{前期盈餘}$

11.毛利成長率: $\dfrac{\text{本期毛利} - \text{前期毛利}}{\text{前期毛利}}$

三、營業能力的評估

對銀行營業能力的評估，一般可採用下列各項目綜合評估分析：

1.存款合淨值倍數: $\dfrac{\text{平均存款}}{\text{平均資本淨值}}$

2.存款合固定資產倍數: $\dfrac{\text{平均存款}}{\text{平均固定資產}}$

3.每員工平均存款: $\dfrac{\text{平均存款}}{\text{平均員工數}}$

4.每員工平均放款: $\dfrac{\text{平均放款}}{\text{平均員工數}}$

5.每員工平均營業收入: $\dfrac{\text{營業收入}}{\text{平均員工數}}$

6.每單位平均存款: $\dfrac{\text{平均存款}}{\text{營業單位數}}$

7.每單位平均放款: $\dfrac{\text{平均放款}}{\text{營業單位數}}$

8.每元用人費所產生的存款: $\dfrac{\text{平均存款}}{\text{用人費用}}$

9.此外尚有存款、放款、外匯等的成長率。

用人績效的評估：

由於員額編制的不斷擴大以及員工待遇的持續調整，近年來各銀行的用人費用及用人成本普遍提高，因此如何提高用人績效，亦就成為銀行經營管理上提高經營績效的重要課題。如何衡量銀行用人績效的良窳，可就「獲利能力」的評估項目的5.7.9.等三項，以及「營業能力」的評

估項目中的3.4.5.8.等四項，作綜合的比較分析。

四、績效評估釋例

類別	項目別	計算公式	計算數值 甲	計算數值 乙	計算數值 丙	績效指標 甲	績效指標 乙	績效指標 丙	比較優劣 甲	比較優劣 乙	比較優劣 丙	
(一)獲利能力	1.純益率	盈餘／營業收入	2,264百萬／11,398	2,406百萬／14,317	2,359百萬／12,690	19.9 %	16.8 %	18.6 %	○	×	△	
	2.毛利率	毛利／營業收入	4,436／11,398	4,873／14,317	4,729／12,690	38.9 %	34.0 %	37.3 %	○	×	△	
	3.資本報酬率 ROE	盈餘／平均資本淨值	2,264／4,035	2,406／5,018	2,359／4,781	56.1 %	47.9 %	49.3 %	○	×	△	
	4.資產報酬率 ROA	盈餘／平均實有資產	2,264／97,548	2,406／126,096	2,359／114,130	2.3 %	1.9 %	2.1 %	○	×	△	
	5.每員工盈餘	盈餘／平均員工數	2,264／4,573人	2,406／5,129人	2,359／4,883人	495 千元	469 千元	483 千元	○	○	△	※
	6.每單位盈餘	盈餘／營業單位數	2,264／85家	2,406／100家	2,359／98家	26.6 百萬	24.1 百萬	24.1 百萬	×	○	△	
	7.用人費用的盈餘	盈餘／用人費用	1,219／11,398	1,399／14,317	1,305／12,690	10.7 %	9.8 %	10.3 %	○	×	△	※
	8.費用用比率	總費用／營業收入	2,160／11,398	2,519／14,317	2,388／12,690	19.0 %	17.6 %	18.0 %	×	○	△	
	9.每元用人費產生的盈餘	盈餘／用人費用	2,264／1,219	2,406／1,399	2,359／1,305	1.9 元	1.7 元	1.8 元	○	×	△	※
	10.盈餘成長率	本期盈餘－前期盈餘／前期盈餘	2,264－2,050／2,050	2,406－2,329／2,329	2,359－2,257／2,257	10.5 %	3.3 %	4.5 %	○	×	△	
	11.毛利成長率	本期毛利－前期毛利／前期毛利	4,436－3,756／3,756	4,873－4,291／4,291	4,729－4,109／4,109	18.1 %	13.6 %	15.1 %	○	×	△	
	1.存款淨值倍數	平均存款／平均資本淨值	64,702百萬／4,035	72,742百萬／5,018	69,244百萬／4,781	16.0 倍	14.9 倍	14.5 倍	○	○	×	
	2.固定資產倍數	平均存款／平均固定資產	64,702／1,414	72,742／2,210	69,244／2,433	45.8 倍	32.9 倍	28.6 倍	○	△	×	

	計算式			結果			評比			備註
(二) 營業能力										
3. 每員工平均存款	$\dfrac{64{,}702}{4{,}573人}$	$\dfrac{72{,}742}{5{,}129人}$	$\dfrac{69{,}244}{4{,}883人}$	14.1 百萬	14.2 百萬	14.2 百萬	△	○	○	※
4. 每員工平均放款	$\dfrac{60{,}413}{4{,}573人}$	$\dfrac{75{,}059}{5{,}129人}$	$\dfrac{64{,}797}{4{,}883人}$	13.2 百萬	14.6 百萬	13.3 百萬	×	○	△	※
5. 每員工平均營業收入	$\dfrac{11{,}398}{4{,}573人}$	$\dfrac{14{,}317}{5{,}129人}$	$\dfrac{12{,}690}{4{,}883人}$	2.5 百萬	2.8 百萬	2.6 百萬	×	○	△	※
6. 每單位平均存款	$\dfrac{64{,}702}{85家}$	$\dfrac{72{,}742}{100家}$	$\dfrac{69{,}244}{98家}$	761 百萬	727 百萬	707 百萬	○	○	×	
7. 每單位平均放款	$\dfrac{60{,}413}{85}$	$\dfrac{75{,}059}{100}$	$\dfrac{64{,}797}{98}$	711 百萬	751 百萬	661 百萬	△	△	×	
8. 每元用人費產生的存款	$\dfrac{64{,}702}{1{,}219}$	$\dfrac{72{,}742}{1{,}399}$	$\dfrac{69{,}244}{1{,}305}$	53 元	52 元	53 元	○	○	○	※
9. 存款成長率	$\dfrac{64{,}702-57{,}609}{57{,}609}$	$\dfrac{72{,}742-63{,}886}{63{,}886}$	$\dfrac{69{,}244-61{,}416}{61{,}416}$	12.3 %	13.9 %	12.7 %	×	○	△	
10. 放款成長率	$\dfrac{60{,}413-53{,}989}{53{,}989}$	$\dfrac{75{,}059-62{,}124}{62{,}124}$	$\dfrac{64{,}797-56{,}138}{56{,}138}$	11.9	20.8	15.4	×	○	△	
11. 外匯成長率	$\dfrac{4{,}183-3{,}896}{3{,}896}$	$\dfrac{5{,}551-4{,}785}{4{,}785}$	$\dfrac{5{,}192-4{,}566}{4{,}566}$	7.4	16.0	13.7	×	○	△	

註: 1. 盈餘係提存呆帳及保證責任準備前之實際盈餘而非帳面盈餘。
　　2. 實有資產＝總資產－或有資產（信託代理及保證資產）。
　　3. 就業各項目可綜合評估用人績效。

結論：就「比較優劣」乙欄綜合評估：

1.獲利能力以甲銀行較佳，其次爲丙銀行，而以乙銀行較差。

2.營業能力以乙銀行較佳，而甲、丙兩行則爲次之。

五、美國所羅門公司評估銀行績效的基準

㈠收益性（Profitability）

1.收益成長率＝（本期盈餘－前期盈餘)÷前期盈餘

2.資產利益率＝盈餘(稅後)÷平均實有資產（總資產－或有資產）

3.資本收益率＝盈餘（稅後)÷平均資本淨值

註：如無法取得稅後盈餘資料，以稅前盈餘計算亦可。

㈡健全性（Credit quality）

1.不良貸款與總貸款比率＝逾期放款÷(放款＋逾期放款)

2.不良貸款彌補率＝逾期放款÷提存的備抵呆帳

3.不良貸款與資產的比率＝逾期放款÷（總資產－或有資產）

註：如無法取得逾期放款資料，亦可僅就「催收款項」科目金額替代。

㈢自有資本（Capital adequacy）

1.資本＝自有資本÷風險性資產

2.自有資本增加率＝(本期自有資本－前期自有資本)÷前期自有資本

㈣流動性（Quidity）

1.融資餘額÷總資產比率＝放款÷（總資產－或有資產）

2.市場資金調度÷總資產比率＝註÷(總資產－或有資產)

註：市場調度的資金包括：(1)向國內、外同業拆借款，(2)向央行借入款及轉融資，(3)向國內、外同業借入款，(4)發行的可轉讓定期存款、金融債券，(5)保證的商業本票及承兌的匯票……等。

㈤生產性 （Productivity）

1.營業收入÷非利率費用 （人事費用＋物件費用）。

2.從業員每人的營業收入。

3.從業員每人的總資產。

4.從業員每人的人事費用。

第六節　成本的計算及分析

一、成本分析的意義

　　就是將實際成本及收入與某一比較基準的成本及收入加以比較，分析其差異原因；或就各項資料作詳密的分析，以供銀行經營管理方面檢討改進與擬定決策的參考，俾能獲得最大的利潤。

二、成本分析的目的

　　在衡量及評核各部門、各成本中心或各業務項目的成本，收入及經營效能，以供經營管理的參考。

三、成本分析的功效

　　1.銀行藉成本分析可瞭解何部門費用不經濟；何類業務虧損；何類存款無利可圖；何種存戶浸蝕銀行利益，以供銀行決定資金吸收與運用

政策，以及抑減成本，增進利潤，提高經營效能的參考。

2.美國各地銀行公會類有研討各銀行成本的組織，將有價值的成本分析報告公諸社會，銀行所訂息率與手續費率均有所依據，避免社會人士不必要的誤解，與同業間不必要的競爭。

四、我國銀行辦理成本分析的方法

由於目前各銀行尚未實施成本會計制度，故大都採用統計方法，以表報方式爲之，不另設成本帳，但爲便利各項業務收入及成本之分析，亦可在普通帳按成本中心設立專欄或分戶記載。

五、銀行成本計算方法的分類

1.資金的平均成本
以銀行全部資金綜合平均計算。

2.資金的分類成本
以各種不同來源及不同種類的資金個別計算，包括吸收資金與管理上的一切費用，以瞭解其眞正成本的高低。

3.業務成本
按銀行各類業務分別計算其成本，收入及收益，以瞭解其得失及對策。

4.存款帳戶成本
乃個別計算存款帳戶的成本及其餘額運用所得的利益，互相對照後決定存戶的價值（貢獻度）。

5.分部成本
乃按照銀行的組織，計算各部及各科等組織單位應行負擔費用額的會計手續。一方面爲計算各類業務成本、各類資金成本、存款個別帳戶成本的會計過程；一方面則爲銀行節減費用的有效手段。

6.人工成本

乃統計分析銀行全體及各單位用人成本及用人效益的高低，以達節減用人成本，發揮用人效率的目的。

六、存放款收益及成本的分析

(一)放款淨收入率的計算

放款淨收入率，係指每單位放款，其利息收入於扣除變動費用後的實際淨收入率。其計算如下：

名目利率×(1－變動費用率)＝淨收入率

例一　以 1 百萬元貸放於中長期擔保放款，年息 10%，則一年間實際收入：

1.變動費用率

營業稅 5%＋放款利息印花稅率 0.4%＋提撥福利費用 0.15%
＝5.55%

註：福利費用提撥率最高為 0.15%，最低為 0.05%。

2.淨收入率

名目利率×(1－變動費用率)＝10%×(1－5.55%)＝9.445%

3.實際淨收入

$1,000,000×9.445%＝94,450

(二)存款可用資金實際成本率的計算

存款可用資金實際成本率，係指每單位存款於扣除法定應繳的準備金後，剩餘可用資金的實際成本率。其計算如下：

淨利息成本率÷可用資金比率＝可用資金實際成本率

例二　吸收一年期定期存款，年息8%，金額1,000,000元，若法定

存款準備比率爲10.125%，則其可用於放款的資金僅898,750元，故實際運用放款部分的成本爲：

1. **準備金息變動費用率**

    營業稅率5%＋提撥福利費用率0.15%＝5.15%

2. **準備金利息率**

    存款準備金比率10.125%×存款準備金可計息部分60%×存款準備金利率2.4%＝0.1458%

3. **準備金息淨收入率**

    準備金利息率0.1458%×（1－5.15%）＝0.1383%

4. **淨利息成本率**

    存款名目利率8%－準備金息淨收入率0.1383%＝7.8617%

5. **可用資金實際成本率**

    淨利息成本率7.8617%÷可用資金比率89.875%＝8.7474%

註： 可用資金比率＝100%－法定準備比率10.125%

6. **1百萬元定期存款運用放款的成本**

    $1,000,000×89.875%×8.7474%＝$78,617

(三)吸收存款運用放款收益率的計算

吸收存款運用放款收益率，係說明吸收某種存款於扣除法定準備金後，全數運用於某種放款的收益率，但如未能全數運用，其收益率當較低。其計算如下：

（放款淨收入率－存款實際成本率）×存款資金可用比率

＝淨收益率

註： 此項淨收益率亦可按下列方式計算：

放款利率10%×（1－存款準備比率10.125%）×（1－營業稅率5%－印花稅率0.4%－提撥福利費率0.15%）＋存款準備率

10.125%×準備金利率2.4%×(1−營業稅率5%−提撥福利費率0.15%)×準備金可計息比率60%−存款利率8%＝放款淨收入率8.4887%＋準備金淨收入率0.1383%−存款利率8%＝0.6270%

例三　吸收一年期定期存款，年息8%，金額1百萬元。貸放於長期擔保放款年息10%，則一年間的淨收益爲：

1.*(放款淨收入率−存款實際成本率)×存款資金可用比率＝淨收益率*

　　(9.445%−8.7474%)×89.875%＝0.6270%

2.*1百萬元一年間淨收益爲*

　　$1,000,000×0.6270%＝$6,270

(四)吸收存款運用聯行往來收益率的計算

吸收存款運用聯行往來，其收益因係內部收入，可免扣除變動費用，其收益率的計算如下：

　　　(聯行往來利率−存款實際成本率)×存款資金可用比率

　　＝淨收益率

例四　吸收一年期定期存款，年息8%，金額1百萬元，運用於聯行往來，利率9%，則一年間的淨收益：

1.*(聯行往來利率−存款實際成本率)×存款資金可用比率＝淨收益率*

　　(9%−8.7474%)×89.875%＝0.2270%

2.*1百萬元一年間分行淨收益爲*

　　$1,000,000×0.2270%＝$2,270

(五)運用聯行往來資金收益的計算

例五 以聯行往來資金，年息9%，金額1百萬元，貸放於短期放款年息10%，則一年間之淨收益：

1. (放款淨收益率－聯行往來利率)×資金可用比率＝淨收益率

   $(9.445\% - 9\%) \times 100\% = 0.445\%$

2. 1百萬元一年間分行淨收益為

   $\$1,000,000 \times 0.445\% = \$4,450$

(六)存款損益平衡點的計算

1.無盈虧時所需的放款運用率

係指各種存款為達損益平衡點時,所需運用於各種放款的最低比率,放款運用率如不達該標準時為虧損，超過該比率時，始能產生收益，其計算如下：

　　　　淨利息成本率÷放款淨收入率＝無盈虧時所需的放款運用率

例六 吸收一年期定期存款,年息8%貸放於年息10%時，最少需達83.2366%以上才能產生利益，而該種存款可用資金比率為89.875%。

　　　　淨利息成本率÷放款淨收入率＝無盈虧時所需的放款運用率
　　　　$7.86117\% \div 9.445\% = 83.2366\%$

2.無盈虧時所需最低放款利率

係指欲達損益平衡點的最低放款利率。其計算如下：

　　　　實際成本率÷(1－變動費用率)＝無盈虧時所需最低放款利率

例七 吸收一年期定期存款,年息8%。最低需貸放於年息9.2614%的放款利率，始能達到收支平衡。

　　　　實際成本率÷(1－變動費用率)＝無盈虧時所需最低放款利率
　　　　$8.7474\% \div (1 - 5.55\%) = 9.2614\%$

註: 此項平衡點的放款利率亦可按下列方式計算:

$$\frac{存款利率8\% - 準備金息淨收入率0.1383\%}{(1-存款準備比率10.125\%)\times(1-放款變動費用率5.55\%)}$$

$$=9.2614\%$$

第七節　統計方法的應用

一、統計方法在管理上的應用

1.各銀行為應業務上的需要，對於各種原始、次級及動態、靜態的資料，得視需要程度的不同，分別採用各種統計方法，予以搜集、整理、分析、表達及解釋之。

2.統計資料整理結果，應視資料性質作適當分析、計算或推理估計，再用統計圖表或報告方式予以表達。

3.各銀行應就存款、放款、外匯、保證、證券、匯款等業務及資產、負債、業主權益、損益等加以統計。

二、存款業務統計的項目

1.特定時日的存款總餘額。

2.一段期間存款的日平均餘額。

3.一段期間存款的存取總額。

4.存款依科目別分類統計。

5.存款依對象別分類統計。

6.存款依金額別分類統計。

7.存款依期限別分類統計。

8.存款依利率別分類統計。

9.存款依地區別分類統計。

三、放款業務統計的項目

1.特定時日的放款總餘額。

2.一段期間放款的日平均餘額。

3.一段期間放款的貸出與收回總額。

4.放款依科目別分類統計。

5.放款依對象別分類統計。

6.放款依金額別分類統計。

7.放款依期限別分類統計。

8.放款依利率別分類統計。

9.放款依地區別分類統計。

10.特定時日逾期放款總餘額。

四、外匯業務統計的項目

1.一段期間外匯業務承作總額。

2.外匯業務按進口部分分為信用狀開發、進口押匯及進口託收，出口部分分為信用狀通知、出口押匯及出口託收，匯兌部分分為匯出匯款、匯入匯款、買入匯款（或外幣）及光票託收，其他部分分為預繳外匯、代售旅行支票及其他等承作金額及筆數的統計。

3.進、出口簽證承作筆數的統計。

五、保證業務統計的項目

1.特定時日的保證餘額。

2.一段期間的保證承作金額及筆數。

3.保證業務依其性質別及期限別的分類統計。

六、證券業務統計的項目

1.特定時日的投資證券總餘額。

2.投資證券依其性質別的分類統計。

3.代辦證券業務依其性質別的分類統計。

七、國內匯款業務統計的項目

1.一段期間匯款承作總額。

2.匯入匯款、匯出匯款承作金額及筆數的統計。

3.匯款依方式別及地區別的分類統計。

八、資產、負債、業主權益科目統計的項目

1.資產、負債及業主權益總額。

2.資產、負債及業主權益，各依類目別或科目別統計。

九、損益科目統計的項目

1.營業收入、營業支出、營業損益、營業外收入、營業外支出及本期損益總額。

2.營業收入及支出，各依類目別或科目別統計。

第八節　銀行自有資本與風險性資產的比率

一、BIS 訂定「銀行自有資本與風險性資產比率」的背景

國際清算銀行（Bank for International Settlement，簡稱 BIS）於一九八八年七月發佈「銀行自有資本的計算與自有資本標準的國際通

例」，內容包括衡量資本適足性的詳細架構與會員國管理當局實施本架構的最低標準。

BIS訂定「銀行自有資本與風險性資產比率的計算標準」有二項基本目的：

1.強化國際銀行體系的健全與安定。

2.透過公平及一致性的規定，消弭各國間從事國際銀行業務所存在的競爭不公平現象。

BIS自有資本統一基準的意義，係將各類資產(含帳內及帳外資產)，按其信用、匯率、利率風險，分別賦予不同的風險權數，並計出其風險資產額；同時將資本分為第一類及第二類資本，將資本除以風險資產額，其比率不得低於百分之八。

二、我國銀行法有關「銀行自有資本比率」的規定

面對國際間銀行的相互競爭壓力，為確保國內各銀行儲備未來進軍國際金融市場的能力，當須健全國內銀行的財務結構，以增加應付意外事件的能力。財政部為保障存款人的安全及擴大銀行營運的基礎，並貫徹銀行健全經營原則，乃參酌國際清算銀行對銀行自有資本與風險性資產比率最低標準的要求，於七十八年七月將原銀行法第四十四條大幅修正為：「為健全銀行財務基礎，非經中央主管機關的核准，銀行自有資本與風險性資產的比率，不得低於百分之八。凡實際比率低於規定標準的銀行，中央主管機關得限制其分配盈餘；其辦法由中央主管機關定之。前項所稱自有資本與風險性資產，其範圍及計算方法，由中央主管機關定之。」

三、財政部所訂自有資本與風險性資產的範圍及計算方法

近年來各先進國紛紛依照BIS準則，各自訂定適合其國內會計制

度、國情的「自有資本比率」，齊爲維護國際金融秩序努力以赴，並藉以健全銀行經營體質。面對此世界潮流，財政部已於八十一年四月十六日發佈自有資本比率計算方式以資配合，俾能促進國內銀行的自由化、國際化。目前我國銀行除於每期結算後，依規定向財政部填報其「自有資本與風險性資產的比率」外，並應於年度決算報告中揭露。茲爲讓讀者確實瞭解該項自有資本比率的計算方法，特將財政部的有關規定介述於次：

　㊀銀行自有資本與風險性資產之範圍、計算方法及未達標準的限制盈餘分配辦法：

中華民國八十一年四月十六日
財政部臺財融第811738891號令發布

第一條　本辦法係依據銀行法第四十四條規定訂定。

第二條　自有資本與風險性資產的比率係指自有資本淨額除以風險性資產總額。

自有資本淨額係指自有資本總額減銀行間相互持股。

風險性資產總額以資產負債表表內(以下簡稱表內)，資產及資產負債表表外(以下簡稱表外)交易項目爲計算範圍。

第三條　自有資本總額爲下列第一類資本與第二類資本的合計數額：

一、第一類資本爲普通股、非累積特別股、預收資本、資本公積(固定資產增值公積除外)、法定盈餘公積、特別盈餘公積、累積盈虧、少數股權及權益調整的合計數額減商譽。本款所稱權益調整係指兌換差價準備減未實現長期股權投資損失加減累積換算調整數。

二、第二類資本爲累積特別股、固定資產增值公積、未實

現長期股權投資資本增益的百分之四十五、可轉換債券、營業準備及備抵呆帳（不包括針對特定損失所提列者）的合計數額。

本款所稱營業準備及備抵呆帳的計入數不得超過風險性資產總額的百分之一‧五，但民國八十二年底以後不得超過百分之一‧二五。第二類資本的合計數以不超過第一類資本爲限。

第四條 表內風險性資產額係由表內各資產項目乘以下列風險權數：

一、下列各項目的風險權數爲零：

㈠現金。

㈡對本國中央政府及中央銀行的債權或經其保證的債權。

㈢對經濟合作發展組織各國中央政府及中央銀行的債權或經其保證的債權。

㈣對經濟合作發展組織以外各國中央政府及中央銀行當地通貨的債權。

㈤以現金、在本銀行的存款、本國中央政府或中央銀行債券、經濟合作發展組織各國中央政府或中央銀行債券爲擔保的債權。

二、下列各項目的風險權數爲百分之十：

㈠對本國中央政府以外各級政府的債權或經其保證的債權。

㈡以本國中央政府以外各級政府債券爲擔保的債權。

三、下列各項目的風險權數爲百分之二十：

㈠對國際復興開發銀行等國際性銀行的債權、該等銀

行保證的債權及其發行的債券擔保的債權。

㈡對設立於經濟合作發展組織各國的銀行的債權或經其保證的債權。

㈢對設立於經濟合作發展組織以外的各國銀行，到期日在一年以內的債權或經其保證的債權。

㈣對經濟合作發展組織各國中央政府以外的各級政府的債權或經其保證的債權。

㈤對本國銀行之債權或經其保證的債權。

㈥出口押匯餘額及買入匯款。

㈦經本國政府核准設立的信用保證機關保證的債權。

四、住宅用不動產擔保放款的風險權數為百分之五十。

五、上列以外的債權及其他資產的風險權數為百分之百。

本辦法所稱經濟合作發展組織各國包括該組織會員國及與國際貨幣基金簽署貸款總協定的國家。

第五條　表外風險性資產額依下列規定計算之：

一、與匯率、利率無關的表外交易項目，係依第六條的規定，各交易金額乘以適當的信用轉換係數，求得信用相當額後再依交易對象的不同，分別按第四條規定乘以適當的風險權數，求得風險性資產額。

二、匯率、利率有關交易項目可選用當期暴險法或原始暴險法。

其計算方法如下：

㈠當期暴險法：

1.先就各筆交易進行市價評估，計算其差價損失（市價評估有盈餘時不予計入），求得當期暴險額。

2.次依各筆交易殘存契約期限及交易性質之不同，

將契約金額乘以第七條的有關權數，求得未來潛在暴險額。

3.合計當期暴險額及未來潛在暴險額為信用相當額。再依交易對象不同，分別按第四條規定乘以適當的風險權數，求得風險性資產額。

㈡原始暴險法：

1.先就各筆交易依其原契約期限及交易性質的不同，將契約金額乘以第七條有關權數，求得信用相當額。

2.次依交易對象的不同，分別按第四條規定乘以適當的風險權數，求得風險性資產額。

三、下列匯率、利率有關交易項目，得不計入風險性資產額：

㈠於交易所交易且每日依市價評估繳交保證金者。

㈡原契約期限在十四日以內的匯率有關交易。採用當期暴險法者，不得變更為原始暴險法。

第六條　與匯率、利率無關的表外交易項目信用轉換係數規定如下：

一、信用轉換係數為零者：

㈠原契約期限未滿一年的承諾。

㈡隨時可取消的承諾。

二、信用轉換係數為百分之二十者：

開發跟單信用狀或其他與貿易有關的短期自償性或有負債。

三、信用轉換係數為百分之五十者：

㈠開發與履約保證、押標金保證等特定交易有關之擔保信用狀或與其他特定交易有關的或有負債。

　　　　(二)客戶爲籌措資金，與銀行約定在一定期間、一定額
　　　　　　度之內，可循環發行票券，但在約定期限內，該票
　　　　　　券未能售盡時，銀行應依約定條件買入該票券或給
　　　　　　予貸款者。

　　　　(三)原契約期限一年以上的承諾。

　　四、信用轉換係數爲百分之百者：

　　　　(一)附買回協定或附追索權的資產出售，其風險由銀行承
　　　　　　擔者。

　　　　(二)開發融資性保證的擔保信用狀、銀行承兌票據等直
　　　　　　接替代信用的或有負債。

第七條　與匯率有關交易，若採用當期暴險法，計算其未來潛在暴
　　　　險額之權數如下：

　　一、殘存契約期限未滿一年者爲百分之一。

　　二、殘存契約期限一年以上者爲百分之五。

　　　　與利率有關之交易，若採用當期暴險法，計算其未來潛在
　　　　暴險額之權數如下：

　　一、殘存契約期限未滿一年者爲零。

　　二、殘存契約期限一年以上者爲百分之〇‧五。

　　　　與匯率有關之交易，若採用原始暴險法，計算其信用相當
　　　　額的權數如下：

　　一、原契約期限未滿一年者爲百分之二。

　　二、原契約期限一年以上者，每年增加三個百分點。

　　　　與利率有關的交易，若採用原始暴險法，計算其信用相當
　　　　額的權數如下：

　　一、原契約期限未滿一年者爲百分之〇‧五。

　　二、原契約期限一年以上，未滿二年者爲百分之一。

三、原契約期限二年以上者，每年增加一個百分點。

第八條　各銀行應按財政部訂頒的計算表格，於每半年結（決）算後二個月內，填報其自有資本與風險性資產的比率，並檢附相關資料。財政部於必要時得令銀行隨時填報。

第九條　除經財政部核准者外，依本辦法計算及填報的自有資本與風險性資產的比率須達百分之八。

未達前項規定的比率者，財政部得依下列規定，限制其盈餘分配：

一、比率在百分之六以上，未達百分之八者，以現金或其他財產分配盈餘的比率，不得超過當期稅後淨利的百分之二十。

二、比率低於百分之六者，盈餘不得以現金或其他財產分配。

第十條　自民國八十二年起，銀行的盈餘，應依本辦法規定辦理。

㈡銀行自有資本與風險性資產的範圍及計算方法說明：

1. 公式：

銀行自有資本與風險性資產的比率
＝自有資本淨額／風險性資產總額

2. 自有資本淨額的範圍：

⑴自有資本淨額：

a. 自有資本總額＝第一類資本＋第二類資本。

b. 自有資本淨額＝自有資本總額－銀行間相互持股。

c. 銀行間相互持股：

⒜係指兩銀行間為膨脹股本所為的相互持股。

⒝其扣除金額以重疊部分按原始取得成本為準。

(c)經主管機關特案核准者不在此限。

(2)第一類資本：

　　a.第一類資本＝普通股＋非累積特別股＋預收資本＋資本公積（固定資產增值公積除外）＋法定盈餘公積＋特別盈餘公積＋累積盈虧＋少數股權＋權益調整－商譽。

　　b.權益調整＝兌換差價準備－未實現長期股權投資損失±累積換算調整數。

(3)第二類資本：

　　a.第二類資本＝累積特別股＋固定資產增值公積＋未實現長期股權投資資本增益之45%＋可轉換債券＋營業準備＋備抵呆帳。

　　b.第二類資本合計數不得超過第一類資本。

　　c.上述營業準備及備抵呆帳如係針對特定損失及明確可見的損失所提列者，則不予計入。其計入的限額為：

　　　　民國八十二年底以前不得超過風險性資產總額的1.5%。

　　　　民國八十二年底以後不得超過風險性資產總額的1.25%。

3.表內風險性資產額計算方法：

　　各項（表內資產×相對應風險權數）的加總。

4.表外風險性資產額計算方法：

(1)與匯率、利率無關的表外交易項目：

　　a.各筆交易的金額×信用轉換係數＝信用相當額。

　　b.各項（信用相當額×相對應風險權數）的加總。

(2)匯率、利率有關的交易項目可採用當期暴險法(Current exposure method) 或原始暴險法（Original exposure method）計算信用相當額乘以相對應風險權數，得風險性資產額；但若在交易所交易且每日依市

價評估繳交保證金者，或原契約期限在十四日以內的匯率有關交易（含即期外匯交易），可不予計入。

a. 當期暴險法：

(a)就各筆交易進行市價評估（Mark-to-market），取其差價損失的金額為當期暴險額（市價評估有盈餘時不予計入）。

(b)各筆交易契約金額×依殘存契約期限對應的權數

＝未來潛在暴險額。

交易區分	殘存契約期限之區分	權數
匯率有關交易	未滿一年 一年以上	1.0% 5.0%
利率有關交易	未滿一年 一年以上	0% 0.5%

(c)信用相當額＝當期暴險額＋未來潛在暴險額。

(d)各項（信用相當額×相對應風險權數）的加總。

b. 原始暴險法：

(a)各筆交易契約金額×依原契約期限對應之權數

＝信用相當額。

交易區分	原契約期限之區分	權　　數
匯率有關交易	未滿一年 一年以上	2% 每年加三個百分點
利率有關交易	未滿一年 一年以上，未滿二年者 二年以上	0.5% 1.0% 每年加一個百分點

(b)各項（信用相當額×相對應風險權數）之加總。

5.銀行應填報的計算表格：

表一

＿＿＿銀行

自有資本與風險性資產比率計算表

年　月　日　　　　　　單位：新臺幣千元

項　　　　　目	金　額
自有資本總額(A)：	
第一類資本	
普通股	
非累積特別股	
預收資本	
資本公積（固定資產增值公積除外）	
法定盈餘公積	
特別盈餘公積	
累積盈虧	
少數股權	
權益調整	
小　　計	
減：商譽	
第一類資本合計(B)	
第二類資本（註）	
累積特別股	
固定資產增值公積	
未實現長期股權投資資本增益之45％	
可轉換債券	
營業準備及備抵呆帳	
第二類資本合計(C)	
自有資本總額合計	
減：銀行間相互持股(D)	
自有資本淨額(E)＝(B)＋(C)－(D)	
風險性資產總額：	
表內資產項目	
表外交易項目（與匯率、利率無關）	
表外交易項目（與匯率、利率有關）	
風險性資產總額(F)	

自有資本與風險性資產比率＝$\dfrac{\text{自有資本淨額(E)}}{\text{風險性資產總額(F)}}$＝　　％

註：第二類資本合計數以不超過第一類資本為限。

表二

_____銀行

表內風險性資產計算表

年　月　日　　　　　單位：新臺幣千元

項　　目	風險權數　％	帳面金額	風險性資產額
1.現金。	0		
2.對本國中央政府及中央銀行的債權或經其保證之債權。	0		
3.對經濟合作發展組織各國中央政府及中央銀行之債權或經其保證的債權。	0		
4.對經濟合作發展組織以外各國中央政府及中央銀行當地通貨的債權。	0		
5.以現金、在本銀行的存款、本國中央政府或中央銀行債券、經濟合作發展組織各國中央政府或中央銀行債券為擔保的債權。	0		
6.對本國中央政府以外各級政府的債權或經其保證的債權。	10		
7.以本國中央政府以外各級政府債券為擔保的債權。	10		
8.對國際復興開發銀行等的債權、該等銀行保證及其所發行的債券擔保之債權。	20		
9.對設立於經濟合作發展組織各國的銀行及該銀行保證的債權。	20		
10.對設立於經濟合作發展組織以外的各國銀行到期日在一年以內的債權或經其保證的債權。	20		
11.對經濟合作發展組織各國中央政府以外的各級政府及該各級政府保證的債權。	20		
12.對本國銀行及其保證的債權。	20		
13.出口押匯餘額、買入匯款。	20		
14.經本國政府核准設立的信用保證機關保證之債權。	20		
15.住宅用不動產擔保放款。	50		
16.對經濟合作發展組織各國以外的銀行到期日在一年（含）以上的債權。	100		

17.對經濟合作發展組織各國以外的中央政府及中央銀行的非當地通貨債權。	100			
18.持有其他銀行發行的股票(已自自有資本中扣除者免計)。	100			
19.上列以外的債權及其他資產。	100			
合　　　　　計				

表三

_____銀行

與匯率、利率無關的表外交易項目風險性資產換算表

年　　月　　日　　　　　單位: 新臺幣千元

	信用轉換係數(%) a	帳面或估計金額 b	信用相當額 c=a×b	風險權數 d	風險性資產額 e=c×d
1.原契約期限未滿一年或隨時可取消的承諾。	0				
2.與貿易有關的短期自償性或有負債。	20				
3.與履約保證、押標金保證等特定交易有關的或有負債。	50				
4.票券發行融通 (NIFs) 或循環包銷融通 (RUFs)。	50				
5.原契約期限一年以上的承諾。	50				
6.由銀行承擔風險的附買回協定或附追索權的資產出售。	100				
7.直接替代信用的或有負債（含開發融資性保證的擔保信用狀或銀行承兌票據）。	100				
合　　　　　計					

表四(A)

　　　　　　　　　　　　　　　　　　銀行

匯率、利率有關交易項目採當期暴險法的
信用相當額與風險性資產額計算表

單位: 新臺幣千元

項　目 (註1)	殘存 契約 期限 (a)	權數 (a)	契約 金額 (b)	市價 (c)	當期暴險額 (1)=(b)−(c) (註2)	未來潛在暴 險額 (2)=(a)×(b)	信用相當額 (3)=(1)−(2)	風險 權數 (4)	風險性資產額 (3)×(4)(註3)
1.匯率有關交 　易 　(1) 　⋮ 　(n)									
2.利率有關交 　易 　(1) 　⋮ 　(n)									

註1: 匯率有關交易包括不同種通貨間的利率換匯。
註2: 當期暴險額, 係將各筆交易進行市價評估, 計算出差價損失, 因之市價評估有盈餘時, 當期暴險額應為零。
註3: 涉及外幣的各類交易均以原交易幣別為基準金額, 再依報表日中央銀行結帳匯率換算新臺幣金額。

表四(B)

匯率、利率有關交易項目採原始暴險法的
信用相當額與風險性資產額計算表

年　　月　　日　　　　　單位: 新臺幣千元

項　目 (註)	原契約期限	權數 (1)	契約金額 (2)	信用相當額 (3)=(1)×(2)	風險權數 (4)	風險性資產額 (3)×(4)
1.匯率有關交易 　(1) 　⋮ 　(n)						
2.利率有關交易 　(1) 　⋮ 　(n)						

註: 匯率有關交易包括不同通貨間的利率換匯。

附表一

表內資產的風險權數

風險權數%	資　產　項　目	補　充　說　明
0	(1)現金。 (2)對本國中央政府及中央銀行之債權或經其保證的債權。 (3)對經濟合作發展組織 (OECD) 各國中央政府及中央銀行的債權（含保證）。(註) (4)對經濟合作發展組織以外各國中央政府及中央銀行當地通貨債權。 (5)以現金、在本銀行的存款、本國中央政府或中央銀行債券、經濟合作發展組織各國中央政府或中央銀行債券為擔保的債權。	・含存放央行、對本國中央政府放款、購入本國國庫券等。 ・含 OECD 各國及與 IMF 簽署貸款總協定的國家。 ・以當地通貨債權為限。
10	(1)對本國中央政府以外各級政府的債權（含保證）。 (2)以本國中央政府以外各級政府債券為擔保的債權。	・對公營事業機構債權除外。 ・含鄉、鎮、區公所。
20	(1)對國際復興開發銀行等國際性銀行的債權、該等銀行保證及其發行債券擔保的債權。 (2)對設立於經濟合作發展組織各國的銀行及該銀行保證的債權。 (3)對設立於經濟合作發展組織以外的各國銀行及該銀行保證到期日在一年以內的債權。 (4)對經濟合作發展組織各國中央政府以外的各級政府及該各級政府保證的債權。 (5)對本國銀行及其保證的債權。 (6)出口押匯餘額、買入匯款。 (7)經本國政府核准設立的信用保證機關保證的債權。	・國際性銀行包含諸如國際復興開發銀行(又稱世界銀行)(IBRD)、美洲開發銀行(IADB)、亞洲開發銀行(ASDB)、非洲開發銀行(AFDB)、歐洲投資銀行(EIB)、國際貨幣基金(IMF)、國際清算銀行(BIS) 等機構。 ・中央政府以外的各級政府依經濟合作發展組織各國的規定。 ・如中小企業信用保證基金，農業信用保證基金等。

| 50 | 住宅用不動產擔保放款。 | ・以做為放款擔保品的不動產是否屬住宅用為判斷標準。 |
| 100 | 上列以外的債權及其他資產。 | ・對銀行債權中，如係其他銀行發行資本籌措工具的債權（已自自有資本中扣除者除外），其風險權數為100%。
・對公營事業的債權，其風險權數為100%。 |

註：本表所稱經濟合作發展組織包含該組織會員及與國際貨幣基金簽署貸款總協定國家，包括澳洲、奧地利、比利時、加拿大、日本、盧森堡、荷蘭、紐西蘭、挪威、葡萄牙、沙烏地阿拉伯、西班牙、瑞典、瑞士、英國、美國及土耳其等二十五國。

附表二

與匯率、利率無關的表外交易項目信用轉換係數

轉換係數%	交 易 項 目	補 充 說 明
0	(1)原契約期限未滿一年之承諾。 (2)隨時可取消之承諾。	・如銀行給予客戶信用額度的承諾。
20	開發跟單信用狀或其他與貿易有關之短期自償性或有負債。	
50	(1)開發與履約保證、押標金保證等特定交易有關的擔保信用狀或與其他特定交易有關的或有負債。 (2)客戶為籌措資金，與銀行約定在一定期間、一定額度之內，可循環發行票券，但在約定期限內該票券未能售盡時，銀行應依約定條件買入該票券或給予貸款者。 (3)原契約期限一年以上的承諾。	・特定交易有關的或有負債，係指不僅為加強交易對象的金融債信，且對其進行日常業務能力予以保證所生的或有負債。 ・如票券發行融通（Note issuance facilities, NIFs）或循環包銷融通（Revolving underwriting facilities, RUFs）。 ・隨時可取消者除外。

| 100 | (1)附買回協定或附追索權的資產出售，其風險由銀行承擔者。 | • 附買回協定資產出售，指金錢債權、證券或固定資產出售時，約定於一定期間後，一定條件下予以依約買回者。
• 附追索權資產出售，指金錢債權、證券或固定資產出售時，原債務人不履行債務或資產價值下跌時，銀行須就所出售資產損失的一部或全部加以補償的約定者。 |
| | (2)開發融資性保證的擔保信用狀、銀行承兌票據等直接替代信用的或有負債。 | • 直接替代信用的或有負債係指對交易對象的金融債務直接予以保證所生的或有負債。 |

依上表信用轉換係數計算出信用相當額後，再依交易對象別乘以適當的風險權數得風險性資產額。

附表三

與利率、匯率有關表外交易項目，計算其風險性資產額的範例

範例一、買入遠期外匯契約（評估發生損失之範例）	
說明	甲銀行於1991年1月1日向乙銀行買入遠期外匯契約一筆，契約內容如下： 　　　　　契約金額 US\$1,000,000 　　　　　契約價格 US\$1＝NT\$27.20 　　　　　訂約日1991年1月1日 　　　　　到期日1991年12月31日 　　　　　期　間一年
以當期暴險法計算其風	1991年6月30日甲銀行辦理決算，須將上列買入美元遠期外匯的未平部位加以評估，假設決算日之半年期美元遠期外匯契約（即7月1日-12月31日之半年期遠期外匯契約），報價為 US\$1＝NT\$26.20，則計算其風險性資產額之方法及步驟如次： 步驟一：（計算信用相當額） 　　A.首先進行市價評估 　　　原契約金額 US\$1,000,000＝NT\$27,200,000 　　－重置契約金額 US\$1,000,000＝NT\$26,200,000

險性資產額	當期暴險額 NT$1,000,000＝$1,000,000 B.原契約金額×依殘存期限對應之權數＝未來潛在暴險額 　US$1,000,000×1%＝US$10,000　……………………………(1) 　(1)式依1991年6月30日央行規定之結帳價格 　　(US$1＝NT$26.80) 折算爲新臺幣, 即 　　US$10,000×26.80＝NT$268,000 C.當期暴險額＋未來潛在暴險額＝信用相當額 　NT$1,000,000＋NT$268,000＝NT$1,268,000 步驟二: (計算風險性資產額) 　A.將上列信用相當額, 就交易對象乘上適當的風險權數, 即得風險性 　　資產額。假設乙銀行爲本國銀行, 則其風險權數爲20%。 　B.信用相當額×風險權數＝風險性資產額 　　NT$1,268,000×20%＝NT$253,600
以原始暴險法計算其風險性資產額	步驟一: (計算信用相當額) 　A.原契約金額×依原契約期限對應的權數＝信用相當額 　　US$1,000,000×5%＝US$50,000 　B.將信用相當額依1991年6月30日央行規定的結帳價格 　　(US$1＝NT$26.80) 折算爲新臺幣, 即 　　US$50,000×26.80＝NT$1,340,000 步驟二: (計算風險性資產額) 　將上列信用相當額, 就交易對象乘上適當的風險權數, 即得風險性資 　產額。假設乙銀行爲本國銀行, 其風險權數爲20%, 則信用相當額× 　風險權數＝風險性資產額 　US$1,340,000×20%＝NT$268,000

範例二、買入遠期外匯契約 (評估產生盈餘的範例)	
說 明	甲銀行於1991年1月1日向乙銀行買入遠期外匯契約一筆, 契約內容如下: 　　契約金額 US$1,000,000 　　契約價格 US$1＝NT$27.20 　　訂約日1991年1月1日 　　到期日1991年12月31日 　　期　間一年

1991年6月30日甲銀行辦理決算,須將上列買入美元遠期外匯的未平部位加以評估,假設決算日的半年期美元遠期外匯契約(即7月1日-12月31日的半年期遠期外匯契約)報價爲 US\$1＝NT\$28.20, 則計算其風險性資產額的方法及步驟如次:

<table>
<tr><td rowspan="1">以當期暴險法計算其風險性資產額</td><td>

步驟一: (計算信用相當額)

A.首先進行市價評估

原契約金額 US\$1,000,000＝NT\$27,200,000

－重置契約金額 US\$1,000,000＝NT\$28,200,000

_____

當期暴險額 NT\$0

B.原契約金額×依殘存期限對應的權數＝未來潛在暴險額

US\$1,000,000×1%＝US\$10,000　……………………(1)

(1)式依1991年6月30日央行規定的結帳價格

(US\$1＝NT\$26.80) 折算爲新臺幣, 即

US\$10,000×26.80＝NT\$268,000

C.當期暴險額＋未來潛在暴險額＝信用相當額

0＋NT\$268,000＝NT\$268,000

步驟二: (計算風險性資產額)

A.將上列信用相當額, 就交易對象乘上適當的風險權數, 即得風險性資產額。假設乙銀行爲本國銀行, 則其風險權數爲20%。

B.信用相當額×風險權數＝風險性資產額

NT\$268,000×20%＝NT\$53,600

</td></tr>
<tr><td>以原始暴險法計算其風險性資產額</td><td>

步驟一: (計算信用相當額)

A.原契約金額×依原契約期限對應之權數＝信用相當額

US\$1,000,000×5%＝US\$50,000

B.將信用相當額依1991年6月30日央行規定的結帳價格

(US\$1＝NT\$26.80) 折算爲新臺幣, 即

US\$50,000×26.80＝NT\$1,340,000

步驟二: (計算風險性資產額)

將上列信用相當額, 就交易對象乘上適當的風險權數, 即得風險性資產額。假設乙銀行爲本國銀行, 其風險權數爲20%, 則

信用相當額×風險權數＝風險性資產額

US\$1,340,000×20%＝NT\$268,000

</td></tr>
</table>

四、自有資本比率計算方法圖

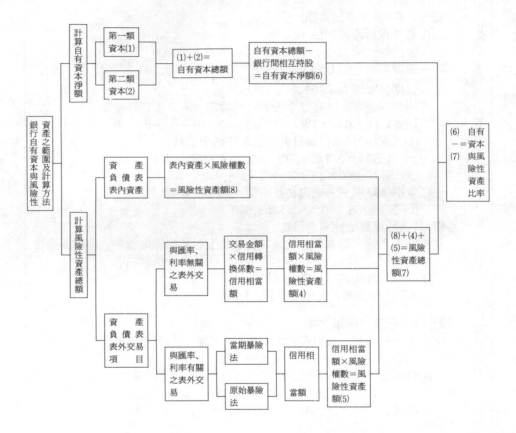

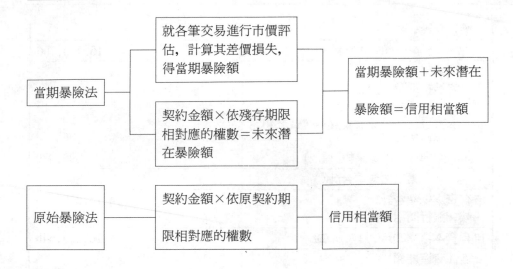

五、個案舉例

表一

○○商業銀行

自有資本與風險性資產比率計算表

85年12月31日

單位：新臺幣千元

項　　　目	金　　　額
自有資本總額(A)：	
第一類資本	
普通股	13,500,000
非累積特別股	
預收資本	
資本公積（固定資產增值公積除外）	
法定盈餘公積	786,024
特別盈餘公積	
累積盈虧	1,127,682
少數股權	
權益調整	
小　　　計	15,413,706

減：商譽	
第一類資本合計(B)	15,413,706
第二類資本（註1）	
累積特別股	
固定資產增值公積	
未實現長期股權投資資本增益之45%	
可轉換債券	
營業準備及備抵呆帳（註2）	805,839
第二類資本合計(C)	805,839
自有資本總額合計	16,219,545
減：銀行間相互持股(D)	
自有資本淨額(E)＝(B)＋(C)－(D)	16,219,545
風險性資產總額：	
表內資產項目	82,323,147
表外交易項目（與匯率、利率無關）	16,233,655
表外交易項目（與匯率、利率有關）	1,625
風險性資產總額(F)	98,558,427

$$自有資本與風險性資產比率＝\frac{自有資本淨額(E)}{風險性資產總額(F)}＝16.46\%$$

註1：第二類資本合計數以不超過第一類資本爲限。

註2：營業準備及備抵呆帳不得超過風險性資產總額之1.25%。

表二

○○商業銀行

風險性資產計算工作底稿

85年12月31日

㈠表內資產項目　　　　　　　　　　　　　　　　　　　　單位：千元

	科子目代號	風險權數(%)	帳面金額	風險性資產額
1.現金		0	1,086,497	0
庫存現金	1101		555,655	
零用金	1105		10	
待交換票據	1106		476,139	
庫存外幣	1191		54,693	
2.對本國中央政府及中央銀行之債權或經 　其保證之債權		0	6,755,661	0

存放央行	1111		6,044,880	
買入有價證券——公債	1131-0300		459,503	
應收退稅款	1148			
應收利息——存放央行息	1155-0100		2,396	
應收利息——公債息	1155-1800		10,905	
預付稅款	1257		135,096	
其他預付款——跨行清算基金	1259-		102,881	
5.以現金、在本銀行之存款爲擔保之債權		0	720,497	0
放款——存單質借			708,567	
放款——公債質借			11,930	
9.對設立於經濟合作發展組織各國銀行及該銀行保證債權		20	33,162	6,632
買入承兌匯票——外國銀行承兌	1133-		32,680	
買入商業本票——外國銀行保證	1134-			
應收利息——拆放同業息	1155-		482	
買入有價證券——國外金融債券	1131-0700			
10.對設立於經濟合作發展組織以外各國銀行到期日在一年以內之債權		20	187,781	37,556
買入定期存單——國外	1132-9900		187,781	
12.對本國銀行及其保證之債權		20	1,586,032	317,206
存放銀行同業	1121		162,705	
拆放銀行同業	1123		419,494	
買入有價證券——公司債	1131-0400		195,147	
買入有價證券——金融債券	1131-0500			
買入定期存單	1132		137,118	
買入承兌匯票——本國銀行承兌	1133-			
買入商業本票——國內銀行保證	1134-		300,171	
應收收益——買入定存單（一般）	1150-0200		99	
應收收益——承兌匯票	1150-0300		718	
應收利息——金融債券	1155-1900			
放款——信保基金保證			370,580	
13.出口押匯，買入匯款	1301,1303	20	144,589	28,918
15.住宅用不動產擔保放款		50	13,427,781	6,713,891
16.對經濟合作發展組織各國以外之銀行到期日在一年（含）以上之債權		100	753,809	753,809
買入有價證券——國外金融債券	1131-0700		753,809	
19.上列以外之債權及其他資產		100	74,465,135	74,465,135
買入有價證券——公司債	1131-0400		1,253,990	

買入有價證券——股票（淨額）	1131-0600		515,909	
買入承兌匯票	1133-		58,999	
買入商業本票	1134-		4,160,057	
應收帳款	1144		1,154	
應收收益——商業本票	1150-0400		16,317	
應收利息——一般放款			556,841	
應收利息——公司債息	1155-2000		33,877	
應收利息——其他	1155-2900		31,130	
其他應收款	1178		237,746	
預付費用	1253		12,569	
預付利息	1256		6,679	
其他預付款——其他	1259-		21,699	
進口押匯	1302			
其他放款			59,382,386	
長期股權投資	1441		271,798	
長期債券投資	1444		60,000	
固定資產淨額	1500		2,843,875	
租賃權益	1709		86,030	
存出保證金	1821		195,464	
催收款項（淨額）	1822		3,736,743	
承受擔保品	1824		860,602	
暫付及待結轉款項	1825		45,699	
開辦費	1841		644	
其他遞延費用	1859		74,927	
合　　　　　計			99,160,944	82,323,147

其他放款＝放款總額減第5項、第15項及第12項信保基金保證部分。

〇〇商業銀行
風險性資產計算工作底稿
85年12月31日

表三

(二)與匯率、利率無關之表外交易項目風險性資產換算表

單位：千元

科子目代號	信用轉換係數(%)A	帳面或估計金額 B	信用相當額 C＝A×B	風險權數(%) D	風險性資產額
1. 契約期限一年內或隨時可取消之承諾	0	0	0	0	0
2. 與貿易有關之短期自償性或有負債	20	1,007,892	201,578		201,578
應收信用狀款 1887-	20	1,007,892	201,578	100	201,578
應收信用狀款(信保基金) 1887-	20	0	0	20	0
3. 與履約保證、押標金或有關之或有負債等特定交易有關之或有負債					
應收保證款項—工程履約保證 1886-	50	1,581,074	790,537	50	395,269
4. 票券發行融通或循環包銷融通	50		0	50	0
5. 原契約期限一年以上之承諾	50		0	50	0
6. 由銀行承擔風險之附買回協定或附追索權之資產出售	100	3,715,206	3,715,206		1,362,368

項目	科目代號						
可轉讓定期存單	1183-0102	100		100	0	20	0
銀行承兌匯票	1183-0103	100		100	0	20	0
融資性商業本票	1183-0106	100	1,358,337	100	1,358,337	100	1,358,337
政府債券	1183-0300	100	2,336,716	100	2,336,716	0	0
金融債券	1183-0500	100	20,153	100	20,153	20	4,031
7.直接替代融資或負債之或有負債（含開發融資性保證之擔保信用狀或銀行承兌票據）		100	14,274,439		14,274,439		14,274,439
應收承兌票款(註1)	1154-	100	2,790,399	100	2,790,399	100	2,790,399
應收承兌票款(信保基金)	1154-	100	0	100	0	20	0
應收保證款項（商業本票保證）(註2)	1886-	100	7,062,267	100	7,062,267	100	7,062,267
應收保證款項(信保基金)	1886-	100	0	100	0	20	0
應收保證款項(其他)	1886-	100	4,421,773	100	4,421,773	100	4,421,773
合　計			20,578,611		18,981,760		16,233,655

註1：已扣除買入承兌匯票本行承兌部份58,999後之金額。
註2：已扣除買入商業本票本行保證部份2,355,483後之金額。

表四　〇〇商業銀行

匯率、利率有關交易項目採原始暴險法之信用相當額與風險性資產額計算表

85年12月31日　　　　　　　　　　　　　　　　　單位：新臺幣千元

項　目 （註）	原契約期限	權數(%) (1)	契約金額 (2)	信用相當額 (3)=(1)×(2)	風險權數(%) (4)	風險性資產額 (3)×(4)
1. 匯率有關交易						
(1)	未滿一年	2	10,143	203	20	41
(2)			9,551	191		38
(3)			11,874	237		47
(4)			10,452	209		42
(5)			6,162	123		25
(6)			89,375	1,788		358
(7)			26,125	523		105
(8)			27,500	550		110
(9)			27,500	550		110
(10)			82,500	1,650		330
(11)			27,500	550		110
(12)			27,500	550		110
(13)			10,435	209		42
(14)			9,954	199		40
(15)			12,275	246		49
(16)			10,840	217		43
(17)			6,370	127		25

2.利率有關交易				
(1)				
(2)				
(3)				
(4)				
(5)				
合計	406,056	8,122		1,625

註：匯率有關交易包括不同通貨間的利率換匯。

問　題

一、請就銀行學成本的習性說明銀行成本的種類。

二、銀行利潤策劃時，可以瞭解那些經營上的問題？

三、何謂損益平衡點？銀行業如何計算損益平衡點？

四、求得損益平衡點後，如何增進銀行利潤？

五、若銀行1.固定成本增加，2.變動成本增加，3.收益率增加，對
　　損益平衡點各將發生如何變動？

六、請列舉影響銀行資金營運收益增減的主要因素。

七、依證管會的規定，銀行業的年報中有關「經營能力」及「獲利
　　能力」，應計列那些比率？請列舉其項目及計算公式。

八、美國所羅門公司評估銀行績效，採用那些基準？請列舉之。

九、欲分析銀行的「健全性」，可採用那些比率？請列舉其項目及
　　計算公式。

十、銀行業成本計算的方法，可分為那幾類？

土、BIS 及我國銀行法對「銀行自有資本比率」，各有何種具體規
　　定？

習　題

一、請計算下列各題:

1. 某分行固定成本每年1,200,000元，所吸收存款的平均利率爲年息5%，若存款準備金平均比率爲10%，其餘90%運用於放款，平均利率爲年息8%，試計算該分行損益平衡點的存款營運量及資金營運收益。

2. 某分行每月固定成本300,000元，其資金平均淨收益率爲年息9‰，資金平均變動成本率年息6‰，欲達成每年盈餘1,200,000元的目標，其所需營運量爲若干?

3. 某分行每月固定成本300,000元，擬計劃擴充業務，每月需增加固定成本100,000元，其盈餘原每月100,000元，擬再增加100,000元，設資金平均淨收益率爲年息9‰，資金平均變動成本率月息5.5‰，其所需營運量爲若干?

4. 某分行原有資金運用平均淨收益率年息10‰，原有資金平均變動成本率年息7‰，現因資金平均收益率降低1%，資金變動成本率亦同時降低1.5%，在每月固定成本300,000元不變的情況下，欲維持每年盈餘1,000,000元之目標，其所需資金營運量爲若干?

5. 某分行原有資金營運量爲2億元，其資金運用平均淨收益率年息9‰，資金平均變動成本率年息6‰，當其他條件不變而其資金運用淨收益率減低年息1.5‰，爲彌補此收益率的降低，所需增加的營運量爲若干?

二、請計算下列各題:

1. 以5百萬元貸放於短期放款，年息9.5%，則一年間銀行實際淨收入為若干？

2. 吸收一年期定期存款，金額5百萬元，年息6%，若法定準備金比率為8%，運用於聯行往來利率年息7%，則一年間分行的損益為若干？

3. 吸收一年期定期存款，金額5百萬元，年息6%，若法定準備金比率為8%，運用於中期擔保放款年息9.50%，則一年間銀行的淨收益為若干？

4. 以聯行往來資金，現行貸方利率為年息8%，金額1千萬元，貸放於短期放款年息9.5%，則一年間分行的淨收益為若干？

5. 吸收一年期存本取息儲蓄存款，金額1千萬元，利率為年息6.2%，若法定準備金比率為6%，其損益平衡的放款利率為若干？

三、某分行八十五年及八十四年兩年度的資金營運量及資金的平均收益率、平均成本率如下：

	85年	84年
1. 資金營運量	$3,000,000	$2,500,000
2. 資金平均收益率	8.5%	8%
3. 資金平均成本率	5.5%	5.2%

試根據上述資料，以本章第三節「量」「質」分析的計算公式，計算分析該分行兩年度的營業毛利及其增減的因素。

四、請就本章第五節「績效評估釋例」中的有關項目及計算數值，
　　編列甲乙丙三銀行用人績效比較表，並評估三銀行的優劣。

三民大專用書書目——會計・審計・統計

書名	作者		出版/任教單位
珠算學（上）、（下）	邱桃英	著	臺中商專
珠算學（上）、（下）	楊渠弘	著	臺中商專
商業簿記（上）、（下）	盛禮約	著	淡水工商管理學院
審計學	殷文俊、金世朋	著	政治大學
商用統計學	顏月珠	著	臺灣大學
商用統計學題解	顏月珠	著	臺灣大學
商用統計學	劉一忠	著	舊金山州立大學
統計學	成灝然	著	臺中商專
統計學	柴松林	著	交通大學
統計學	劉南溟	著	臺灣大學
統計學	張浩鈞	著	臺灣大學
統計學	楊維哲	著	臺灣大學
統計學（上）、（下）	張素梅	著	臺灣大學
統計學	張健邦	著	政治大學
統計學題解	蔡淑女	校訂	政治大學
	張健邦	著	
現代統計學	顏月珠	著	臺灣大學
現代統計學題解	顏月珠	著	臺灣大學
統計學	顏月珠	著	臺灣大學
統計學題解	顏月珠	著	臺灣大學
推理統計學	張碧波	著	銘傳管理學院
應用數理統計學	顏月珠	著	臺灣大學
統計製圖學	宋汝濬	著	臺中商專
統計概念與方法	戴久永	著	交通大學
統計概念與方法題解	戴久永	著	交通大學
迴歸分析	吳宗正	著	成功大學
變異數分析	呂金河	著	成功大學
多變量分析	張健邦	著	政治大學
抽樣方法	儲全滋	著	成功大學
抽樣方法——理論與實務	鄭光甫、韋端	著	中央大學、主計處
商情預測	鄭碧娥	著	成功大學

三民大專用書書目——經濟・財政

書名	作者			編著	服務單位
經濟學新辭典	高	叔	康	編著	國際票券公司
經濟學通典	林	華	德	著	
經濟思想史	史	考	特	著	
西洋經濟思想史	林	鐘	雄	著	臺 灣 大 學
歐洲經濟發展史	林	鐘	雄	著	臺 灣 大 學
近代經濟學說	安	格	爾	著	
比較經濟制度	孫	殿	柏	著	前政治大學
通俗經濟講話	邢	慕	寰	著	香 港 大 學
經濟學原理	歐	陽	勛	著	前政治大學
經濟學導論（增訂新版）	徐	育	珠	著	南康乃狄克 州 立 大 學
經濟學概要	趙	鳳	培	著	前政治大學
經濟學	歐陽勛、黃仁德			著	政 治 大 學
經濟學（上）、（下）	陸	民	仁	編著	前政治大學
經濟學（上）、（下）	陸	民	仁	著	前政治大學
經濟學	黃	柏	農	著	中 正 大 學
經濟學概論	陸	民	仁	著	前政治大學
國際經濟學	白	俊	男	著	東 吳 大 學
國際經濟學	黃	智	輝	著	東 吳 大 學
個體經濟學	劉	盛	男	著	臺 北 商 專
個體經濟分析	趙	鳳	培	著	前政治大學
總體經濟分析	趙	鳳	培	著	前政治大學
總體經濟學	鐘	甦	生	著	西雅圖銀行
總體經濟學	張	慶	輝	著	政 治 大 學
總體經濟理論	孫	震		著	工 研 院
數理經濟分析	林	大	侯	著	臺灣綜合研究院
計量經濟學導論	林	華	德	著	國際票券公司
計量經濟學	陳	正	澄	著	臺 灣 大 學
經濟政策	湯	俊	湘	著	前中興大學
平均地權	王	全	祿	著	考 試 委 員
運銷合作	湯	俊	湘	著	前中興大學
合作經濟概論	尹	樹	生	著	中 興 大 學
農業經濟學	尹	樹	生	著	中 興 大 學
凱因斯經濟學	趙	鳳	培	譯	前政治大學